KB152406

GB

한길그레이트북스

인 류 의 위 대 한 지 적 유 산

인류의 위대한 지적유산

마누법전

一

이재숙 · 이광수 옮김

한길사

GB
HANGILGREATBOOKS

인류의위대한지적유산

Manu Smṛti

—

Translated by
Lee Jae-sook
Lee Kwangsu

Published by Hangilsa Publishing Co., Ltd., Seoul, Korea

우주의 근원인 '옴'을 그림으로 나타낸 것

『마누법전』에 따르면 모든 소리는 '옴'에서 나온 것이다.

'옴'은 수없이 반복되는 창조·유지·파멸의 중심축이고 우주의 절대진리인 브라흐만과 동일시된다.

요가의 행법 가운데 하나인 호흡법
『마누법전』에 요가의 역할이 강조되어 있는데, 특히 호흡조절과 선정(禪定)은
육신과 정신의 죄를 씻는 데 중요한 역할을 하는 것으로 보고 있다.

사법의 신 바루나로부터 처벌의 권리를 위임받은 왕
"높은 옥좌에 앉아 있는 왕에게는 그 자리의 정(淨)함이 정해진 바요.
그것은 그 자리가 인민을 보호하기 위한 것이기 때문이다." (제5장 94절)

축제 준비를 위해 꽃으로 장식한 소
소는 『마누법전』의 세계에서 가장 중요한 성물(聖物) 가운데 하나로,
소에서 나온 우유와 그 유제품, 그리고 소똥마저도 매우 정결한 것으로 여긴다.
따라서 소를 해친 자는 다른 동물의 경우와 달리 무거운 형벌을 받는다.

"모든 것에 대한 집착을 버리고……"
인도의 전통은 인생을 네 주기로 구분하여 각 인생주기의 의무를 강조한다.
『마누법전』은 마지막 인생주기에 대해 "모든 것에 대한 집착을 버리고
인생의 네번째 주기로 나아가야 한다"(제6장 33절)고 하면서
이 기간 동안은 오로지 우주의 절대진리와의 합일을 추구해야 한다고 했다.

모든 신분의 섬김을 받는 브라만
마을의 브라만들이 저녁 예배를 드리기 위해 사원 밖에서 문이 열리기를 기다리고 있다.
브라만은 매일 아침저녁으로 마을 사원에서 드리는 예배를 주관한다.

베다 학습을 하는 스승과 제자
"베다를 가르치는 자는 그 베다를 가르침으로 해서 은혜를 베푸는 것이니,
제자는 그를 스승으로 섬겨야 한다." (제2장 149절)

부엌에서 가족의 식사를 준비하는 주부
『마누법전』에는 하층민에 대한 비하와 여성에 대한 차별의식이 뚜렷이 나타난다.
"어려서는 아버지가 보호하고, 젊어서는 남편이 보호하며,
늙어서는 아들이 보호하니, 여자는 독립하지 못한다." (제9장 3절)

브라만의 집전으로 혼인의식을 치르는 신랑과 신부
혼인은 『마누법전』이 지향하는 이상사회를 위해 중요한 절차이다.
법전에는 여덟 종류의 혼인이 언급되어 있으며, 그 가운데 서로 동일한 신분끼리
양가의 합의하에 브라만이 집전하여 치르는 혼인을 권장하고 있다.

태양신 수리야
『마누법전』에는 창조자가 아그니(불의 신), 바유(바람의 신), 수리야를 통해 베다를 꺼내고
세상만물을 만들었는데, 그 창조자가 다름 아닌 마누라고 했다. 브라만의 일상 의무 중 하나가
하루에 두 번, 해 뜨는 새벽과 해 지는 석양 무렵 이 태양신 수리야에게 예배를 드리는 것이다.

명상 중인 금욕학습자
인생의 네 주기 가운데 첫번째인 금욕학습기는 베다 및 관련 학문을 익히고 금욕을 지켜야 하는 주기이다.
이러한 금욕학습은 오로지 브라만만이 지닌 특권이자 의무이다.

이재숙

한국외국어대학교 인도어과를 졸업하고 인도 델리대학교 대학원 산스끄리뜨학과에서 석사·박사학위를 취득했다. 현재 한국외국어대학교를 중심으로 산스끄리뜨, 인도철학, 인도문학사 등을 강의하면서 산스끄리뜨 원전번역에 주력하고 있다. 주요논문으로는 「우파니샤드의 야자왈끼야와 노자(老子) 철학의 비교연구」(A Comparative Study of Upaniṣadic Yājñavalkya and Lao Tzu), 「산스끄리뜨 문헌의 언어관」, 「산스끄리뜨 설화와 불교설화」, 「샹까라의 '헛됨'(mithyā)과 불교의 찰나설(kṣaṇikavāda)」 등이 있고, 역서로 한길사에서 펴낸 『우파니샤드』(Ⅰ·Ⅱ)가 있다.

이광수

한국외국어대학교 인도어과를 졸업하고 인도 델리대학교 대학원 역사학과에서 석사·박사학위를 취득했다. 인도역사연구위원회 연구원을 거쳐 현재 부산외국어대학교 인도어과 교수로 있다. 주요논문으로는 「고대 인도-한국 문화 접촉에 관한 연구: 가락국 허왕후 설화를 중심으로」, 「고대 인도에서의 신화와 권력의 정당화」, 「인도 근대 사회 변화와 카스트 성격의 전환」(공저) 등이 있고, 저서로 『인도는 무엇으로 사는가』(웅진출판), *Buddhist Ideas and Rituals in Early India and Korea*(Manohar Publisher), 『인도문화, 특수성과 보편성의 이해』(부산외국어대 출판부), 『내가 알고 싶은 인도』(공저, 한길사), 『인도 고대사』(역서, 김영사) 등이 있다.

GB
한길그레이트북스

인류의위대한지적유산

마누법전

一

이재숙 · 이광수 옮김

한길사

마누법전 · 차례

● 고대 인도의 성(聖)과 속(俗)을 잇는 최고의 법전
옮긴이

1. 『마누법전』이 형성되기까지

힌두법 최고(最高)의 원천은 슈루띠(śruti, 계시)로서 네 베다(veda)가 이에 속한다. 베다는 인도 최고(最古)의 문헌으로서, 힌두들은 그 완전 무결함과 영원함을 믿을 뿐만 아니라 베다로부터 모든 권위와 지식이 유래한다는 사실을 믿어 의심치 않는다. 따라서 힌두 최고의 성서(聖書)인 베다를 학습하는 것은 드위자(dvija, 재생자)의 의무이자 그들만의 권리이다. 베다는 베당가(vedāṅga)라고 부르는 베다 이후에 편찬된 여섯 가지의 부수 학문을 통해 이해될 수 있다. 이 여섯 가지의 베당가 가운데 법과 관련된 것으로 가장 중요한 것이 깔빠수뜨라(kalpasūtra)이다.

깔빠수뜨라의 편찬은 베다 시대가 끝나고 사회가 분화되고 복잡하게 되는 상황에서 일련의 브라만 법률가들이 사회적 존재로서의 인간의 존재와 삶의 방법을 규정하고자 하는 의도 속에서 이루어졌다. 그래서 그들은 인간 행동의 표준을 결정지으려 하였고, 베다의 세계

속에서 이루어진 전통과 관습을 그들 사회의 가치 기준으로 삼고 그를 발전시켜 표준으로 만들어냈으니 이것이 깔빠수뜨라였다.

깔빠수뜨라는 슈라우따수뜨라(śrautasūtra), 그리히야수뜨라(gṛhyasūtra), 다르마수뜨라(dharmasūtra)의 세 부분으로 구성되어 있다. 이 가운데 슈라우따수뜨라는 베다의 종교적인 제사와 의례를 다루고 있고, 반면에 그리히야수뜨라는 재가생활을 하는 사람들의 통과의례와 다양한 의식들을 다루고 있으며, 다르마수뜨라는 양자의 전통을 이어받아 종교적이기도 하고 세속적이기도 한 보편법 다르마(dharma)를 다루고 있다. 따라서 많은 다르마수뜨라들이 베다의 특정 학파의 슈라우따수뜨라와 그리히야수뜨라를 보완한 것으로 존재하기 시작하였는데, 그렇다고 모든 다르마수뜨라가 특정 학파의 슈라우따수뜨라나 그리히야수뜨라를 기초로 하여 이루어진 것은 아니었다.

예를 들어 우리가 지금 다루고 있는 마누 학파의 경우 『마나와 슈라우따수뜨라』(Mānava Śrautasūtra)나 『마나와 그리히야수뜨라』(Mānava Gṛhyasūtra)는 존재하지 않았다. 세 종류를 모두 보유하면서 완전한 깔빠수뜨라를 이루고 있는 것으로는 아빠스땀바(Āpastamba) 학파, 히라니야께쉰(Hiraṇyakeśin) 학파, 바우다야나(Baudhāyana) 학파의 셋뿐이다.

그들은 베다의 세계 속에서 이루어진 전통과 관습을 표준의 소재로 만들어냈다. 그들은 표준을 만드는 데 있어서 지역이나 시간의 다양성이나 특수성은 고려하지 않았다. 그들은 전(全)인도에 보편적인 것을 만들어 완성하였다. 그렇다고 그것이 네 신분 각각에 해당되는 삶의 표준들로 이루어진 것은 아니었다. 표준은 오로지 브라만의 삶의 방식으로부터만 만들어졌을 뿐이다. 브라만의 삶의 방식을 기초로 하고, 그 위에 왕의 삶의 방식이 부가되었다. 그외 바이시야나 슈드라의 삶의 방식에 대해서는 그들의 생업을 중심으로 하는 일부만 언급되는 정도에 지나지 않았다.

　다르마수뜨라는 대략 기원전 6세기 이후부터 형성되었는데, 그것은 베다 시대 말기부터 두드러지게 나타난 기세(棄世)·고행(苦行) 등 탈(脫)사회적 행위들에 대한 전통적인 사회질서 확립의 차원에서 등장하였다. 사회질서의 확립은 베다에 기반을 두고 바르나(varṇa, 신분)를 근본으로 시도되었으니, 그것은 브라만들에 의해 확립된 가치관에 따라 이루어진 것이었다. 네 개의 바르나는 창조자의 뜻에 의해, 주어진 각각의 신분에 따라 정해진 사회기능을 담당해야 한다. 이것을 바르나다르마(varṇadharma)라 하는데 힌두사회의 질서를 유지하는 제일의 기본체계로 자리잡았다.

　브라만 법률가들의 사회질서 유지는 바르나다르마와 신화의 연계를 통해 이루어졌다. 힌두사회에서 신화형성에 관한 독점권을 쥐고 있는 브라만들은 『리그 베다』(*Rg Veda*)의 뿌루샤 숙따(Puruṣa Sukta)에서 마하 뿌루샤(Maha Puruṣa)라는 원인(原人)이 스스로를 제사지내 그 몸에서 네 개의 바르나를 출생시키는 신화를 형성했다. 그의 입으로부터 브라만(brāhmaṇa)이, 그의 팔에서 끄샤뜨리야(kṣatriya)가, 그의 다리에서 바이시야(vaiśya)가 그리고 그의 발에서 슈드라(śudra)가 태어났다.

　몸의 각 부분에 관한 상징은 각 바르나의 의례적 지위 및 그 집단의 사회적 기능과 관련을 맺고 있다. 브라만의 다르마는 제사에 관한 교육을 하거나 재물을 받아 거두는 것이고, 끄샤뜨리야는 인민을 지키며, 바이시야는 농사·목축·장사와 같은 생산활동을 하며, 슈드라는 위 셋 상위 바르나가 각각의 기능을 원만히 수행하기 위해 그들을 섬기는 것이다.

　이 신분과 다르마에 따른 사회기능의 배분은 베다 말기에 이미 이루어진 정착생활과 농업생산의 확대 그리고 그로 인한 계급의 발생과 브라만 중심의 사회기능의 역할 분담이 신화 속에서 확정된 것이다. 따라서 많은 다르마수뜨라는 동일한 구성을 갖고 있지는 않으나 다루고 있는 대상과 그를 통해 밝히고자 하는 주제는 거의 유사하다. 대개 서장에서 다르마의 기원에 대해 밝히고 그 뒤를 인생의 네 주기(aśrāma) 각각에 대해 규정하고 있다. 그 뒤를 각 신분이 취해야 하는 의무, 각 신분의 위치를 규정짓는 정(淨)과 오염에 대한 언급이 따른다. 이후로 제사, 음식, 가족, 죄와 속죄, 재산 분배 등에 관한 규정이 이루어지고 끝으로 다르마의 확정에 관한 것이 다루어진다.

일련의 다르마수뜨라의 편찬이 일단락된 후, 그것들과 형식에 있어서 전혀 다른 문헌으로서 다르마샤스뜨라(dharmaśāstra)가 편찬되었다. 다르마수뜨라는 산문 혹은 산문과 운문의 혼합문으로 쓰여진 반면에 다르마샤스뜨라는 마하바라따 및 라마야나의 2대 서사시에 쓰인 슐로까(śloka)라는 운문의 형식을 빌렸다. 또 전자가 베다에 사용된 산스끄리뜨를 사용한 반면에 후자는 보다 세련되고 명확한 산스끄리뜨를 사용하였다. 다르마수뜨라는 그 저작의 권위를 선인(仙人) 리시(ṛsi)나 신(神)에게 두지 않은 반면에 다르마샤스뜨라는 마누(Manu)나 야쟈왈끼야(Yājñavalkya) 같은 초인적 존재에 두고 있는 것 또한 다르다. 무엇보다도, 다르마수뜨라는 다르마를 다루고는 있지만 법의 여러 가지 주제별로 체계적으로 편찬하지 못한 반면에 다르마샤스뜨라는 법전으로서 주제별 체계가 완전히 갖추어졌다는 점이 다르다.

운문으로 쓰여진 법전인 다르마샤스뜨라는 산문으로 쓰여진 다르마수뜨라와 짝을 이루어 보다 넓은 의미의 법전인 다르마샤스뜨라를 구성한다. 따라서 다르마샤스뜨라라는 용어는 좁은 의미로는 운문의 법전 문헌을 가리키지만 넓은 의미로는 모든 법전 문헌을 가리키기도 한다.

그래서 좁은 의미의 다르마샤스뜨라는 일반적으로 전승(傳乘)이라는 의미를 지닌 스므리띠(smṛti)라고 부른다. 스므리띠라는 용어 또한 좁은 의미로는 '운문의 법전 문헌'을 가리키지만, 넓은 의미로는 슈루띠(계시) 즉 베다 이외의 문헌 전체를 가리키기도 한다. 고대 인도사회에서 중요한 법전의 역할을 하고 있는 『마누 스므리띠』 외에, 『야쟈왈끼야 스므리띠』(*Yājñavalkya Smṛti*), 『브리하스빠띠 스므리띠』(*Bṛhaspati Smṛti*), 『나라다 스므리띠』(*Nārada Smṛti*), 『까띠야야나 스므리띠』(*Kātyāyana Smṛti*) 같은 것들이 모두 이 스므리띠 문헌에 속하는 것들이다.

2. 『마누법전』의 성립

『마누법전』의 편찬자는 바르나 체제에 기초한 정통 세계의 확립과 강화라는 다르마수뜨라 편찬자들의 뜻을 계승하면서 다르마 위주의 생활방식의 정비를 꾀했다. 『마누법전』은 다르마수뜨라와 비교하여 볼 때 무엇보다도 '확립되어야 할 인간 본래의 생활방식' 즉 다르마의 권위와 그 보편성의 철저화를 크게 강조하였다. 다르마수뜨라에서는 베다를 다르마의 발생 근원으로 간주함으로써 다르마의 권위와 보편성을 호소하려고 했지만, 또 다른 한편으로는 실제 다르마가 쉬슈따(śiṣṭa)라고 불리는 인간의 생활방식과 관습을 추구하고 있음을 굳이 숨기지 않았다.

그에 반해 『마누법전』의 편찬자는, 창조자 브라흐마에 의거하는 세계 창조에 관한 신화 중 다르마는 창조자 스스로에 의해 계시되어, 선인들의 손에 의해 우리들에게 본래의 상태로 전해질 수 있음을 천명하고 있고, 마찬가지로 세계 창조의 과정 가운데 다르마가 창조자에 의해서 계시되고 그로 인해 모든 인간을 널리 지배하는 것을 서술하고 있다.

일찍이 막스 뮐러(Max Müller)는 주장하기를 마누 학파는 여느 베다 학파와 마찬가지로 자체적인 깔빠수뜨라의 세 수뜨라 전집 체계를 이루고 있었고, 그중 비록 현존하지는 않지만 당시에는 분명히 존재하였을 『마나와 다르마수뜨라』(*Mānava Dharmasūtra*)를 기초로 하여 현재의 『마누법전』이 재구성된 것일 거라고 주장하였다. 이어 뷜러(G. Büller)가 이 이론을 입증하려고 시도하였으나 실패하였다. 이 주장에 대해 강력한 의문점을 제기한 것은 『다르마샤스뜨라의 역사』(History of Dharmaśāstra) 저자인 까네(P.V. Kane)였다.

까네는 현재의 『마누법전』은 다름 아닌 마누 학파가 깔빠수뜨라의 세 수뜨라 전집을 형성하고 있는 아빠스땀바 학파의 세 수뜨라 가운데서 다르마에 관한 다르마수뜨라를 자신들의 텍스트로 삼은 것이라고 주장하였다. 또한 까네는 이러한 일이 서력 기원을 전후로 한 시기에 북부로부터 외래문화가 널리 확산되는 역사적 환경 속에서 남부 인도의 브라만들이 전통 사회질서를 지키고자 시도한 것이라고 추정하였다.

막스 뮐러와 까네의 주장 사이에는 그 원전의 원천에 관한 차이는 있지만 현존하는 스므리띠가 다르마수뜨라를 원전으로 하여 발달하였다는 공통점이 있다. 그렇지만 현재로서는 그 누구도 현재의 『마누 스므리띠』의 원전으로서의 『마나와 다르마수뜨라』가 당시에 존재하였음을 분명히 보여주지는 못하고 있다. 스므리띠 문헌이 분명히 다르마수뜨라 문헌 이후에 발달한 것은 인정할 만한 사실이겠지만, 모든 스므리띠가 다르마수뜨라의 재구성이라고 볼 수 없을 뿐만 아니라 다르마 문헌의 발달과정에서 볼 때 스므리띠 문헌이 다르마수뜨라 문헌 이상으로 독자적인 영역 구축에 기여하였음을 주목해야 할 것이다.

이에 관해 『마누법전』의 체계를 살펴보면 보다 중요한 문제해결의 실마리를 찾을 수 있다. 『마누법전』은 전체적으로 볼 때 짜임새는 명쾌하지만, 글 전체의 서술이 잘 정리되어 있지는 못하다. 논지가 일정하지 않아 앞뒤가 맞지 않는 표현 또한 많이 나타난다.

예를 들어 제2장 145절에서는 그 어떤 스승보다도 자기를 낳아 준 아버지가 가장 훌륭하다고 하였으면서도 바로 이어서는 아무리 낳아준 아버지가 있다고 하더라도 베다를 가르침으로써 '다시 태어나게 하는' 스승보다는 훌륭하지 못하다고 하고 있다. 또 제3장 12~13절에서는 브라만은 슈드라에 이르기까지 모든 계급의 여자를 처로 삼을 수 있다고 했는데, 그 뒤에서는 브라만은 슈드라 여자와 결혼해서는 안되며 그것은 명백히 비난받을 짓이라고 적고 있다.

이러한 사실들을 통해 우리는 현존하는 『마누법전』이 기초한 다르마수뜨라가 한 가지가 아니라 여러 학파 전통의 여러 수뜨라였거나 그 기초한 다르마수뜨라가 여러 전통의 다르마를 수용하여 편집된 것이었을 가능성을 엿볼 수 있다. 게다가 자료와 소재가 주제와 문맥에 맞추어 재편집되지 않고, 있는 그대로 서술한 듯한 부분 또한 많고, 그럼으로써 논지의 이해를 곤란하게 하는 부분이 여러 군데 나타난다. 무엇보다도 중요한 것은 후대의 삽입으로 보이는 것들이 상당수 나오고, 이를 통해 내용의 혼란스러움이 더해진다는 점이다. 그래서 우리는 현존하는 『마누법전』이 단순한 어느 한 시대의 어느 한 원전을 재구성한 것이 아니라는 사실과 고대 인도의 사회가 역사적 상황에 따라 심하게 변화하였고 『마누법전』은 그것을 어떤 형태로든 반영할 수밖에 없었을 것이라는 사실을 밝히고자 한다.

3. 『마누법전』의 편찬 연대와 편찬자

『마누 스므리띠』(이하 『마누법전』)가 스므리띠 중 가장 오래된 것이라는 사실에 대해서는 거의 이론의 여지가 없다. 다만, 그 구체적인 성립 연대에 관해서는 여러 가지 설이 있지만 그 가운데 아직도 완전한 설득력을 확보한 것은 없다. 다만 『마누법전』의 문체와 체계로 보아 적어도 그리히야수뜨라, 다르마수뜨라보다는 나중에 편찬된 것으로 보는 것이 현재까지의 통설이라 할 수 있다.

구체적인 성립에 대해서는 약간의 의견 차이가 없진 않지만, 많은 학자들이 성립의 상한선을 기원전 2세기경으로 잡는 것에 대해서는 거의 동의를 하고 있다. 또 그 하한선에 대해서는 약간의 의견 차이가 있지만 뷜러와 까네가 제기한 기원후 2세기설이 가장 설득력이 있어 보인다.

『마누법전』의 편찬자는 누구인가? 물론 마누(Manu)는 아니다. 『마누법전』은 『야갸왈끼야법전』과 더불어 그 저작의 권위를 초인적 존재에게 둠으로써 법전의 권위를 높이는 대표적인 법전이다. 그래서 『마누법전』이라는 제목은 마누가 편찬한 법전이라는 의미가 아니라, 마누가 내려준 법전이라는 의미이다.

그렇다면 마누는 누구인가? 신화를 통해 볼 때 마누는 절대 존재이자 인간의 시조이며 최초의 법편찬자이다. 때로는 선인으로 나타나기도 하고, 태양신의 아들, 자생자(自生者, svayaṃbhū)의 아들로 나타나기도 하며, 절대 존재 브라흐만(brāhman) 그 자체라 하기도 하고, 창조의 신 쁘라자빠띠(Prajāpati)라 하기도 한다. 또 마누는 인류의 선조로서 '아버지'로 불리기도 하니, 그것은 『샤따빠타 브라흐마나』(Śatapatha Brāhmaṇa)에 나오는 신화에 의해서이다.

신화 속에서 마누는 비슈누가 물고기로 현신한 화신 맛시야(Matsya)의 말을 좇아 배를 준비함으로써 대홍수의 재앙 속에서 구원된다. 그로 인하여 인류가 완전히 멸망치 않고 살아남을 수 있게 된 것이다. 홀로 남은 마누는 고행을 통해 이다(iḍā)(혹은 일라(ilā)라고도 함)라는 여성을 생겨나게 했으며 다시 고행의 방법으로 그녀의 몸을 통해 다시 인류를 번성시킨다.

그리하여 마나와(mānava)라는 말은 '마누의 후손'이라는 뜻에서 '인류'라는 뜻으로 확대되어 사용된다. 그래서 그는 태양 왕조 익슈와꾸(Ikṣvaku)의 시조가 된다. 이로 인해 마누는 새 인류의 조상이 되고 이제 그는 새 인류의 법과 정의의 사회를 세우기 위해 베다를 전하고 더불어 여러 가지 법을 만든 것이다.

『마누법전』은 바로 이러한 신화의 맥락에서 형성된 것이다. 따라서 마누의 이미지는 태양신의 아들, 자생자의 아들, 인류의 조상, 선인, 절대 존재 등 여러 모습을 취하고 있으며, 이 가운데 어떤 이미지로 묘사되든 그 이름 자체로 대단한 권위를 가지고 있다. 『마누법전』에는 두말할 것도 없겠거니와 『나라다 스므리띠』(*Nārada Smṛti*), 『바쉬슈타 다르마수뜨라』(*Vaśiṣṭha Dharmasūtra*), 『바우다야나 다르마수뜨라』(*Baudhāyana Dharmasūtra*) 등 여러 법전들뿐만 아니라 『마하바라따』(*Mahābhārata*) 등에 '마누가 말하기를'(manuravravīt)이라고 언급된 부분이 많은 것은 바로 이 마누의 법편찬자로서의 절대적 권위 때문이다. 뿐만 아니라 다르마수뜨라 이후 생긴 스므리띠들 가운데 마누 스므리띠가 다른 스므리띠 가운데 가장 압도적인 권위를 가진 법전이 될 수 있었던 것 또한 바로 '마누'의 절대적 권위 때문인 것이다.

4. 『마누법전』의 내용

힌두 법전은 기원전 6세기경부터 기원전 2세기경 사이에 편찬된 것으로 보이는 다르마수뜨라, 기원전 2세기경부터 기원후 5~6세기경에 편찬된 것으로 보이는 협의의 다르마샤스뜨라 즉 스므리띠, 7~8세기경부터 편찬된 주석서, 12세기 이후에 편찬된 다르마니반다(dharmanibandha)로 크게 분류된다. 『마누법전』은 이 가운데 제2기에 속하는 스므리띠 문헌 가운데 하나로 그 가운데서도 가장 오래된 최고의 권위로 꼽힌다.

『마누법전』은 종교·사회·정치·경제를 둘러싼 고대 인도인의 복합적인 생활양식을 가장 잘 드러내고 있는 책이다. 『마누법전』은 어느 문헌보다도 힌두의 가족관계, 삶의 가치관, 카스트, 성(性)관념, 종교적 이상(理想), 재산관, 정치관계, 법체계, 정(淨)과 오염의 개념, 정화욕을 비롯한 여러 가지 의례, 사회 규범, 출가인과 세속인과의 관계 등에 대하여 풍부한 자료를 제공하고 있다. 『마누법전』 이상으로 지금까지 인도 사회에 그 영향력을 발휘하는 문헌은 없다고 해도 과언이 아닐 것이다.

무엇보다도 『마누법전』의 의의는 다르마의 구체적 형상화에서 찾아볼 수 있다. 베다와 우빠니샤드(upaniṣad)에서 추상적이고 형이상학적으로 설정된 사회·우주관을 다르마라는 구체적이고 실용적인 개념으로 실체화시킨 것이 『마누법전』이라는 점을 고려하면 이 책이 인도 사회에서 얼마나 중요한 의의를 차지하고 있는지를 어렵지 않게 알 수 있을 것이다.

『마누법전』은 전체 열두 개의 장(章)으로 구성되어 있다. 제1장은 법전 전체의 서문에 해당한다. 태고의 선인 리시들은 창조자 브라흐마의 자손인 마누에게 다가가 이 세상에 존재하는 모든 신분의 인간들에 대해 그리고 그들의 사는 방법에 대해 설명해 달라고 청한다. 마누는 우선 본문으로 들어가기 전에 창조자를 소개하는데, 그것이 바로 자신임을 밝힌다. 그리고 나서 선인들이 물어온 바르나와 다르마에 대해 설명을 하고 난 뒤 이어서 리시 중 한 사람인 브리구(Bhṛgu)에게 이야기를 일러준다. 이제 브리구는 그것을 다른 성자들에게 설명하는데, 이후 『마누법전』 전체는 이 브리구에 의해 이야기가 진행되는 형식을 취한다.

창조자 브라흐마와 그 자손 마누는 세계를 창조하고, 창조된 세계의 유지와 번영을 위해 그리고 다르마를 수호하고 다르마를 이루어야 할 주체로서 이 세계에 남아야 한다고 말한다. 이를 위해 그들은 다르마를 정확하게 전달해야 하는 의무를 그리고 네 신분은 그에 따른 각각의 사명을 짊어진 것으로 나타난다.

전체적으로 볼 때, 제1장에서는 바르나 체제를 고대 인도의 사회·경제적 상황으로 인해 만들어진 역사의 산물로 간주하지 않고,

창조자에 의한 세계 창조의 일환으로 창조된 것으로 간주한다. 편찬자는 이를 통해 고대 인도 사회를 유지하기 위한 가장 중요한 골격인 이 제도에 선험적인 권위를 부여하고자 한 것이다. 이 장은 이전의 다르마수뜨라에서는 찾아볼 수 없는, 『마누법전』의 편찬자가 독창적으로 개발한 것이다.

제2장에서 제10장까지는 우선 다르마의 기원에 대해 서술한 후, 서장에서 예고한 대로 네 신분 및 바르나샹까라(varṇaśaṅkara, 혼종신분)에 대해 차례차례 서술한다. 여기에서 편찬자는 바르나샹까라의 기원과 발달에 대해서도 바르나의 경우와 마찬가지의 입장을 취했다. 그는 바르나샹까라가 실제 역사상 고대 사회의 변화에 따라 형성된 여러 가지 사회집단임에도 불구하고 네 바르나를 혼종이라 평가절하함으로써 네 바르나에 의거한 고대 사회의 질서를 유지하고자 하였고 그 목적을 위해 선험적이고 절대적인 권위를 동원하였다. 여기에서 설명된 여러 집단들의 바람직한 삶의 양식 가운데서 가장 중요하고 유일한 권위의 원천으로 인정된 것은 역시 브라만의 것이다. 브라만의 삶의 양식이 제2장에서 제6장까지에 걸쳐 언급되고 있는 이유도 이 때문이니, 브라만의 그것은 다른 신분의 모본의 위치를 차지하고 있다.

브라만 다음으로 중요하게 인정되었던 것은 왕의 사는 양식과 방법으로 제7장부터 제9장까지에서 집중적으로 다루고 있다. 왕의 삶의 양식은 전대의 다르마수뜨라에서도 중요한 위치를 차지하긴 했으나 여기 들어와서 그 정도가 훨씬 높아졌다. 그것은 전대에 비해 많은 변화—브라만의 입장에서는 '혼란'이나 '암흑'으로 인식되는—를 겪고 있는 고대 인도 사회를 보다 안정적으로 유지하기 위한 방책의 하나로써 왕권을 강화하는 수단의 하나였다.

이런 점에서 특기할 만한 사실이 있는데『마누법전』에서 소송 및 형벌에 관한 문제가 중요한 주제로 도입되었다는 것이다. 이에 대한 서술은 다르마수뜨라를 비롯한 다른 어떤 문헌에서도 나타나지 않고 있다. 따라서 우리는 『마누법전』의 편찬자가 이 분야를 사실 상 개척한 것으로 보아도 괜찮을 것이다.

제8장에서 제9장에 걸쳐 언급된 소송의 열여덟 주제는 힌두법에 있어서 쟁점을 이루는 여러 가지 소재들을 조직적으로 분류하고 법률적 요소를 체계적으로 설명하려는 최초의 시도이다. 『마누법전』 이후 사법(司法) 부분은 다르마 문헌에 있어서 가장 중요한 주제로 자리잡아감으로써 『마누법전』은 사법 부분에 관한 한 원천의 위치를 차지하게 되었다.

이상의 상위 두 신분에 반하여, 바이시야와 슈드라에 대해서는 그들의 사회적 직무를 중심으로 약간만 언급하고 있다. 뿐만 아니라 네 신분 이외의 집단에 대해서는 전대의 다르마 문헌 편찬자들에 의해 형성된 이론을 좇아 그들의 내력 그리고 각각의 생업을 열거하고 있는 데 지나지 않는다. 이렇듯 『마누법전』은 일방적인 상위 신분 중심의 서술에 지나지 않지만 그래도 그것은 고대 브라만교 세계를 중심으로 펼쳐져 있던 인도 각 지역의 다양한 집단에 관해 언급한 귀중한 자료로 주목을 받고 있다.

다양한 집단의 사람들의 사는 방법에 대한 서술이 끝나고 제11장에서는 각자에게 주어진 올바른 삶의 방법을 어기고 범법을 저지른 자들의 속죄에 대한 서술이 이어진다. 죄와 속죄에 관한 의식은 우리 사회에서 통상 생각하는 것보다 훨씬 무겁다. 죄는 사회인으로서의 존재 여부를 결정짓는 요소인데 그것을 구성하는 것이 정(淨)과 부정(不淨)의 개념이니 만큼 정과 부정은 다르마 중심의 사회에서 가장 결정적인 사고이다.

다르마 문헌이 편찬되기 전인 기원전 8~7세기경 베다 시대의 사회는 희생물을 바치는 제사가 가장 중요한 사회적 행위였다. 따라서 브라만들은 희생제를 중심으로 세계관을 만들었고 세계관은 다르마를 기준으로 표현되었으니 다르마의 기준은 희생제와 밀접하게 관련될 수밖에 없었다. 희생제는 절대적으로 정(淨)의 세계이고 여기에서 부정(不淨)은 철저히 배제되었다.

따라서 모든 신분의 모든 사람들은 사회의 정당한 구성원으로서 희생제에 참여하고자 하였으나 역으로 브라만들은 희생제의 권위와 영향력을 높이기 위해서 그 참여를 철저히 제한해야 했다. 따라서 특정한 사람들은 태생적으로 정(淨)의 세계에서 배제되어야 했다. 그들은 입문식에서 형벌을 받는 형식을 통해 이 세계에서 사회적으로 권리·의무·능력 등을 완전히 빼앗기고 죽은 후에도 어떠한 보장을 얻지 못하는 것으로 낙인찍혀 버렸다.

그리고 일시적인 것이지만 죄에 의해 부정하게 된 자가 다시 정의 세계에 복귀하려면 해당 죄와 부정에 대한 대가를 반드시 치러야 했는데 그것은 죄의 종류에 따라 다르지만 일반적으로 볼 때 상당히 혹독한 편이었다. 이 부분이 다르마수뜨라로부터 계승되어온 중요한 법의 정신 가운데 하나인데 『마누법전』은 이를 충실히 계승하였을 뿐만 아니라 훨씬 더 강하게 만들었던 것이다.

제12장은 마지막 장으로서 업과 윤회에 관한 것이다. 사실 이 세상의 삶이 사후의 운명을 결정짓는다는 생각을 근본으로 하는 업과 윤회의 사상이 언제부터 인도에서 발생하고 발전되었는지는 확실히 알 수가 없다. 그러나 중요한 것은 다르마 문헌들이 편찬되기 시작했을 때는 이미 이 업과 윤회사상이 인도 세계관을 이루는 가장 중요한 요소였다는 것이다. 이 사상이 다르마 문헌들 가운데 가장 적극적으로 적용된 것은 『마누법전』에서부터이다. 업과 윤회사상은 사회적 행위가 반드시 다르마에 의거하여 이루어져야 한다는 정당성을 확보하는 데 결정적으로 중요한 역할을 하였다.

사실 다르마라는 것은 창조자에 의해 창조되었기 때문에 선험적인 것이고 따라서 다르마에 의해 규정된 삶의 가치 또한 이미 절대 존재에 의해 결정된 것으로 인식될 수밖에 없다. 따라서 사람들은 다르마를 반드시 지켜야 하는 적극적인 동기와 의무를 다르마 중심의 세계관으로부터는 찾을 수가 없었을 것이다. 이 때문에 법률가들에게는 다르마를 지켜야 하는 당위성을 강조해야 하는 또 하나의 세계관이 필요하였다.

그것은 이 세상의 선행이 사후에 복을 가져다주고 이 세상의 악행은 사후의 형벌을 가져다준다는 경고로서 이루어져야 하는 것이었다. 그러한 사후 보상과 징벌의 체계가 있어야 다르마 중심의 메커니즘이 잘 돌아갈 수 있었던 것이다. 이 다르마를 반드시 지키도록 사람들을 경계하기 위해 무기로 사용한 것이 바로 업과 윤회사상이다.『마누법전』은 이 점을 어느 문헌보다도 잘 알고 있었고 그런 차원에서 '윤회'가『마누법전』의 마지막 장으로 자리잡았을 것이다.

5.『마누법전』의 중심사상 — 다르마

『마누법전』의 핵이자 정수이며 인도 사상의 전영역에 걸쳐 가장 중심이 되는 사상은 다르마일 것이다. 모든 힌두 법전은 이 다르마를 중심으로 하여 2,500년 이상 전개해 오고 있다. 이는 다르마가 힌두 사회의 시간과 공간에 대하여 보편성과 영원성을 가진다는 의미이면서 또한 힌두 사회를 유지하는 중심 축을 이루고 있다는 의미이다. '다르마'(dharma)는 '지탱하다', '지키다', '지원하다', '이루다', '부양하다'란 뜻을 가진 어근 드리(dhṛ)에서 파생되어 '인간의 이상적인 행동거지를 규정하는 규범', '인류를 실현하기 위한 행위 규범' 등을 뜻한다. 따라서 그것은 '법', '의무', '관습', '종교', '도덕', '정의', '자연의 법칙', '보편적 진리' 등으로 번역된다.

이를 법개념의 관점에서 보다 구체적으로 볼 때 다르마는 모든 법의 판결에 기준이 되는 당위적 표준이 된다. 인도 법의 세계에서 다르마보다 더 높은 것은 없다. 그래서 고대 인도인들은 다르마를 진리라고 불렀으며 만약 어떤 사람이 무엇이 진리인가를 밝히면 그것은 곧 다르마를 밝히는 것이고, 다르마를 밝히는 것은 곧 진리를 밝히는 일이라고 이해했던 것이다. 그들에게 진리와 다르마는 결국 동일한 것이었으므로, 다르마의 개념은 다분히 종교법적인 성격이 강했다고 할 수 있다.

이러한 법의 개념은 다른 문화권에서의 그것과 비교해 볼 때 매우 독특한 위치를 차지하고 있다. 이 개념을 이해하지 못하는 다른 사람에게 다르마는 매우 불분명하고 혼란스럽게까지 보일 수도 있지만 다르마 법 안에서 생활하는 당사자들에게 이는 그 어떤 법보다도 경외스런 우주의 원리를 따르는 명확한 길로서 인식된 것이다.

이와 같이 다르마는 윤리를 중심으로 하여 종교·사회·정치에 관해 법의 함축적 의미를 갖고 있는 데 반해 이러한 포괄적인 뜻을 담는 어휘를 우리는 가지고 있지 않기 때문에 이에 관한 정확한 뜻은 문맥에 맞추어 살펴볼 수밖에 없다. 『마누법전』이 인도인들에게 그리고 나아가 우리에게 보여주는 법으로서의 의미는 바로 이 다르마의 상황에 따른 의미에 따라서 이루어진다. 따라서 우리말로 옮겨진 말 속에는 '본래의' 혹은 '마땅히 지켜져야 할'이라는 정당성의 의미가 포함되어 있음을 유념해야 한다.

그렇다면 이러한 다르마는 어떻게 발달해 왔는가? 인도 사회가 아직 고대 사회 단계로 발달되지 못한 후기 베다 시대의 반(半)유목 부족 사회에서는 리따(rta)라는 법의 개념이 통용되었다. 리따는 인간들의 세계와 신들의 세계를 통괄하는 우주 질서의 여러 가지 양상을 규제하고 관장하는 최고법의 의미를 가지고 있는 것으로 윤리적 질서, 정의나 진리의 내재를 뜻하는 것이었다. 따라서 이는 도(道), 천칙(天則), 순리(順理)와 같은 개념이었다.

베다 사회는 기원전 10세기경부터 철기 도구의 광범위한 도입과 사용으로 인해 정착 사회로 변화하고 이에 사회가 계급으로 뚜렷이 구분되고 물질 문화가 발달하면서 이를 둘러싼 정치·사회·경제가 복잡하게 되었다. 이와 같은 시기로 접어 들면서 부족사회의 질서를 관장하던 리따의 위치는 점차 쇠퇴하고 그 위치를 신분(varṇa)

과 인생기(aśrāma)를 중심으로 엮은 다르마의 개념이 차지하였다. 이 세 개념은 바르나슈라마다르마(varṇāśrāmādharma)라는 하나의 복합 개념으로 발달하면서, 브라만 사회를 유지하기 위한 최고의 틀임과 동시에 개인 완성의 최고 가치로 자리잡았다.

다르마의 근원에 관한 의견은 다르마수뜨라의 편찬자들로부터 최근의 학자들까지 그 의견이 일치하지 못하고 있다. 일반적으로 볼 때 다르마는 계시(śruti)인 네 베다, 선인의 가르침을 기억하여 전수하는 성스러운 전승(傳乘, smṛti), 베다에 능통한 스승이나 성자 등의 유전(遺傳, acāra, śila 등), 왕의 칙령 등으로 구성되어 있다고 본다. 이는 다르마가 베다로부터 파생되기 시작하여 변화를 거듭하였고 그 과정 가운데 법규가 확장되면서 법전마다 그 규정이 다르게 혹은 상충되는 쪽으로 나타나고 있다는 의미를 가지고 있다. 특히 이 부분은 전통이나 관습에 있어서 그러하였다.

그러므로 다르마에 의거하여 법을 집행하는 왕의 입장에서는 법집행이 상당 부분 융통성 있게 결정될 수밖에 없었다. 인민들의 관습이 정부나 왕의 이해에 상반될 때, 왕이 그 관습을 무효화하고 정치적 행위의 정당화를 확립해야 하는가 혹은 전통과 관습을 따라야 하는가의 여부는 정부의 성격과 역사적 상황에 따라 달리 나타났다.

6. 『마누법전』의 의의

『마누법전』은 인도의 다른 많은 문헌들과 마찬가지로 편찬 연대와 편찬자를 정확히 알 수 없는 데다가 때때로 논지의 일관성이 결여되어 있는 등의 문제를 안고 있는 것이 사실이다. 하지만 그렇다고 해서 『마누법전』이 가지고 있는 역사적 의의가 결코 무시되거나 축소될 수는 없다. 그것은 일차적으로 『마누법전』이 편찬된 이래 2천 년에 가까운 시기 동안 인도 사회를 형성하고 지탱하는 법의 제

1의 모본 역할을 해왔기 때문이다. 『마누법전』은 인도 땅에서 이루어진 모든 사회 행위에 대한 재가와 승인의 원천이었으며 인도 최초 최고의 민사·형사 법률이었다.

그것은 중국 사회에서 사서삼경(四書三經)이나 히브리 사회에서 모세의 율법 만큼 혹은 그 이상으로 높은 비중을 차지하고 있을 뿐 아니라 세계 법전사에서 함무라비 법전과 어깨를 나란히할 만한 역사성을 가지고 있기도 하다. 뿐만 아니라 『마누법전』은 인도 바깥으로 전파되어 미얀마나 인도네시아 같은 나라에서도 오랫동안 사회와 정치의 질서 형성에 지대한 영향을 끼쳐왔다.

더불어, 『마누법전』은 고대 인도의 사회·문화를 연구하는 데 있어서 가장 중요한 사료라는 사실 또한 대단히 의의가 크다. 『마누법전』은 우리들에게 고대 인도의 사회, 문화, 종교, 철학, 윤리, 정치, 경제, 법률, 지리, 자연, 환경 등에 관해 가장 많은 귀중한 정보를 제공해주고 있다. 그렇지만 여기에 담겨 있는 정보와 자료들은 당시 사회의 현실을 그대로 반영하고 있다기 보다는 브라만 법률가들이 자신들의 세계관을 토대로 하여 이루고자 하는 남성 중심의 불평등주의에 입각한 이상적(理想的) 사회의 당위적 형태라는 사실은 반드시 유념해야 할 것이다.

7. 텍스트, 주석, 번역

『마누법전』의 주석가로는 밧따 메다띠티(Bhaṭṭa Medhātithi), 사르와쟈나라야나(Sarvajñanārāyaṇa), 꿀루까밧따(Kullūkabhaṭṭa), 라가와난다(Rāghavānanda), 난다나짜리야(Nandanācārya), 라마짠드라(Rāmacandra), 고윈다라자(Govindarāja), 마니라마(Maṇirāma), 바루찌(Bhāruci), 아사하야(Asahāya), 우다야까라(Udayakara) 등과 카슈미르의 필사본에 포함되어 있는 이름이 알려지지 않은 주석가 한 사람이 있다. 이 가운데 대표적인 것으로는 메다띠티의 주석과 꿀루까밧따의 주석을 들 수 있다. 9세기에 만들어진 것으로 추정되는 메다띠티의 마누바시야주(註)(Manubhāṣya)는 가장 오래된 것으로 인정받고 있고 15세기경의 작품으로 추정되는 꿀루까의 마나와르타묵따왈리주(註)(Manavarthamuktāvalī)는 가장 믿을 만한 지침서로 인정받고 있다.

메다띠티의 주석이 해석이 어렵거나 애매한 부분을 강조한 것이라면, 꿀루까밧따의 주석은 메다띠티의 주석과 이것을 함축시켜 놓은 고윈다라자의 주석을 비판하면서 새로운 해석을 제시한 것이라고 할 수 있다.

이러한 여러 주석 가운데 대표적인 일곱 주석가의 것을 한데 모아 텍스트로 발간한 것은 1886년 만들리끄(Vishvanath Narayan Mandlik)에 의해서였다. 만들리끄의 두 권으로 된 『마누의 법전. 메다띠티, 사르와쟈나라야나, 꿀루까, 라가와난다, 난다나, 라마짠드라, 고윈다라자의 주(註)』(*Mānava Dharmaśāstra with the Commentaries of Medhātithi, Sarvajñanārāyaṇa, Kullūka, Rāghavānanda, Nandana, Rāmacandra, and Govindarāja*)는 대표적인 주석들을 동시에 참조하여 보다 깊은 이해를 할 수 있도록 공헌하였다. 이어 1887년에는 나라얀 람 아짜리야(Nārāyaṇ Rām Āchārya)가 엮고 평설(評說)을 쓴 『마누법전. 꿀루까의 마나와르타묵따왈리주(註)』(*The Manusmṛti with the Commentary Manavarthamuktāvalī of Kullūka*)가 출판되었다.

이후 다웨는 1972년부터 1984년까지 13년에 걸쳐 봄베이에서 인도학(Bhāratīya Vidyā) 시리즈로 『마누법전』을 편찬하였는데, 이 텍스트는 위의 만들리끄판 일곱 주석에 마니라마의 주석과 바루찌의 주석을 더해 전체 아홉 주석가의 주석을 첨가해 만든 증보판이다.

그후 1932년부터 1939년까지 강가나타 자(M.M. Ganganatha

Jha)가 『마누법전. 메다띠티의 마누바시야주(註)』(*Manusmṛti with the Manubhāṣya of Medhātithi*)를 편찬해 널리 이용되어 오다가 『마누법전. 메다띠티 주석장엄(主釋莊嚴)』(*Manusmṛti. Medhātithi-bhāṣyasamalaṅkṛta*)이 1967년부터 1971년까지의 작업 끝에 두 권으로 캘커타에서 출판되었다.

『마누법전』은 유럽 언어로 번역된 최초의 산스끄리뜨 작품 중 하나이다. 초기 인도학자 윌리엄 존스(William Jones)는 1794년 『마누법전』을 『힌두 법전. 꿀루까의 주(註)에 의거한 마누의 법령; 인도의 종교인과 세속인의 의무 포함』(*Institutes of Hindu Law, or the Ordinances of Manu, According to the Gloss of Cullūca: Comprising the Indian System of Duties, Religious and Civil*)(Calcutta, 1794)이라는 제목으로 영역하였다.

이는 윌리엄 존스 자신이 번역한 깔리다사(Kalidāsa)의 『샤꾼딸라』(*Śakuntala*)와 찰스 윌킨스(Charles Willkins)가 번역한 『바가와드기따』(*Bhagavadgītā*), 『히또빠데샤』(*Hitopadeśa*) 등에 바로 이어 출판된 것이다.

제2판은 2년 늦은 1796년에 캘커타와 런던에서 출판되었는데, 존스의 영역판은 독어, 불어, 러시아어, 포르투갈어 등 유럽의 여러 언어로 다시 번역됨으로써 『마누법전』 연구에 중요한 기반이 되었다.

번역서로서 가장 널리 이용되고 있는 것은 꿀루까의 주석을 중심으로 참조한 뷜러의 『마누의 법』(*The Laws of Manu*)이다. 이 번역본은 내용의 충실성 외에도 다르마수뜨라에서 『마누법전』의 편찬에 이르기까지의 역사적 상황과 『마누법전』에 관한 모든 정보를 소개한 서문(introduction)이 있어 더욱 큰 의의를 갖는다. 또 권말에는 근대 힌두법전에 보이는 『마누법전』에서의 인용 일람, 『마누법전』 안에 나타난 다른 고대 문헌들과의 일치되는 부분 일람, 상세한 사항색인 등이 첨부되어 있다. 이로써 뷜러의 『마누의 법』은 이 세상에 나온 지 100년이 지난 오늘날까지 이 분야에서 나름대로의 고전의 위치를 차지하고 있다.

이밖에 앞에서 언급한 바 있는 강가나타 자의 다섯 권 아홉 책으로 구성된 『마누법전. 메다띠티의 마누바시야주(註)』(*Manusmṛti with the Manubhāṣya of Medhātithi*)는 『마누법전』의 원문 및 메다띠티의 전체 번역으로서 아주 편리하고 널리 사용되고 있는 번역서 중 하나이다. 그리고 홉킨스(E.W. Hopkins)가 편찬하고 버넬(A.C. Burnell)이 번역한 『마누의 법령』(*The Ordinances of Manu*, London, 1884)은 여러 가지 불분명한 어구들을 최대한 원문 텍스트에 의거하여 명확하게 해석하려고 한 점이 돋보인다.

최근에는 시카고 대학의 웬디 도니거(Wendy Doniger)가 스미스(Brian K. Smith)와 함께 『마누의 법』(*The Laws of Manu*)(New York, 1991)이라는 제목으로 펭귄북 시리즈의 하나로 출판하였다. 웬디 도니거의 번역은 특히 뷜러의 고풍적이고 자의적인 번역을 비판하였다는 점과 폭넓은 종교학적 분석을 쉽게 제시하였다는 사실이 돋보이며, 최근의 여러 연구 성과물들을 접할 수 있는 것 또한 다른 성과라 할 수 있을 것이다.

이외에도 일본 동해대학(東海大學) 교수인 와따세 노부유끼(渡瀨信之)가 번역한 『마누법전』(マヌ法典)이 있다. 이는 산스끄리뜨 용어에 대한 적확한 한자어 적용이 돋보이고, 어려운 고대 인도의 법전을 일반인들이 쉽게 볼 수 있도록 엮은 점이 눈에 띈다.

음역표

모음

अ a 아	आ ā 아	इ i 이	ई ī 이
उ u 우	ऊ ū 우	ऋ r̥ 리	ॠ r̥̄ 리
ए e 에	ऐ ai 아이	ओ o 오	औ au 아우

아누스와라 Anusvāra	(ं) ṁ	ㄴ/ㅁ/ㅇ
비사르가 Visarga	(ः) ḥ	ㅎ

자음

क k ㄲ	ख kh ㅋ	ग g ㄱ	घ gh ㄱ	ङ ṅ ㅇ
च c ㅉ	छ ch ㅊ	ज j ㅈ	झ jh ㅈ	ञ ñ ㄴ
ट ṭ ㄸ	ठ ṭh ㅌ	ड ḍ ㄷ	ढ ḍh ㄷ	ण ṇ ㄴ
त t ㄸ	थ th ㅌ	द d ㄷ	ध dh ㄷ	न n ㄴ
प p ㅃ	फ ph ㅍ	ब b ㅂ	भ bh ㅂ	म m ㅁ
य y	र r ㄹ	ल l ㄹ	व v/w	
श ś ㅅ	ष ṣ ㅅ	स s ㅅ	ह h ㅎ	

●일러두기

1. 이 책은 바라띠야 비디야 바완(Bharatiya Vidhya Bha-van)에서 1972년부터 1984년에 걸쳐 총 6권으로 펴낸 『마누 스므리띠』(*Manu Smṛti*)(J. H. Dave 엮음)를 원본으로 하고 여기에 수록된 총 9가지 주석을 참고하여 번역한 것이다. 안타깝게도 이중 제8장은 발간이 미루어지더니 현재까지 출간되지 못하였기 때문에 이 부분만은 모띠랄 바나르시다스(Motilal Banarsidass)에서 1983년에 꿀루까밧따 주석과 함께 출간된 것(J.L. Shasti 엮음)을 이용하였다. 참고로 다웨(Dave)판은 1886년에 비슈와나트 나라얀 만들릭(Vishvanath Narayan Mandlik)이 메다띠티, 사르와쟈나라야나, 꿀루까밧따, 라가와난다, 난다나, 라마짠드라, 고윈다라자 등 일곱 가지 주석을 모아 출간했던 것을 복구, 수정하면서 여기에 마니라마, 바루찌 두 주석가의 것을 첨가하여 모두 아홉 가지의 주석을 모아 출간한 것이다.

2. 번역은 독자가 쉽게 읽을 수 있도록 하는 것을 염두에 두지

않은 것은 아니지만, 읽는 데 약간의 불편함이 있을지라도 원어의
표현과 의미를 우선 살리는 데 더 역점을 두었다. 이는『마누법전』
이 우리에게 교양도서로서의 의미도 크겠지만, 고대 힌두 세계의
원형을 보여주는 원전으로서의 의미도 크다고 생각해서이다. 따라
서 원서를 직접 접하지 않고도 그 안에 담겨 있는 고대 인도인들의
문학적 의미, 언어적 표현, 세계관 등을 최대한 직접 볼 수 있도록
하였다.

3. 하나의 단어가 여러 가지 뜻을 가지고 있는 경우 우리말로 정
확하게 옮기기는 대단히 어렵다. 예컨대, '다르마'라 하면 법, 정의,
의식(儀式), 의무, 삶의 방식, 규정, 공덕(功德) 등 여러 뜻을 가지
고 있다. 또 그 의미는 각 맥락에 따라 우리말로 분명히 구별되지
못하는 데다가 여러 뜻을 복합적으로 가지고 있다. 하지만 그렇다
고 해서 그에 대한 번역을 아예 하지 않는다면 인도 연구가가 아닌
독자들에게는 읽기가 수월치 않을 것이다. 따라서 우리는 필요한
경우 맥락에 따라 적당한 뜻을 ( ) 속에다 설명하였다. 그렇다고 해
서 그 괄호 속에 있는 뜻만이 유일한 것이 아니고 여러 가지 뜻이
더 복합적으로 연계되어 있다는 사실을 이해해야 함을 다시 한 번
강조한다. 이러한 예에 해당하는 용어로는 까르마, 아르타, 까마,
단다, 아그니, 아뜨만, 브라흐만 등이 있다.

4. 원문에는 없지만 독자의 편의를 위해서 내포·생략된 것은 ( )
속에 적어 넣었다. 따라서 본문에 사용된 ( )는 '다르마'(정의)의 경
우와 같이 원어를 해석하는 ( )와 함께 두 가지이다. 역주에서는 인
용이나 근거를 대기 위해서 주석가의 이름 등을 ( ) 속에 넣었다.
여기에 사용된 '나라야나'는 '사르와쟈나라야나'를, '꿀루까'는 '꿀루
까밧따'를 가리킨다.

5. 『마누법전』도 다른 산스끄리뜨 문헌들과 마찬가지로 어떤 것을 가리킬 때 그것을 하나의 통일된 단어로 하지 않고 여러 가지 표현들을 자유롭게 사용하고 있다. 이것은 나름대로 그 가리키고자 하는 바를 보다 여러 측면에서 이해할 수 있게 해주기는 하지만 우리 독자들에게는 오히려 내용을 이해하는 데 장애가 될 수 있겠다는 생각에서 과감하게 통일된 용어로 정리하였다. 예를 들어 브라만은 '재생자 가운데 뛰어난 자', '학자', '먼저 태어난 자', '뛰어난 태생' 등으로 표현하고 있으나 모두 '브라만'으로 통일하였으며, 끄샤뜨리야는 '통치자', '영토를 지키는 자', '땅의 주인', '왕족' 등으로 표현하고 있으나 모두 '끄샤뜨리야'로 통일하였다.

6. 원 텍스트에는 각 장(章)의 구별만 있다. 하지만 독자의 이해를 돕기 위해 큰 주제, 중간 주제, 작은 주제 등을 달았다.

7. 산스끄리뜨 어휘의 음역은 원칙적으로 교육부안을 따랐으나 교육부안이 산스끄리뜨를 전혀 고려치 않고 있기 때문에 그것만을 따르는 경우 많은 문제점들이 생기게 된다. 따라서 여러 문제를 해결하기 위해서 나름의 규칙을 다음과 같이 정리하여 그에 따랐다.

① 산스끄리뜨 자음의 음가에는 격음과 경음이 따로 있기 때문에 양자를 모두 표기한다. 따라서 artha → 아르타, kāma → 까마 등으로 표기하였다.

② 산스끄리뜨의 단음과 장음은 우리말로 구분해 적을 수 없다. 따라서 단음이나 장음이나 모두 같게 표기한다. 따라서 karma → 까르마, kāma → 까마, īśvara → 이슈와라, Indra → 인드라 등으로 한다.

③ v의 음가는 엄밀하게 말하면 /w/에 거의 가깝다. 하지만 어휘의 모두에 나오는 경우는 그래도 상대적으로 /v/에 가까운 것으

로 볼 수 있고 교육부 방침에 따르는 의미도 있어서 'ㅂ'으로 처리하여, Veda → 베다, Varuṇa → 바루나, vaiśya → 바이시야 등으로 한다. 그렇지만 반자음으로 사용되는 등 어휘의 중간에 오는 경우는 /w/로 처리하였다. 따라서 Viśvadeva → 비슈와데와, Daiva → 다이와, Gandharva → 간다르와 등으로 한다.

④ 비음이 반자음으로 쓰이는 경우에 ṁ, ṅ, ñ, n, m은 산스끄리뜨 음운법칙에 따라 /n/, /m/, /ŋ/에 알맞는 받침으로 하고, ñ의 경우는 그 뒤 모음에 따라 /ya/ 등으로 한다. 따라서 mīmāṁsā → 미만사, vedaṅga → 베당가, Cuñcu → 쭌쭈, pākayajña → 빠까야쟈, Yājñavalkya → 야쟈왈끼야 등으로 한다.

⑤ n, ṇ이 비음이 아닌 경우 이들의 소리도 우리말로는 구별하여 적을 수가 없어서 모두 대표음인 /n/으로 한다. 따라서 Manu → 마누, narāyaṇa → 나라야나 등으로 한다.

⑥ ya 등의 앞에 반자음이 오는 경우는 모두 앞의 반자음에 /i/ 모음을 준다. 예를 들어 Ārya의 경우 '야랴'나 '아르야' 대신 '아리야'로 표기한다. 이는 첫번째의 경우 갸, 냐, 댜, 랴 등이 우리말 표기법상 어울리지 않고, 두번째의 경우보다는 세번째의 경우가 음운동화현상에 잘 어울리는 발음이 되기 때문이다. 따라서 vaiśya → 바이시야, ārya → 아리야, upādhyāya → 우빠디야야 등으로 표기한다.

⑦ ś는 기음(氣音)이고, ṣ는 치찰음으로 산스끄리뜨의 발음상으로는 구별되지만 역시 우리말로 구별하여 적을 수가 없다. 따라서 둘의 경우 모두 /a/와 함께 있을 때는 /śa/ /ṣa/로 하여 모두 '샤'로 표기하고, /i/와 함께 있을 때는 모두 '쉬'로, /u/와 함께 있을 때는 '슈'로 표기하며 모음이 바로 따라오지 않는 경우에는 모두 '슈'로 적는다. 따라서 Piśāca → 삐샤짜, Puruṣa → 뿌루샤, Śri → 슈리, Viṣṇu → 비슈누 등으로 한다.

⑧ ḍ, ṭ 등 권설음과 gh, dh, bh 등 복합자음의 경우도 우리말로

는 소리를 정확히 적을 수 없으므로 우리말로는 각각 d, t 그리고 g, d, b와 구별하지 않고 적는다. 따라서 Kinnaḍa → 낀나다, Kukkuṭaka → 꾹꾸따까, māgha → 마가, Dhanvantari → 단완따리, Mahābhārata → 마하바라따 등으로 한다.

⑨ 반자음의 처리는 두 경우로 한다. 산스끄리뜨 음운법칙상 유사한 계열인 k열, t열, s열이 연달아 올 때는 앞의 것을 받침으로 하고, 그외의 경우에는 그대로 반자음으로 처리한다. 따라서 Matsya → 맛시야, bhakti → 박띠, Dakṣa → 닥샤, ātman → 아뜨만, Brahmā → 브라흐마 등으로 한다. 단, brahman → 브라흐만, brāhmaṇa → 브라흐마나로 하되, 신분을 의미하는 경우만 예외로 '브라만'이라 한다.

제1장

【세계창조】

선인들의 질문

[1] 마누(Manu)가 명상중에 있을 때, 위대한 선인(仙人, ṛṣi)[1]들이 그에게 다가와 예의를 갖추어 여쭈었다.

> **역주** 1) 문자대로의 의미는 '최고 진리를 아는 자' 혹은 '진리를 보는 자'이며, 반인반신(半人半神)의 존재이다. 여기에서는 제1장 35절에 언급된 열 명의 특정 선인들이다.

[2] 존자(尊者)시여, 당신만이 모든 신분[1]에 대해서 그리고 그 사이에 난 자[2]들이 지켜야 할 다르마(의무)에 대해서 저희에게 낱낱이 말씀해 줄 수 있으십니다.

> **역주** 1) sarva varṇa : 브라만, 끄샤뜨리야, 바이시야의 세 신분(메다띠티) 혹은 그 셋에 슈드라를 포함한 네 신분(꿀루까, 라가와난다,

라마짠드라, 고윈다라자)을 가리킨다.

2) antaraprabhava : 정순과 역순의 혼혈로서 생겨난 혼종신분 (varṇaśaṅkara)(메다띠티, 나라야나, 꿀루까, 라가와난다, 고윈 다라자)을 의미한다. 제10장 6~23절 참조.

〔3〕당신은 자생자(自生者, svayambhū)요, 상상할 수도 증명해 보일 수도 없는 존재[1]의 작용으로 인한 모든 일의 근본된 진리를 알고 계시는 분이기 때문입니다.

> 역주 1) acintyasyāprameyasya : 브라흐만(꿀루까) 혹은 지고(至高)의 존재(고윈다라자)를 말한다.

〔4〕이렇게 선인들이 청하니, 무한한 광휘의 마누께서 그들 선인들 에게 대답하여 가로되

브라흐마의 탄생

〔5〕세상이 창조되기 전에는 사방천지에 아는 자도, 알아볼 수 있 는 징표도, 드러날 것도, 깨달을 것도 없이 온통 어둠만이 잠자듯 있었다.[1]

> 역주 1) 이 절은 『리그 베다』(Ṛg Veda) 제10장 제129편 나사디야 숙따 (nāsadīya sūkta)의 내용을 기초로 하고 있다.

〔6〕그때 추진력[1]을 가진, 그 모습이 드러나지 않는 존귀한 자생자 가 근본물질[2]과 그밖의 것[3]을 드러나게 하시고 어둠을 깨신 것이 었다.

역주 1) 창조를 가능케 하는 힘(나라야나, 꿀루까, 라마짠드라, 고윈다라
자, 마니라마)을 말한다.

2) mahābhūta : 지(地), 수(水), 화(火), 풍(風), 대공(大空)의 다
섯 가지(메다띠티, 꿀루까)이다.

3) 다섯 가지 근본물질과 관계된 것으로 말(śabda), 맛(rasa), 냄
새(ghandha), 촉감(sparśa), 열기(teja) 등(메다띠티) 혹은 자
아의식(ahamkāra) 등 세상이 창조되기 위한 전초단계의 요소
들(라가와난다) 혹은 근본물질과 함께 창조의 과정에 나타나는
24종의 요소(난다나) 등의 해석이 있다.

[7] 그는 감각[1]을 초월한 방법으로만 느껴질 수 있으며, 항상 존재
하는 자, 이 세상의 만물 그 모든 것이다. 그러나 (누구도) 상상할
수 없는 자이니 그는 (이름하여) 스스로 생겨난 자(自生者)이다.

역주 1) 제2장 90~91절 참조.

[8] 그가 자신의 몸으로부터 갖가지 자손들을 창조할 뜻을 두었으
니, 먼저 물을 생기게 하고 그 물에 씨[1]를 뿌렸다.

역주 1) vīrya : 정자(精子)(메다띠티), 최소의 물질적 단위인 씨(나라야
나), 힘(śaktirupa)(꿀루까), 최초의 생명인 의식(意識, cita)으
로 된 금태(金胎, hiraṇyagarbha)(라가와난다), 의식의 힘
(citaśakti)(라마짠드라), 자신의 힘(svaśakti), 미세한 힘(마
니라마) 등 주석가들은 나름대로 의미를 부여하고 있는데, 모두
맹아(萌芽)로서의 씨와 연관된 해석으로 볼 수 있다.

[9] 그 (씨)는 수천의 태양빛만큼이나 환한 알(卵)[1]의 모습으로 나
타났고, 이 알에서 모든 세상의 조부(祖父)인 브라흐마(Brahmā)[2]
가 스스로를 드러내었다.

역주 1) aṇḍa : 씨와 금태(hiraṇyagarbha)의 결합으로 생겨난 알(메다
띠티, 꿀루까, 난다나, 마니라마) 혹은 최초의 순수한 알(꿀루
까)이다. 'hiraṇyagarbha'는 '황금자궁'이라는 뜻으로 초월적인
존재 브라흐만(Brahman)의 무한한 창조의 가능성을 드러내는
상징이라고 할 수 있다.
2) 창조의 신, 즉 창조자이다.

[10] 물은 나라(nara)[1]에게서 나므로 '나라에게서 난 것'(nārā)이
라고 불리는데,[2] 그 물을 자리로 하는 자가 있으니, 그의 이름은
'나라야나'(Narāyaṇa)[3]라고 한다.

역주 1) 문자대로의 의미는 'nṛ'를 어근으로 하는 '사람'이다. 주석가들은
지고의 신, 금태 안에 있던 존재(라가와난다) 혹은 지고의 아뜨
만, 즉 브라흐만(꿀루까, 라마짠드라) 혹은 뿌루샤(메다띠티, 난
다나, 고윈다라자) 등 모두 사람의 근본이 되는 존재로 보았다.
2) 메다띠티와 고윈다라자는 nara(사람)와 nārā(나라에게서 난 것)
의 관계에 대해서 빠니니의 『아슈따디야야』(Aṣṭādhyāya) 제6장
제3편 134절을 근거로 들면서 일반적으로 산스끄리뜨 어휘에 흔
히 쓰이는 접미어가 사용된 것이라고 한다. 즉 '……에게서 난
자'라는 뜻을 나타낼 때 낳은 자의 이름에 있는 모음을 장음으로
바꾸어놓는 aṇa 등의 접미어를 사용한 것으로, Vasiṣṭā(Vasiṣṭa
의 자손), Brigū(Brigu의 자손)의 경우에서와 같이 nārā는
nara의 자손과 같은 의미라는 것이다.
3) 브라흐만(brahman)의 다른 이름(메다띠티, 나라야나)이다.

[11] 모든 세상의 근원이면서, 드러나지 않고, 영원하고, 참과 참이
아닌 것 모두를 그 안에 담고 있으니, 그 뿌루샤[1]는 세상에서 브라
흐마라는 이름으로도 불리고 있다.

역주 1) Puruṣa : 태초의 인간 혹은 태초의 영혼(靈魂)이다. 브라흐만 혹
은 아뜨만(ātman)의 동의어로도 쓰인다.

브라흐마에 의한 세계창조

[12] 그 존자가 알 속에 그의 일 년 내내[1) 머물다가 명상의 방법을 써 알을 두 조각으로 나누었다.

[역주] 1) parivatsaram : '년'(年)을 수식하는 '일'은 하나(one)로서의 의미가 아니라 전체(whole)로서의 의미이다.

[13] 그는 그 알의 조각들로부터 하늘과, 땅 그리고 그 사이의 대공(大空), 여덟 방향과 영원히 존재하게 될 바다를 만들었다.

[14] 그리고 스스로 참과 참이 아닌 것, 그 둘을 모두 가지는 마나스[1)를 생겨나게 했다. 또한 마음에서 자아의식[2)을 가진 신(神, īśvara)이 생겨나게 했다.

[역주] 1) mānas : 흔히 '마음'으로 번역하지만 영어의 'mind'에서처럼 우리말의 '마음'과 '정신'의 의미가 같이 포함되어 있는 용어이다.
2) ahaṅkāra : '나다' '내가 있다'와 같은 자신의 존재에 대한 인지의식을 말한다.

[15] 그리고 그 자아의식을 만든 다음에는 아뜨만(Ātman),[1) 모든 창조물에 들어 있는 세 가지 근본속성[2)과 그 속성들로 만들어진 대상들을 감지하는 다섯 감각기관[3)들을 차례로 만들었다.

[역주] 1) 자기자신 혹은 진아(眞我)이다.
2) triguṇa : 진성(眞性, sattva), 동성(動性, rajas), 암성(暗性, tamas)(메다띠티, 꿀루까, 마니라마, 고윈다라자) 혹은 자아의식의 세 종류 즉 진성적 자아의식, 동성적 자아의식, 암성적 자아의식(라마짠드라)을 말한다. 제12장 24~50절 참조.

3) pañcendriyāṇi : 눈, 코, 혀, 귀, 피부(메다띠티, 꿀루까, 마니라마, 고윈다라자) 혹은 이들 인지감각 외에 행위감각인 성대, 손, 발, 항문, 생식기를 포함하여 그것을 다섯 감각기관으로 통칭(난다나)한다.

[16] 또한 그는 모든 곳에 무한히 뻗치는 광휘와 같은 이 여섯 요소들[1]에, 자신의 다양한 모습을 섞어서 모든 생물체들을 만들었다.

역주 1) ṣaṇṇām : 문맥상으로 보면 바로 위에 언급된 세 가지 근본속성을 하나로 보고 거기에 다섯 감각기관을 합한 것으로 볼 수 있다. 혹은 소리, 맛, 형태, 냄새, 촉감과 자아의식(메다띠티, 꿀루까) 혹은 세 가지 근본속성과 연관된 행위감각과 세 가지 근본속성과 연관된 인지감각을 각각 더해서 여섯(난다나)으로 볼 수도 있다.

[17] 이처럼 생물체들은 모두 여섯 미세요소들에 의지하고 있기 때문에 현자들은 그 육신을 일컬어 샤리라라고 하는 것이다.[1]

역주 1) 인도 문헌의 전통에서 자의적인 낱말풀이에 흔히 사용하는 동음이의(同音異義)를 이용한 경우로서 어근의 의미로는 관계가 없더라도 결과적으로 연결해서 연상이 가능하거나 설명이 가능할 때 설득력을 높이기 위한 의도로 사용한다. '육신'을 뜻하는 '샤리라'(śarīra)는 '여섯'을 뜻하는 '샤뜨'(ṣaṭ)와 그 어근이 동음이기 때문에 양자를 연결해서 풀이하고 있다.

[18] 그 안으로 다섯 근본물질들이 각각 그 까르마(일)를 가지고 들어왔으며, 그 자신의 미세한 부분들로 모든 생물체에 작용하는 영원히 파멸치 않을 마나스도 들어왔다.

[19] 이제 그 위대한, 광휘의 일곱 미세한 요소들로부터 세상이 생겨나니, 파멸하지 않는 것에서 파멸하는 것이 나온 것이었다.

〔20〕(창조된 세상은) 그 다섯 요소들의 다섯 성질을 하나하나 가지고 뻗어나갔으며, 그리하여 세상은 다섯 요소들을 가진 순서에 따라 그 성질들을 갖게 되었다.

〔21〕최초에 그는 베다의 가르침들을 통하여 모두에게 각기 다른 이름과 까르마(일)를 정하였으며, 모두 각기 다른 구조로 만들었다.

〔22〕그 만물의 주인은 업(業)을 가진 존재,[1] 신들[2] 그리고 세세한 (생물들의) 무리들과 사디야(Sādhya)[3]들을 만들었으며, 영원히 이어질 제사도 만들었다.

역주 1) karmātmā : 사람(manuṣya)(메다띠티) 혹은 필연적 업을 가지는 생명체(꿀루까) 혹은 업에 의한 육신을 가진 신(나라야나, 고원다라자, 라가와난다)으로까지 볼 수 있다.
2) 절대신이 아니라 신적 존재들을 말한다.
3) 문자대로의 의미는 '성취한 자'이며 일종의 신격(神格)이다.

〔23〕그 영원한 창조자가 그 제사를 이롭게 하기 위해, 아그니(Agni),[1] 바유(Vāyu),[2] 그리고 수리야(Sūrya) 이들 셋을 통해 영원히 존재하게 될 『리그 베다』, 『야주르 베다』(*Yajur Veda*), 『사마 베다』(*Sāma Veda*)를 꺼내었다.

역주 1) 불(火) 혹은 불을 형상화한 신이다.
2) 바람 혹은 바람을 형상화한 신이다.

〔24〕또 그는 시간, 시간단위, 별자리, 별, 강, 바다, 산, 평지, 험지들을 만들었다.

〔25〕창조자는 (계속해서) 열기(熱氣), 말(言), 성희(性戱) 그리고

욕망과 분노를 만들었으니, 이 모두가 그가 창조하고자 하는 뜻을 둔 결과로서 창조된 것들이었다.

〔26〕까르마(일)를 구분해 내기 위해 다르마와 다르마가 아닌 것을 정하였으며, 기쁨과 슬픔처럼 모든 창조물을 한 쌍으로 빚어내었다.

〔27〕다섯 근본요소들의 세밀한 성질에 따라 이 모든 것이 하나씩 생겨났다.

〔28〕이처럼 창조의 처음에 창조자가 각각에게 알맞는 업을 정해 주었으며, 그 스스로가 반복하여 까르마를 겪으면서 다시 태어나고 있는 것이다.

〔29〕창조의 처음에 창조자가 창조물에 부여한 대로 폭력과 폭력이 아닌 것, 부드러운 것과 단단한 것, 다르마와 다르마가 아닌 것, 진실과 진실이 아닌 것이 각기 그 자리로 들어갔다.

〔30〕계절이 바뀔 때 계절이 스스로 자신만의 모습을 취하는 것처럼, 사람도 자신의 까르마(業)를 스스로 취하는 것이다.

〔31〕세상을 구별짓기 위해 입과 팔 등에서 (각각) 브라만, 끄샤뜨리야, 바이시야, 슈드라를 나오게 하였다.[1]

역주 1) 이 구절은『리그 베다』제10장 제90편 12절에 나오는 뿌루샤 숙따(puruṣa sukta)에 기반을 두고 있는데 이는『마누법전』이후에도 끊임없이 계승되어 오고 있다. 위의 베다 구절에 의하면 입에서 브라만, 팔에서 끄샤뜨리야, 넓적다리에서 바이시야, 발에서 슈드라가 나왔다고 한다.

마누에 의한 세계창조

[32] 그는 스스로를 나누어 반은 남자, 반은 여자로 만들고, 그 여
자 안에 최초의 거대한 비라자[1]를 만들었다.

[역주] 1) virāja : 최초의 생명력을 지닌 존재이다.

[33] 재생자(再生者)[1]들 중에 가장 뛰어난 자여. 힘겨운 고행을 통
해 이 모든 것을 창조하였으니, 그 창조자가 바로 나임을 알라.

[역주] 1) dvija : 두 번 태어난 자. 첫번째 탄생은 부모의 육신을 통한 것
이고 두번째 탄생은 그후 입문의식을 통한 것이다(제2장 36~39
절 참조). 입문의식을 통해 두 번 태어날 수 있는 자격은 상위
세 신분 즉 브라만, 끄샤뜨리야, 바이시야에게만 해당된다. 그러
나 정통성은 항상 브라만에게만 해당되는 것이기 때문에 본문의
'가장 뛰어난 자'는 바로 브라만을 가리킨다.

[34] 내가 창조물들을 창조할 뜻을 두고, 고행을 통해 창조물의 주
인이 될 위대한 열 명의 선인들도 창조해 냈다.

[35] 그들은 마리찌(Marīci), 아뜨리(Atri), 앙기라스(Aṅgiras),
뿔라스띠야(Pulastya), 뿔라하(Pulaha), 끄라뚜(Kratu), 쁘라쩨
따(Praceta), 바시슈타(Vasiṣṭha), 브리구(Bhṛgu) 그리고 나라다
(Nārada)였다.

[36] 이들 뛰어난 영감을 가진 선인들은 일곱 마누와, 신들과 신들
이 머물 곳, 그리고 또 다른 위대한 광휘를 가진 성자들을 만들었다.

[37] 그 선인들은 또 약샤(Yakṣa),[1] 락샤사(Rakṣasā),[2] 삐샤짜

(Piśāca),[3] 간다르와(Gandharva),[4] 선녀(Apasarā), 아수라(Asura),[5] 뱀(nāga), 신들의 세계에 사는 새 수빠르나(Suparṇa)와 조상들을 모두 창조했다.

역주 1) 재물의 신 꾸베라(Kuberā)의 하급 신격이다.
2) 악마에 속하고 어두운 암흑세계에서 폭력을 추구하는 무리이다.
3) 악마의 무리 중 하나이다.
4) 음악과 예술의 정령(精靈)이다.
5) 악마의 무리 중 하나로서, 밝은 빛으로 상징되는 신에 반대되는 어둠 속의 존재로 흔히 등장한다.

[38] 또 번개, 천둥, 구름, 빛, 무지개, 유성, 회오리, 혜성 이 모든 것들도 만들었다.

[39] 낀나다(Kinnaḍa),[1] 원숭이, 여러 종류의 물고기와 새, 짐승, 닭과 같이 날개는 있으나 땅 위에 다니는 새, 인간 그리고 사자 등 위아래로 모두 이가 나 있는 모든 생물도 그들이 만들었다.

역주 1) 반인반수(半人半獸)의 형상이라고 알려진 일종의 신격이다.

[40] 기생충, 나방, 나비, 이, 파리, 빈대, 모기, 각다귀 그리고 움직이지 않는 것들도 그들이 만들었다.

[41] 이렇게 해서 나의 뜻에 따라, 위대한 영혼들이 스스로 고행의 방법을 통하여 움직이는 생물과 움직이지 않는 모든 생물들을 차례로 만들었다.

[42] 앞에서 만들어진 생물들에게 각기 주어진 까르마가 있다고 말했으니, 이제 그가 어떤 태어남을 통해 어떤 까르마와 만나게 되는

지에 대해 말하겠다.

〔43〕 위아래로 이가 있는 짐승, 닭, 맹수, 락샤사, 삐샤짜 그리고 사람 이들은 모두 자궁에서 태어나는 자들이었다.

〔44〕 새, 뱀, 악어, 물고기, 거북이 그리고 이러한 종류의 다른 것으로 땅에서 다니는 것들과 물에 다니는 생물들 이들은 모두 알에서 태어난 자(aṇḍaja)들이었다.

〔45〕 모기, 각다귀, 이, 파리, 빈대와 같은 생물들은 열기[1]에서 생겨나니, 이들은 땀에서 태어난 것(svedaja)들이었다.

역주 1) uṣan : tāpa(熱)(메다띠띠), 습기(나라야나), 땀이 나게 하는 열기(꿀루까, 라가와난다) 등으로 해석될 수 있다.

〔46〕 씨나 가지를 심어서 나는 모든 움직이지 않는 식물은 '씨에서 난 것'(udbhijja), 그리고 꽃이 피고 열매를 맺는 모든 식물은 '풀'(auṣadī)이었다.

〔47〕 그중에 꽃이 없이 열매를 맺는 것은 '숲의 주인'(bṛhaspati), 꽃과 열매가 모두 열리는 것은 '나무'(bṛkṣa)라고 부르게 되었다.

〔48〕 이렇게 하여 갖가지 다발식물, 관목, 그리고 모든 덤불, 옆으로 벌어지는 나뭇잎, 줄기식물들이 모두 씨와 가지들에서 생겨나게 되었다.

〔49〕 (전생에 이룬) 까르마(업)로 인하여 이들은 모두 갖가지 모양의 암흑으로 덮여 있으니, 이들은 안으로 의식을 가지며, 기쁨을 느

끼기도 하고 슬픔을 느끼기도 한다.

〔50〕 언젠가는 끝나게 될 생명을 가진 세상 속에서, 브라흐마로부
터 시작된 끝이 없는 창조의 과정은 오늘까지 계속 진행되어왔다.

〔51〕 이처럼 그 상상해 볼 수조차 없는 훌륭한 창조자는 이 모든
세상과 나를 창조했으며, 시간으로 시간을 소멸시키면서[1] 그 스스
로의 모습을 다시 안으로 거두어들이고 있다.

> 역주 1) kālaṁ kālena pīḍyan : 파멸의 시간으로 창조의 시간을 소멸시키
> 면서 즉 창조와 파멸을 반복하면서(꿀루까, 라가와난다, 마니라
> 마, 바루찌) 혹은 창조의 시간으로 파멸의 시간을 소멸시키면서
> (메다띠티)의 의미이다. 이외의 다른 주석가들의 의견으로는 고통
> 의 시간을 행복의 시간으로 소멸시키면서(난다나) 혹은 전(前)시
> 간을 후(後)시간으로 소멸시키면서(라마짠드라) 등이 있다.

【세계의 생성과 소멸】

창조자의 깨어남과 수면

〔52〕 그 신이 깨어날 때[1] 모든 세상도 다시 의식을 차리게 되고,
그가 평온 속에 있을 때 이 모든 세상은 눈을 감고 있다.

> 역주 1) 깨어 있는 상태는 자그라띠(jāgrati), 세상은 자가뜨(jagat)이다.
> 어근의 동음이의를 이용하여, 세상은 신이 잠들지 않고 '깨어 있
> 는 상태'라는 뜻도 전달하고 있다.

〔53〕 그가 그 본래의 자리에서 잠을 자고 있을 때, 모든 생물은 그들 마음의 욕망을 털어버리고 애욕을 버리니, 그때 스스로의 까르마(업)에서 풀려나게 되는 것이다.

〔54〕 그리하여 이 모든 생물들이 위대한 아뜨만 안에 다시 거두어지니 그때, 모든 아뜨만이 해방되어 행복한 잠을 자게 된다.

〔55〕 암성(暗性)에 의지한 만물들이 오랫동안 감각기관들과 함께 엉켜 있다가 각자 까르마(업)의 굴레를 벗어나게 되면 (그가) 그 육체로부터 벗어나게 되는 것이다.

〔56〕 그가 다시 미세한 형태가 되어 움직이거나 움직이지 않는 생물체의 씨앗으로 들어가게 되면 그는 지금까지의 육신을 떠나게 되는 것이다.

〔57〕 이렇게 해서 파멸치 않는 자[1]가 모든 움직이는 생물과 움직이지 않는 생물을 깨어나게 하고, 다시 (때가 되면) 수면상태로 만들어 소멸하게 하는 것이다.

역주 1) 브라흐마(꿀루까) 즉 창조자를 가리킨다.

〔58〕 (브라흐마가) 스스로 이 법을 만들어 창조의 때에 나에게 법도에 따라 가르쳐 주었으며, 나는 마리찌 등 성자들에게 그대로 가르쳐 주었다.

〔59〕 이제 이 경전을 브리구(Bhṛgu), 그대에게 모두 알려 주겠다. 그대는 내게서 모든 것을 훌륭히 익힌 자이기 때문이다.

〔60〕 마누께서 이렇게 말씀하시자, 선인 브리구는 기쁜 마음으로 다른 선인들에게 말하였다. 들으시오.

일곱 마누

〔61〕 자생자에서 나신 이 마누의 가문에 여섯 명의 마누가 더 계신다. 그들은 모두 위대하시며 커다란 광휘의 영혼들이시니, 각기 그들의 창조물을 만드셨다.

〔62〕 스와로찌샤(Svārociṣa, 스스로 빛나는 자), 웃따마(Uttama, 가장 높은 곳에 있는 자), 따마사(Tāmasa, 어둠), 라이와따(Raivata, 풍요), 짝슈샤(Cākṣuṣa, 시력) 그리고 위대한 광휘의 비와스와따(Vivasvata, 빛나는 태양)가 그 여섯 마누이다.

〔63〕 자생자로부터 나신 마누를 비롯한 위대한 광휘를 가진 일곱 마누께서는 각자의 맞는 때에 움직이거나 움직이지 않는 모든 생물들을 지어 보호하셨다.

시간의 개념

〔64〕 열여덟 니메샤[1]는 1까슈타(kāṣṭha), 30까슈타는 1깔라(kalā), 30깔라는 1무후르따(muhūrta), 그리고 30무후르따는 하루(낮과 밤)가 된다.

역주 1) nimeṣa : 눈 깜빡하는 시간을 나타내는 단위이다.

〔65〕신들과 인간들의 낮과 밤은 태양이 가른다. 밤은 생물체들이 잠을 자게 하기 위해 있고, 낮은 일을 하게 하기 위해 있게 되었다.

〔66〕인간들의 한 달은 그들의 하루에 속하고, 한 달은 두 개의 보름으로 나뉜다. 흑반월[1](黑半月)은 조상들이 일을 하게 하기 위해, 백반월[1](白半月)은 조상들이 잠을 자게 하기 위해 있게 된 것이다.

역주 1) 보름을 기준으로 하여 한 달을 둘로 나누는데, 상현달에서 그믐달까지의 달이 점점 작아지면서 어두워지는 기간을 흑반월(kṛṣṇa pakṣa)이라 하고, 초승달에서 상현달까지의 달이 점점 커지면서 밝아지는 기간을 백반월(śukla pakṣa)이라 한다.

〔67〕인간들의 일 년은 신들의 하루이다. 이것도 둘로 나뉘는데, 태양이 북으로 가는 6개월은 신들의 낮이고, 남으로 가는 6개월은 신들의 밤이다.

〔68〕이제 창조자 브라흐마의 하루와, 그의 시간의 단위에 대해 들어보라.

유가

〔69〕사천 년은 끄리따(kṛta) 유가(yuga, 紀), 사백 년은 그전의 여명기, 그리고 다시 그후의 사백 년 황혼기가 있다.

〔70〕또 다른 유가들도, 단계적으로 천 년씩 감소된 시간과 백 년 단위로 감소된 여명기와 마찬가지로 백 년씩 감소된 단위로 된 황혼기로 되어 있다.[1]

역주 1) 본문의 내용을 풀어쓰면 다음과 같다.

4,000+400+400=4,800년(끄리따 유가)

3,000+300+300=3,600년(뜨레따(tretā) 유가)

2,000+200+200=2,400년(드와빠라(dvāpara) 유가)

1,000+100+100=1,200년(깔리(kali) 유가)이므로 창조의 초기 시대인 끄리따 유가에서 파멸의 시대 깔리 유가까지는 4,800+3,600+2,400+1,200=12,000년이 된다. 메다띠티에 따르면 이것이 한 번의 창조에서 소멸까지에 걸리는 시간이다.

[71] 이렇게 해서 이루어진 네 유가 12,000년이 신들의 1유가에 해당하는 것이다.

[72] 이렇게 해서 이루어진 신들의 일천 유가는 브라흐마의 낮이요, 또 그만큼의 유가가 브라흐마의 밤이 된다.

[73] 일천 유가가 브라흐마의 낮, 그리고 그만큼이 밤임을 아는 자가 곧 낮과 밤의 신비를 아는 자이다.

마나스의 창조

[74] 그의 하루의 끝에 다다르면 자고 있던 브라흐마는 깨어나서, 참과 참이 아닌 것을 모두 갖는 마나스를 창조한다.

[75] 창조에 뜻을 둔 마음은 창조를 하고, 거기에서 대공이 생겨났는데 그 속성은 소리였음을 알라.

[76] 어디든 다니는 대공으로부터 모든 냄새를 실어 나르는 정(淨)하고 힘센 바람이 생겨났으며, 그 속성은 촉감이었다.

〔77〕 마음대로 모습을 바꾸는 바람(vāyu)으로부터 어둠을 부수는
성질, 빛이 생겨났으며, 그 속성은 열기이다.

〔78〕 그 여러 모습을 가진 열기(tejas)에서 맛의 속성을 가진 물이
생겨났으며, 그 물에서 먼지로 된 흙이 생겨났다. 최초에 창조는 이
와 같이 이루어진 것이다.

마누기

〔79〕 앞에 말한 1,200년 즉 신들의 1유가를 71배한 것이 1마누기
(紀)가 된다.[1]

역주 1) 1,200×71=852,000년=1마누기

〔80〕 이 마누기는 셀 수 없이 계속되며, 창조도 파멸도 그러하니 시
고의 통치자 빠라메슈띠[1]가 이 모든 것을 마치 유희하듯, 반복하여
다시 하고 또 하고 있다.

역주 1) Parameṣṭi : 지고의 자리에 머물러 있는 자(꿀루까, 마니라마)
혹은 브라흐만(라가와난다) 혹은 쁘라자빠띠(고윈다라자)로서,
창조자나 그 이상의 근원적 존재를 가리킨다.

【세계의 유지】

네 유가의 특징

〔81〕 끄리따 유가에 다르마는 스스로를 그 네 개의 다리로 지탱하

여 진리와 함께 서 있다. 그러므로 사람들은 다르마가 아닌 것을 통해서는 얻는 것이 아무 것도 없다.

〔82〕 그러나 다른 유가에서는 다르마가 아닌 것이 축적되기 때문에 다르마의 힘은 약해지니, 도둑질·거짓말·사기 등으로 인하여 다르마의 다리는 하나하나 줄어들게 된다.

〔83〕 끄리따 유가에서는 다르마를 따르기 때문에 사람들이 깨달음을 얻어 질병 없이 400년을 산다. 그러나 뜨레따, 드와빠라 그리고 깔리 유가에서는 점점 다르마가 줄어들기 때문에 그 수명이 차례로 100년씩 줄어들게 되는 것이다.

〔84〕 베다에 언급된 바로는 이 세상에서 사람의 수명, 까르마, 육신을 가진 것들에 대한 영향력은 그 유가에 따라 다르다.

〔85〕 유가가 기울면 그 다르마도 변하게 되므로 사람들에게 끄리따 유가에서의 다르마가 다르고, 뜨레따 유가에서 다르며, 깔리 유가에서도 또 다르다.

〔86〕 끄리따 유가에서는 고행(tapas)이, 뜨레따 유가에서는 지식(jñāna)이, 드와빠라 유가에서는 제사(yajña)가, 깔리 유가에서는 증물(dāna)이 그 시대를 대표하는 가치가 된다.

신분의 구별

〔87〕 그 지고의 존재는 창조된 이 모든 세상을 지키기 위해 입, 팔, 넓적다리 그리고 발에서 생겨난 자들의 까르마(의무)를 차례차례

정하였다.

〔88〕 베다를 배우고 가르치는 일, 제사를 치르고 주관하는 일, 증물을 주고 받는 일, 이렇게 여섯 가지를 브라만에게 정해 주었다.

〔89〕 인민을 지키는 일, 증물, 제사, (베다) 학습 그리고 감각적 대상[1]에 현혹되지 말 것을 끄사뜨리야에게 정해 주었다.

역주 1) 욕망을 불러일으키는 가무(歌舞)(메다띠티) 혹은 마음을 온통 기울이게 하는 여자 등(나라야나) 혹은 가무와 유희 등(꿀루까)으로 오감(五感)을 유혹함으로써 감각을 절제하는 데 방해가 되는 것들을 말한다.

〔90〕 짐승을 기르는 일, 증물, 제사, 베다의 학습, 상업과 농사는 바이시야에게 정해 주었다.

〔91〕 슈드라에게는 하나의 까르마(의무)만을 정해 주었으니, 그것은 슈드라는 질투 없이 위의 세 신분들에게 봉사해야 함이었다.

브라만의 뛰어남

〔92〕 사람의 몸에서 배꼽 위를 보다 청정하게 여기니, 자생자 브라흐마는 그중에서도 입을 가장 청정하다 하였다.

〔93〕 브라만은 몸의 가장 위에서 생겨났으며, 다른 모든 신분보다 먼저 태어났고 베다를 가지고 있으므로, 다르마로 보아 이 세상 모두에서 주인이다.

〔94〕 그 자생자는 스스로의 고행을 통해, 그들이 이 세상을 잘 보호하도록 신과 조상들에게 제물을 보내도록 하기 위해 가장 먼저 브라만을 입에서 생겨나게 했던 것이다.

〔95〕 신들과 조상들도 항상 그 제물을 입으로 먹으니, 입보다 더 훌륭한 것이 어디 있겠는가.

〔96〕 모든 만물 중에 생물체가 뛰어나고, 다른 생물체들보다는 지성을 쓰는 생물체들이 뛰어나고, 지성을 가진 자들 중에 사람이, 사람 중에는 브라만이 가장 뛰어나다.

〔97〕 브라만 중에서도 학식 있는 자, 그중에서도 자기가 해야 할 바를 아는 자,[1] 그리고 그중에서도 (훌륭하게) 행동하는 자,[2] 그중에서도 브라흐만을 아는 자[3]가 가장 뛰어나다고 한다.

역주 1) kṛtabuddhayaḥ : 게으르지 않고 자기 의지로 의무를 잘 수행하는 자(라가와난다), 베다를 거부하는 불교도가 아닌 베다의 진정한 의미에 충실한 자(메다띠티), 베다의 의미를 잘 아는 자(난다나)이다. 브라만은 베다를 가르치는 일을 가장 큰 의무로 삼기 때문에 사실 주석가들 사이에는 별 의견이 없는 셈이다.
2) kartāra : 인간으로서 훌륭한 행동을 하는 자(메다띠티) 혹은 바람직한 일과 바람직하지 않은 일을 가려서 하는 자(꿀루까, 고윈다라자)를 말한다.
3) brahmavedin : 진리를 아는 자(난다나), 브라흐만을 깨닫는 자(꿀루까), 아뜨만을 아는 자(고윈다라자), 훌륭한 자(라마짠드라)를 말한다.

〔98〕 브라만은 날 때부터 변함없는 다르마의 형상이니, 그것은 그의 태어남 자체가 다르마를 목적으로 하는 것이기 때문이다.

〔99〕 브라만으로 태어남이 땅위에서 얻는 가장 훌륭한 태어남이니, 그는 모든 생물의 다르마를 보호하는 자이기 때문이다.

〔100〕 세상의 모든 것은 그 브라만의 것이요, 브라만은 그 태생 자체로 모든 것에 권한이 있기 때문이다.

〔101〕 그는 언제나 자신의 음식을 먹고, 자신의 옷을 입고, 자신의 것을 가져다가 다른 자에게 준다. 다른 자들은 브라만의 자비로 먹는 것이다.

【마누의 가르침】

〔102〕 지혜로우신 마누는 그와 다른 자들에게 그 까르마를 알게 하기 위하여 이 가르침을 생각하신 것이다.

〔103〕 이 가르침을 현명한 브라만이 힘써 익히고, 그 제자들에게 훌륭하게 전해야 한다. 제자 아닌 자에게는 그 누구에게라도 이 가르침을 주지 말라.

〔104〕 이 가르침을 익히고 그에 따르는 브라만은 몸과 마음, 그리고 말로 인해 생기는 죄에 오염되지 않을 것이다.

〔105〕 그는 동일한 열(列)에서 음식을 공유할 수 있는 자들[1]과 가문을 정결하게 하니, 앞서간 일곱 세대의 조상들과 앞으로 올 일곱 세대의 후손들을 이롭게 하는 자이다. 그러한 자는 혼자서도 모든

땅 위의 세상을 이롭게 할 수 있다.

> [역주] 1) paṅkti : 문자대로의 의미는 '열'(列)이고, 동일한 신분(jati)으로
> 서 음식을 같이 공유할 수 있는 열 그리고 그 관계에 속하는 자
> 들을 말한다. 제3장 167절 참조.

[106] 지금까지 말한 것은 세상을 이롭게 하고, 지성을 늘게 하며, 제사를 수행하게 하고, 장수하게 하며, 지고의 행복[1]으로 가는 길을 밝혀주는 것이다.

> [역주] 1) niḥśreyasa : 고통을 모두 없앰으로써 해탈로 가는 방법(메다띠
> 티, 꿀루까, 나라야나)을 말한다.

바른 행동거지

[107] 또 그것은 까르마의 좋고 나쁜 작용과, 변함없는 네 신분(varṇa)들의 바른 행동거지에 관한 것이다.

[108] 계시서[1]와 그 전승서[2]대로의 도리가 가장 훌륭한 다르마요, 그러하니 아뜨만을 아는 재생자는 그 행동거지를 바르게 함에 항상 힘써야 한다.

> [역주] 1) śruti : 계시 혹은 계시서 즉, 베다를 뜻한다.
>   2) smṛti : 들음(śravaṇa)으로써, 기억함(smaraṇa)으로써 전해진
>   베다와 그 전통의 학문 즉 브라흐마나(brāhmaṇa), 아라니야까
>   (āraṇyaka), 우빠니샤드(upaniṣad) 등을 뜻한다.

[109] 옛말에 이르기를 행동거지를 바르게 하지 않는 브라만은 선

(善)한 과보를 얻을 수 없으니, 행동거지를 바르게 하는 브라만만이 그 과보를 얻을 것이라 하였다.

〔110〕(선인들도) 다르마로 향하는 성자들의 목적지를 보고서 바른 행동거지가 모든 고행의 기본이 됨을 알았다.

마누의 가르침의 내용

〔111〕(이 가르침에는) 세상의 창조, 여러 의식을 치르는 방법, 서계(誓戒), 도리(道理), 목욕(의식)에 관한 지고의 법도 등이 담겨 있으며

〔112〕처(妻)를 취하는 방법과 각 혼인의 특징, 대제사의 법도, 영원한 제사[1]

역주 1) śraddhakalpaṁ : 조상에게 바치는 제사의 규범(메다띠티, 나라야나, 라가완난다) 혹은 매번 창조된 각 유가에서도 변하지 않는 것(꿀루까)으로서의 제사이다.

〔113〕(여러 가지) 생업의 속성, 학습을 마친 자의 세계, 먹을 것과 먹지 말아야 할 것, 정(淨)함, 깨끗함

〔114〕여자의 다르마, 고행, 해탈, 기세, 왕국의 모든 다르마, 소송의 판결

〔115〕증인을 심문하는 방법, 여성과 남성의 다르마, (유산의) 분배, 노름에 대한 다르마, (다르마의 길에 있어서) 장애를 없애는 방법

〔116〕 바이시야와 슈드라의 도리, 혼종신분들의 발생, 곤경시 다르마의 실천 방법, 각 신분들의 속죄

〔117〕 윤회(輪廻), 세 가지 종류의 까르마의 생겨남, 지고의 행복, 까르마의 검토 및 판결

〔118〕 (그외에도) 지역·신분(jati)·가족의 영원한 다르마, 빠샨다[1]와 집단[2]의 다르마에 대해 여기에 마누께서 말씀하셨다.

> 역주 1) pāṣaṇḍa : 외도(外道)를 따르는 자 혹은 금지한 일을 일삼으려 하지 말아야 할 일을 하는 자(메다띠티)를 말한다.
>   2) gaṇa : 상인, 직인(職人), 기술자 등 특정직업의 집단을 의미한다.

〔119〕 (이러한 내용이 담겨 있으니), 이전에 내가 여쭈었을 때 마누께서 내게 가르침을 주시던 때처럼 그대들도 나의 가르침을 잘 들으라.

제2장

【다르마의 원천】

까마 속에서 행하는 다르마

〔1〕 그대들은, 학식 있는 자들이 받들고, 애착과 증오의 감정을 통제하는 능력을 가진 현인들도 가장 중요한 것으로 숭배하는 그 다르마가 무엇인지 알라.

〔2〕 까마(욕망)가 지나친 것은 칭송할 만한 것이 아니다. 그러나 까마를 모두 버리는 것도 마찬가지로 칭송할 만한 것이 아니다. 베다로 얻는 지식과 베다를 따르는 까르마의 길[1]도 사실 까마로 이루어졌도다.

> 역주 1) karmayoga : 제사(메다띠터, 난다나) 혹은 자신의 욕망을 달성하기 위해 하는 베다 학습 등(나라야나)을 말한다.

〔3〕 까마는 생각으로부터 생긴다. 제사도 생각에서 생겨났으며, 서

계, 감각의 절제, 다르마 등 이 모든 것이 생각으로부터 말미암았 도다.

〔4〕 까마 없이는 그 어떤 행위도 이루어지는 것을 보지 못했나니, 그것은 무엇이든 까마로 인해서 일이 이루어지기 때문이다.

〔5〕 그 (까마) 속에서 바르게 행하는 자는 영원히 죽지 않을 세상으로 갈 것이며 모든 것이 그가 생각하는 대로 이루어지리라.

다르마의 근본인 베다

〔6〕 베다는 모든 다르마의 근본이니, 베다를 아는 자들이 지키는 전승(傳承, smṛti)과 그것의 실천, (베다를 따르는) 선한 자(sādhu)들의 행동거지, 마음의 만족, 이 모든 것들에 있어 그러하다.

〔7〕 마누께서 말씀하신 그 어떤 다르마도 모두 베다에 들어 있는 것이니, 그[1]는 모든 지식을 담고 있기 때문이다.

> 역주 1) 마누(꿀루까)로 볼 수도 있고 베다(메다띠티, 나라야나)로 볼 수도 있다. 제12장 94~99절 참조.

〔8〕 지혜의 눈으로 이 모든 것을 알아보고, 계시를 인정하는 현명한 자는 자신의 다르마에 확고히 선 자로다.

〔9〕 베다와 그 전통에서 말한 다르마를 좇아 처신하는 자는 이 세상에서 명예를 얻을 것이며, 저 세상에서 가장 훌륭한 기쁨을 얻으리라.

〔10〕 계시서가 베다라고 할 때 그것의 전승은 다르마를 다루는 법전 (dharmaśāstra)임을 알라. 이것은 그 어떤 경우에도 시비를 가릴 성질의 것이 아니니 모든 다르마가 이 둘로부터 나오기 때문이다.

〔11〕 재생자로서, 베다와 그 전승을 논리로서 모욕하는 자는 학덕 있는 자들 속에서 배척당하리니, 그는 베다를 비난하는 자이므로 나스띠까[1]이다.

> **역주** 1) nāstika : 문자대로의 뜻은 '없는 자'이다. 주석가들은 베다를 논증하고자 하는 자와 전승을 인정하지 않는 자(메다띠티), 해괴한 논리를 가지고 베다를 비난하는 짜르와까(cārvāka) 등(꿀루까), 베다와 그 전승을 비난하는 자(난다나), 궤변 등에 의지하는 자 (라마짠드라), 엉터리 논리를 써서 베다와 그 전승을 비난하는 자(마니라마), 사후세계를 인정하지 않는 자(고윈다라자) 등으로 설명하고 있다.

〔12〕 베다, 전승, 모든 바른 행실, 자기 자신의 기쁨, 이 네 가지가 가장 직접적인 다르마의 상징이라 할 것들이다.

〔13〕 다르마의 지식은 아르타와 까마에 빠지지 않은 자들만이 가질 수 있다. 다르마를 알고자 하는 자들에게 있어 베다는 그것을 알게 하는 최고의 수단이기 때문이다.

〔14〕 계시서(베다) 안에서 서로 다름이 발견될 때는 두 가지를 모두 다르마로 삼으라. 현자들이 그 두 가지 모두 옳다고 말씀한 것이기 때문이다.

〔15〕 그대는 해가 떠올라 있을 때, 해가 떠오르기 전, 새벽, (이 가운데 언제라도) 제사를 치를 수 있다. 이 셋은 모두 계시서가 허용

한 때이다.

〔16〕 수태에서부터 죽을 때까지 (모든 의식을) 베다 구절로 치를
수 있는 자[1]들만이 이 가르침(śāstra)을 배울 자격이 있다. 그렇지
않은 자들은 자격이 없음을 알라.

역주 1) 상층 세 신분에 속하는 남자들만(메다띠티, 라가와난다, 고윈다
　　　라자)을 말한다. 제2장 66절, 제10장 127절 참조.

바른 행동거지의 기준

〔17〕 신들에게 속한 사라스와띠(Sarasvatī) 강과 드리샤드와띠
(Dṛṣadvati) 강 가운데 신들이 만든 나라가 있으니, 그곳은 브라흐
마와르따(brahmāvarta, 브라흐만의 땅)라고 불리는 곳이다.

〔18〕 그 나라에 네 신분과 그들로부터 생겨난 자들 사이에 전해져
내려온 행동거지가 바른 것이라 할 만하다.

〔19〕 꾸루끄셰뜨라(Kurukṣetra), 맛시야(Matsya), 빤짤라(Pañ-
cāla) 그리고 슈라세나까(Śurasenaka) 이들은 브라흐만 선인들이
있는 곳이니, 브라흐마와르따와는 또 다른 지역이다.

〔20〕 이들 지역에서 브라만으로부터 각기 그 바른 행동거지를 익혀
야 한다.

〔21〕 히말라야와 빈디야짤라(Vindhyācala) (산맥) 가운데 비나샤
나(Vinaśana)(강)[1]의 동쪽으로 세 강이 나누어지는 쁘라야가(Pra-

yāga)에서 서쪽으로 뻗은 지역이 있으니, 그곳을 마디야데샤
(madhyadeśa, 중원의 땅)라고 부른다.

역주 1) 문자대로의 뜻은 '사라진 것'이다. 인더스 강계에 속하지만 현재
　　　는 그 흔적만 있는 사라스와띠 강(메다띠티, 나라야나, 꿀루까,
　　　라마짠드라, 마니라마, 고윈다라자)을 가리킨다.

〔22〕 동쪽 바다에서 서쪽 바다까지, 히말라야 산맥과 빈디야짤라
산맥 가운데 있는 지역을 현명한 자들이 부르기를 아리야와르따
(āryavarta, 아리야들의 땅)라고 한다.

〔23〕 그곳은 본디 끄리슈나사라(kṛṣnasāra)라는 짐승들이 살고 제
사를 치르기에 적합하다고 알려진 곳이며, 그외 다른 지역들은 믈
렛차데샤(mlecchadeśa, 믈렛차들의 땅)이다.

〔24〕 재생자들은 각기 이들 나라들에 정착하여 제 힘으로 일하며
살고, 슈드라는 그 먹고 살 방도가 없는 자들이니 어디든 (자기들
이) 원하는 곳으로 가 살아야 한다.

〔25〕 이렇게 해서 다르마의 근원에 대해, 그리고 각 나라에 대해 말
했으니 이제 각 신분(varṇa)에 속한 자들의 다르마를 말하노라.

【유아기의 의식】

일련의 정화의식

〔26〕 재생자들은 이 세상과 저 세상에서도 그들을 정화해 줄 모든

의식들을 베다에서 규정한 까르마로 치러야 한다.

〔27〕 불로 태운 공물을 태아에게 바치는 의식, 탄생의식, 삭발의식, 문자(muñja)풀을 묶는 의식을 치름으로써 재생자들의 정자와 자궁에서부터 있던 죄들이 모두 사라지게 되는 것이다.[1]

> 역주 1) 불로 태운 공물을 태아에게 바치는 의식(gārbhaihoma―수태의식(garbhādhāna), 아들 탄생의식(puṅsavana), 가리마의식(sīmantonnayana)이 속해 있음), 탄생의식(jātakarma), 삭발의식(cūḍa), 문자풀을 묶는 의식(maujiñibandana―입문의식)은 일생의 열두 통과의례 가운데 여섯이다. 여기에 언급되지 않은 나머지 여섯은, 다섯번째인 작명의식(nāmakarman)(제2장 30절 참조), 여섯번째인 외출의식(제2장 34절 참조), 일곱번째인 음식수여의식(annaprāśana)(제2장 34절 참조), 열번째인 학습종료 삭발의식(keśānta)(제2장 65절 참조), 열한번째인 학습자 귀가의식(samāvartana)(제2장 245~46절 참조), 열두번째인 혼인의식(vivāha)(제3장 20~44절, 제9장 88~94절 참조)이다.

〔28〕 자습,[1] 서계, (아그니에 대한) 봉헌, 세 지식,[2] 대제사, 제사, 이들을 통해서 그 사람의 육신이 브라흐만으로 (나아가게) 되는 것이다.

> 역주 1) svādhyāya : 스승에게서 배우는 것이 아니라 스스로 베다를 학습하는 것(메다띠티, 라가와난다, 난다나, 라마짠드라, 고윈다라자)을 말한다.
> 2) trividyā : 세 베다 즉 리그 베다, 야주르 베다, 사마 베다(메다띠티, 나라야나, 난다나, 라마짠드라)이다.

탄생의식

〔29〕 탯줄을 자르기 전에 탄생의식을 하고 베다 구절을 암송하며 그

태어난 아기에게 금과 꿀과 우유버터(ghi)를 섞은 음식을 먹인다.

작명의식

〔30〕열흘째 되는 날 혹은 열이틀째 되는 날 그 아이의 이름을 지으라. 만일 이 기일 안에 하지 못하면 길일(吉日)과 길시(吉時)를 따로 잡아, 좋은 별자리의 기운을 가진 날에 하라.

〔31〕브라만의 이름은 길운이 드러나게, 끄샤뜨리야의 이름은 힘이 있게, 바이시야의 이름은 재복(財福)이 있게, 그리고 슈드라의 이름은 혐오스럽게 지으라.

〔32〕브라만의 이름은 평안을 가진 자의 의미가 나타나도록, 끄샤뜨리야의 이름은 보호하는 자의 의미가 나타나도록, 바이시야는 풍요를 주는 자의 의미가 나타나도록, 슈드라는 종(僕)임이 나타나도록 이름을 지으라.

〔33〕여자의 이름은 쉽게 부를 수 있고, 거칠지 않으며, 뜻이 분명히 드러나고, 길운이 보이며, 아름답고, 은총이 나타나도록, 그리고 끝소리는 장음(長音)으로 지으라.

외출의식과 음식수여의식

〔34〕넉 달째 되면 아기를 집 밖으로 데리고 나오고,[1] 여섯 달째 되면 음식을 입에 넣어주며,[2] 각기 그 가문(의 법도)에 맞게 행하라.

1) 외출의식을 설명하는 것으로 보인다. 제2장 27절의 역주 참조.
    2) 음식수여의식을 설명하는 것으로 보인다. 제2장 27절의 역주
       참조.

삭발의식

[35] 재생자에 속하는 아이는 태어난 해 혹은 셋째 해에 다르마에 맞게 삭발의식을 행하라.[1] 이것은 계시서의 말씀이다.

역주 1) 제2장 27절 참조.

【학습자의 다르마】

입문의식

[36] 브라만의 입문의식(upanānayana)은 어머니 뱃속에 든 지 8년째에, *끄샤뜨리야*는 11년째에, 바이시야는 12년째에 행한다.

[37] 브라흐만에 대한 총기를 바라는 브라만이라면 5년째 되는 해에, 힘을 바라는 *끄샤뜨리야*는 6년째 되는 해에, 재물을 바라는 바이시야라면 8년째에 (행한다.)

[38] 사위뜨리(Sāvitri)[1]는 (의식 치를 기회를) 브라만은 16세를, *끄샤뜨리야*는 22세를, 바이시야는 24세를 넘기지 않는다.[2]

역주 1) 먼동 혹은 어둠을 깨우는 새벽의 힘을 형상화한 여신의 이름이다.

2) 제2장 77~82절 참조.

〔39〕 누구든 이 정해진 때에 의식을 치르지 못하면, 사위뜨리 신으로부터 버림받아 아리야(Ārya)들의 사회에서 비난을 받으며, 브라띠야[1]라고 불리게 된다.

역주 1) vrātyā : 문자대로의 의미는 '서계를 깬 자' 즉, 파계자의 뜻이다.
제10장 20절 참조.

〔40〕 브라만은 앞에서 언급한 그 깨끗한 법도를 따르지 않는 브라만들과는 절대로 브라흐만의 관계[1]나 성적인 관계[2]를 갖지 말라.

역주 1) 베다를 가르치거나 제사를 수행해 주는 관계(메다띠티, 나라야나, 라가와난다, 난다나, 라마짠드라, 마니라마, 고윈다라자)를 말한다.
2) 딸을 내주는 관계 즉 혼인관계(메다띠티, 나라야나, 라가와난다, 난다나, 라마짠드라, 마니라마, 고윈다라자)를 말한다.

입문의식을 치른 금욕학습자

〔41〕 금욕학습자(brahmacārī)는 (위에는) 각각(의 신분에 따라) 흑사슴 가죽, 점박이사슴 가죽, 숫염소 가죽으로 된 옷을 입고, 아래는 각각 대마(大麻), 아마(亞麻), 털로 된 옷을 입는다.

〔42〕 허리에 두르는 옷은 브라만의 경우 문자풀에서 뽑은 실 세 가닥씩으로 만든 부드러운 것으로 하고, 끄샤뜨리야의 옷은 무르와(murva)풀에서 뽑은 실로 만든 것, 그리고 바이시야는 샤나딴뚜(sanatantu) 실로 짠 것으로 입는다.

〔43〕 문자풀이 없으면 짚이나 아슈만따까(aśmantaka)풀, 발와자(balvaja)풀로 된 것을 두른다. 그것을 세 번 돌려 두르고 매듭을 각각 (브라만은) 한 번, (끄샤뜨리야는) 세 번, (바이시야는) 다섯 번 묶는다.

〔44〕 브라만은 오른쪽으로 세 겹 두르는 성사(聖絲, upavita)[1]를 면으로 된 것으로, 끄샤뜨리야는 마(麻)로 된 것, 바이시야는 양털로 된 것으로 한다.

역주 1) 제2장 63절 참조.

〔45〕 브라만은 빌와(bilva)나무나 빨라샤(pālāśa)나무로 만든 지팡이를 짚고, 끄샤뜨리야는 바따(vāṭa)나무나 카디라(khādira)나무, 바이시야는 빠일라와(pailava)나 우둠바라(udumbara)나무로 만든 지팡이를 짚도록 한다.

〔46〕 브라만은 머리까지 오는 지팡이를 짚고, 끄샤뜨리야는 이마까지, 바이시야는 코까지 오는 지팡이를 짚는다.

〔47〕 모든 지팡이는 곧고, 흠이 나지 않고, 보기에 좋으며, 누가 보아도 그 껍질이 흉하지 않은 것, 그리고 불에 의해 흠나지 않은 것이어야 한다.

시물을 받는 법도

〔48〕 그 지팡이를 손으로 잡고 태양을 정면으로 보며 아그니의 주위를 오른쪽 방향으로 돈 뒤 법도에 따라 시물(施物)을 받기 시작한다.

〔49〕 이때 입문의식을 치른 브라만은 '당신께서'(bhāvan)라는 말을 맨 앞에 넣어 말하고, 끄샤뜨리야는 중간에, 바이시야는 맨 나중에 넣어 말하도록 한다.[1]

역주 1) 브라만은 'bhavān bhikṣaṁ dehi'(당신께서 시물을 주십시오), 끄샤뜨리야는 'bhikṣaṁ bhavān dehi'(시물을 당신께서 주십시오), 바이시야는 'bhikṣaṁ dehi bhavān'(시물을 주십시오. 당신께서)라고 한다(메다띠티, 꿀루까, 라가와난다, 라마짠드라, 마니라마, 고윈다라자).

〔50〕 시물은 가장 먼저 어머니, 여자 형제, 이모 혹은 그를 거절하지 않을 자로부터 받기 시작한다.

시물로 받은 음식의 음용

〔51〕 시물로 받은 음식은 숨김없이 스승(guru) 앞에 내놓고 스승에게 허락을 얻어 입을 헹군 후 동쪽을 향하고 정(淨)한 마음으로 먹어야 한다.

〔52〕 왜냐하면 동쪽을 향하고 음식을 먹으면 장수를, 남쪽을 향하고 먹으면 명예를, 서쪽을 향하고 먹으면 부(富)를, 북쪽을 향하고 먹으면 진리를 얻게 되기 때문이다.

〔53〕 재생자들은 음식을 먹을 때, 항상 입을 헹군 뒤 마음을 집중하도록 하라. 식후에도 입을 잘 헹구고 (얼굴의) 모든 구멍들을 물로 축이라.

〔54〕 항상 음식을 경배하고, 먹으면서 불평하지 말고, 음식을 보면

기쁜 마음으로 받아들이고, 어디서든 음식을 저주해서는 안된다.

[55] 이렇게 취한 음식은 항상 힘과 기력을 늘이는 것이 된다. 그러나 예배하지 않고 먹은 음식은 그 힘과 기력을 줄인다.

[56] 자신이 입을 댄 음식은 누구라도 먹게 하지 말고, 또 자신도 다른 사람이 입을 댄 음식은 먹지 말라. 과식은 하지 말 것이며, 먹으면서 돌아다니지 말라.

[57] 과식은 병이 들게 하고, 장수하지 못하게 하며, 천상으로 가지 못하게 하고, 덕을 쌓지 못하게 한다. 세상이 비난하는 바이니 과식하지 말라.

[58] 브라만은 언제나 (손의 부분 중에) 브라흐만의 성지(聖地) 혹은 쁘라자빠띠(Prajāpati)[1]의 성지 혹은 신들의 성지로 물을 축일 것이며, 조상들의 성지 부분으로는 물을 축이지 말라.

역주 1) 문자대로의 의미는 '창조된 만물의 주인' 즉 창조주이다.

[59] 엄지손가락의 뿌리 부분은 브라흐만의 성지, 새끼손가락의 뿌리 부분은 브라흐마 신의 성지, 다른 손가락의 끝부분들은 그외 다른 신들의 성지, 엄지와 검지 그 중간은 조상들의 성지라고 한다.

[60] 먼저 물을 세 번 삼키고 입을 두 번 헹군 후 (얼굴의) 구멍과 (몸 가운데) 아뜨만의 자리,[1] 머리에 물을 축이라.

역주 1) 가슴(나라야나, 꿀루까, 라가와난다, 난다나, 라마짠드라, 마니라마, 고원다라자)이라고 보기도 하고, 가슴 혹은 배꼽(메다띠티)이라고 보기도 한다.

〔61〕 다르마를 아는 자, 정(淨)하게 되고자 하는 자는 한적한 곳에서 동쪽이나 북쪽을 향하면서 손의 성지 부분으로 너무 뜨겁지도 너무 차갑지도 않은 물로 입을 헹구라.

〔62〕 브라만은 그의 심장까지 들어온 물로 정화되고, 끄샤뜨리야는 목구멍까지 들어온 물로 정화되고, 바이시야는 입까지 들어온 물로 정화되며, 슈드라는 입술에 닿는 물로 정화된다.

성사

〔63〕 재생자들이 오른팔을 들어 (왼쪽 어깨에서 오른쪽 허리로) 걸치는 성사(聖絲)는 우빠위따, 왼팔을 들어 (오른쪽 어깨에서 왼쪽 허리로) 걸치는 성사는 쁘라찌나위따, (어느 쪽 어깨에도 걸치지 않고) 목에 거는 성사는 니위따라고 부른다.

금욕학습자의 물건

〔64〕 허리에 감는 옷, 가죽으로 만든 웃옷, 지팡이, 성사, 물병 중 어느 것이라도 쓰지 못하게 되면 물 속에 던지고 베다 구절을 외운 후 새 것을 취한다.

금욕학습자의 삭발의식

〔65〕 브라만은 열여섯 살이 되는 해에 께샨따 의식을 행하고, 끄샤

뜨리야는 스물두 살에, 바이시야는 그보다 두 해 늦게 행한다.

여자들의 의식

[66] 여자들은 몸을 정결하게 하기 위해 적절한 때에 적절한 순서로 필요한 의식을 행하되 베다 구절을 외지 말고 해야 한다.

[67] 여자들에게 혼인의식은 베다가 정한 의식이라 한다. 남편을 공경하는 것은 스승의 문하에 머무는 것이며, 집안 일은 아그니 신에게 바치는 의식이다.

재생자의 학습

[68] 재생자들이 성사로 치르는 의식은 그들이 진정 재생자임을 알리는 것이니, 이제 그들이 행할 바에 대해 알도록 하라.

[69] 입문의식을 치르고 난 뒤, 스승은 제자에게 가장 먼저 몸을 정(淨)하게 하는 법, 행동거지, 아그니에게 바치는 의식, 해 저물 때 하는 예배[1]를 가르치라.

역주 1) 제2장 101~103절 참조.

[70] 학습을 시작하려는 자는 옷을 가볍게 입고, 감각을 절제하고, 법도에 따라 북쪽을 향하면서 물로 입을 헹구고 브라흐만에 대한 경배(brahmañjalī)를 해야 학습할 준비가 갖춰지는 것이다.

〔71〕 브라흐만[1]을 시작할 때와 마칠 때 제자가 고개 숙여 스승의 발에 손을 대고 나서 두 손을 모아 (경배)하니 이것을 브라흐만에 대한 경배라고 한다.

역주 1) 베다 학습(메다띠티, 나라야나, 꿀루까)의 의미이다.

〔72〕 양손을 엇갈리게 하여 스승의 발끝에 대는데, 왼손으로 스승의 왼발, 오른손으로 오른발을 대어 경배한다.

〔73〕 제자는 항상 '학습하라'는 스승의 말씀에 따라 게으름 피우지 말고 학습을 시작하고, 스승이 '그만하라'고 말씀하시면 학습을 그만한다.

베다 학습과 옴

〔74〕 브라만은 (학습의) 전후에 항상 '옴'을 소리내도록 한다. 그렇게 하지 않으면 학습한 내용을 잊게 된다.

〔75〕 동쪽을 보고 꾸샤풀을 깔고 앉아 그 정결한 풀로 정화된 자, 호흡법[1]을 세 번 반복하여 그로써 청정하게 된 자는 이제 '옴'이라는 소리를 낼 준비가 된 것이다.

역주 1) prāṇāyāma : 마음을 가다듬기 위해 숨을 고르는 것으로, 흔히 요가의 여덟 과정의 하나로 알려져 있다.

〔76〕 쁘라자빠띠는 아(a), 우(u), 마(ma) 이 세 가지 요소들과 부흐(bhuḥ), 부와흐(bhuvaḥ), 스와흐(svaḥ)[1] 이 세 가지를 세 베다

로부터 젖을 짜내듯 짜내었다.

역주 1) 학습을 관장하는 가야뜨리(Gāyatrī) 혹은 사위뜨리 여신에 대한
찬가에 나오는 후렴구이다(『리그 베다』 제3장 제62편 10절).

[77] 지고의 쁘라자빠띠가 세 베다로부터 '따뜨'(tat)로 시작하는
사위뜨리 구절[1] 한 마디 한 마디를 짜내었도다.

역주 1) '따뜨 사위뜨리 바레니얌'(tat savitṛ vareṇyam, 공경하는 그 사
위뜨리께)이다. 제2장 38절 참조.

[78] 그러므로 해가 뜰 때와 질 때, 그 소리(옴)와 후렴(부흐, 부와
흐, 스와흐)을 시작으로 베다 구절을 묵송하는 브라만은 베다의 공
덕을 얻게 된다.

[79] 재생자들은 (마을) 바깥에서 (옴, 후렴, 사위뜨리 구절의) 세
가지를 일천 번씩 한 달 동안 반복함으로써 아무리 대죄[1]가 있더라
도 뱀이 껍질을 벗듯 그 모든 것에서 풀려날 수 있다.

역주 1) 제11장 53~57절 참조.

[80] 이 리그 베다 구절을 취하지 않으며, 자신이 해야 할 마땅한
의식을 행하지 않는 브라만, 끄샤뜨리야, 바이시야는 선한 자들로
부터 비난을 받는다.

[81] 옴 소리와 함께 셋으로 된 후렴, 그리고 3행으로 된 사위뜨리
(베다 구절)가 브라흐만의 가장 중요한 부분임을 알라.

[82] 옴, 후렴과 함께 사위뜨리 구절을 3년간 꾸준히 게으르지 않

게 매일 암송하면 바람처럼 움직이는 자, 하늘과 같이 모든 모습을 가지는 자가 되어 지고의 브라흐만을 얻게 된다.

[83] 하나의 소리로 된 것(옴)은 지고의 브라흐만이며 호흡법은 지고의 고행이다. 그러나 사위뜨리 이상의 지고의 존재는 그 어디에도 없다. 진리[1]는 침묵보다도 훌륭하다.

[역주] 1) satyam : 옴 혹은 묵송(라가와난다, 마니라마, 난다나)을 말한다. 『찬도기야 우빠니샤드』 제2장 23절 참조.

[84] 아그니에 대한 봉헌과 제사 등 이 모든 베다의 행위는 결국 파멸하는 것이지만 소리(akṣara)(옴)는 결코 파멸(kṣara)하지 않는 것임을 알아야 한다. 그것이 바로 브라흐만이요, 쁘라자빠띠임을 알라.

묵송을 통한 성취

[85] 법도를 행하는 것보다 묵송하는 것이 열 배 낫고, 그보다는 낮은 소리로 낭송하는 것이 백 배, 그보다는 마음 속으로 되뇌이는 것이 천 배 낫다.

[86] 법도에 따라 치르는 네 가지의 음식조리제[1]가 있으나 그 모두를 합해도 묵송으로 얻는 효과의 1/16만큼도 되지 않는다.

[역주] 1) pākayajña : 문자대로의 뜻은 '불로 조리한 음식으로 하는 제사' 이며, 다섯 대제사(pañcamahāyajña) 중 브라흐만제(祭)를 제외한 바이슈와데와제(祭), 봉헌제, 조상제사, 손님대접(메다띠티, 꿀루까, 마니라마)을 말한다. 제3장 70절 참조.

〔87〕 브라만은 묵송을 통해 성취하는 것이니, 여기에는 의심할 여지가 없다. 그들은 다른 것을 행하거나 행하지 않는 것으로서가 아니라 오로지 (만물과) 친화함으로써[1] 브라만으로 불리는 것이다.

> 역주 1) 제사를 치를 때 불살생을 통해 즉 동물을 희생시키지 않고 묵송 등을 주로 해서 치르는 것이 바람직하다(메다띠티, 나라야나, 꿀루까, 난다나, 라마짠드라)는 의미이다.

감각의 절제

〔88〕 브라만은 (감각의) 대상들 속에 휩쓸리게 되어도, 마부가 말을 통제하듯 그 변덕스러운 감각들을 통제하는 데 온 힘을 기울인다.

〔89〕 이제 옛 현자들께서 말씀하신 열한 가지 감각들에 대해서, 그분들이 말씀하신 대로 하나씩 바르게 말하겠다.

〔90〕 귀, 피부, 눈, 혀와 다섯번째로 코, 그리고 항문, 생식기, 손, 발과 성대 (이들이) 바로 그 열 가지로 알려져 있다.

〔91〕 이 가운데 귀에서부터 차례대로 다섯은 인지감각, 항문에서부터 (차례대로) 다섯은 행위감각이라고 불린다.

〔92〕 그리고 열한번째 감각은 마음을 말하는 것임을 알라. 이 마음은 본래 (인지감각과 행위감각의) 두 가지 성질을 모두 가졌으니 마음을 절제하면 (인지감각이든 행위감각이든) 모두 절제할 수 있다.

〔93〕 감각에 매이게 되면 틀림없이 탈이 생기니, 그것들을 통제하

여야 그로 인해 뜻을 이룬다.

〔94〕까마(욕망)란 그것이 원하는 것을 즐겨 취하므로 절대 가라앉는 것이 아니다. 아그니가 봉헌으로 인해 더욱 거세게 타오르는 것과 마찬가지로 (까마란) 그럴수록 점점 더 거세지는 것이다.

〔95〕모든 까마를 찾아 채우는 자와 그 모든 것을 내버리는 자 중에서 모든 까마를 찾아 채우는 자보다 내버리는 자가 훌륭하다.

〔96〕대상들에 빠지지 않도록 통제하는 것은 지혜가 서는 것만큼이나 어려운 일이다.

〔97〕악한 마음을 가진 브라만은 베다, 포기,[1] 제사, 규율, 고행 (그 어떤 것)을 통해서도 뜻을 이룰 수 없다.

역주 1) tyāga : 증물을 받지 않고 재물을 버리는 것(메다띠터, 나라야나, 라가와난다)으로 볼 수도 있고 세상을 버리고 떠나는 것(난다나, 라가와난다)으로 볼 수도 있다.

〔98〕듣고도 만지고도 보고도 먹고도 냄새를 맡고도, 욕심도 내지 않고 싫어하지도 않는 자가 감각을 절제한 사람이다.

〔99〕만일 감각 중 하나라도 (통제하지 못하고) 놓치게 되면 물주머니의 작은 구멍으로부터 물이 새듯, (그 구멍으로) 그의 분별력이 새어 흐르게 된다.

〔100〕모든 감각을 절제하고, 마음을 굳건하게 할 것이며, 요가로 육신을 질병에 시달리지 않게 하라. 그렇게 함으로써 모든 목적을

성취할 수 있다.

해가 뜰 때와 질 때의 묵송

〔101〕동쪽에서 해가 나타날 때부터 뜰 때까지 사위뜨리 구절을 묵송하면서 움직이지 않고 서 있는다. 서쪽으로 질 때는 별들이 보일 때까지 앉아 있는다.

〔102〕동쪽에서 해가 뜰 때 베다 구절을 묵송하면서 서 있음으로서 낮에 속한 죄를 없애고, 서쪽으로 해가 질 때 앉아 있음으로서 밤에 속한 모든 죄를 없애는 것이다.

〔103〕동쪽에서 해가 뜰 때 서서 하는 예배, 서쪽으로 해가 질 때 서서 하는 예배를 드리지 않는 자는 슈드라와 같이 모든 재생자들의 까르마(행위)에 끼지 못하리라.

〔104〕숲에 들어가서 물 가까이 자리를 잡아, (감각을) 절제하고, 일상 의식들을 지키고, 마음을 집중하여 사위뜨리 구절을 학습하라.

평상시에 거르지 말아야 할 것

〔105〕베다의 부속 학문,[1] 일상 의식, 아그니 봉헌 베다 구절은 (베다) 자습을 하지 않을 때에도 거르지 말아야 한다.

역주 1) vedāṅga : 발성학(śikṣa), 기하학(kalpa), 천문학(jyotiṣa), 운율학(chanda), 어원학(nirukta), 문법학(vyākaraṇa)의 여섯

학문을 가리킨다.

[106] 일상 의식이 중단되는 일은 없어야 한다. 그것은 영원히 지속되는 것이기 때문이다. '와샤뜨'[1]도 (영원히 지속되는 것에) 공덕이 되는 것이다.

역주 1) 제사의 끝을 알리는 소리이다.

[107] 절제하고 정(淨)함을 유지하며 일 년 동안 법도에 따라 묵송하는 것, 그것은 바로 우유, 발효유, 우유버터 그리고 꿀을 봉헌하는 것과 같다.

[108] 입문의식을 치른 재생자는 배움을 마칠 때까지 스승에게 이로운 행동과 아그니에 대한 봉헌을 해야 하며, 시물을 받고, 땅바닥에서 잠을 자는 생활을 계속해야 한다.

스승의 자격과 자세

[109] 스승(ācārya)의 아들, 말씀을 잘 받들어 따르는 자, 지혜를 주는 자, 다르마를 따르는 자, 정(淨)한 자, 믿을 수 있는 자, 능력 있는 자, 재물을 주는 자, 선한 자, 자기 사람, 이렇게 열 가지에 드는 자들이 가르칠 수 있는 사람이다.

[110] 현명한 자는 묻는 것이 아니라면 아무 것도 말하지 말고, 정당치 못한 방법으로 묻는 자에게는 알고 있어도 목석처럼 처신하라.

[111] 왜냐하면 정당치 못하게 묻는 자에게 응대하는 자, 그리고

정당치 못한 방법으로 묻는 자의 둘 중 하나가 죽게 되거나 원수 같은 사이가 되기 때문이다.

〔112〕 다르마, 재산 혹은 말씀을 따르는 미덕을 갖추지 않은 자에게 학문을 가르치지 말라. 그러한 곳에 뿌려진 씨는 불모지에 심은 좋은 씨와 같기 때문이다.

〔113〕 브라흐만의 진리를 가르치는 자들은 학문을 전하지 못하고 그 학문을 지니고 죽을지언정, 소금밭에는 (씨를) 뿌리지 말아야 한다.

〔114〕 학문이 스스로 브라만에게 와서 말하노니 '나는 그대의 것이니 나를 보호해 주오. 나를 자격이 없는, 세상에서 비난받는 자에게 절대 건네지 말아주오. 그리해야 내가 씨의 힘을 계속 가지리니

〔115〕 오로지 정(淨)한 자, 감각을 절제한 자, 금욕학습자, 보물인 나(학문)를 지킬 수 있는 자, 자만에 취하지 않은 브라만에게만 나를 전하시오.'

〔116〕 (가르침을 주는 자에게서) 허락을 받지 않고 브라흐만[1]과 그에 따르는 지식을 몰래 익히는 자는 브라흐만을 훔친 죄로 인하여 지옥을 얻는다.

역주 1) 베다(꿀루까, 라가와난다, 라마짠드라, 마니라마)의 의미이다.

스승에 대한 대접

〔117〕 세상 학문이든 베다 학문이든 정신적 지혜에 관한 학문[1]을

받게 될 때는 받기 전에 먼저 그에게 경배해야 한다.

[역주] 1) 학문의 종류에 대해서 주석가들 사이에 어느 정도는 의견이 공통되지만 그 구체적인 내용은 약간씩 다르다. 세상(laukika) 학문은 음악, 춤, 악기 등에 관한 지식을, 베다(vaidika) 학문은 베다와 그 전승에 속하는 학문을, 정신적인 지혜에 관한 학문(adhyātmika)은 우빠니샤드 등을 가리킨다(메다띠티, 나라야나)는 견해도 있고, 각각 의학과 도덕, 베다의 의미를 알게 하는 학문, 브라흐만에 대한 지식(꿀루까)이라는 견해도 있고, 각각 농사와 그림, 봉헌의식 등에 관한 지식, 아뜨만의 깨달음을 위해 유용한 학문(라가와난다)이라고 보는 견해도 있다. 이외에도 실리론(arthaśāstra), 제사에 관한 지식, 아뜨만에 관한 지식(난다나, 마니라마)으로 또는 아유르 베다, 베다와 베당가, 상키야 철학 등 아뜨만에 관한 지식(고윈다라자)으로 보기도 한다.

〔118〕 사위뜨리 구절¹⁾의 핵심을 알고 스스로를 통제할 수 있는 브라만은 훌륭하나 스스로를 통제하지 못하는 자, 모든 것을 먹는 자, 모든 것을 파는 자, 이러한 자들은 설사 베다를 학습한 자라도 훌륭하다 할 수 없다.

[역주] 1) 제2장 76~78절, 148절 참조.

〔119〕 (스승이) 앉아 계시거나 잠자리에 계실 때는 그 자리에 앉지 말라. 잠자리에 있었거나 앉아 있었다면 바로 자리에서 일어나 (그를) 경배해야 한다.

〔120〕 어른들이 가까이 오시면 아랫사람의 숨은 위로 올라오게 되어 있으니 당장 일어나 경배함으로써 다시 그 숨을 갖게 되는 것이다.

〔121〕 언제나 웃어른들을 경배하여 잘 섬기는 자는 수명, 다르마,

명성, 힘 이 네 가지 모두가 늘게 된다.

인사의 법도

〔122〕 브라만은 윗사람들에게 인사할 때 고개를 숙이면서 '저는 아무개입니다'라고 이름을 말하라.

〔123〕 현명한 자는, 이름을 말하는 인사를 알아듣지 못하는 윗사람에게 (이름은 빼고) '저[1]입니다'라고 말하라. (윗사람이) 여자일 경우에는 항상 그렇게 하라.

역주 1) 1인칭 대명사를 말하고 인사를 하라는 의미이다.

〔124〕 인사를 올릴 때 자신의 이름 끝에 '보호'[1]를 넣으라. '이름'이라는 것은 워낙 그가 있음을 말하는 것이니, 이것은 선인들로부터 내려온 것이다.

역주 1) bhoh : 2인칭 정중체 호격 어휘이다.

〔125〕 브라만은 인사를 받을 때 '총명한 자여, 천수를 누리라'고 말한다. (그때 이 말 뒤에) 인사올린 자의 이름을 붙여주되 끝자음 앞에 있는 모음을 세 배로 길게 늘여서 발음한다.

〔126〕 브라만은 인사를 받을 줄 모르는 자에게는 인사하지 않아도 좋다. 그러한 자는 슈드라와 마찬가지이기 때문이다.

〔127〕 만나서 브라만에게는 평안한지, 끄샤뜨리야에게는 건강한지,

바이시야에게는 일이 번창하고 있는지, 슈드라에게는 병들지 않았는지에 대해 물으라.

[128] 수계의식[1]을 치른 자에게는 자신보다 나이가 적더라도 이름을 함부로 부르지 말라. 법도를 아는 자라면 존칭을 사용하여 대화해야 한다.

역주 1) dīkṣā : 베다를 전수하는 스승으로부터 인정받았음을 알리는 일종의 입회의식을 말한다. 이 의식을 치른 자는 소마제사를 치를 자격이 있다(라가와난다, 난다나).

[129] 다른 사람의 부인, 친족관계[1]가 아닌 여자들을 부를 때 숙녀(bhavati), 복 있는 부인(subhagi), 자매(bhaginī) 등 존칭으로 부르라.

역주 1) sambaddhā : 친척 등의 범위에 대해서는 『마누법전』 내에서도 이견이 많다. 이 경우는 부계나 모계 그 어느 쪽으로든 친족이 되는 자(메다띠티, 라가와난다, 난다나, 고윈다라자)라 하기도 하고, 친자매(나라야나, 꿀루까, 마니라마)라 하기도 한다.

[130] 외삼촌, 삼촌, 장인(丈人), 제관(ṛtvij),[1] 혹은 스승(guru)에게도 관계로 보면 윗사람이지만 나이로 아랫사람이 되면 그에게 경배는 하지 말고 자리에서 일어나 '저는 아무개입니다'라고 말하라.

역주 1) 리뜨위즈는 리그 베다를 담당하는 호뜨리(hotṛ) 혹은 호따(hotā), 야주르 베다를 담당하는 아드와리유(adhvaryu), 아타르와 베다(Atharva Veda)를 담당하는 브라흐만(brahman), 사마 베다를 담당하는 우드가뜨리(udgātṛ 혹은 udgātā) 등 각 베다에 근거하여 제사를 치러주는 제관들의 통칭이다. 이들은 각각 3인의 보조제관들의 보조를 받으므로 제사에서 리뜨위즈는 총 16인으로 구성되는 것이 보통이다. 제2장 143절 참조.

[131] 이모, 외숙모, 장모, 고모는 사모(師母)나 마찬가지니, 이들을 모두 사모에게 하듯 똑같이 대하라.

[132] 동일한 신분의 형제 부인[1]들에게는 매일 (발을 만져) 경의를 표하라. 그외 친족들의 여자[2]에게는 (밖에서) 돌아왔을 때만[3] 경배하라.

| 역주 | 1) 윗형제의 부인(메다띠티, 나라야나, 꿀루까, 난다나, 마니라마)만을 말한다. 제2장 71~72절 참조.

2) jñāti sambhandha yoṣita : 친가와 외가 친족들의 여자(메다띠티, 꿀루까, 마니라마, 고윈다라자) 혹은 일가관계의 여자들 가운데 윗사람(나라야나) 혹은 같은 고뜨라 출신의 여자들 가운데 윗사람(라가와난다)이라는 주석들이 있다.

3) 매일하지 말고 외출했다가 돌아왔을 경우에만(메다띠티, 꿀루까, 라마짠드라, 고윈다라자) 하라는 의미이다.

[133] 고모, 이모, 손위누이들을 어머니 대하듯 하라. 그러나 어머니는 이 모든 여인들 중에 가장 훌륭하다.

윗사람의 구별

[134] 같이 살아온 여자들이면 10년 위아래까지, 예술을 하는 자의 여자이면 5년 위아래까지, 베다에 정통한 브라만의 부인이면 세 살 위아래까지, 동족[1]들 중에 조금의 차이로 윗사람이나 아랫사람이 되는 여자에게도 (마찬가지로 예를 갖추어야 한다.)

역주 1) svayoni : 같은 가문(vaṅśa)에 속하는 자(메다띠티) 혹은 부계
　　　 친족에 속하는 자(라가완난다) 혹은 친형제에 속하는 자(라마짠
　　　 드라) 혹은 일가(sapiṇḍa)에 속하는 자(마니라마) 등 여러 주석
　　　 가들의 이견이 보인다.

〔135〕 열 살 된 브라만과 백 살 된 끄샤뜨리야 노인은 서로 부자지
간으로 생각하라. (그) 브라만은 (그) 끄샤뜨리야의 아버지이다.

〔136〕 재산, 친척,[1] 나이, 행위 그리고 학문, 이 다섯 가지 중 차례
로 앞의 것보다 뒤의 것이 훌륭하도다.

역주 1) bandhu : 부계 및 모계에 속하는 친족(메다띠티) 혹은 부계 친족
　　　 (꿀루까) 혹은 집안(kula) 사람(라가완난다) 등으로 볼 수 있다.

〔137〕 세 신분에 속한 자에게 차례로 (위에서 말한) 앞의 것보다
뒤의 것의 자질이 많으면 보다 나은 것이다. (인생의) 열번째 단계
에 도달한 자[1]라면 슈드라라도 훌륭하도다.

역주 1) daśamī gataḥ : 90세 이상의 노인(메다띠티, 꿀루까)을 말한다.

〔138〕 마차에 탄 자, (인생의) 열번째 단계에 있는 자,[1] 환자, 짐을
진 자, 여자, 스나따까,[2] 왕 그리고 윗사람에게 길을 비켜주는 것은
당연하다.

역주 1) 제2장 137절 참조.
　　 2) snātaka : 스승의 문하에서 베다 학습을 마치고 가주기(家住期)
　　　 에 들어설 준비가 된 자를 가리킨다.

〔139〕 이런 자들이 길에 함께 있다면 그중 학습을 마친 자를 왕보

다 훌륭하게 여기라.

스승

〔140〕재생자가 제자에게 입문의식을 행하고 베다와 의식, 비밀스
러운 것[1]을 가르치면 스승(acārya)이라고 불린다.

> 역주 1) sarahasyam : 우빠니샤드와 같은 비밀스러운 지혜를 다루는 교
> 의(敎義)(메다띠티, 나라야나, 꿀루까, 마니라마) 혹은 정신적인
> 지혜를 다루는 경전 등(라마짠드라)을 의미한다.

〔141〕베다의 한 갈래,[1] 베당가[2] 등을 평생 가르치는 브라만은 선
생(upādhyāya)이라고 불린다.

> 역주 1) vedasya ekadeśa : 베다 결집서(saṅhitā), 브라흐마나(메다띠
> 티, 꿀루까, 난다나, 라마짠드라)를 가리킨다.
> 2) 제2장 105절 참조.

〔142〕법도에 따라 (생명의) 씨를 뿌리는 (등 아버지의) 역할을 하
고 음식으로 자라게 해주는 브라만은 스승(guru)이라고 불린다.

〔143〕(제사의 당사자가 의뢰하면 그 의뢰인을 대신해) 아그니를
설치하는 제사, 음식조리제(pakayajña)[1], 아그니를 부르는 제사
등을 치르는 제관은 리뜨위즈라고 부른다.

> 역주 1) 제2장 86절 참조.

〔144〕귀에 진리인 베다를 채운 브라만, 그를 어머니 아버지로 알

아야 한다. 절대 해치지 말라.

〔145〕 스승(ācārya)은 선생(upādhyāya)보다 열 배 높고, 스승보다는 아버지가 백 배 높으며, 아버지보다는 어머니가 천 배 높다.

〔146〕 태어나게 한 자와 브라흐만의 진리를 전해 주는 자, 이 두 아버지 중에 브라흐만의 진리를 주는 자가 훨씬 훌륭하다. 현명한 자의 브라흐만을 받아들이기 위한 태어남[1]은 이 세상과 저 제상에서 영원히 지속되는 것이기 때문이다.

> 역주 1) brahmajanma : 베다 학습을 시작하는 입문의식(메다띠티, 꿀루까, 난다나, 마니라마, 고윈다라자)을 말하는 것이다.

〔147〕 어머니와 아버지의 까마로 인해 어머니 뱃속에서 태어나는 것, 자궁으로부터의 태어남도 하나의 태어남이다.

〔148〕 베다에 정통한 스승이 법도에 따라 사위뜨리 구절로 (새롭게) 태어나게 하는 것 그것은 진리로부터의 태어남이며, 늙지도 죽지도 않는 태어남이다.

베다를 가르치는 자가 스승

〔149〕 베다를 가르치는 자는 그 베다를 가르침으로 해서 적든 많든 은혜를 베푸는 것이니, 제자는 그를 스승으로 섬겨야 한다.

〔150〕 법도에 따르면 베다를 통해 다시 태어나게 해주는 자, 그리고 그의 의무를 가르치는 브라만은 배우는 자보다 아무리 나이 어

린 자라 해도 그의 아버지이다.

〔151〕 성인 앙기라사(Aṅgirasa)의 가르침을 아는 어린이가 그의 삼촌들을 가르치고 나서 그들이 제자와 같다 해서 '아들아'라고 말했나니

〔152〕 이에 화가 난 삼촌들이 신들에게 이 소년의 행동이 합당한지를 물었다. 신들은 말하기를, 이 소년이 (그대들을) 아들이라 부르는 것은 합당하다고 말했다.

〔153〕 지혜 없는 자가 어린 아이요, 베다의 구절을 전할 수 있는 자가 아버지이다. 지혜 없는 자는 어린 아이, 베다의 구절을 전할 수 있는 자가 아버지라고 (옛 스승들이) 말했기 때문이다.

〔154〕 나이가 많아서, 머리카락이 희어져서, 돈이 많아서, 혹은 친족 관계로 인해 윗사람이 되는 것이 아니요, 다만 베다, 베다의 부속 학문[1]을 익힌 자가 어른이니, 이렇게 보는 것이 다르마에 합당하다.

| 역주 | 1) 제2장 105절 참조.

〔155〕 브라만은 지혜가 높을수록 어른이며, 끄샤뜨리야는 힘이 셀수록 어른이며, 바이시야는 재물이 많을수록, 슈드라는 태어남이 빠를수록 어른이다.

〔156〕 머리카락이 희다고 해서 모두 어른이 되는 것이 아니요, 신들은 젊을지라도 베다를 익혀놓은 자가 어른으로 인정받는다고 하였다.

〔157〕베다를 학습하지 않은 브라만은 나무로 만든 코끼리, 가죽으로 만든 사슴처럼 단지 이름뿐이다.

〔158〕고자가 여자에게서 아무런 과실을 맺지 못하듯, 암소와 암소가 만나 아무런 과보를 맺지 못하듯, 어리석은 자에게 준 증물이 아무런 과보를 맺지 못하듯, 베다 구절을 모르는 브라만은 아무런 결실을 맺지 못한다.

부드러운 말씨와 바른 자태

〔159〕제자들을 훈련하는 데 있어 폭력을 쓰지 않는 것이 좋으니, 다르마의 구현을 원하는 (스승)이라면 말씨를 부드럽게 하라.

〔160〕마음과 말씨가 깨끗하고 항상 바른 자태를 가진 자, 그러한 자는 결국 베단따를 넘어섬으로써[1] 그 구하는 모든 과보를 얻는다.

역주 1) 베다가 말하는 지혜 즉 브라흐만의 진리를 알게 됨으로써(메다띠
티) 혹은 베다 학습을 마침으로써(난다나) 혹은 해탈을 얻음으
로써(나라야나) 등으로 풀이할 수 있다.

〔161〕스스로 괴로울지라도 어느 누구에게도 마음에 상처를 주는 일은 없게 하라. 어느 누구에 대해서도 적의를 품지 말 것이며, 어느 누구에 대해서도 거친 말을 하지 말라.

〔162〕항상 존경받음을 독사를 멀리하듯 피하고, 존경받지 않음을 불로감로(不老甘露)를 원하듯 쌓으라.

〔163〕 모욕을 받은 자는 다시 마음을 즐겁게 가지면서 자고 깨어나고 돌아다니지만, 모욕을 준 자는 파멸한다.

베다 학습

〔164〕 이와 같은 까르마(행위)를 통하여[1] 스스로를 정화시킨 재생자는 스승의 집에 머물면서 브라흐만을 얻기 위한 고행을 차차로 쌓아야 한다.

[역주] 1) 앞에서 언급한 행위들을 통하여(메다띠티) 혹은 탄생의식에서 입문의식까지의 앞에서 언급한 방법들을 통하여(꿀루까, 마니라마) 등으로 이해할 수 있다. 제2장 70절 이하 참조.

〔165〕 재생자들은 법도에 따라 각기 고행과 금식을 행하여 모든 베다와 비밀스러운 것[1]을 익히라.

[역주] 1) 우빠니샤드 등 아뜨만에 대한 비밀스런 지혜를 담은 경전(메다띠티, 나라야나, 꿀루까, 라가와난다)을 말한다.

〔166〕 브라만은 고행을 하며 항상 베다를 실천하라. 이 세상에서 베다를 실천하는 것이 브라만들에게는 최고의 고행이다.

〔167〕 화환을 목에 걸고 난(혼인한) 후에라도, 최선을 다해 가능한 한 베다를 많이 학습하는 자, 그는 손톱 끝까지 이르는 어려운 고행을 하는 것이다.

〔168〕 (베다) 학습은 하지 않고 다른 일에 힘을 기울이는 자는 집

안이 모두 슈드라와 같아지는 것이다.

〔169〕첫번째 태어남은 어머니에게서, 두번째 태어남은 입문의식에서, 세번째 태어남은 계시서의 제사를 통해서 태어나는 것이다.

〔170〕이 가운데 성사를 가지고 하는 브라흐만을 받아들이기 위한 태어남[1]에 있어 어머니는 사위뜨리, 아버지는 스승(ācārya)이라고 말한다.

역주 1) 제2장 146절 참조.

〔171〕베다를 주는 자, 스승(ācārya)은 아버지라 불린다. 왜냐하면 여기에 근거하지 않고는 문자풀을 (허리에) 묶는 어떠한 의식도 할 수 없기 때문이다.

〔172〕(입문의식을 치르지 않은 상태에서는 장례에 사용되는) '스와다'(svadhā)[1]라는 구절 외에는 브라흐만을 묵송할 수 없다. 베다로 (다시) 태어나기 전까지 그는 슈드라와 같기 때문이다.

역주 1) '(아무개에게) 바칩니다'의 의미이다. 제3장 252절 참조.

금욕학습자의 규정

〔173〕성사로서 입문의식을 치른 브라만은 자신의 서계에 따라 순서와 법도에 의해 차차로 베다를 익히도록 하라.

〔174〕입문의식에 필요한 가죽으로 만든 옷, 끈, 허리에 두르는 옷,

지팡이, 옷은 서계의식에도 마찬가지로 소용이 되는 것들이다.

〔175〕 고행을 더 쌓기 위해 금욕학습자는 스승의 거처에 머물면서 감각을 잘 통제하고 (아래와 같은) 규정(niyama)을 잘 지켜야 한다.[1]

역주 1) 제4장 204절 참조.

〔176〕 (금욕학습자는) 매일 목욕으로 정(淨)하게 하고 신, 선인, 조상들에게 물을 바치며, 신들에 대한 예배를 하고, 아그니에 공물을 올리는 일을 해야 한다.

〔177〕 (금욕학습자는) 꿀, 고기, 향, 화환, 즙, 여자, 신맛나는 것, 살생을 피해야 한다.

〔178〕 (금욕학습자는) 몸에 바르는 기름, 눈에 바르는 검정, 가죽신, 양산, 욕정, 분노, 탐욕, 춤, 노래, 연주

〔179〕 노름, 말다툼, 험담, 거짓말, 여자에게 추파를 보내거나 (여자를) 취하는 것, 모두 금지되어 있다.

〔180〕 잠은 홀로 자도록 하라. 정액을 낭비하지 말 것이며, 스스로의 까마(애욕)로 인해 정액을 흘리면 아뜨만(자신)의 서계를 깨는 것이다.[1]

역주 1) 제11장 119절 참조.

〔181〕 재생자이며 금욕학습자인 자가 꿈에 무의식적으로 사정하게 되면 목욕을 하고, 태양을 예배하며 '뿌나르 맘'으로 시작하는 리그

베다 구절[1]을 낮은 소리로 세 번 묵송해야 한다.

역주 1) 'aum punar mām aitva indriyam'(나의 감각이 다시 내게 돌아오기를)이다. 『따잇띠리야 아라니야까』(*Taittīriya Āraṇya-ka*) 제1장 30절 참조.

시물을 청하는 방법

[182] 물단지, 꽃, 소똥, 흙, 꾸샤풀 등을 모으고, 매일 시물(施物)을 받으러 나가라.

[183] 금욕학습자는 베다 제사에서 배제되지 않으며, 가주기의 의무에 충실한 자의 집에서 시물을 청하도록 하라.

[184] 스승(guru)의 집안, 부계 친족, 모계 친족의 집으로부터는 시물을 청하지 말라. 그러나 다른 곳에서 시물을 구하지 못하면 (앞으로부터의) 순서는 피하면서 (뒷순서부터) 시물을 청하도록 하라.

[185] 이러한 집에서의 시물이 모자라면 말을 삼가고, 감각을 절제하며, 마을에 가서 구하되 죄인[1]에게 청하는 것은 피하라.

역주 1) 살인 등 큰 죄를 범한 자(메다띠티, 꿀루까, 마니라마) 혹은 자기 신분으로부터 추방당한 자, 즉 빠띠따(patita)(라마짠드라)를 말한다. 빠띠따와 슈드라(나라야나)까지 포함하는 것으로 보기도 한다.

[186] 멀리서 장작을 해가지고 오면 우선 그것을 밖에 두었다가 이른 아침 저녁으로 게으름 피우지 말고 아그니에 바쳐야 한다.

〔187〕 병들지 않은 건강한 금욕학습자가 일곱 밤 동안 시물을 청하지 않고, 아그니 제사도 치르지 않은 경우에는 참회제를 치러야 한다.[1]

역주 1) 제11장 117~22절 참조.

〔188〕 금욕학습자는 시물을 청하되, 어느 한 사람으로부터 청한 음식은 먹지 말라. 이와 같이 시물로 받은 것을 먹는 것은 음식을 먹지 않는 것과 다를 바 없다.

〔189〕 (먹을) 뜻이 있을 때는 음식에 대한 서계를 지켜 신에 대한 제사, 조상에 대한 제사에서 음식을 먹되, 선인과 같이 조금만 먹어야 한다. 그래야 서계가 깨지지 않는다.

〔190〕 현자들이 식사에 대해 이처럼 말한 것은 브라만에 해당하는 것이지, 끄샤뜨리야, 바이시야에게 해당하는 것이 아니다.

스승을 대하는 자세

〔191〕 스승의 가르침이 있든 혹은 없든 항상 (베다) 학습을 할 것이며, 늘 스승에게 이롭도록 노력해야 한다.

〔192〕 (스승 앞에 설 때에는) 몸, 말, 생각, 감각, 마음을 통제하고, 스승 쪽을 보면서 평온하게 서야 한다.[1]

역주 1) 제2장 88~93절 참조.

〔193〕 손[1]을 항상 (옷) 밖으로 내놓고 행동거지를 바르게 하고 몸과 마음을 추스리며 (앉을 때는) 앉으라는 말씀이 있고 나면 스승 쪽을 향해 앉아야 한다.

역주 1) 내놓는 손은 오른손(나라야나, 꿀루까, 난다나, 라가와난다)이다. 제4장 58절 참조.

〔194〕 항상 식사와 옷은 스승의 것보다 못한 것을 취하며, 스승이 깨어나기 전에 깨어나며 그가 잠든 후에 잠자리에 들어야 한다.

〔195〕 언제나 누운 채로 (스승과) 대화하지 말라. 앉거나 먹거나 할 때는 얼굴을 돌린 채 있지 말아야 한다.

〔196〕 (스승이) 앉아 있으면 (제자는) 서고, (스승이) 서 있으면 (제자는) 그의 앞에 서며, (스승이) 뛰면 뒤를 좇아 뛰고 그러면서도 재빨리 (말씀을) 들어야 한다.

〔197〕 (스승이) 얼굴을 돌리고 있을 때는 그의 정면으로 가고, 멀리 있으면 가까이 가고, 주무시고 있으면 가서 인사하고, 가까이 계시면 머리를 숙여 (그 곁에) 머물러 (그의 말씀을 들어야 한다).

〔198〕 (제자의) 잠자리는 그의 가까이(에 두고) 앉을 자리는 항상 스승의 아래에 두며, 스승이 볼 수 있는 자리에 앉고, 아무 곳에나 앉지 말라.

〔199〕 간접적으로라도 스승의 이름만을 따로[1] 부르지 말고, 스승이 행동하고 말씀하고 몸짓하는 것을 흉내내지 말아야 한다.

역주 1) 경칭을 사용하지 않은 채(메다띠티, 꿀루까, 라가와난다, 난다나, 마니라마)의 뜻이다.

〔200〕 스승을 웃음거리 삼아 놀리거나 험담을 하는 곳에 있으면 귀를 막고 그곳에서 다른 곳으로 옮겨야 한다.

〔201〕 (스승에 대한) 욕설[1]은 (죽은 뒤 그 제자를) 당나귀가 되게 하고, 비난을 하면 개, (스승의) 재산을 옳지 못하게 쓰면 벌레, 질투를 하면 나방이 되게 한다.

역주 1) 욕설을 듣고 있는 것(메다띠티, 라가와난다) 혹은 욕설을 하는 것 (꿀루까, 난다나, 마니라마, 고윈다라자) 두 가지 견해가 있다.

〔202〕 멀리 선 채로 인사하지 말고, 화가 나 있거나 여자가 가까이 있을 때에도 인사를 하지 말며, 탈것에 타고 있다가 스승을 보면 내려 인사해야 한다.

〔203〕 역풍으로든 순풍으로든 바람이 부는 장소에서 스승과 함께 앉는 일이 없도록 해야 한다. 어떤 말도 스승이 듣지 않을 때는 해서는 안된다.

〔204〕 우차, 마차, 낙타차, 토방, 짚단, 멍석, 바위, 나무 의자, 배에는 스승과 함께 앉아도 된다.

〔205〕 스승의 스승에게는 스승을 대하듯 행동하며, 스승이 허락하기 전에는 다른 스승들에게 인사하지 말아야 한다.

〔206〕 학문을 가르친 스승들[1]에게도 그와 같이 대하고 동족,[2] 아

다르마(adharma, 不法)를 행하지 않도록 가르침을 주는 자들에게
도 그와 같이 대해야 한다.

역주 1) 제2장 140~45절 참조.
　　2) svayoni : 이 구절에서는 주석가들이 손위형제, 아버지 등(메다
　　　　 띠티) 혹은 아버지, 외삼촌 등(나라야나) 혹은 아버지뻘 되는 어
　　　　 른(꿀루까, 마니라마) 혹은 부모 등(난다나)으로 보았다.

〔207〕 항상 (자신보다) 더 나은 자, 스승의 아들, 가르치는 일을 하
는 자, 스승의 친형제 등에게도 스승을 대하듯 하라.

〔208〕 스승의 아들이 나이가 어리거나 같더라도 혹은 제사의식에
있어서는 아직 배우는 자라도 그가 가르치는 (일을 하는) 자라면
스승과 같이 대접할 수 있다.

〔209〕 스승의 아들의 몸을 씻어주거나, 목욕을 돕거나, 그가 먹던
음식을 먹거나, 그의 발을 씻지 말라.

사모에 대한 예의

〔210〕 동일한 신분에 속하는 사모에게는 스승에게 하듯 항상 예를
다해 인사하되, 신분이 같지 않은 사모에게는 자리에서 일어나 예
를 갖추면 된다.

〔211〕 사모의 몸에 기름을 바르거나, 목욕을 거들거나, 몸을 안마
하거나, 머리를 감기지 말라.

〔212〕옳고 그른 것을 구별할 줄 아는 스무 살이 넘은 젊은 제자라면 젊은 사모의 발을 직접 만지며 경의를 표하지 않아야 한다.

〔213〕여자들의 본성이란 남자들을 타락하게 하므로 여자들에 대해 방심하지 말고 방만한 여자들을 멀리해야 한다.

〔214〕방만한 여자는 어리석은 자뿐 아니라 브라만조차도 타락하게 하여 이 세상에서 애욕, 분노에 현혹되게 한다.

〔215〕어머니, 누이, 딸과도 한자리에 같이 앉지 말라. 거센 감각들은 (제아무리) 현명한 자일지라도 꾀어낼 수 있다.

〔216〕필요하다면 젊은 사모에게도 '저는 아무개입니다'라고 말하면서 법도[1]에 따라 땅에 대고 경의를 표한다.

역주 1) 제2장 131절 참조.

〔217〕멀리 다녀온 자는 사모의 발을 두 손으로 대고 늘 다르마를 기억하며 경의를 표해야 한다.

금욕학습자의 성실과 인내

〔218〕삽으로 땅을 파는 자가 언젠가 물을 보듯, 스승을 성심껏 경외심으로 모시는 자가 어느 날엔가 스승 안에 든 학문을 얻는다.

〔219〕금욕학습자는 머리를 깎아도 땋아도 틀어올려도 괜찮다. 다만 그가 마을 내에서 자는 동안 일출과 일몰이 있지 않도록 해야 한다.[1]

[역주] 1) 일출과 일몰시에는 마을 바깥에 나가 의무를 행해야 한다(메다띠
티, 나라야나) 혹은 마을 내에서 이 시간에 잠을 자고 있어서는
안된다(꿀루까, 라마짠드라)는 의미로 풀이할 수 있다.

[220] 의식적이든 무의식적이든 그가 아직 자고 있는 동안에 해가
떴다면 하루 종일 단식을 하고 묵송을 해야 한다.

[221] 금욕학습자가 잠자고 있는 동안 해가 뜨거나 해가 졌다면 그
죄를 씻김받지 않고는 큰 죄를 가지게 된다.

[222] 항상 일출과 일몰시에는 입을 헹구고 마음을 깨끗이 하여 정
(淨)한 장소에서 마음을 집중하여 법도에 따라 묵송을 하고 (태양
을) 숭배하라.

훌륭한 자와 훌륭한 일

[223] 여자나 낮은 자[1]라도 만일 그가 훌륭한 일을 하고 그에 대해
마음이 기쁘다면 그 모든 일을 인정해 주어야 한다.[2]

[역주] 1) 스승의 부인이나 아랫사람(메다띠티) 혹은 여자나 슈드라(꿀루
까)로 볼 수도 있다.
2) 법도에 어긋나는 경우라 하더라도 무시하지 말고 인정해 주어야
한다(메다띠티) 혹은 자신도 본받아 성심껏 그 일을 해야 한다
(나라야나, 라마짠드라, 고윈다라자)는 의미이다.

[224] 어떤 이는 다르마와 까르마가, 어떤 이는 까마와 아르타가,
어떤 이는 다르마만이, 어떤 이는 아르타만이 훌륭하다고 여기지
만, 사실은 다르마, 아르타, 까마 이 셋이 모두 훌륭한 것이다.

부모에 대한 도리

〔225〕 아무리 힘든 경우라도, 특히 브라만은 스승, 부모, 형을 절대 함부로 대해서는 안된다.

〔226〕 스승은 브라흐만의 형상이며, 아버지는 쁘라자빠띠, 어머니는 쁘리트위(Pṛthvī),[1] 형은 그 자신의 형상이다.

역주 1) 흙(땅) 혹은 흙(땅)을 형상화한 여신의 이름이다.

〔227〕 부모가 자식을 낳음에 겪는 고통은 일백 년 동안에도 갚을 수가 없다.

〔228〕 부모의 말씀에 따라 행동할 것이며, 항상 스승이 기뻐하도록 일을 하라. 이들이 기뻐하게 되면 그의 모든 고행이 완성되는 것이다.

〔229〕 이들을 기쁘게 해드리는 것이 최고의 고행이라 하였으니 이들의 허락 없이 다른 다르마를 따르지 말라.

〔230〕 이들은 각각 삼계,[1] 세 인생기(āśrama), 세 베다, 세 아그니[2]를 상징하는 것이다.

역주 1) 천계(天界)(브라흐만계), 지계(地界), 공계(空界)(나라야나)를
　　　 말한다. 제2장 233절 참조.
　　　 2) 제2장 231절 참조.

〔231〕 아버지는 가장(家長) 아그니요, 어머니는 남쪽의 아그니,

스승은 신을 부르는 아그니이니, 이들 세 아그니는 위대한 것이다.

〔232〕 이들 셋에 대해 소홀함이 없는 가장은 삼계를 정복하고 광휘로 된 육신으로 천상에서 신처럼 살리라.

〔233〕 이 세계는 어머니에 대한 신헌(信獻, bhakti)으로써 얻고, 가운데 세계[1]는 어버지에 대한 신헌으로써 얻으며, 브라흐만 세계는 스승에 대한 신헌으로써 얻는다.

역주 1) 위의 천계와 아래의 지계 사이에 있는 공계(메다띠티, 꿀루까)를 말한다. 제2장 230절 참조.

〔234〕 이 셋(부, 모, 스승)을 항상 받들면 그의 모든 다르마가 결실을 가득 맺을 것이며, 이 셋을 숭배하지 않으면 그의 모든 행위는 아무런 결실을 맺지 못한다.

〔235〕 그들이 살아 있는 동안에는 다른 데 얽매이지 말라. 항상 이 셋에 대해 이들의 마음을 기쁘게 함을 즐거워하며 봉양하라.

〔236〕 이들의 허락 안에서 마음, 말, 행위로써 할 것을 하며, 이들을 모시기를 항상 청하라.

〔237〕 사람의 일의 총합은 이 셋 안에 들어 있다. 이것이 직접적인 지고의 다르마이며, 이것 이외의 다르마는 모두 부수적인 다르마이다.

가르침을 주는 자에 대한 순종

〔238〕진정 존경받는 인물은 아랫사람에게서라도 훌륭한 학문을 배우고, 아무리 낮은 자[1]에게서라도 가장 높은 다르마를, 비천한 출생[2]에게서라도 보석을 발견한다.

> **역주** 1) avara : 주석가들의 의견이 다양하다. 슈드라 등(꿀루까, 마니라마), 어린 아이(나라야나), 역순으로 생겨난 혼종신분 등(라마짠드라), 브라만보다 낮은 신분(고원다라자) 등으로 보았다.
> 2) antya : 짠달라(caṇḍāla) 등(메다띠티, 꿀루까, 마니라마) 혹은 슈드라 등(나라야나, 라마짠드라, 고원다라자)으로 두 가지 의견이 있다.

〔239〕독에서 감로수가 나올 수 있고, 훌륭한 말이 어린이에게서 나올 수 있으며, 훌륭한 행동이 적에게서도 나올 수 있으며, 불결한 것에서 금이 나올 수 있음을 알아야 한다.

〔240〕여자, 보석, 학문, 다르마, 정(淨)함, 훌륭한 말씀, 기예 이 모든 것이 그 어디에 있든 받아들이라.

〔241〕어쩔 수 없는 경우, 브라만이 아닌 자에게서도 가르침을 구할 수 있다. 적어도 가르침을 받을 때까지 가르침을 준 자의 뒤를 따라 걸으며, 그의 말씀에 순종하라.

〔242〕브라만 제자가 높은 목적을 가진 자라면 브라만이 아닌 스승 곁에 평생을 머물지 말라. 베다와 그 전통의 학문을 제대로 알지 못하는 브라만 스승 곁에 평생을 머물지 말라.

〔243〕그러나 만일 제자가 스승의 집에 평생 머물기를 원한다면 육

신을 버리는 날까지 그를 모셔야 한다.

[244] 진정 순응하여 스승을 모신 제자 브라만은 죽는 순간 영원히 브라흐만 세계로 가기 때문이다.

금욕학습기의 마침

[245] 마지막 목욕을 하고, 학습을 마쳤으므로 이제 떠나도 좋다는 스승의 허락을 얻은 후, 무엇이든 최선을 다해 스승에 대한 답례를 하라. 그전에는 하지 말라.

[246] 밭, 금, 소, 말, 양산, 신발, 자리, 곡물, 채소, 옷 등 그 무엇이든 스승에게 기쁜 마음으로 올리라.

스승의 사망

[247] 스승이 사망하면 그 아들, 부인, 일가[1]들은 스승과 마찬가지이니 스승 대하듯 하라.

역주 1) sapiṇḍa : 조상 제사에 올리는 공물을 삔다(團子, piṇḍa)라고 하는데, 이 단자를 함께 나누어 먹는 관계를 가리킨다. 제5장 59~62절 참조.

[248] 이런 자들이 없으면 스승의 아그니 가까이에서 목욕하고, 자리에 앉고, 걸어다니는 모든 것을 통하여 스스로 구도해야 한다.

〔249〕이처럼 하여 (서계를) 깨지 않고 끝까지 금욕을 수행하는 브라만은 최고의 자리를 얻는다. 그는 이 세상에 다시 태어나지 않는다.

제3장

【가장(家長)의 다르마】

가주기

〔1〕 스승의 거처에 머물며 36년간[1] 세 베다[2]의 학습에 대한 서계를 지키라. 혹은 그 절반이든 그 사분의 일이든 끝낼 때까지 그리하라.

> **역주** 1) 각 베다에 12년씩(마니라마, 고윈다라자) 모두 합해서 36년이다.
> 2) 『리그 베다』, 『사마 베다』, 『야주르 베다』이다.

〔2〕 금욕학습자로서의 해야 할 바를 지켜 세 베다, 혹은 두 베다, 혹은 하나만이라도 학습한 후에 가주기(家住期)에 들라.

〔3〕 자신의 다르마를 지켜 독실한 아버지[1]로부터 베다의 재산을 물려받은 자에게는 먼저[2] 화환을 걸어주고 훌륭한 자리에 앉게 하며 암소에서 나온 것[3]으로 경축한다.

역주 1) 베다를 가르치는 첫번째 의무와 그럴 만한 능력을 가진 아버지이지만 이러한 의미에서 아버지가 아닌 스승도 포함(메다띠티, 꿀루까, 마니라마, 고윈다라자)된다. 혹은 아들에게 베다를 가르치는 스승에게 그 대가를 지불하는 것은 아버지이기 때문에 독실한 아버지(난다나)라는 주석도 있다.
2) 혼인 전(메다띠티, 꿀루까, 마니라마) 혹은 가주기에 들기 전(고윈다라자)의 의미이다. 즉 이와 같은 차례를 거친 후 가주기에 들게 한다.
3) gavā : 여기에서는 암소에서 나온 다섯 가지가 아니라, 우유와 꿀로 만든 음식(madhuparka)(메다띠티, 꿀루까, 라마짠드라, 마니라마, 고윈다라자)을 말한다.

혼인과 배우자의 선택

〔4〕 재생자는 스승이 허락하면 법도에 따라 목욕을 하고 학습을 마치는 의식[1]을 치르며, 동일한 신분에서 배필이 될 만한 처녀와 혼인하라.

역주 1) 제2장 245~46절 참조.

〔5〕 일가(sapiṇḍa)[1]에 속하지 않고 일족[2]에도 속하지 않으며 재생자 처로서의 의무를 다함에 있어 능하고 성(性)에도 밝은 처녀와 혼인하라.

역주 1) 제3장 122절, 제5장 60절 참조.
2) sagotra : 고뜨라(gotra)의 문자적 의미는 '소우리'이며 소를 공동으로 소유하는 집단 즉 넓은 범위의 가족 즉 씨족을 나타낸다. 따라서 사고뜨라는 같은 씨족을 가리키는데, 실제로든 신화상으로든 그들은 동일한 시조를 가진다.

〔6〕 그러나 처녀의 가문이 암소, 염소 등 재산이 아무리 많다고 해
도, 다음과 같은 가문의 처녀와는 혼인관계를 맺지 말아야 한다.

〔7〕 의식[1]을 제대로 치르지 않거나, 남자가 없거나, 찬가를 부르지
않거나,[2] 몸에 털이 많이 난 자·치질·폐병 환자·원기가 없는
자·간질·백나병·나병을 앓고 있는 자가 있는 가문(의 처녀와는
혼인하지 말라.)

역주 1) 탄생의식을 비롯한 가정의식(꿀루까)을 말한다.
      2) 베다 학습을 하지 않는 것(메다띠티, 나라야나, 꿀루까, 라가와
         난다, 난다나, 라마짠드라, 마니라마, 고윈다라자)을 말한다.

〔8〕 머리카락이 붉거나, 사지가 더 있거나, 심약하거나, 털이 없거
나, 털이 너무 많거나, 말을 너무 많이 하거나, 눈 흰자위가 누런
빛을 띤 자

〔9〕 별자리, 나무, 강, 믈렛차,[1] 산, 새, 뱀, 그리고 종의 이름을 가
졌거나 끔찍한 느낌의 이름을 가진 자와는 혼인하지 말라.

역주 1) mleccha : 산스끄리뜨를 쓰지 않는 자, 즉 아리야(Ārya)가 아닌
         자, 이방인을 가리킨다.

〔10〕 신체에 이상이 없고, 아름답고 부르기에 즐거운 이름을 가진
자, 백조나 코끼리처럼 우아하게 걸으며, 머리와 몸의 털이 적당하
며, 이가 오목조목하며, 살결이 부드러운 자와 혼인하라.

〔11〕 형제가 없거나 그 아버지가 누구인지 모르는 처녀는 뿌뜨리
까(putrikā)[1]일 수도 있으니, 현명한 자라면 그 처녀와 혼인하지

않는다.

[역주] 1) 아들의 역할을 하는 딸을 가리킨다. 제9장 127절 참조.

배우자의 신분

[12] 처음 (혼인)에는 재생자의 일을 훌륭히 치를 수 있는, 동일한 신분(varṇa)에 속하는 배필을 택해 혼인하는 것이 가장 좋다. 만일 성적 욕망을 충족시키는 것이 주목적인 혼인이라면 자기보다 낮은 신분의 처녀를 차례로 택해 혼인한다.

[13] 슈드라는 슈드라 처녀와 혼인한다. 바이시야는 같은 바이시야 처녀, 끄샤뜨리야는 그들(슈드라, 바이시야 처녀) 혹은 같은 끄샤뜨리야, 브라만은 그들(슈드라, 바이시야, 끄샤뜨리야) 중에서 (택해) 혼인한다.

[14] 그러나 그 어디에서든 브라만이나 끄샤뜨리야에게 동일한 신분의 여자 중에 마땅한 배필이 없다고 해서 슈드라 여자를 택하라고는 권하지 않는다.

[15] (그 모습에) 매혹되어 비천한 계급의 여자와 혼인하는 재생자는 그 자손과 함께 슈드라가 된다.

[16] (선인) 아뜨리(Atri)와 우따티야(Utathya)의 아들[1]이 말하기를 슈드라 여자의 남편이 되는 자는 (그 명예가) 떨어지리라[2] 하였다. 샤우나까(Śaunaka)는 그에게서 자식을 낳는 자, 브리구도 그에게서 아들을 낳는 자는 그러하리라 하였다.

역주 1) 가우따마(Gautama)이다(꿀루까).

2) patati : 빠띠따와 같은 상태가 된다(메다띠티, 꿀루까, 라마짠
    드라, 마니라마, 고윈다라자).

[17] 슈드라 여자와 동침하는 브라만은 지옥으로 떨어질 것이며, 거기서 아들을 얻는 자는 더 이상 브라만이 되지 못한다.

[18] 그 (브라만)의 (슈드라) 여자가 신, 조상, 손님에게 공물을 바치면 신, 조상들은 그 제물을 먹지 않으며, (그로 인하여) 그(브라만)도 천상으로 가지 못한다.

[19] 슈드라 여자의 입술의 침과 내쉬는 숨으로 스스로를 더럽히는 자, 그리고 그렇게 하여 자손을 얻는 자의 일에는 이루어짐이 없다.

여덟 종류의 혼인

[20] 이 세상과 저 세상에서 네 신분들에게 좋게 혹은 나쁘게 작용하는 여자와의 여덟 종류 혼인에 대해 말하겠다.

[21] (혼인에는) 브라흐마 (혼인), 다이와 (혼인), 아르샤 (혼인), 쁘라자빠띠야 (혼인), 간다르와 (혼인), 아수라 (혼인), 락샤사 (혼인), 그리고 여덟번째로 가장 저급의 빠이샤짜 (혼인)가 있다.

[22] 이제 각 신분에 맞는 혼인, 여러 혼인의 좋고 나쁜 점, 그리고 그 자손들에게 덕이 되거나 해가 되는 바에 대해 말하노라.

[23] 브라만은 차례로 여섯 가지[1]가 가능하며, 끄샤뜨리야는 (아수

라 등) 끝에서 네 가지, 바이시야와 슈드라는 그중에 락샤사를 제
외한 것이 가능하다.

역주 1) 제3장 21절 참조.

〔24〕 현자들이 말하기를 브라만이 할 수 있는 여섯 가지 중에는 브
라흐마, 다이와, 아르샤 그리고 쁘라자빠띠야 (혼인) 이 네 가지가
좋으며, 끄샤뜨리야는 락샤사 (혼인), 슈드라는 아수라 (혼인)가 좋
다고 말한다.

〔25〕 다섯 종류의 혼인 가운데 쁘라자빠띠야, 간다르와, 락샤사
(혼인)는 다르마에 부합되는 것이며, 아수라와 빠이샤짜 (혼인)는
부합되지 않는 것이라고 한다. 그러므로 브라만은 가능한 한 이 두
가지는 하지 말아야 한다.

〔26〕 간다르와, 락샤사 혼인은 끄샤뜨리야에게 적합하며 각각 혹은
두 가지를 적절히 배합하여 혼인을 치러도 좋다.

〔27〕 처녀의 아버지가 베다를 익힌 훌륭한 인품의 신랑감을 직접
고르며, 스스로 딸에게 훌륭한 옷을 입히고, 신랑감을 불러 훌륭히
대접하여 딸을 주는 것은 브라흐마 다르마(브라흐마 혼인)라고 불
린다.

〔28〕 (딸을) 곱게 차려입히고, 제사에서 일을 훌륭히 담당하는 제
관(rtvij) 신랑감에게 주는 것은 신들의 다르마(다이와 혼인)라고
한다.

〔29〕 신랑감에게서 암수 한 쌍의 소, 혹은 두 쌍의 소를 받고 딸을

주는 것은 선인들의 다르마(아르샤 혼인)라고 한다.

〔30〕 신랑감에게 '그대 둘은 함께 다르마를 지키라'는 베다 구절로 축복하여 땅을 주는 것은 쁘라자빠띠의 다르마(쁘라자빠띠야 혼인)라 한다.

〔31〕 신랑이 스스로 택하여 신부의 아버지 등 친족이나 신부에게 최선을 다해 재물을 주고 하는 것은 아수라의 다르마(아수라 혼인)라고 한다.

〔32〕 처녀와 신랑감이 서로 원하여 결합하는 것은 간다르와 (혼인으)로, 이것은 까마(욕정)가 생겨서 맺은 성관계로서 이루어짐을 알라.

〔33〕 (처녀의 가족을) 해치거나 상처를 입히고 (집을) 부순 후 소리지르고 우는 처녀를 집으로부터 강제로 납치하여 혼인하는 것은 락샤사 (혼인)이다.

〔34〕 혼자 잠들어 있거나 취해 있거나 기절한 여자를 범하여 혼인하는 것은 가장 저급하고 죄악시되는 여덟번째 빠이샤짜 (혼인)이다.

〔35〕 브라만은 물로써 딸을 주는 것[1]이 두드러진 점이며 그외의 신분은 (물 없이) 서로가 원함에 따라 딸을 준다.

역주 1) 물을 딸에 대한 증물로 줌으로써(메다띠티, 꿀루까, 고윈다라자) 혼인시키는 것이라는 의미이다.

〔36〕 브라만들이여, 이들 혼인들에 대해 마누께서 그 속성을 내게

모두 말씀하셨으니 모두들 들어보라.

[37] 브라흐마 (혼인)으로부터 태어난 아들은 선한 일을 하여 선조 십대와 후손 십대의 죄를 구하고 스물한번째로 그 스스로를 구한다.

[38] 다이와 (혼인)로부터 태어난 아들은 그 가문의 선조와 후손 각각 일곱 세대를, 아르샤 (혼인)에서 태어난 아들은 그 가문의 선 조와 후손 세 세대를, 쁘라자빠띠야 (혼인)에서 태어난 아들은 가 문의 전후 여섯 세대를 구한다.

[39] 이들 브라흐마 등 순서대로 네 가지 혼인에서는 브라흐만에 대한 총기를 가진 자, 고매한 분들이 인정하는 아들이 태어난다.

[40] 이러한 아들은 훌륭한 외모에 재물, 명예, 영화를 갖춘 자, 원 하는 것을 충분히 누리는 자, 다르마에 충실한 자이니 백 년을 산다.

[41] 나머지 네 가지 저급한 혼인에서는 무자비하고 거짓을 말하며 베다와 다르마를 비난하는 자가 태어난다.

[42] 나무랄 데 없는 혼인으로 맺은 여자로부터 얻는 자손은 나무 랄 데 없을 것이요, 비천한 혼인으로 맺은 여자와 혼인하여 얻는 자 손은 비천하리니, 그러므로 비천한 여자들을 멀리하라.

브라만과 다른 신분의 여자와의 혼인

[43] 동일한 신분의 여자와 (혼인)할 때는 손을 잡는 의식[1]으로서 하라 하였다. 동일한 신분의 여자가 아닌 경우에는 각기 다음의 법

도로서 하라.

역주 1) pāṇigrahaṇa sanskāra : 동일한 신분끼리 혼인의식을 치를 때
『리그 베다』의 '그대 복된 여인의 손을 잡노라'(grhaṇāmi te
saubhagatvāya)(제10장 제85편 36절)라는 구절을 묵송하며
신랑이 신부의 손을 잡는 의식이 있다(라가와난다).

[44] 끄샤뜨리야 신부는 화살을, 바이시야 신부는 채찍을, 슈드라
신부는 신랑의 옷자락을 잡는다.

부부의 결합

[45] 가임기에 결합하라. 항상 처만으로 만족하라. 그것을 서계한
자가 애욕이 생길 때는 빠르와(parva)¹⁾를 제외한 (어느) 때라도
그에게 가까이 갈 수 있다.

역주 1) 달이 덮이는, 즉 그믐과 같이 달이 거의 없는 때를 말한다. 흔히
각 반월의 첫째 날을 가리킨다. 제4장 113~14절 참조.

[46] 본래 여자의 가임기는 한 달에 열여섯 밤 동안이니, 위대한 현
인들이 피하라고 말씀하신 (월경 후) 처음 나흘간도 이 기간에 포
함된다.

[47] 그 (열여섯 밤) 중 처음 나흘, 열하루째와 열셋째 밤에 (결합
하면) 비난받을 것이며, 나머지 열흘 밤은 모두 좋은 날이다.

[48] 짝수째 되는 날에 결합하면 아들을 얻을 것이고, 홀수째 되는
밤에 결합하면 딸을 얻는다. 그러므로 아들을 원하는 자는 짝수 날

에만 결합하라.

[49] 남자의 씨가 많다면 (홀수째 되는 날에도) 아들을 얻으며, 여자의 씨가 많으면 (짝수째 되는 날에도) 딸을 얻을 수 있다. (남자와 여자의 씨가) 같으면 남녀 쌍둥이를 얻거나, 병들었거나 씨가 너무 적은 경우에는 그 반대이다.[1]

[역주] 1) 임신이 되지 않는다(메다띠티, 라마짠드라, 마니라마) 혹은 고자를 낳는다(메다띠티, 고윈다라자) 혹은 자식을 낳지 못한다(꿀루까, 난다나)는 의미이다.

[50] (열엿새 가운데) 앞에서 금한 엿새 그리고 다른 여드레를 피해 처와 결합하는 자는 그 어느 인생기에 머물고 있든 제관(ṛtvij)으로 인정될 수 있다.

딸의 대가로 재물 수수의 금지

[51] 현명한 아버지라면 딸을 시집보내는 대가[1]로 조금의 재물도 받지 않는다. 욕심으로 재물을 받는 자는 한낱 자식을 내다파는 자가 되는 것이다.

[역주] 1) 제9장 93절, 97~100절 참조.

[52] 욕심에 사로잡혀 장신구, 옷, 수레 등 여자의 재물을 팔아 생계를 꾸리는 친척은 죄인이며 아래로[1] 떨어진다.

[역주] 1) 지옥으로(메다띠티, 꿀루까, 고윈다라자)의 의미이다.

〔53〕 아르샤 (혼인)에 있어 암수 소 한 쌍¹⁾을 아버지가 받게 되어 있다고 말하는데 그것은 그렇지 않다. 재물을 받는 것은 그것이 적든 많든 마찬가지로 파는 행위이다.

역주 1) 제3장 29절 참조.

〔54〕 (신랑이 여자에게) 주는 신부대는 친족이 취하지 않으니 이는 (몸을) 파는 것이 아니기 때문이다. 처녀를 다만 대접하는 것은 죄가 되지 않는다.

처에 대한 공경과 가문의 번영

〔55〕 많은 복을 빌어주고자 원하는 아버지, 형제, 남편, 시동생은 신부를 공경하고 아름답게 꾸미도록 해야 한다.

〔56〕 여자가 공경받는 가문에 대해 신들은 기뻐하며 대접받지 못하는 가문은 모든 일들에 아무런 성과가 없다.

〔57〕 여자가 고통을 당하는 가문은 모든 것이 망하고, 고통을 당하지 않는 가문은 모든 것이 흥한다.

〔58〕 공경받지 못한 여자가 그 가문에 저주를 내리면, 실지로 그로 인해 해꼬지가 작용한 것처럼 그 가문이 완전히 파멸한다.

〔59〕 그러므로 번영을 소원하는 자들은 각종 의식과 명절 때 옷과 장신구로 집안의 여자를 항상 기쁘게 하라.

〔60〕 남편이 처에게 그리고 처가 남편에게 만족하여 살면, 그 가정에는 영원히 행복이 있으리라.

〔61〕 만일 처를 즐겁게 해주지 않으면 남편 또한 기쁘지 못하리니, 기쁘지 않음으로 하여 그들의 자식을 낳지 못한다.

〔62〕 처가 즐거우면 모든 가족이 즐겁고 처가 즐겁지 못하면 모두가 즐겁지 못하다.

〔63〕 잘못된 혼인을 하거나, 의식을 빠뜨리거나, 베다를 학습하지 않거나, 브라만을 무시하면 훌륭한 집안이 (그러하지) 못한 집안이 된다.

〔64〕 (브라만이) 기술일을 하거나, 장사를 하거나, 슈드라에게서 아이를 낳거나, 소, 말, 마차 등을 다루거나, 농사를 짓거나, 왕을 섬기거나

〔65〕 자격이 없는 자를 위해 제사를 치르거나, 베다가 규정한 제사에 믿음을 두지 않으면 그 가문은 베다의 구절로 패망한다.

〔66〕 베다 구절이 풍부한 가문은 재산이 적더라도 훌륭한 가문으로 손꼽히게 되며 큰 명예를 얻게 된다.

다섯 대제사

〔67〕 가장은 법도에 따라 혼인 아그니제, 다섯 (대)제사, 그리고 매일의 음식조리제로 가정에서의 제사를 치러야 한다.

〔68〕화덕, 맷돌, 절구, 절굿공이, 물동이, 이러한 다섯 가지 해로 운 물건이 있으니, 가장이 이것들을 사용하면 묶이게 된다.[1]

역주 1) 죄에 묶이게 된다(메다띠티, 나라야나, 마니라마) 혹은 밧줄에 묶이는 형(刑)을 받는다(난다나) 혹은 순간마다 난관에 부딪힌 다(라마짠드라)의 의미이다.

〔69〕그러므로 대선인들은 그러한 해침으로 인한 죄를 없앨 수 있 도록 가정에서 매일 (다음의) 다섯 대제사[1]를 지켜 치르라고 가르 쳤다.

역주 1) 제3장 80절, 117~18절 참조.

〔70〕베다를 학습하거나 가르치는 것은 브라흐만에 대한 제사, 물 과 음식을 올리는 것은 조상에 대한 제사, 아그니에 올리는 것은 신 에 대한 제사, 음식을 뿌려 만물에게 올리는 것은 영들에 대한 제 사, 손님에 대한 환대는 사람에 대한 제사이다.

〔71〕가능한 한 이 다섯 대제사를 소홀히 하지 않고 지켜 치르는 자는, 그가 가주기에 속해 살고 있더라도 그 해로운 다섯에 의해 더 럽혀지지 않는다.

〔72〕신격(devatā), 손님, 식솔, 조상, 그리고 자신, 이 다섯에게 (공물을) 뿌리지 않은 자는 숨을 쉬고 있다 하더라도 살고 있는 것 이 아니다.

〔73〕(공물을 아그니에) 봉헌하지 않는 것, (공물을 아그니에) 봉 헌하는 것, 뿌려서 봉헌하는 것, 브라만에게 봉헌하는 것, 취(取)하

는 것[1] 이 다섯 (대)제사가 있으니

역주 1) 조상들에게 올리고 난 후, 그 공물을 먹는 것을 말한다.

〔74〕 봉헌하지 않는 제사는 브라흐만에 대한 제사, 봉헌하는 제사는 신에 대한 제사, 뿌려서 봉헌하는 제사는 영들에 대한 제사, 브라만에 대한 제사는 브라만에게 하는 제사, 취하는 제사는 조상에게 하는 제사이다.

〔75〕 항상 스스로 (베다를) 학습하라. 이 세상에서 신에 대한 제사를 치르라. 신에 대한 제사를 치름으로써 그는 이 움직이거나 움직이지 않는 모든 세상을 지탱하기 때문이다.

〔76〕 제대로 아그니에 바쳐진 공물들은 태양에 도달하고, 비가 그 태양에서 만들어지며, 비로부터 음식이 나고, 음식으로부터 생물이 난다.

가주기의 중요성

〔77〕 모든 생물체가 공기에 의지해 살듯 인생의 모든 주기에 있는 자들은 가주기에 의지하고 있다.

〔78〕 다른 세 가지 주기에 속한 자들은 매일 지식과 음식을 먹어야 하는데, 가주기에 속한 자들이 그 음식을 제공한다. 그러므로 가주기가 가장 우선이 되는 주기이다.

〔79〕 (죽은 후에는) 불멸의 천상세계를. 그리고 (이 세상에서는)

끝없는 행복을 얻기 원하는 자는 (가주기에서) 흔들리지 않아야 한다. 흔들리는 감각으로는 얻기 어렵기 때문이다.

[80] 선인, 조상, 신, 영, 손님 모두가 가주기에 있는 자로부터 기대한다.[1] 이를 잘 알고 그들 가족에게 주어야 한다.[2]

역주 1) 베다 학습, 제사 등(나라야나, 라가와난다)을 기대한다.
　　　 2) 베다 학습, 제사 등(나라야나, 라가와난다) 혹은 음식이나 일용품 등(마니라마)을 주어야 한다.

[81] (베다를) 학습함으로써 선인들을 공경하고, 법도에 따라 봉헌의식으로 신들을, 제사로 조상들을, 음식으로 사람을, 공물로 영을 공경하라.

조상에 대한 제사

[82] 매일 음식이나 물, 우유, 뿌리채소, 과일을 제사에 바치라. 그로써 조상들이 기뻐한다.

[83] 조상에 대한 제사에서는 단 한 사람의 브라만에게라도 음식을 대접하라. 그것은 다섯 대제사에 속하는 것이다. 그러나 비슈와데와(viśvadeva)에 대한 제사[1]에서는 재생자에게 절대로 음식을 주어서는 안된다.

역주 1) 제3장 84~85절, 108절, 121절 참조.

신에 대한 제사

〔84〕 브라만은 비슈와데와에게 바치도록 되어 있는 제물을 법도에
따라 가정 아그니[1]로 (조리하여) 다음의 신들에게 바쳐야 한다.

역주 1) 제3장 67절 참조.

〔85〕 먼저 아그니에게 (그리고) 소마(Soma)[1]에게, 그러고 나서
이 두 신에게 한꺼번에, (그리고) 비슈와데와에게, 그리고 단완따
리(Dhanvantari)[2]에게 (바쳐야 한다.)

역주 1) 달 혹은 달의 신이며, 소마는 베다에 신비한 힘을 주는 약초의 이
름으로도 나온다.
2) 약초 등을 이용해 치료하는 역할을 하는 일종의 신격이다.

〔86〕 꾸후(Kuhu)[1]에게, 아누마띠(Anumati)[2]에게, 쁘라자빠띠에
게, 하늘과 땅에 한꺼번에, 마지막으로 (이 모든 신에게 바친 제물
을) 잘 받아주는 자[3]에게 (바쳐야 한다.)

역주 1) 초승달 혹은 초승달을 형상화한 여신의 이름이다.
2) 보름달을 형상화한 여신의 이름이다.
3) Sviṣṭakṛta : 아그니(메다띠티, 나라야나, 꿀루까)를 가리킨다.

〔87〕 이렇게 하여 봉헌물(havi)을 잘 바치고 나면, 사방 모든 방향
즉 인드라(Indra), 야마(Yama),[1] 바루나(Varuṇa), 소마 그리고
이들을 따르는 무리 주위를 돌면서 공물(貢物, bali)을 뿌리라.[2]

역주 1) 죽음의 신이다.
2) 인드라는 동쪽에, 야마는 남쪽에, 바루나는 서쪽에, 소마는 북

쪽에 있다. 동 → 남 → 서 → 북의 방향은 동을 중심으로 오른 방
향의 순이며, 인드라는 태양이나 제사, 야마는 죽음, 바루나는
물, 소마는 달(꿀루까, 라가와난다)을 상징한다.

〔88〕 '마루뜨들에게 바칩니다' 하면서 음식을 문 주위에 뿌리라. 그
리고 '물에게 바칩니다' 하면서 물에, '초목에 바칩니다' 하면서 절구
와 절굿공이에 뿌리라.

〔89〕 (잠자리의) 머리 쪽[1]에 슈리(Śrī)[2]에 대한 공물을 바치고, 발
쪽[3]에 바드라깔리(Bhadrakālī)[4]에 대한 공물을 바치고, 집 한가
운데에 브라흐만과 바스또슈빠띠(Vāstoṣpati)[5]에 대한 공물을 뿌
리라.

역주 1) 신들의 발에 경배하는 것은 사람의 머리이므로 머리를 두는 쪽
(메다띠티) 혹은 북쪽(라가와난다, 고윈다라자)으로 보인다. 서
쪽(라마짠드라)이라고 본 주석도 있다.
2) 부(富)와 행운을 상징하는 여신이며, 락슈미(Lakṣmī)의 다른
이름이다.
3) 주석가들은 서쪽(라마짠드라) 혹은 북쪽(고윈다라자)으로 보았다.
4) 온몸이 검고 잔인한 깔리(Kālī) 여신의 복을 주는 측면이 강조된
다른 이름이다.
5) 가신(家神) 혹은 거주의 신으로 집안에 머무는 신의 이름이다.

〔90〕 모든 방향에 있는 비슈와데와와 신들에게 공중에 대고 공물을
뿌리라. 낮에 다니는 귀신들, 밤에 다니는 귀신들에게도 뿌리라.

〔91〕 집안의 높은 곳에서 만물의 아뜨만(Sarvātmabhūti)에게 공
물을 뿌리라. 남은 공물은 남쪽을 향해 조상에게 뿌리라.

〔92〕 개, 빠띠따, 슈와빠짜(Śvapaca),[1] (전생에 지은) 죄로 인한

벌로 받는 병²⁾을 앓고 있는 자, 까마귀, 벌레들에게는 조심해서 땅에 음식을 주라.³⁾

역주 1) 문자대로는 '개고기를 요리하는 자'이며, 짠달라(Caṇḍāla) 등 혼종신분(나라야나)을 가리킨다. 제10장 19절, 51~56절 참조.
　　 2) 천연두나 나병 등(나라야나, 꿀루까, 라가와난다, 고윈다라자)이다.
　　 3) 손에 직접 주면 안된다(메다띠티).

[93] 항상 만물을 섬기는 브라만은 빛나는 광휘의 형상으로 지고의 자리¹⁾로 곧장 간다.

역주 1) 브라흐만의 자리(메다띠티, 나라야나, 꿀루까, 고윈다라자)의 의미이다.

인간에 대한 보시

[94] 이렇게 공물을 바치고 나면 먼저 손님들을 먹게 하고, 법도에 따라 시물을 받으러 온 자들과 금욕학습자에게 주라.

[95] 법도에 어긋나지 않게 스승에게 소를 바침¹⁾으로써 공덕을 쌓게 되는 것처럼 가주기에 있는 재생자는 시물을 줌으로써 공덕을 쌓게 된다.

역주 1) 제2장 246절 참조.

[96] 베다와 진리를 아는 현명한 브라만에게는 법도에 따라 시물이나 물 한 사발이라도 경의를 표하며 주어야 한다.

〔97〕 지혜가 없는 자가 재(災)와 같은¹⁾ 브라만에게 현혹되어 증물을 하면 그가 바친 신과 조상들에 대한 제물은 사라진다.

역주 1) 그의 아그니가 꺼져버린 즉 브라만답지 못한 브라만(메다띠티) 혹은 총명함, 자질, 능력이 없는 브라만(나라야나) 혹은 베다의 의미를 알지 못하는 브라만(라가와난다, 라마짠드라)을 말한다. 제3장 168절 참조.

〔98〕 학문, 고행이 가득 든 브라만의 입이라는 아그니에 제물을 바치는 것은 험난한 고통, 큰 죄로부터 구함을 받는 것이다.

브라만 손님의 대접

〔99〕 손님이 찾아오면 경의를 표하여 앉을 자리, 물, 음식을 법도에 따라 최선을 다해 대접해야 한다.

〔100〕 벼이삭을 주워 모아 사는 자이든, 꾸준히 다섯 아그니를 모두 피우는 자이든 그 집에 브라만이 대접받지 못한다면 (그) 브라만이 그의 모든 선행들을 먹어치워버린다.

〔101〕 (앉는 자리에 까는) 풀, 쉴 자리, 물, 진실된 말씨, 이 네 가지는 (선한 자의) 집에서는 (닳아) 없어지는 것이 아니다.

〔102〕 단 하룻밤이라도 머무는 브라만은 손님이다. 워낙 부정기적으로 머물기 때문에 손님(atithi)¹⁾이라 부르는 것이다.

역주 1) 어휘를 풀어 해석해보면 a/sthi/taḥ 즉, '계속 머물지 않는 자'라는 의미가 된다.

〔103〕같은 마을에 사는 동료 브라만과 (사람들과) 어울려 다니는 브라만[1]은, 그가 처와 아그니가 있는 집을 방문해도 손님으로 대접받지 않음을 알라.

역주 1) 여기저기 다니며 사람들에게 실없는 소리나 하는 브라만(메다띠티, 나라야나, 꿀루까) 혹은 해괴한 학문이나 고담을 늘어놓으며 사람들과 어울리는 브라만(라가와난다)을 말한다.

〔104〕어리석은 가장이 다른 자의 음식을 얻어먹고 살면 그는 그것으로 인하여 죽은 다음에 그에게 음식을 준 자들의 가축이 된다.

〔105〕제사를 치른 가장은 저녁에 손님이 찾아올지라도 (그를) 거절하지 말아야 한다. 적당한 때 오든 적당하지 못한 때 오든, 음식을 대접받지 않은 채로 (그가) 그 집에 머무는 법은 없어야 한다.

〔106〕(가장은) 그의 손님을 대접하지 않고 스스로 음식을 먹어서는 안된다. 손님을 공경하는 자는 재물을 얻으며 명예, 장수, 천상을 얻는다.

〔107〕(손님에게) 앉을 자리, 쉴 자리, 잠자리, 배웅, 시중을 최고로 베푸는 자는 최고의 위치에 오르고, 형편없이 베푸는 자는 형편없는 위치에 오르며, 어중간하게 베푸는 자는 중간의 위치에 오른다.

〔108〕비슈와데와에게 (제사를) 행한 후에 다른 손님이 왔을 때는 그에게도 할 수 있는 한 음식을 제공해야 한다. 그러나 다시 (비슈와데와에게) 제물을 바치지는 않는다.

〔109〕브라만은 음식을 (구하고자 하는) 이유로 그 가족(kula)과 씨족(gotra)의 이름을 알리지는 말아야 한다. 현자들은 음식을 이

유로 그렇게 하는 자를 토한 음식을 먹는 자라 하였다.

〔110〕 끄샤뜨리야, 바이시야, 슈드라는 브라만의 집에서 손님이 아니며, 친구, 친족, 스승(guru)도 손님이 아니다.

브라만 이외 손님의 대접

〔111〕 그 다르마로 보아 끄샤뜨리야인 자가 손님으로 온 경우, 음식을 먹고 있는 브라만들이 원하면 그에게도 음식을 주어야 한다.

〔112〕 바이시야, 슈드라가 손님으로 집에 와도 자비를 베풀어 식솔들과 함께 음식을 먹게 해야 한다.

〔113〕 그외 친구들이나 다른 자들이 즐거운 마음으로 집에 찾아오면 최선을 다해 처와 함께 그들을 먹여야 한다.

〔114〕 갓 혼인한 여자나, 나이 어린 소녀, 병든 자, 임신부 등 여자에게도 주저하지 말고 손님들 다음에 음식을 먹게 해야 한다.

〔115〕 생각 없이 이러한 자들에게 음식을 먼저 주지 않고 자기가 먼저 먹는 어리석은 자는 그렇게 먹는 것이 (죽은 후에 자신이) 개, 독수리에게 먹힌다는 것을 모르는 것이다.

〔116〕 브라만, 가족, 식솔들이 먹고 난 다음에 부부가 남은 것을 먹도록 한다.

〔117〕 가장은 신, 선인, 사람, 조상, 집에 모신 신들에게 예배하고

나서 그 다음에 남은 것을 먹어야 한다.

〔118〕 자신만을 위해 음식을 준비하는 자는 사실 죄를 먹을 뿐이다. 제사에서 남는 음식이 이 선한 자들의 음식인 법이다.

〔119〕 왕, 제관(rtvij), 스나따까,[1] 스승(guru), 가까운 친구, 장인, 외삼촌 등이 한 해 만에 찾아오면 꿀로 만든 음식을 대접한다.

[역주] 1) 제2장 138절 참조.

〔120〕 왕이나 진정 베다를 아는 자라면 제사가 진행되고 있을 때 오더라도 이들에게 꿀로 만든 음식을 대접해야 한다. 그러나 제사가 없을 때라면 대접하지 않아도 좋으니 이는 정해진 규칙이다.

조상의 제사

〔121〕 (영에 대한 제사로서) 저녁에 처가 베다 구절 없이 공물을 뿌리라. 비슈와데와에 대한 제사는 아침과 저녁으로 두 번 해야 한다.

〔122〕 조상 제사가 끝나고 난 후 아그니를 가진 브라만은 매달 그믐달 뜨는 날에 죽은 자들을 위한 아느와하리야(anvāhārya) 제사를 음식 단자[1]를 바쳐서 지내야 한다.

[역주] 1) 제2장 247절과 그 역주 참조.

〔123〕 현명한 자들은 매달 조상들에게 치르는 제사를 아느와하리야라고 부르며, 가능한 한 좋은 고기로 올려야 한다.

〔124〕 이제 브라만 중 어떤 자에게 음식을 주어야 하는지, 어떤 자에게는 주지 말아야 하는지, 얼마나 음식을 주어야 하는지에 대해 모두 말하겠다.

〔125〕 신에 대한 제사에서는 두 사람의 브라만에게, 조상에 대한 제사에서는 세 사람의 브라만에게, 두 제사를 모두 치를 때는 한 사람의 브라만에게 음식을 주어야 한다. 아무리 부자라고 해도 이 이상 크게 하지 않도록 한다.

〔126〕 이보다 크게 하면 선한 행위,[1] (적절한) 장소와 시간, 정(淨)함, 브라만에게 득이 되는 것, 이 다섯 가지를 해친다. 그러므로 크게 벌이지 말라.

역주 1) satkriyā : 구체적으로는 음식을 바쳐서 치르는 의식(메다띠티, 라마짠드라) 혹은 브라만들에 대한 대접(나라야나, 꿀루까, 라가와난다, 고원다라자)을 말한다.

〔127〕 달이 질 때 죽은 자들에 대해 조상 제사를 치르면 명성을 얻는다. 세상에 있는 사람이라도 이 제사에 성의를 다하면 영원히 그 과보를 얻으리라.[1]

역주 1) 자손이 끊어지는 일이 없게 된다(메다띠티) 혹은 하는 일이 모두 이루어진다(라마짠드라)의 의미이다.

제물의 대접

〔128〕 제물을 제공하는 자는 신이나 조상에게 바치는 제물을 베다

에 정통한 자에게 주어야 한다. 자격을 갖춘 브라만에게 준 제물만이 (다음 생에) 큰 과보를 얻게 한다.

〔129〕 신에게 혹은 조상에게 제사를 치를 때는 베다를 모르는 여럿보다 한 사람의 진정한 브라만에게 음식을 대접해야 (다음 생에) 풍성한 과보를 얻는다.

〔130〕 베다를 건너 (높은 경지에) 도달한 브라만을 멀리서라도[1] 찾아야 한다. (그러한 브라만이) 신이나 조상에 대해 제물을 바치는 자가 되면 그는 (진정한) 손님[2]이라 하였다.

> 역주 1) 마을에서 거리상으로 멀리서라도(나라야나) 혹은 친가 쪽이든 외가 쪽이든 먼 친척 중에서라도(메다띠티, 꿀루까, 마니라마, 고원다라자). 이 두 가지로 해석이 가능하다.
> 2) 손님은 아무런 해도 끼치지 않고 공덕을 베푸는 과보를 가져온다(메다띠티).

〔131〕 수천의 수천 명이 베다를 알지 못하면서 거기 앉아 음식을 먹을지라도, 한 사람의 베다를 진정으로 아는 자만이 만족을 주며 모든 일을 다르마대로[1] 해낼 수 있다.

> 역주 1) 합당하게(나라야나) 혹은 공덕이 쌓이는 결과를 맺도록(꿀루까, 마니라마, 고원다라자)의 의미이다.

〔132〕 조상과 신에 대한 제물은 뛰어난 지식(jñāna)을 가진 자[1]에게 주어야 한다. 피가 묻은 손을 씻을 때 더 많은 피로는 그것을 씻어 낼 수 없다.

> 역주 1) 많은 지식을 가진 자(메다띠티, 나라야나, 꿀루까, 라마짠드라,

마니라마) 혹은 베다 지식을 가진 자(라가와난다)이다.

〔133〕 베다를 알지 못하는 자가 조상이나 신에 대한 제사에서 제물을 먹으면 그 (제주)는 죽어서 같은 양의 달구어진 창, 철구(鐵球)를 먹어야 한다.

〔134〕 어떤 재생자는 지식에 의지하고, 어떤 자는 고행에, 어떤 자는 고행과 자습에, 어떤 자는 제사에 의지한다.

〔135〕 조상 제사에서 제물을 올리는 일은 되도록 지식에 의지하는 자에게 주어져야 하나, 신에 대한 제물은 이 넷 중 그 어느 누구에게라도 (주어질 수 있다.)

〔136〕 아버지가 베다에 정통하지 못한 자이면 아들은 베다에 정통해야 하며, 아들이 베다에 정통하지 못한 자이면 그 아버지는 베다에 정통해야 한다.

〔137〕 아버지가 베다에 정통한 자일 경우가 보다 존경할 만하지만 베다는 경배의 대상이므로 반대의 경우라 해도 마찬가지로 존경할 만하다.

〔138〕 다른 일을 통하여 우정을 쌓아야 하며, (우정을 쌓기 위해) 조상 제사에서 친구에게 음식을 먹여서는 안된다. 제사에서는 재생자 가운데 적도 친구도 아닌 자에게 음식을 주어야 한다.

〔139〕 친구가 조상이나 신에 대한 제사의 제물을 바치면 그 (제주)는 죽어서도 조상이나 신에 대한 제사에서 아무런 과보를 얻지 못한다.

〔140〕미혹으로 인해 친구를 끌어들이는 자는 천상을 잃는다. (그는) 친구를 얻을 목적으로 제사를 치르는 자이자 재생자 중에 가장 낮은 자이다.

〔141〕재생자가 (친구 등과) 함께 먹은 음식을 올리는 것은 삐샤짜에 대한 보수(dakṣiṇā)[1]가 된다. 그로 인해 그는 우리에 갇힌 눈먼 소같이 이 세상에 머물러 있게 된다.[2]

역주 1) 증물(dāna)(메다띠티, 나라야나, 마니라마)의 의미이다.
    2) 조상 제사를 제대로 치르지 못하는 결과를 얻게 된다(메다띠티, 고윈다라자) 혹은 조상계로 가지 못한다(나라야나)의 의미이다.

〔142〕황무지에 씨를 뿌려서 아무런 열매도 얻지 못하는 것처럼 리그 베다를 알지 못하는 자를 통해 제물을 바치는 자는 아무런 열매도 얻지 못한다.

〔143〕법도에 따라 현명한 자에게 보수를 주면 주는 자나 받는 자나 이 세상에서나 저 세상에서나 그 과보를 얻게 된다.

〔144〕사정이 그러하면 제사에서 친구에게 예를 갖출 수 있다. (그러나) 자격이 있다고 해도 절대로 적을 부르지는 말라. 원한을 가진 자가 그 제사의 제물을 먹으면 죽어서 아무런 과보도 얻지 못한다.

〔145〕되도록 제사에서는 『리그 베다』를 많이 알고 베다를 건너 (높은 경지에) 도달한 자, 『야주르 베다』의 학파를 모두 익히고 찬가[1]를 학습한 자, 완전히 (세 베다를) 익힌 자를 대접하라.

역주 1) 『사마 베다』(메다띠티, 라마짠드라) 혹은 브라흐마나와 우빠니샤드(라가와난다)를 가리킨다.

〔146〕 이런 자 가운데 누구라도 조상 제사에서 대접을 받으면 7대 선조[1]에 이르기까지 그 조상들이 오래도록 만족해한다.

[역주] 1) 제1장 105절 참조.

〔147〕 이들이 신에 대한 제사나 조상 제사의 제물을 줄 때 가장 먼저 생각할 것들이다. 현인들이 항상 지키는 이러한 사항들을 알아야 한다.

〔148〕 외할아버지, 외삼촌, 외조카, 직인, 스승(guru), 외손자녀, 사위, 친척, 제관(rtvij), 그 제사와 직접 연관 있는 자들을 (제사에서) 대접하라.

〔149〕 다르마를 아는 자는 신에 대한 제사에서 (제사를 담당하는) 브라만에 대해 물어보지 않는다. 그러나 조상 제사에서는 가능한 한 물어보아야 한다.

조상 제사에서 배제되는 자

〔150〕 마누가 말하기를, 도둑, 빠띠따, 고자,[1] 베다를 부정하는 브라만은 신에 대한 제사나 조상 제사에 낄 수 없다고 했다.

[역주] 1) 이에 대한 해석은 남자가 아닌 자(꿀루까), 양성의 특징을 가진 자, 무정자증, 고자의 통칭(메다띠티) 등이 있다.

[151] 머리를 땋아올린 자,[1] (베다를) 학습하지 않은 자, (머리 등에) 털이 없는 자, 노름꾼, 아무에게나 제사를 주관해 주는 자들은 조상 제사에서 대접하지 말아야 한다.

역주 1) 첫번째 인생기인 금욕학습기에 있는 자(메다띠티, 나라야나, 꿀루까, 라가와난다, 난다나, 라마짠드라, 마니라마, 고윈다라자)를 말한다.

[152] (생업으로) 치료를 하는 자, 신상을 팔러 다니는 자, 고기를 파는 자, 장사를 하는 자들은 신과 조상에게 올리는 제사에서 배제해야 한다.

[153] 스승의 뜻을 거역하는 자, 아그니를 포기한 자,[1] 고리대금업자, 마을의 하인, 왕의 전령, 손톱이 흉하게 생긴 자,[2] 이가 붉게 변한 자[3]도 마찬가지이다.

역주 1) tyaktāgni : 제사를 치르지 않는 자(메다띠티, 나라야나, 꿀루까) 혹은 세상을 초탈한다는 의미에서 떠돌아다니는 자(라마짠드라)를 의미한다.
　　 2) 제11장 48~49절 참조.
　　 3) 제11장 48~49절 참조.

[154] 폐병 환자, 목부(牧夫), 형보다 먼저 혼인을 한 자, 형으로서 동생이 먼저 혼인하도록 한 자,[1] 행하지 않는 자,[2] 브라흐만과 베다를 싫어하는 자, 집단에 속한 자[3]

역주 1) 제3장 171절 참조.
　　 2) nirakṛti : 대제사를 치르지 않는 자(메다띠티, 꿀루까, 라가와난다, 라마짠드라, 마니라마) 혹은 베다 학자로서 베다 학습을 게을리하는 자(난다나)이다.

3) 같은 일을 하는 사람으로 이루어진 조합이며(메다띠티), 여기에
서는 특정집단에 속하여 생계를 꾸리는 자(꿀루까, 라가와난다)
혹은 마을의 지도자(나라야나)를 말한다.

〔155〕 연극과 노래를 생업으로 하는 자, (금욕학습자) 서계를 지키
지 않은 자, 슈드라의 남편, 재혼한 여자의 자식, 외눈박이, 처의
정부가 한집안에 사는 자

〔156〕 돈을 받고 베다를 가르치는 자, 돈을 내고 베다를 배우는 자,
슈드라를 스승이나 제자로 두고 있는 자, 말이 거친 자, 여자가 외
도로 낳았거나 과부가 낳은 자식[1]

역주 1) 제3장 174절 참조.

〔157〕 불분명한 이유로 버려진 여자, 어머니・아버지・스승을 버린
자, 브라흐만의 관계나 성적인 관계[1]에 있어서 빠띠따와 연관을 맺
은 자

역주 1) 제2장 40절 참조.

〔158〕 집에 불을 지른 자, 독을 가지고 다니는 자, 여자가 외도로
낳은 자가 주는 음식을 먹는 자, 소마를 파는 자,[1] 바다에 다니는
자, 신에 대한 찬양을 생업으로 삼는 자, 기름짜는 일을 하는 자,
거짓 증언하는 자

역주 1) somavikreyī : 불로감초라고 알려진 소마는 정확히 어떤 약초인
지 알 수 없지만 매우 성결한 것으로 여겨진다. 이러한 소마의
판매는 금지되어 있다. 소마와 같이 판매가 금지되어 있는 것을
파는 자 즉 예를 들어, 제사 등을 통해 얻은 선업(善業) 등을 파

는 자(메다띠티)를 의미한다.

〔159〕 아버지와 논쟁하는 자,[1] 노름꾼, 술 마시는 자, 죄로 인한 벌로 병에 걸린 자, 죽을 벌을 받을 죄를 지은 자, 라사[2]를 파는 자

역주 1) 재산을 놓고 아버지와 논쟁하는 자(나라야나) 혹은 학문이나 세상 일에 대해서 아버지와 쓸데없이 말다툼하는 자(꿀루까, 라가와난다, 고윈다라자)를 말한다.
　　2) rasa : '즙'이라는 뜻인데 주석가들은 이 구절에서의 즙을 독(메다띠티) 혹은 사탕수수의 즙(꿀루까) 혹은 우유(라가와난다) 등으로 해석했다.

〔160〕 화살과 활을 만드는 자, 과부된 형수를 취한 자,[1] 친구를 배신한 자, 노름으로 생업을 삼는 자, 아들을 스승으로 삼는 자

역주 1) 제3장 173절 참조.

〔161〕 건망증 환자, 목이 붓는 환자, 험담을 퍼뜨리고 다니는 자, 백나병 환자, 미친 자, 눈먼 자, 베다를 비난하는 자

〔162〕 코끼리·소·말·낙타를 훈련시키는 자, 별점 보는 것을 생업으로 삼는 자, 새를 사육하는 자, 무술을 가르치는 자

〔163〕 강줄기를 끊는 자, 강줄기를 (솟지 못하게) 덮는 자, 집 짓는 일을 생업으로 하는 자, 심부름하는 자, 나무 심는 일을 생업으로 하는 자

〔164〕 개와 노는 자, 매(鷹)를 파는 일로 생업을 삼는 자, 처녀를 욕보인 자, 폭력을 쓰는 자, 황소를 죽이는 자,[1] 집단[2]에 제사를

치러주는 자

역주 1) bṛṣala : 슈드라(메다띠티, 나라야나)를 가리킨다. 제8장 16절 참조.

　2) 제1장 118절 역주, 제3장 154절 참조.

〔165〕 행동거지가 나쁜 자, 고자, 늘 구걸로 사는 자, 농사 지어 사는 자, 한쪽 발이 큰 자,[1] 현인들이 비난하는 자

역주 1) 질병으로 인해 한쪽 발이 큰 자(꿀루까, 라가와난다, 마니라마)를 말한다.

〔166〕 염소・물소를 치는 자, 재혼녀, 시체를 운반하는 자들은 가능한 한 배제해야 한다.

〔167〕 브라만, 현명한 자는 이와 같이 비난받는 행동을 하는 자, 동일한 열(列)에서 음식을 공유할 수 없는 자[1] 가운데 비천한 자들을 (조상이나 신에 대한) 두 제사에서 제외시켜야 한다.

역주 1) apaṅkti : 빵끄띠(paṅkti)는 동일한 신분(jati)으로서 음식을 같이 공유할 수 있는 열, 그리고 그 관계에 속하는 자이고, 아빵끄띠는 동일한 열에 앉아 음식을 먹을 수 없는 자로 서로 신분이 다른 자이다.

〔168〕 베다를 학습하지 않은 브라만은 지푸라기에 붙은 불처럼 금방 사그라진다. 그런 자에게는 신에 대한 제물을 주지 말아야 한다. 재(災)에는 제물을 바치지 않는 법이기 때문이다.

미자격자가 제물을 먹은 결과

〔169〕이제 동일한 열에서 음식을 공유할 수 없는 자에게 조상 제사나 신에 대한 제사의 제물을 주는 경우 죽은 후에 얻는 과보에 대해 빠짐없이 모두 말하겠다.

〔170〕형보다 먼저 혼인한 자, 서계를 지키지 않은 자, 동일한 열에서 음식을 공유할 수 없는 자들에게 제물을 주면 그 음식은 락샤사가 먹는 것이 된다.

〔171〕형님이 있는데 먼저 혼인하고 아그니로 의식을 치르는 자는 빠리웻따(parīvettā), 그 형은 빠리윗띠(parivitti)임을 알라.

〔172〕빠리윗띠, 빠리웻따, 그와 혼인한 여자, 그러한 혼인을 시키는 자, 혼인의식을 주관하는 자, 이 다섯은 모두 지옥으로 간다.

〔173〕형이 죽은 경우 법도에 따라 그 처와 다르마로서 혼인하게 되더라도,[1] 애욕을 가지고 그 여자에게 빠지면 형수와 혼인한 자[2]임을 알라.

역주 1) 제9장 57~68절 참조.
2) 제3장 160절 참조.

〔174〕다른 남자와 내통한 여자에게서 난 자식은 두 종류로, 꾼다(kuṇḍa)와 골라까(golaka)이다. 남편이 살아 있는데 그리한 경우 꾼다, 남편이 죽었는데 그리한 경우 골라까이다.[1]

역주 1) 제3장 156절 참조.

〔175〕 이들 다른 밭에서 생겨난 자식들은 이 세상에서도 다음 세상에서도 증물자가 신이나 조상에게 바친 제물을 망쳐놓는다.[1]

역주 1) 제9장 32~55절, 167절 참조.

〔176〕 동일한 열에서 음식을 공유할 수 없는 자가 동일한 열에서 음식을 공유할 수 있는 자가 먹는 것을 쳐다보게 되면 증물자는 그만큼 과보를 적게 얻는다.

〔177〕 한 명의 장님이 제사에 보이면 구십 명의 브라만의 과보를 망쳐놓으며, 한 명의 외눈박이는 육십 명의 브라만, 한 명의 백나병 환자는 일백 명의 브라만, 죄로 인한 병자는 일천 명의 증물자의 과보를 망쳐놓는다.

〔178〕 슈드라의 제사를 주관한 브라만이 (다른) 브라만에게 손을 대면, 그로 인해 증물을 함으로써 증물자에게 생기는 과보가 생기지 않게 된다.

〔179〕 베다를 아는 브라만이라도 욕심을 부려 슈드라의 제사를 주관해 준 자가 주는 것을 받으면, 흙으로 빚은 그릇이 물에 빠져 (사라지는) 것처럼 곧장 파멸한다.

〔180〕 소마를 파는 자에게 준 제물은 배설물이 되고, 치료사에게 준 제물은 고름과 피가 되고, 신상을 파는 자에게 준 음식은 파멸하며, 대금업자에게 준 음식은 머물지 않는다.

〔181〕 장사하는 자에게 준 제물은 이 세상에서 또는 저 세상에서 아무런 얻음이 없다. 재혼한 여자와 혼인한 자의 재생자 자식에게

준 제물은 재에 봉헌하는 것과 같다.

[182] 이외에도 동일한 열에서 음식을 공유할 수 없는 자가 제물을 먹으면 그것은 비계, 고기, 피, 골수, 뼈가 된다고 옛 현자들이 말했다.

아빵끄띠에 대한 정화

[183] 동일한 열에서 음식을 공유할 수 없는 자들에 의해 더럽혀진 동일한 열에서 음식을 공유할 수 있는 자는 브라만을 통해 정화된다. 어떻게 브라만을 통해 정화하는지 빠짐없이 이해하라.

[184] 모든 베다와 설법에 뛰어난 자, 베다에 정통한 자의 가문에 태어난 자야말로 정화력을 가진 자임을 알라.

[185] 나찌께따스의 세 제사[1]를 알고, 다섯 아그니[2]를 알며, 세 마리의 새에 대한 구절[3]을 알며, 샤당가(ṣaḍaṅga)를 알며, 브라흐마혼인에서 태어났으며, 사마 베다를 가장 뛰어나게 읊을 수 있는 자

역주 1) 아그니에 대한 질문에 야마는 탄생과 죽음의 강을 건너고 절대적 평온 상태에 들게 하는 방법으로 아그니에 대해 정확히 알고 그로써 제사를 세 번 치를 것을 일러준다(『까타 우빠니샤드』 제1장 제1편 13~18절).
2) 『사마 베다』 찬양을 담당하는 제관들이 부르는 찬가의 다섯 종류를 비유한 언급이 『찬도기야 우빠니샤드』에 있다(『찬도기야 우빠니샤드』 제2장 제12편 1절).
3) 『따잇띠리야 아라니야까』 제10장 38~40절과 『리그 베다』 제10장 제114편 3~5절 참조.

〔186〕베다의 의미를 아는 자, 베다를 가르칠 수 있는 자, 금욕학습자, 천 마리의 소를 바치는 자, 백 살 된 브라만, 이러한 자가 동일한 열에서 음식을 공유할 수 있는 자를 정화하는 힘을 가졌음을 알라.

조상 제사의 식순

〔187〕조상 제사가 있게 되면 전날이나 당일날에 적어도 그와 같은 브라만 셋을 예의를 갖추어 초대해야 한다.

〔188〕조상 제사에 초대된 재생자는 항상 자신을 통제하여 찬가를 (미리) 읽지 않도록 하라.[1] 그 제사를 치르는 자도 마찬가지이다.

[역주] 1) 제4장 111절 참조.

〔189〕조상들은 초대받은 재생자들을 따라다니며 머문다. 바람처럼 그 뒤를 따라다니고, 그들이 앉으면 그 옆에 따라 앉는다.

〔190〕재생자 중 뛰어난 자가 법도에 따라 신에 대한 제사든 조상 제사든 초대받았다가 어떤 이유에서든 그것을 어기게 되면 그는 죄인이므로 (다음 생에) 돼지가 된다.

〔191〕조상 제사에 초대받은 자가 황소를 죽이는 자[1]의 여자와 어울려 지내면,[2] (제물을) 주는 자의 모든 죄를 그가 받게 된다.

[역주] 1) 제3장 164절, 제8장 16절 참조.
    2) modate : 성적 접촉을 가진다(메다띠티, 나라야나, 꿀루까)는 의미이다.

조상의 내력

[192] 조상은 분노가 없고, 정화력이 있으며, 항상 금욕하며, 무기를 버린 자이며, 위대하며, 신보다도 오래된 자이다.

[193] 이제 이 모든 조상들이 어떻게 생겨나게 되었는지, 이들을 섬기는 방법에 대해서 모두 이해하라.

[194] 여러 조상들의 무리는 마누라고도 하고, 금태[1]에서 난 마리찌를 비롯한 선인[2]들의 자손이라고도 한다.

역주 1) 황금알이나 황금씨라고도 한다. 제1장 8~13절 참조.
2) 제1장 35절 참조(꿀루까).

[195] 비라뜨(Virāṭ)[1]에서 태어난 소마사다(Somasada)가 사디야[2]들의 아버지이며, 마리찌의 아들 아그니슈왓따(Agniṣvāttā)는 신들의 조상이라고 세상에 알려져 있다.

역주 1) 제1장 32절 참조.
2) 제1장 22절 참조.

[196] 다이띠야(Daitya), 다나와(Dānava),[1] 약샤, 간다르와, 우라가(Uraga), 락샤사, 수빠르나 그리고 낀나다가 선인 아뜨리에게서 태어난 바르히샤다(barhiṣada)라고 불리는 조상이라고 한다.

역주 1) 아수라(Asura)의 다른 이름이다.

[197] 브라만의 조상은 소마빠(Somapā), 끄샤뜨리야의 조상은 하

위르부자(Havirbhuja), 바이시야의 조상은 아지야빠(Ājyapā), 슈
드라의 조상은 수깔리나(Sukālina)이다.

〔198〕 소마빠는 까위(Kavi)의 자식이고, 그 하위슈만따(Havis-
manta)는 앙기라사의 자식이며, 아지야빠는 뿔라스띠야의 자식이
고, 수깔리나는 바시슈타의 자식이다.[1]

[역주] 1) 제1장 35절 참조.

〔199〕 아그니다그다(Agnidagdha), 아나그니다그다(Anagnidag-
dha), 까위야(Kāvya), 바르히샤다, 아그니슈왓따, 그리고 사우미
야(Saumya)들은 브라만의 조상들이다.

〔200〕 이상 대표적인 조상들의 무리를 열거했다. 이들의 수많은 아
들과 손자들이 이 세상에 있음을 알라.

〔201〕 선인들로부터 조상이 나왔고, 조상으로부터 신과 사람이, 신
으로부터 움직이는 것과 움직이지 못하는 것, 이 모든 세상이 차례
로 생겨났다.

〔202〕 (무엇이든지) 신심으로 (조상들에게) 은으로 만들어졌거나 은
으로 장식된 그릇에 바치면 설사 그것이 물일지라도 불멸의 복을 생
기게 한다.

조상 제사의 중요성

〔203〕 재생자에게는 신에 대한 제사보다도 조상에 대한 제사가 중

요하다. 신에 대한 제사는 조상에 대한 제사 전에 치르는데 그것은 조상에 대한 제사를 튼튼하게 하는 것이라 하였기 때문이다.

〔204〕조상에게 바치는 제물을 보호할 수 있도록 먼저 신을 초대하여 앉게 해야 한다. 그러한 보호를 받지 않는 제물은 락샤사가 파괴하기 때문이다.

〔205〕신에게 의지하여 (조상 제사의) 시작과 끝을 맺어야 한다. 조상 제사만으로는 시작과 끝이 이루어지지 않는다. 조상에게 의지하여 의식을 시작하고 끝맺는 자는 그의 자손과 함께 곧 파멸한다.

조상 제사의 장소와 절차

〔206〕정(淨)하고 사람이 없는 곳에서 소똥을 (몸에) 바르되, 가능한 한 그것을 남쪽으로 흘러내리게 하라.

〔207〕조상은 항상 탁 트인 곳, 정결한 장소, 강둑, 사람이 없는 곳에서 제물을 받으면 만족해한다.

〔208〕초대된 브라만들이 아침에 (목욕과 입을 닦는 등) 물로 하는 일을 다 보고, 따로따로 앉으면 꾸샤풀을 깐 자리를 내어 그들을 앉게 해주어야 한다.

〔209〕그 비난할 바 없는 브라만들이 자리에 앉으면, 향기나는 화환과 향으로 신에게 하듯 예배해야 한다.

〔210〕 그들에게 물을 가져다주고, 성물¹⁾과 깨를 준다. (제사 당사자) 브라만은 (참석한 모든) 브라만들에게서 허락을 얻어 아그니에 제물을 바친다.

1) pavitrā : 꾸샤풀(메다띠티) 혹은 우유버터(꿀루까)이다.

〔211〕 법도에 따라 먼저 아그니, 소마, 야마에게 제물을 올려 제사를 공고히 하고, 그 다음에 조상들을 여러 제물들로써 만족하게 하여야 한다.

〔212〕 아그니가 없을 때는 브라만의 손에 그 제물을 놓는다. 베다 구절을 꿰뚫어보는 학자에 대해서 '재생자는 곧 불이다'라고들 말하기 때문이다.

〔213〕 브라만은 분노가 없고, 쉽게 기뻐하고, 사람들을 보호하는 자, 제사에 모셔지는 신, 가장 오래 전에 생긴 자라고들 말한다.

〔214〕 아그니에 제물을 올리는 모든 과정을 오른쪽에서 마친 후,¹⁾ 오른손으로 물을 땅에 흩뿌리라.

역주 1) 왼쪽으로부터 시작하여 오른쪽에서 마친다. 이는 성사를 같은 방향 즉 동쪽으로 차는 것(prācīnāvīta)을 의미하기도 한다. 보통 이 두 행위는 같이 행한다(라마짠드라, 고윈다라자). 제3장 279절 참조.

〔215〕 제물의 나머지를 모아 세 개의 음식 단자(團子, piṇḍa)¹⁾를 만들고, 마음을 가다듬고 물과 함께 법도에 따라 남쪽을 향해 흩뿌리라.

역주 1) 제2장 247절 참조.

〔216〕 마음을 가다듬고 법도대로 제물을 받을 자(조상)에게 갈 제물 단자들을 (꾸샤풀에) 뿌리고 나서 손을 그 꾸샤풀에 닦는다.

〔217〕 물을 (한 모금) 삼키고, 한 바퀴를 돈 다음, 천천히 세 번 숨을 가다듬은 다음, 베다 구절을 아는 자가 여섯 계절[1]과 조상에 경배해야 한다.

역주 1) 봄(vasanta), 여름(grīṣma), 우기(varṣa), 가을(śarad), 초겨울(hemānta), 겨울(śiśira)의 여섯으로 나뉜다.

〔218〕 다시 단자에 대고 남은 물을 천천히 붓는다. 그리고 마음을 가다듬고 땅에 놓여 있는 순서대로 그 단자를 (냄새 맡듯) 들이마신다.

〔219〕 법도에 따라 그 단자를 조금씩만 떼어다 모아 그것을 앉아 있는 브라만들에게 (식사하기 전에) 먼저 먹게 한다.

〔220〕 아버지가 살아 있다면 아버지보다 위의 어른들[1]에게 (제물을) 뿌리고, 브라만에게 준 것처럼 아버지에게도 그 제물을 취하게 하라.

역주 1) 할아버지, 증조할아버지, 고조할아버지까지(메다띠티, 꿀루까, 라가와난다, 마니라마)이다.

〔221〕 아버지가 살아 있지 않고 할아버지가 살아 있다면 (먼저) 아버지 이름을 소리내어 부르고, 다음에 증조할아버지의 이름을 부른다.

〔222〕마누는 할아버지도 제물을 먹도록 해야 한다고 했다. 사정에 따라 (손자가) 동의를 얻어 스스로 알아서 (결정)할 수도 있다.

〔223〕성물, 깨, 물을 그들의 손에 주되, 첫번째로 제물의 단자들을 줄 때 '스와다'[1]라고 말한다.

역주 1) 제2장 172절 참조.

〔224〕(음식을 올리는 자가) 직접 양손으로 음식이 든 그릇을 들어다가 조상에 대해 선정(禪定)하고 있는 브라만 옆에 조심스럽게, 천천히 내려놓는다.

〔225〕음식을 두 손으로 바쳐 가져가야 한다. 그렇게 하지 않으면 사악한 심성을 가진 아수라들이 힘으로 그것을 낚아채간다.

〔226〕마음을 가다듬고 바닥에다 (맛이) 독특한 것,[1] 국물 있는 것, 야채로 만든 것, 우유, 발효유, 우유버터, 꿀을 펼쳐놓는다.

역주 1) guṇa : 독특한 맛을 가지는 양념으로, 주식에 곁들여 먹는 소스 등이다.

〔227〕먹을 것, 마실 것, 여러 종류의 뿌리채소, 과일, 마음을 끄는 고기, 향기로운 물을 가까이에 가져다 드린다.

〔228〕마음을 잘 가다듬어 천천히 이 모든 음식들을 가져다 놓되, 모든 음식들의 속성을 하나하나 설명하며 드린다.

〔229〕절대 눈물을 떨구지 말고, 화를 내지 말고, 거짓말하지 말고,

발로 음식을 건드리지 말고, 떨어뜨리지 말아야 한다.

[230] 눈물은 그 제물을 죽은 영(preta)에게 가게 하고, 분노는 적에게, 거짓말은 개에게, 음식을 발로 건드리면 락샤사에게, 떨어뜨리면 나쁜 일을 한 자들에게 가게 한다.

[231] 브라만들이 좋아하는 것은 기꺼이 가져다 주라. 브라흐만(베다)에 관한 것을 화제로 해야 한다. 이것은 조상들이 원하는 바이기 때문이다.

[232] 조상 제사에서는 베다 구절, 법전(dharmaśāstra), 일화(ākhyāna), 역사(itihāsa), 고담(purāṇa), 그외 부수적 찬양들이 들리게 해야 한다.

[233] 즐거운 마음으로 그들을 마음껏 천천히 먹게 하고, 음식과 그 속성에 대해 계속 설명해 주며 권해야 한다.

[234] 외손자가 아직 서계 기간 중에 있더라도 되도록 그를 제사에서 먹게 하라. 그의 자리를 꾸따빠 담요로 깔아주고 바닥에 깨도 뿌리라.

[235] 조상 제사에서는 세 가지 정화력을 가진 것이 있는데 그것은 외손자, 꾸따빠 담요, 깨이다. 이 세 가지는 정화를 시켜주고, 분노를 가라앉히며, 서두름을 없애준다.

조상 제사의 음식

[236] 모든 음식은 아주 따뜻해야 한다. 또한 음식은 말없이 먹어

야 한다. 주는 자가 묻더라도 재생자는 제물의 맛에 대해 말해서는
안된다.

[237] 음식이 따뜻할 때 말하지 말고 먹어야 한다. 제물의 맛을 말
하지 않을 때까지만 조상들이 와서 함께 먹는다.

[238] 머리를 (천으로) 가리고 음식을 먹는 것, 얼굴을 남쪽으로
향하고 음식을 먹는 것, 가죽신을 신고 음식을 먹는 것은 모두 락샤
사들이 먹는 결과가 된다.

[239] 재생자들이 먹고 있는 것을 짠달라, 멧돼지, 닭, 개, 월경중인
여자, 남자도 아니고 여자도 아닌 자들은 보지 못하게 해야 한다.

[240] 이들이 아그니에 대한 봉헌의식, 제물을 바치는 장면, 제물
음식을 먹는 장면, 신이나 조상에 대한 제사를 보게 되면 그 제사로
부터 얻을 과보가 다른 곳으로 간다.

[241] 돼지는 냄새를 맡음으로써, 닭은 그 날개를 푸드덕거림으로
써, 개는 쳐다봄으로써, 낮은 신분의 태생은 만짐으로써 (제사를)
망친다.

[242] 절름발이, 외눈박이, 사지가 모자라거나 남는 자들은 (공물
을) 바치는 자(dātā)의 하인이라 해도 제사를 지내는 장소에서 멀
리 떨어져 있게 해야 한다.

[243] 브라만이든 걸식자이든 (제사 음식을) 먹고자 온 자에게는
브라만에게서 허락을 얻어 최선을 다해 대접해야 한다.

식사 후 음식의 처리

[244] 모든 종류의 음식을 함께 모으고 (거기에 정화를 위해) 물을 흩뿌린다. (그리고 그것들을) 식사한 자들 앞의 바닥에 내려놓는다.

[245] 먹고 그릇에 남은 음식, (먹고) 꾸샤풀 위에 남은 음식은 죽은 후 의식[1]을 치르지 못한 자와 가문의 여자[2]를 버리는 자[3]의 몫이다.

> 역주 1) 장례의식 혹은 화장의식(메다띠티, 라가와난다, 난다나, 고윈다라자)을 말한다.
> 　　 2) 남편을 포기하고 친정으로 돌아와 있는 여자(메다띠티, 꿀루까) 혹은 자식을 낳지 못하는 여자(나라야나)이다.
> 　　 3) 가문의 여자의 목숨을 버리는 자(나라야나) 혹은 가문의 여자를 버리고 세상을 떠돌아다니는 자(메다띠티, 꿀루까) 두 가지의 해석이 있다.

[246] 그 조상 제사에서 바닥에 떨어진 음식은 삐뚤어지지 않고 속일 줄 모르는 (충실한) 종들의 몫이라고 하였다.

[247] 죽은 재생자에 대해 사삔디까라나[1]를 치르기 전이면, 먼저 신에게 제물을 올리지 않은 채로 (브라만에게) 제물을 한 단자만 준다.

> 역주 1) sapiṇḍikaraṇa : 갓 죽은 자에게 단자를 바침으로써 그를 조상에 합류시키는 의식(메다띠티)이다.

[248] 법도에 따라 사삔디까라나를 치른 경우 이미 말한 식으로 그 자손이 (브라만에게) 제물을 나누어준다.

〔249〕제물을 먹고 남은 것을 슈드라에게 주는 어리석은 자는 머리가 거꾸로 서는 시간의 밧줄(kālasūtra)[1]이라고 불리는 지옥으로 간다.

역주 1) 와따세 노부유끼는 이를 '검은 밧줄'로 해석했는데 오역으로 보인다. 사전(M.M. Williams, *A Sanskrit-English Dictionary*, Oxford University Press, 1981)에 의하면 '시간밧줄'이 옳다.

〔250〕제사에서 음식을 먹은 자가 그날 바로 슈드라 여자와 어울려 다니면[1] 그의 조상은 그 달 동안 그 여자의 배설물에 머물게 된다.

역주 1) 제3장 191절 참조.

〔251〕스와디땀(svaditam)[1]이라고 묻고 나서 만족해하는 그들(브라만)에게 입을 씻게 해주고, 그들이 입을 다 씻으면, 좋으실 대로 집안에서든 어디서든 (쉴 수 있도록) 라미야땀(ramyatām)[2]이라고 말한다.

역주 1) '잘 드셨습니까?'
　　　2) '편히 쉬십시오.'

〔252〕그러면 브라만은 스와다 아스뚜(svādhā astu)[1]라고 대답해야 한다. 모든 조상 제사에서는 스와다[2]가 가장 축복하는 말이기 때문이다.

역주 1) '그대에게 축복이 있기를.'
　　　2) 제2장 172절 참조.

〔253〕그 다음에는 음식을 먹은 자들에게 남은 음식에 대해서 물어

서, 재생자들이 하라고 하는 대로 처리해야 한다.

〔254〕 (브라만들은) 조상 제사에서는 스와디땀(svaditam),¹⁾ 소우리에 지내는 제사(goṣṭhi)에서는 수슈리땀(suśṛtam),²⁾ 좋은 일³⁾을 기념해서 식사를 하고 나서는 삼빤남(saṃpannam),⁴⁾ 신에 대한 제사에서는 루찌땀(rucitam)⁵⁾이라고 말해야 한다.

> 역주 1) '맛있게 드소서!'
> 2) '좋은 말만 들으소서!'
> 3) 혼인이나 브라만에 대한 식사 대접(나라야나) 혹은 조상 제사나 신에 대한 제사(꿀루까, 라가와난다)를 말한다.
> 4) '풍성해지소서!'
> 5) '즐거우소서!'

〔255〕 오후 시간, 꾸샤풀, 집안의 물건들을 깨끗하게 하는 일, 깨, 제사 음식을 먹어주는 일, 브라만, 이 모든 것들이 (조상에 대한) 제사를 이루어지게 하는 것들이다.

〔256〕 꾸샤풀, 정화력을 가진 것,¹⁾ 오전 시간, 각종 제사 음식, 위에서 언급한 정화력을 가진 것²⁾ 등이 신에 대한 제사를 풍성하게 하는 것들이다.

> 역주 1) 주석가들은 베다 구절(메다띠티, 꿀루까, 라가와난다, 고윈다라자, 마니라마) 혹은 보리, 물 등(나라야나)을 꼽았다.
> 2) 구체적으로 말하면 제사에 연관된 물건, 일, 장소, 시간 등(메다띠티, 난다나, 고윈다라자)을 말한다. 제3장 235절, 255절 참조.

〔257〕 은자(隱者, muni)들이 먹는 우유, 소마, 요리하지 않은 고기, 가공하지 않은 소금들은 원래 신에 대한 제사 음식이라고 불리는 것들이다.

조상에게 소원함과 그 결과

[258] 브라만들을 보내고 난 후, 법도에 따라 남쪽을 향하고, 마음을 다스려 조상에게 다음과 같은 소원들을 빌라.

[259] '우리 가문에 제사를 치르는 자가 많게 하소서', '우리의 베다(지식)와 자손이 번성하게 하소서', '우리의 신심이 흔들리지 않게 하소서', '우리로 하여금 (증물로) 줄 것을 많이 갖도록 하소서.'

[260] 이렇게 그들에게 제물 음식 단자를 주고 난 후에는 그것을 소, 브라만, 염소, 아그니 혹은 물에 던져주라.

[261] 어떤 자들은 제사 음식을 먹은 후에 (위와 같이) 주고, 어떤 자들은 새들이 먹게 하며, 어떤 자들은 불이나 물에 던져준다.

[262] 남편에 대한 서계$^{1)}$를 지키고, 제사를 치르는 자의 정숙한 처$^{2)}$이며, 조상 제사를 치르고자 하는 여자가 아들을 낳기 원하면 그 제사 음식의 가운데 부분을 먹어야 한다.

역주 1) 다르마, 아르타, 까마에 있어서 몸과 마음을 의지할 수 있는 것은 오직 남편뿐이라고 하는 내용(꿀루까, 고윈다라자)이다.
2) dharmapatni : 동일한 신분으로 정상적인 혼인을 하여 조상 제사를 남편과 함께 치를 수 있는 자격이 있고 행동이 모범적인 자(꿀루까, 나라야나, 마니라마)이다.

[263] 그리하면 장수하고, 이름을 드날리며, 지혜롭고, 부유하며, 많은 자손을 가지면서, 선하고, 다르마에 충실한 아들을 얻으리라.

[264] 손을 씻고 물로 입을 헹구고, 친족(jñāti)$^{1)}$들을 위해 (음식

을) 준비한다. 공손히 친족들에게 주고 난 후, 친척(bāndhu)²⁾들에 게도 음식을 대접하라.

> 역주 1) 주석가들은 같은 고뜨라에 속하는 자(메다띠티) 혹은 일가에 속하 는 자(나라야나) 혹은 부계 친족(고윈다라자) 등으로 해석했다.
> 2) 이 경우는 주석가들 사이에 모계 친척(메다띠티, 나라야나, 꿀루까, 마니라마, 고윈다라자)을 의미한다는 데 의견이 거의 일치한다.

[265] 브라만이 떠나기 전까지는 음식들이 남아 있어야 한다. 그들 이 가고 나면 다르마에 어긋남이 없도록 가정 제사를 치른다.

조상 제사에서 제물의 효과

[266] 조상에게 어떤 제물 음식이 법도에 따라 바처져야 오래도록 영원히 가게 될지 생각할 수 있으니, 그것을 빠짐없이 말해 주겠다.

[267] 사람들의 조상은 깨나 쌀, 보리, 녹두콩, 물, 뿌리채소, 과일 등을 법도에 따라 바치면 한 달 동안 흡족해한다.

[268] 생선은 두 달간을, 사슴 고기는 석 달간을, 양고기는 넉 달간 을, 새고기는 다섯 달간을 흡족하게 하며

[269] 염소 고기는 여섯 달간을, 점박이 염소 고기는 일곱 달간을, 검은 점 있는 사슴 고기는 여덟 달간을, 루루 흰점박이 사슴 고기는 아홉 달간을 흡족하게 한다.

〔270〕 멧돼지 고기와 물소 고기는 열 달간을, 토끼 고기와 거북이 고기는 열한 달간을 흡족하게 한다.

〔271〕 소에서 난 우유와 우유로 만든 음식은 일 년간을, 귀가 긴 흰색 염소 고기는 십이 년간을 흡족하게 한다.

〔272〕 깔라샤까풀(草), 마하살까 물고기, 코뿔소 고기, 붉은 염소 고기, 그리고 은자들이 먹는 음식들을 바치면 조상들은 영원히 흡족해한다.

〔273〕 어떤 음식이든 꿀이 섞인 음식을 우기(雨期)의 열셋쨋날, 마가(Magha) 별자리의 날에 바치면 그 또한 영원히 흡족해한다.

〔274〕 그 열셋쨋날, 코끼리 그림자가 동쪽으로 질 때[1] 우리에게 우유, 꿀, 우유버터를 줄 자가 우리 가문에 태어나기를 바라노라.[2]

> 역주　1) prākchāyā : 주석가들은 해진 오후(메다띠티) 혹은 까르띠까
> 　　　　(kārtika) 달(曆)(꿀루까) 혹은 해와 달의 식(蝕)(메다띠티)을 말
> 　　　　하는 것이라고 했다.
> 　　　2) 이 구절은 조상들이 소원을 비는 내용(메다띠티, 나라야나, 꿀루
> 　　　　까, 라마짠드라, 마니라마, 고윈다라자)이다.

〔275〕 법도에 따라 무엇이든 성심껏 조상의 제사에 제물로 바치면 그것은 저 세상에서 영원하며 사라지지 않는 조상의 것이 된다.

조상 제사에 적합한 때

〔276〕 흑반월[1] 중 열쨋날부터 시작해서 열넷쨋날만 빼면 그때가

조상 제사에 가장 적합한데, 다른 제사에서는 그렇지 않다.

[역주] 1) 제1장 66절, 제4장 113절, 제6장 20절 참조.

[277] 조상 제사를 짝수날의 짝수 별자리의 날에 치르면 그의 모든 소원이 이루어진다. 홀수날에 모든 조상에게 제사를 치르면 뛰어난 자식을 얻는다.[1]

[역주] 1) 재물, 지혜, 힘, 남성의 힘 등에서 뛰어난 자식을 얻는다(메다띠티, 꿀루까, 고윈다라자) 혹은 많은 자식을 얻는다(라마짠드라).

[278] 조상 제사의 때는 한 달 중 먼저 온 보름보다 나중에 온 보름이 낫고,[1] 마찬가지로 오전보다는 오후가 더 낫다.

[역주] 1) 제1장 66절 참조.

[279] 법도에 따라 끝날 때까지[1] 오른쪽 어깨에 성사를 걸치고 손에 꾸샤풀을 들고 오른쪽으로 끝나도록 돌면서 게으름 없이 조상에 대한 제사를 치러야 한다.

[역주] 1) 제사가 끝날 때까지(나라야나, 꿀루까, 라가와난다, 마니라마) 혹은 죽을 때까지(메다띠티) 두 가지로 해석이 가능하다.

[280] 밤에는 조상 제사를 치르지 말라. 밤은 락샤사들에게 속해 있다고들 하기 때문이다. 또한 해가 뜰 때나 해가 질 때에도 치르지 말라.

[281] 이러한 방법으로 일 년에 세 번 즉, 겨울, 여름, 우기에 조상 제사를 치르라. 다섯 대제사는 매일 치러야 한다.

그외 조상 제사에 대한 것

〔282〕 조상 제사의 아그니에 대한 봉헌이 보통의 불로 치러져서는
안된다.[1) 아그니를 지키는 재생자는 조상 제사를 초승달 뜨는 날
이외에 치러서는 안된다.

역주 1) 아그니에 대한 봉헌을 마친 제화(祭火)로 치러야 한다(메다띠티,
꿀루까)는 의미이다.

〔283〕 브라만이 목욕한 후에 물로써 조상들을 만족시키면 그로써
그는 조상 제사로 인한 모든 과보를 얻는다.

〔284〕 아버지들은 바수(Vāsu)[1), 할아버지들은 루드라(Rudra),[2)
증조 할아버지는 아디띠야(Āditya)[3)라고 영원한 계시서(베다)가
말한다.

역주 1) 문자대로의 의미는 '모든 곳에 머무르는 자'이며, 만물에 내재한
       신을 가리킨다.
     2) 문자대로의 의미는 '울리는 자'이며, 공포스럽고 거부할 수 없는
       힘을 형상화한 신이다.
     3) 태양신 수리야(Sūrya)의 다른 이름이다.

〔285〕 항상 비가사(vighasa)를 먹고, 아므리따(amṛta)를 먹으라.
(먹다가) 남은 음식은 비가사, 제사 음식 남은 것은 아므리따이다.

〔286〕 이렇게 해서 다섯 대제사[1)에 관계된 모든 법도를 밝혔다. 이
제 브라만들의 생업에 대해 들으라.

역주 1) 제3장 69~70절 참조.

제4장

생업

〔1〕 재생자는 인생의 첫 사분기¹⁾에 스승 곁에 머물며, 두번째 사분기²⁾에는 혼인하여 가정에 머물러야 한다.

역주 1) caturthamayuṣa : 일생을 100년으로 보고 그 사분의 일인 25년을 금욕학습기(brāhmacāryāśrama)와 동일한 것(나라야나, 꿀루까, 난다나, 라마짠드라)으로 보고 있다.
　　　2) 가주기(메다띠티, 꿀루까, 난다나, 라마짠드라)를 가리킨다.

〔2〕 브라만은 어쩔 수 없는 때를 제외하고는 생물에게 해를 끼치지 않는 혹은 끼치더라도 최소한으로 하는 일을 생업으로 삼아 살아야 한다.

〔3〕 그 어떠한 일을 하든 자신의 신분에 합당한 일로서 생업을 삼을 것이며, 육신에 지나친 고통을 주는 일을 피하여 재물을 모아야 한다.

〔4〕 리따(ṛta),[1] 아므리따(amṛta),[2] 므리따(mṛta),[3] 쁘라므리따 (pramṛta),[4] 사띠야느리따(satyānṛta)[5]로 불리는 일들을 생업으로 삼아 살라. 개의 생활[6]은 절대로 하지 말아야 한다.

역주 1) '참, 진리'라는 의미이다.
2) '죽음이 아닌 것'이라는 의미이다.
3) '죽음'이라는 의미이다.
4) '죽음에 이르게 하는 것'이라는 의미이다.
5) '참이기도 헛되기도 한 것'이라는 의미이다.
6) 제4장 6절 참조.

〔5〕 (밭에 떨어진) 곡식을 줍는 일은 리따, (남에게) 구걸하지 않는 일은 아므리따, 구걸하는 일은 므리따, 농사는 쁘라므리따

〔6〕 장사는 사띠야느리따이니, 이 일로 생업을 삼아 살 수도 있다. 그러나 시중드는 일을 생업으로 하는 것은 개와 같이 대접받을 일 이니 그런 일은 하지 말아야 한다.

〔7〕 창고를 채울 만큼, 항아리를 채울 만큼 벌라. 그러나 사흘 먹을 식량, 하루 먹을 식량만을 벌어도 된다.

〔8〕 가장으로서 제사를 치르는 재생자의 이 네 종류의 벌이 중 나 중에 말한 것부터 역순으로 뛰어나다. 맨 나중의 (하루 식량 버는) 벌이를 하는 자는 오히려 다르마의 힘으로 세상에서 승자가 됨을 알라.

〔9〕 이 네 종류의 벌이 중 첫번째에 해당하는 자는 (앞에서 말한) 여섯 종류의 일을 하며, 두번째에 속하는 자는 (사띠야느리따를 뺀 나머지) 세 가지 일을 하고, 세번째에 해당하는 자는 (쁘라므리따

와 사띠야느리따를 뺀) 두 가지 일을 하지만, 네번째에 해당되는
자는 한 가지 일¹⁾만으로 사는 자이다.²⁾

역주 1) 구체적으로, 곡식을 줍는 일(꿀루까) 혹은 베다를 가르치는 일
(메다띠티, 마니라마, 고윈다라자, 난다나)이다.
2) 첫번째에 해당하는 것은 브라만의 일, 두번째는 끄샤뜨리야의
일, 세번째는 바이시야의 일, 네번째는 다른 세 신분에 봉사하
는 일(라마짠드라)이다.

[10] (그러므로) 곡식과 낟알을 줍는 자는 항상 봉헌의식을 치르
고 빠르와¹⁾와 계절이 바뀔 때 추수제(isti)만을 드린다.²⁾

역주 1) 제4장 113~14절, 150절 참조.
2) 대제사는 치르지 않는다(메다띠티) 혹은 짐승 제사, 소마 제사
등은 치르지 않는다(라가와난다).

[11] 벌이를 위해 (남을 속이거나 피해를 주는 등의) 세속적인 짓
을 하지 말고, 위선적이거나 가식적인 행동을 하지 말며, 브라만으
로서 정결함을 지키는 일을 하며 살아야 한다.

[12] 행복을 원한다면 만족을 그 기반으로 삼아 스스로를 제어해야
한다. 만족하는 것이 행복이요, 고통은 불행의 근본이다.

스나따까의 다르마

[13] 재생자로서 스나따까¹⁾는 위에서 말한 일들 중 하나를 택하여
그것을 생업으로 삼아 천상, 장수, 명예를 구하는 서계를 해야 한다.

역주 1) 제2장 138절 참조.

〔14〕 베다에 정해진 바에 따라 절대 게으르게 하지 말며 베다에 정해진 자신의 까르마(일)를 힘닿는 대로 하며 살아야 한다. 그렇게 함으로써 최고의 결실을 맺으리라.

〔15〕 유희로써¹⁾ 혹은 자신의 까르마에 어긋나는 일로써 벌이를 삼지 말 것이며, 재물에 있어서 어려움에 처하더라도 아무한테서나 받지는 말아야 한다.

역주 1) prasaṅgena : '지나치게 몰두하여'(나라야나)로 해석할 수도 있다.

〔16〕 욕망으로 인해 감각의 대상에 빠져들지 않도록 해야 한다. 의지를 가지고 그것들에 매이는 것을 멀리해야 한다.

생업과 베다 학습

〔17〕 (베다) 자습을 방해하는 모든 재물(과 관계된 것)을 내버려야 한다. 그(재생자)가 어떠한 일을 생업으로 삼아 살든 이것만은 마땅히 지켜야 할 바이다.

〔18〕 나이, 일, 재물, 계시서의 가르침, 가문, 옷차림, 말씨, 갖추고 있는 지성에 맞게 세상을 살아야 한다.

〔19〕 지성을 빨리 늘게 하고,¹⁾ 재물과 이로움을 늘게 하는 학문²⁾들과 베다의 풀이³⁾ 등에 정진해야 한다.

역주 1) buddhivṛddhikāraṇi : 이에 속하는 학문으로 주석가들은 역사
(itihāsa)와 고담(古談, purāṇa), 논리학(tarkaśāstra) 등(메다
띠티) 혹은 문법과 미만사, 전승, 고담, 논리학 등(꿀루까) 혹은
윤리학(라가와난다) 등을 들었다.
2) hitāni : 고통을 없게 하는 것(나라야나) 혹은 의학, 천문학, 정
치학 등(메다띠티, 마니라마) 혹은 『아유르 베다』(고윈다라자)
라고 한다.
3) vaidikā nigamā : 베다의 의미를 푸는 데 도움이 되는 어원학,
문법, 미만사 등(메다띠티, 나라야나, 고윈다라자) 혹은 여섯 베
당가(난다나) 혹은 고담 등(라가와난다)이라고 한다.

[20] 사람은 학습에 정진해 갈수록 잘 알게 되며, 그로 인해 지혜가
빛나게 된다.

가주기의 제사의무

[21] 언제나 선인에 대한 제사, 신에 대한 제사, 영에 대한 제사,
사람에 대한 제사,[1] 조상에 대한 제사를 치르며, 가능한 한 이를 어
기지 말아야 한다.

역주 1) nṛyajña : 손님 접대(라마짠드라)를 뜻한다.

[22] 이 다섯 대제사의 가르침을 아는 자는 스스로를 괴롭히지 않
으면서도 늘 자신의 감각에 제사를 치른다.[1]

역주 1) 감각의 대상들을 공물로 바쳐 제사를 치른다. 즉 감각을 절제하
도록 한다(메다띠티, 나라야나, 꿀루까, 라가와난다, 난다나, 고
윈다라자).

〔23〕 제사의 과보가 파멸하지 않는 것임을 아는 자, 그리고 숨 속에 말이 있음을 보는 자는 항상 말소리에 숨을, 숨 속에 말소리를 제물로 바친다.

〔24〕 또 다른 브라만들은 항상 제사의 행위(kriyā)를 지혜의 눈으로 보아 그 뿌리가 지혜임을 알아보고 (다섯) 대제사를 치른다.

〔25〕 매일 낮과 밤이 각각 끝나는 때, 매달의 보름 주기마다 있는 그믐과 보름날에 아그니에 대한 봉헌을 해야 한다.

〔26〕 재생자는 묵은 곡물이 떨어질 때 새 곡물로 제사를 치르고, 계절이 끝날 때 넉 달마다 치르는 제사(adhvara)[1]를, 일 년의 반이 끝날 때 짐승을 바쳐 제사를 치르며, 한 해가 끝날 때는 소마즙으로 제사를 치러야 한다.

역주 1) 넉 달마다 치르는 제사(cāturmāya)의 다른 이름(꿀루까)이다.

〔27〕 아그니에게 치르는 제사를 아는 재생자는, 그가 장수하기를 바란다면 짐승을 바치는 제사를 치르기 전에 새 곡물이나 고기를 먹지 말아야 한다.

〔28〕 아그니에게 새 곡물이나 고기를 올리지 않으면 그 곡물이나 고기를 탐내는 아그니가 그의 숨을 먹어치우기를 원하기 때문이다.

〔29〕 손님은 그 주인에게서 앉을 자리, 음식, 잠자리, 물, 뿌리채소, 과일로 정성껏 대접받지 못한 채 그 집에 머무르는 일이 없어야 한다.

[30] 그러나 외도를 따르는 자(pāṣaṇḍa), 엉뚱한 짓을 하는 고양이 같은 자,[1] 생각과 말이 다른 자(śaṭa), 논쟁자,[2] 왜가리 같은 짓을 하는 자[3]가 손님으로 오면 말로라도 그를 환영하지 말아야 한다.[4]

> [역주] 1) vikarmasthā baiḍālavratikā : 신분에 맞지 않는 일을 하는 자 (메다띠티, 라가와난다) 혹은 신분에 따른 금지된 생업으로 사는 자(마니라마) 혹은 특정한 인생기에 있으면서 그에 맞지 않게 행동하는 자(나라야나)이다. 제4장 195절 참조.
> 2) haitukā : 나스띠까(메다띠티) 혹은 베다에 반하는 논리를 펴는 자(메다띠티, 마니라마, 고원다라자, 라가와난다) 혹은 논리로써 세상을 혼란스럽게 하는 자(라마짠드라)이다.
> 3) bakavṛtikā : 허튼소리를 지껄이는 자 혹은 위선자(메다띠티)이다.
> 4) 제4장 191~96절 참조.

[31] 베다, 지식에 대한 서계를 지켜 학습을 마치고 돌아온 자, 베다에 정통한 자가 집에 오면 그를 신들과 조상들에게 올리는 공물과 같은 음식으로 반겨 맞을 것이요, 그렇지 않은 자들에 대해서는 그리하지 말라.

[32] 가정 제사를 치르는 자는 스스로 음식을 만들 수 없는 자[1]에게 음식을 봉양해야 한다. 그외 모든 생물에게 차별을 두지 말고 나누어 주어야 한다.

> [역주] 1) 금욕학습자(나라야나, 난다나) 혹은 기세자, 금욕학습자, 방랑자 (메다띠티, 라가와난다, 난다나, 라마짠드라)가 이에 속한다고 한다.

[33] 허기로 괴로우면 왕으로부터, 제사를 주관한 제사의 제주로부터, 그의 집에 머물면서 스나따까[1]로부터 음식을 구할 것이요, 그

외 다른 곳에서는 구하지 말아야 한다. 이것은 이미 정해진 일이다.

역주 1) 제2장 138절, 제4장 13절 참조.

옷차림

[34] 스나따까 브라만은 능력이 있으니 가만히 앉아만 있으면서 배를 곯지 말 것이며, 재물이 (조금이라도) 있다면 더럽고 낡아빠진 옷차림을 하지 말아야 한다.

[35] 머리, 손톱, 수염을 항상 단정히 하고, 자만하여 행동하지 말고, 흰옷을 입고, 스스로를 청정하게 하여 학습에 열중하여야 한다. 항상 아뜨만을 위한 일[1]에 힘을 다해야 한다.

역주 1) ātmahita : 주석가들은 식사량을 적게 하는 것(나라야나) 혹은 약초를 먹는 것 등(꿀루까)이라고 했다.

[36] 언제나 지팡이, 물통, 성사, 베다, 꾸샤풀, 귀걸이[1]를 지녀야 한다.

역주 1) kuṇḍala : 일종의 귀걸이로 장식용이 아니라 징표의 하나이다.

금기

[37] 뜨거나 지는 순간의 해를 절대 보지 말아야 한다. 다 져버린 모습이나 물에 비추어진 모습, 그리고 정오에 높이 뜬 모습 또한 보

지 말아야 한다.

〔38〕 소를 묶은 밧줄을 뛰어넘지 말고, 비가 올 때 뛰어다니지 말며, 물 속에 비추어진 자신의 모습도 보지 말아야 한다. 이것은 반드시 지켜야 할 일이다.

〔39〕 흙더미, 암소, 신상, 브라만, 우유버터, 꿀, 사거리, 잘 알려진 나무를 보게 되면 이런 것들을 오른쪽으로 끼고 돌며 걸어야 한다.

〔40〕 아무리 애욕이 솟구쳐도 월경중인 여자에게 접근하지 말아야 한다. 같은 잠자리에 함께 눕지도 말아야 한다.

〔41〕 월경중인 여자에게 접근하는 자는 그 지력(prajñā), 정기(精氣, teja), 체력, 시력, 수명이 모두 줄어들기 때문이다.

〔42〕 월경중인 여자를 멀리하는 자는 그로써 지력, 정기, 체력, 시력, 수명이 늘어난다.

〔43〕 (월경중인) 처와 함께 식사하지 말아야 한다. 재채기를 하거나 하품을 하거나, 편히 앉아 쉬고 있는 처를 보지 말아야 한다.

〔44〕 브라만, 그리고 스스로 정기를 갖고자 바라는 자는 여자가 두 눈에 검은 화장을 하는 모습, 몸에 기름을 문지르는 모습, 아이 낳는 모습을 보지 말아야 한다.

〔45〕 옷을 하나만 걸치고[1] 식사하지 말아야 한다. 알몸으로 목욕하지 말아야 한다. 길, 잿더미, 소우리에 대고 소변을 보지 말아야 한다.

1) 성사만 걸치고(메다띠티) 혹은 옷을 하나만 걸치거나 거의 아무
것도 입지 않은 채로(나라야나) 식사하면 안된다. 제4장 129절,
제11장 201절 참조.

[46] (경작을 위해) 흙을 엎어놓은 밭, 물, 무덤, 산, 사원이 있던
자리, 개미집에 대고는 절대 소변을 보지 말아야 한다.

[47] 생물이 살고 있는 구멍에 대고, 강둑에, 산봉우리에서 걸으면
서 혹은 서서 절대 소변을 보지 말아야 한다.

[48] 바람을 맞는 방향으로, 불, 브라만, 태양, 물 그리고 소를 보
고 그 방향으로 소변을 보지 말아야 한다.

[49] 마른 나무, 흙, 나뭇잎, 볏짚 등으로 땅을 덮고, 몸을 옷으로
덮고, 머리도 덮고 말을 하지 말고, 움직이지 말고 용변을 보아야
한다.

[50] 낮에는 북쪽을 향해, 밤에는 남쪽을 향해 소변을 보며, 해가
지거나 뜨는 시간에는 낮과 마찬가지로 (북쪽을 향해) 소변을 보아
야 한다.

[51] 재생자는 밤이든 낮이든, 그늘이나 어둠 속에서 혹은 숨을 쉬
기에 어려움이 있는 곳에서는 편한 방향을 취하도록 한다.

[52] 불, 태양, 달, 물, 브라만, 암소에 대고 소변을 보거나 바람을
마주보고 소변을 보면 그의 지력이 줄어든다.

[53] 불에 대고 입으로 바람을 불어대지 말아야 한다. 옷을 벗은 여

자를 보지 말아야 한다. 불에 그 어떤 청정하지 못한 것도 넣지 말
아야 한다. 발을 불 위에 올려 말리지 말아야 한다.

〔54〕 잠자는 자리 아래 불을 두지 말아야 한다. 불을 가로지르지 말
아야 한다. 발이 있는 쪽으로 불을 두지 말아야 한다. 숨에 장애가
생길 만한 일을 하지 말아야 한다.

〔55〕 해질 무렵에 식사하지 말고, 길을 떠나지 말며, 잠을 자지 말
아야 한다. 또한 이때에는 땅에 금을 긋지 말며, 자기 목에 걸치고
있던 화환을 벗지 말아야 한다.[1]

> [역주] 1) 스스로든 스승이든 벗기지 말아야 한다(메다띠티) 혹은 스스로
>   벗지 말아야 한다(난다나) 혹은 다른 자가 벗기지 않도록 해야
>   한다(꿀루까).

〔56〕 물에 대고 용변을 보거나, 침이나 청정하지 못한 것 혹은 피나
독을 흘리지 말아야 한다.

〔57〕 빈 집에서 홀로 자지 말아야 한다. 자고 있는 윗사람을 깨우지
말아야 한다. 월경중인 여자와 말하지 말아야 한다. 제사에 부르기
전에는 가지 말아야 한다.

〔58〕 불 아궁이, 소우리, 브라만 가까이에서 (베다) 자습을 하거나
식사를 할 때에는 오른손을 밖으로[1] 나오게 두어야 한다.

> [역주] 1) 옷 밖으로(꿀루까)의 의미이다.

〔59〕 (물 혹은 우유를) 마시는 소를 방해하지 말며, 소가 누구의

풀, 곡물을 먹든 (금하는) 말을 하지 말아야 한다. 지혜로운 자는 하늘의 무지개를 다른 자에게 보이지 않는다.

[60] 다르마가 지켜지지 않는 곳, 환자가 많은 마을에 오래 머물지 말아야 한다. 길에 혼자 다니지 말며, 산에 오랫동안 머물지 말아야 한다.

[61] 슈드라가 통치하는 곳에, 다르마를 지키지 않는 자들이 많은 곳에, 외도를 따르는 무리들이 있는 곳에 살지 말라. 비천한 태생[1]이 있는 곳에도 (살지 말라.)

역주 1) antyajā : 믈렛차나 짠달라 등으로 주요 네 신분에 속하지 않은 자들(고원다라자)이다.

[62] 기름이 흐르는 것[1]을 먹지 말라. 배를 가득 채우지 말라. 너무 이른 아침과 너무 늦은 저녁에 식사하지 말라. 이미 양을 채운 경우, 저녁식사는 하지 말라.

역주 1) uddhṛtosneham : 기름을 짤 수 있는 깨나 겨자 등(메다띠티, 나라야나, 꿀루까)이다.

[63] 공연한 헛수고를 하지 말라. 양손을 모아 오무려서 물을 마시지 말라. 음식을 무릎에 올려두고 먹지 말라. 먹으면서 호기심으로 이것저것 묻지 말라.

[64] 춤, 노래, 연주를 하지 말라. 겨드랑이에 손을 넣어 소리를 내거나, 이를 갈거나, 흥분하여 언성을 높이는 일을 하지 말라.

〔65〕 구리로 된 그릇에 발을 씻지 말고, 깨진 그릇으로 (밥 등을) 먹지 말며 깨끗하지 않은 그릇으로 먹지 말라.

〔66〕 다른 자가 사용한 신발, 옷, 성사, 장신구, 화환, 허리띠를 사용하지 말라.

〔67〕 길들여지지 않았거나, 허기져 있거나, 목말라 있거나, 병들어 있거나, 뿔이 망가져 있거나, 눈·발굽이 상해 있거나, 꼬리가 상한 짐승을 타고 다니지 말라.

〔68〕 잘 길들여지고, 빨리 달리고, 그 모습이 분명히 드러나고, 혈통이 좋고, 채찍을 많이 치지 않아도 되는 (짐승을 타고 다니라.)

〔69〕 막 떠오른 해,[1] 화장터의 연기, 망가진 자리를 멀리하라. 손발톱과 털을 자르지 말고, 이로 손발톱을 물어뜯지 말라.

[역주] 1) 처녀좌(Virgo) 안에 있는 해(메다띠티, 꿀루까)이다.

〔70〕 흙더미를 뭉개지 말라. 손톱으로 풀잎을 찢지 말라. 아무런 득이 없거나 나쁜 결과를 부르는 일[1]을 하지 말라.

[역주] 1) 상한 음식을 먹는 것 등(꿀루까)이다.

〔71〕 흙더미를 뭉개는 자, 풀잎을 찢는 자, 이로 손톱을 물어뜯는 자는 머지않아 파멸을 맞으리라. 또한 남의 흉을 퍼뜨리는 자, 정(淨)함을 지키지 않는 자 또한 그러하리라.

〔72〕 쓸데없는 논쟁을 일삼지 말라. 밖으로[1] 화환을 걸지 말라. 또

한 소 등에 앉는 것은 절대로 하지 말아야 한다.

역주 1) 옷 밖으로(메다띠티) 혹은 머리카락 밖으로(마니라마) 혹은 실외에서(메다띠티) 혹은 향기가 나지 않는 곳으로(메다띠티) 등으로 해석될 수 있다.

[73] 마을이든 집이든 담으로 둘러싸인 곳은 대문이 아닌 곳을 통해 들어가지 말며, 밤에는 항상 나무뿌리에서 멀리 떨어져 다니라.

[74] 노름을 하지 말고, 신발을 벗어 들고 다니지 말며, 잠자리에 누워서 먹거나, 깔아놓은 자리나 손에 음식을 놓고 먹지 말라.

[75] 해가 지고 난 후에 깨가 섞인 음식을 먹지 말며, 알몸으로 자지 말며, 음식을 먹다 말고 돌아다니지 말라.

[76] 젖은 발을 하고 음식은 먹어도, 젖은 발로 눕지는 말라. 젖은 발로 음식을 먹는 자는 장수한다.

[77] 눈으로 봐서 잘 보이지 않으면 절대 그 길을 가지 말라. 배설물을 보지 말라. 양팔을 사용하여 강을 건너지 말라.

[78] 장수하기를 바라는 자라면 머리카락, 재, 뼈, 깨진 조각, 씨앗, 볏단을 밟고 서지 말라.

[79] 짠달라, 뿔까사(Pulkasa),[1] 무르카(Mūrkha), 발리쁘따(Valipta), 안띠야(Antya), 안띠야와사인(Antyāvasāyin)[2]과 같은 자들과 함께 어울리지 말라.

역주 1) 제10장 18절, 49절 참조.
　　　 2) 제10장 39절 참조.

〔80〕 슈드라와는 의견을 나누지 말고, 먹던 음식, 남은 제물도 주지 말라. 다르마나 세계에 대한 가르침도 주지 말라.

〔81〕 슈드라에게 다르마와 세계를 가르치는 자는 그 슈드라와 함께 아삼우리따(Asaṁvṛta)라는 암흑으로 떨어진다.

〔82〕 두 손을 모아 머리를 긁지 말라. 음식을 먹으면서 머리를 만지지 말라. 머리를 감기 전에 목욕부터 하지 말라.

〔83〕 머리카락을 움켜쥐거나 치지 말고 머리도 그렇게 하지 말아야 한다. 머리를 감고 목욕한 후에는 몸의 그 어느 부위에도 기름을 묻히지 말라.

〔84〕 끄샤뜨리야에게서 태어나지 않은 왕에게서는 (무엇이든) 받지 말 것이며, 짐승을 잡아 고기를 파는 자, 기름을 짜서 파는 자, 술을 파는 자, 매춘으로 생업을 삼는 자들에게서도 받지 말라.

금지된 자로부터의 증물수수의 금지

〔85〕 기름 짜는 자 한 명은 짐승을 잡아 고기를 파는 자 열 명과 마찬가지(로 나쁘)고, 술 파는 자 한 명은 기름 짜는 자 열 명과 마찬가지(로 나쁘)고, 매춘으로 사는 자 한 명은 술 파는 자 열 명과 마찬가지(로 나쁘)고, 끄샤뜨리야에게서 나지 않은 왕은 매춘으로 사는 자 열 명과 마찬가지(로 나쁘)다.

[86] 그러한 왕은 일만 개의 도살장을 가진 자와 같다고들 했으니, 그러므로 그로부터 (무엇이든) 받는 것은 끔찍한 일이다.

[87] 경전(śāstra)에 언급된 바를 거역하는 왕으로부터 (무엇이든) 받는 자는 다음 스물한 개의 지옥에 차례로 떨어진다.

[88] 암지옥(闇地獄, tāmisra), 더 깊은 암지옥(andhatāmisra), 대공포지옥(mahāraurava), 공포지옥(raurava), 시간밧줄[1]의 지옥(kālasūtra), 대지옥(mahānaraka)

역주 1) 제3장 249절 참조.

[89] 소생하게 하는 지옥(sanjīvana), 대파지옥(大波地獄, mahāvīci), 염열지옥(炎熱地獄, tapana), 작열지옥(灼熱地獄, saṁpratāpana), 압살지옥(壓殺地獄, saṅhāta), 까마귀-박쥐지옥(sakākola), 뇌지옥(蕾地獄, kuḍmala), 악취지옥(惡臭地獄, pratimūrtika)

[90] 철정지옥(鐵釘地獄, lohaśaṅku), 열분지옥(熱粉地獄, rjīṣa), 끝없이 걷는 지옥(panthāna), 나무가시지옥(śālmalī), 강지옥(江地獄, nadī), 손이 잘리는 지옥(asipatravana), 쇠사슬지옥(lohadāraka)

[91] 이러함을 아는 현자, 브라흐만을 아는 브라만, (다음 생에) 복을 바라는 자는 왕[1]에게서 증물을 받지 말아야 한다.

역주 1) 끄샤뜨리야 출신이 아닌 왕(라가와난다, 난다나)을 말한다.

평소의 베다 학습

〔92〕 동틀녘에 잠자리에서 일어나야 한다. 또한 다르마, 아르타를 깊이 생각하고, 몸이 있음으로 인하여 고통이 있음을 상기하며, 그 고통의 뿌리와 베다의 진정한 의미를 기억해야 한다.

〔93〕 잠자리에서 일어나 일상의 일[1]을 마치고, 마음을 정(淨)하게 하고 정신을 집중하여 동이 틀 때 (사위뜨리) 묵송을 하라.[2] 저녁의 황혼에도 사정에 따라 가능하면 오래도록 (사위뜨리) 구절을 낭송하라.

역주 1) 용변보는 일이나 몸을 씻는 일 등(꿀루까)이다.
2) 제2장 101~102절 참조.

〔94〕 선인들은 긴 베다 구절의 학습으로 장수하였으며, 지력, 명예, 명성, 브라흐만에 대한 총기를 얻었도다.

〔95〕 슈라와나(śravana) 달[1]이나 빠우슈타빠다(pauṣṭhapada) 달[2] 중의 보름날을 택해 법도에 따라 입문의식(upākarma)을 시작하는 의식을 치르고, 넉 달 반 동안 찬가(베다 구절)를 학습한다.

역주 1) 양력 7~8월경에 해당하는 힌두력의 달이다.
2) 양력 8~9월경에 해당한다.

〔96〕 재생자는 뿌시야(puṣya) 달[1]의 길일, 마가(māgha) 달[2]의 백반월(śukla pakṣa)[3]이 시작되는 첫날 등의 길일을 잡아 오전 시간에 (마을) 밖에서 종료의식(utsarga)을 치러야 한다.

1) 양력 12~1월경에 해당한다.
　　 2) 양력 1~2월경에 해당한다.
　　 3) 제1장 66절 참조.

[97] 경전이 가르치는 바에 따라 (마을) 밖에서 베다 (학습)의 마침을 알리는 의식을 하고 나서, (의식이 있은) 당일의 낮부터 다음 날 밤까지 학습을 중지해야 한다.

[98] 그 다음 백반월 동안은 꾸준하게 베다를 읽고, 흑반월 동안에는 모든 베당가를 학습하라.[1]

역주 1) 제2장 105절 참조.

[99] 정확하지 않은 발음으로 학습하지 말며, 슈드라가 가까이 있는 곳에서 베다를 학습하지 말라. 늦은 밤 브라흐만을 하고[1] 지치면 그때 잠을 자라.

역주 1) 베다 학습을 한다(메다띠티, 나라야나, 꿀루까, 마니라마, 라마짠드라, 고윈다라자, 난다나)는 의미이다.

[100] 운율이 있는 소리로 된 베다를 읽어야 한다. 어쩔 수 없는 경우가 아니라면 브라흐만[1]과 운율로 된 것[2] 모두를 읽으라.

역주 1) 베다 결집서 특히 『리그 베다』와 『사마 베다』(메다띠티, 나라야나, 라가와난다, 라마짠드라)를 의미한다.
　　 2) 가이뜨리 구절(메다띠티, 꿀루까, 라가와난다, 마니라마, 고윈다라자)을 말한다.

학습에 적합한 때

[101] 이와 같이 항상 학습에 적합하지 않은 때를 피할 것이며, 법도에 따라 제자들을 가르치는 자들 또한 (그렇게 해야 한다.)

[102] (베다) 묵송에 능통한 자들이 말하기를 바람소리가 요란하게 나는 비가 오는 밤, 먼지바람이 부는 낮에는 학습을 하지 않는 것이라고 했다.

[103] 마누는 천둥 번개가 치면서 비가 오고 매우 소란스러울 때도 그 시간부터 꼬박 하루 동안 학습을 하지 말라고 말했다.

[104] 이러한 현상들이 아그니(祭火)를 피울 때 나타나면 그것은 베다의 학습을 중지해야 하는 때임을 알아야 한다. 또 아그니를 피울 때, 갑자기 구름이 소리를 낼 때도 학습의 때가 아님을 알아야 한다.

[105] 대기를 울리는 소리가 나거나, 지진이 나거나, 우기중이라도 별들이 (서로를) 가릴 때에는 그 시간부터 꼬박 하루 동안은 학습의 때가 (아님을 알라.)

[106] 동틀 무렵 아그니를 피울 때 번개와 천둥이 치면 태양이 나올 때까지 학습의 때가 아님을 알라. 밤이나 낮에도 이러할 때에는 마찬가지(로 때가 아니)다.

[107] 다르마[1]를 구하고자 하는 자는 마을이나 도시[2]에서 학습을 하지 않으며, 어디든 나쁜 냄새가 나는 곳에서는 학습하지 않는다.

역주 1) 천상에 가는 것 등 공덕의 과보(메다띠티)를 의미한다.
2) 장이 서서 사람이 많이 몰리는 곳(나라야나)을 말한다.

[108] 마을에 죽은 자가 아직 누워 있거나, 가까이에 황소를 죽이는 자[1]가 있을 때, 우는 소리가 날 때, 사람이 많이 모여 있을 때도 (학습의 때가 아니다.)

역주 1) 슈드라의 다른 이름이다. 제8장 16절 참조.

[109] 물 속에 있을 때, 한밤중에 용변을 볼 때, 음식을 먹던 입을 씻지 않고 그대로 있을 때, 조상 제사에서 밥을 먹었을 때는 마음 속으로라도 절대 베다를 떠올리지 말라.

[110] 브라만은 초대를 받은 경우,[1] 왕의 태어남과 사망[2](의 부정이 발생한) 때에는 각각 사흘간 (베다) 찬송을 하지 말아야 한다.

역주 1) 최근에 죽은 자를 위한 제사에 초대를 받은 경우(메다띠티, 나라야나, 꿀루까, 난다나)를 말한다. 제3장 247절 참조.
2) rājño rāhośca sūtake : rājñaḥ는 '달'이나 '왕'으로 번역할 수 있는 동음이의어이므로 이 경우는 '일식과 월식' 혹은 '아들의 태어남'으로 풀이할 수도 있다(메다띠티).

[111] 현자는 브라만의 몸에 아직 조상 제사 때의 (향으로 인한) 냄새, 제사 때 올린 음식이 남아 있을 때는 브라흐만(베다)을 읽지 않는다.[1]

역주 1) 제3장 188절, 제4장 99절 참조.

[112] 누워 있을 때, 발을 (어떤 것에) 얹어두고 앉아 있을 때, 무

릎을 모아 (웅크리고) 앉아 있을 때, (다른 자의) 자식이 태어남을 기념하는 고기를 먹었을 때는 (베다) 학습을 하지 말라.

〔113〕 안개가 깔릴 때, 화살소리가 날 때, 해뜰 때와 해질 때, 그믐달이 뜰 때, 14일째, 보름달이 뜰 때, 그리고 8일째에는 학습을 하지 말라.[1]

역주 1) 언제나 한 달의 기준은 30일간이 아니라, 백반월과 흑반월의 각 보름간이다. 그러므로 14일째나 8일째란 각 보름의 해당일을 말하는 것이다. 특별히 30일이라는 언급이 없는 한, 한 달의 기간은 30일이 아니라 15일이고, 그 기준은 백반월과 흑반월이다.

〔114〕 그믐달이 뜨는 날은 스승을, 14일째 되는 날은 제자를 해친다. 보름달 뜨는 날과 8일째 되는 날은 익힌 지식을 잊게 한다. 이러한 날에는 학습을 하지 말라.

〔115〕 재생자는 바람과 비가 요란할 때, 하늘이 붉을 때, 자칼, 개, 당나귀, 낙타가 소리 높여 울 때, 이들[1]이 줄지어 소리를 낼 때는 학습하지 말라.

역주 1) 자칼, 개, 당나귀, 낙타 등의 동물(꿀루까, 마니라마, 고윈다라자) 혹은 동일한 열에서 음식을 공유할 수 있는 자들(메다띠티, 나라야나) 등 두 가지 서로 다른 의견이 있다.

〔116〕 화장터·마을·소우리에서 가까운 곳에 있을 때, 혹은 (여자와) 동침했을 때 입던 옷을 입고 있을 때, 조상 제사에서 (증물을) 받은 경우에는 학습하지 말라.

〔117〕 재생자는 (그것이) 살아 있는 것이든 살아 있지 않은 것이든

조상 제사에서 (무언가를) 받은 경우에는 학습을 하지 말라. 브라만의 손은 바로 입이기도 하다고들 말하기 때문이다.

〔118〕마을에 도둑들의 습격이 있었을 경우, 불로 인해 재앙이 생겼을 경우, 모든 종류의 재해가 닥쳤을 때는 학습의 때가 아님을 알라.

〔119〕입문의식 및 종료의식이 있을 때는 사흘간 (학습을) 하지 않는다고 전해진다. 8일째 밤낮 하루, 계절의 마지막 밤에도 마찬가지이다.

〔120〕말·나무·코끼리·당나귀·낙타·배를 타고, 맨발로 서서, 수레에 앉아서도 학습하지 말라.

〔121〕말다툼이 없을 때, 싸움이 없을 때, 병사들이 모여 있는 곳에 있지 않을 때, 전투중이 아닐 때, 식사 직후의 나른한 때가 아닐 때, 구토하지 않을 때, 신물이 올라오지 않을 때 (학습하라.)

〔122〕(집안의) 손님이 양해하지 않을 때, 바람이 매섭게 불 때, 무기에 다쳤을 때, 피가 흐를 때는 (학습하지 말라.)

〔123〕『사마 베다』를 읊는 소리가 나고 있으면 『리그 베다』나 『야주르 베다』를 학습하지 말라. 베다나 아라니야까를 학습한 후에도 (당일에 다시 베다를 학습하지 말라.)

〔124〕『리그 베다』의 신성은 신과 관계가 있으며, 『야주르 베다』의 신성은 사람과, 『사마 베다』의 신성은 조상과 관계가 있다. 그러므로 『사마 베다』를 읽는 소리는 정(靜)한 것이 아님을 알라.

〔125〕이것을 알아서, 현자는 이 세 베다의 핵심[1]부터 차례로 학습하라. 이렇게 한 다음 나중에 베다를 학습하라.

역주 1) '옴' 혹은 사위뜨리 구절의 후렴구(부흐, 부와흐, 스와흐) 등(메다띠티, 꿀루까)을 말한다. 또 다른 의견으로는 먼저 그 이름이 불리는 베다, 즉 『리그 베다』(나라야나)를 말한다. 그러니까 세 베다의 핵심부터 차례로 학습하라는 것은 먼저 제일 중요한 『리그 베다』로부터 『야주르 베다』, 그리고 나중에 『사마 베다』를 학습하라는 의미이다. 제2장 76~77절 참조.

〔126〕가축,[1] 개구리, 고양이, 개, 뱀, 몽구스, 쥐가 (스승과 제자) 사이로 지나가면 밤낮 하루 동안 학습을 중단하라.

역주 1) paśu : 소 등(꿀루까, 라가와난다) 혹은 염소(나라야나, 난다나) 혹은 동네에 돌아다니는 가축(난다나)이다.

〔127〕학습하는 자리가 정(淨)하지 않거나 그 스스로의 몸이 정결치 않은 두 경우에는 가능한 한 학습을 피하라.

생활에 관한 여러 규정

〔128〕스나따까 재생자는 그믐달이 뜨는 날과 보름달이 뜨는 날, 8일째, 14일째에는 처가 가임기간이라도 동침하지 말라.[1]

역주 1) 제3장 45절 참조.

〔129〕식사 후 목욕하지 말고, 병든 경우나 깊은 밤에도 목욕하지 말라. 옷을 입고 목욕하지 말며, (정체가) 파악되지 않은 물에서 목

욕하지 말라.[1]

역주 1) 제4장 45절 참조.

[130] 고의로 신,[1] 스승, 왕, (베다를) 가르치는 자, 스나따까, 누런 빛을 한 것,[2] 수계의식을 받은 자의 그림자를 건너지 말라.

역주 1) devatā : 신으로 모시는 돌이나 신상, 그림 등(난다나, 고윈다라자) 혹은 섬김의 대상이 되는 자(꿀루까)이다.
2) babhruṇa : 황소(메다띠티, 난다나, 라마짠드라)를 의미한다.

[131] 한낮에, 깊은 밤에, 해뜰 때와 해질 때, 고기가 포함된 제물을 먹고 난 후에는 네거리에 나가 오랫동안 앉아 있지 말라.

[132] 몸에 바르는 것(기름), 목욕한 물, 대소변, 피, 가래, 침, 구토물 등에 일부러 가까이 서지 말라.

[133] 적, 적을 돕는 자, 다르마를 지키지 않는 자, 도둑, 남의 처와 가깝게 지내지 말라.

[134] 이 세상에 남의 처와 가깝게 지내는 것만큼 생명을 줄이는 일은 없다.

[135] 보다 힘을 키우고자 한다면 끄샤뜨리야나 뱀이나 학식이 많은 브라만이 나약해 있을지라도 결코 멸시해서는 안된다.[1]

역주 1) 끄샤뜨리야와 뱀은 그 힘 때문에, 브라만은 제사를 치르는 자이기 때문에(메다띠티) 혹은 브라만은 보이지 않는 힘을 가진 자이므로(꿀루까, 고윈다라자) 멸시해서는 안된다.

〔136〕 이들 셋은 모두 그 멸시하는 자를 재로 만들어버리니, 현명한 자라면 이들을 절대 멸시하지 말아야 한다.

〔137〕 이전에 저지른 일들로 자신을 학대하지 말라. 죽을 때까지 영화를 얻고자 노력하면서 다만 그것이 얻기 쉬운 것이 아님을 알라.

〔138〕 진실을 말하라. 듣기 좋게 말하라. 듣기에 좋지 않더라도 진실인 것을 말하며, 듣기에는 좋으나 진실이 아닌 것은 말하지 말라. 이것은 영원한 다르마이다.

〔139〕 (항상) '좋다, 좋다!'고 말하라. 혹은 '좋다'는 말만 하라. 쓸데없는 말다툼을 벌이거나, 적대관계를 만들지 말라.

〔140〕 이른 새벽, 늦은 저녁, 정오에 모르는 자와는 단독으로든 혹은 슈드라를 대동해서든 나가지 말라.

〔141〕 몸의 일부가 없거나, 일부가 더 있거나, 배움이 없거나, 나이가 매우 많거나, 모습이 아주 끔찍하거나, 재산이 전혀 없거나, 그 신분(jati)이 형편없는 자라고 하여 그 모자람을 들어 욕보이지 말라.

〔142〕 음식을 먹던 손으로 소, 브라만, 아그니(祭火)를 만지지 말라. 몸이 건강하더라도 정(淨)하지 않은 상태에서는 하늘의 별을 보지 말라.

〔143〕 정(淨)하지 못한 상태에서 이런 것들을 만진 경우, 손바닥에

물을 묻혀 감각기관, 사지, 배꼽을 씻어야 한다.

〔144〕 병들지 않은 경우 쓸데없이 자기 (몸의) 구멍을 만지지 말라. 쓸데없이 은밀한 곳[1]에 난 털을 만지지 말라.

> **역주** 1) 생식기, 항문 등(메다띠티, 나라야나, 꿀루까, 라가와난다, 고윈다라자)이다.

〔145〕 길운이 깃들게 행동하는 자, 자신을 절제하는 자, 감각을 절제하는 자, 이러한 자는 게으름 없이 항상 (베다 구절을) 묵송하고 아그니에 제물을 바치라.

〔146〕 길운이 깃들게 행동하는 자, 자신을 절제하는 자는 꾸준히 묵송하고 아그니에 제물을 바치라. 그러한 자에게는 고통이 없으리라.

〔147〕 항상 적당한 때에 게으름 피우지 말고 베다를 반복하라. 이것이 최고의 다르마요, 나머지는 모두 부수적인 다르마라고 하였다.

〔148〕 꾸준한 베다 학습으로, 정(靜)함으로, 고행으로, 불살생으로 전생에 대한 기억을 되살리게 된다.

〔149〕 재생자는 전생에 대한 기억을 하면서 꾸준히 브라흐만에 대한 학습을 해야 한다. 브라흐만에 대한 학습으로 끝없는 행복을 얻으리라.

〔150〕 항상 빠르와[1]에 사위뜨리 신에게 평온을 위한 아그니를 피워 제물을 올리고 8일째 되는 날 치르는 제사와 8일 다음날 치르는 제사에는 조상들을 경배하라.[2]

역주 1) 제3장 45절, 제4장 119절의 역주 참조.
2) 제4장 119절 참조.

〔151〕 소변, 발을 씻은 물, 남은 음식, 목욕한 물을 버릴 때는 아궁이로부터 멀리 버리라.

〔152〕 용변, 몸단장, 목욕, 양치질, 눈에 검정을 칠하는 일, 신에 대한 예배는 오전에만 하라.

〔153〕 보호를 받고자 한다면 빠르와에 브라만, 신, 다르마를 잘 지키는 자, 왕, 스승을 찾아가 뵈어야 한다.

〔154〕 노인들을 환대해야 한다. 그에게 스스로 앉던 자리를 내주고, 두 손을 모으고 가까이 앉으며, 떠날 때는 그 뒤를 따라나서서 인사해야 한다.

〔155〕 계시서와 전승서에 전하는 다르마의 근본과 그에 부합되는 자신의 까르마 안에서 바른 행동하기를 게을리하지 말라.[1]

역주 1) 제1장 108절 참조.

〔156〕 그 행동거지로 인하여 장수를 얻으며, 그 행동거지로 인하여 원하는 자손을, 그리고 그 행동거지로 인하여 사라지지 않을 재물을 얻으리라. (또한 바른) 행동거지는 불길한 표시[1]를 없애기 때문이다.[2]

역주 1) 어깨의 점 등 불길한 표시라고 여겨지는 것(메다띠티) 혹은 몸의 불길한 표시(꿀루까, 마니라마, 고윈다라자) 혹은 빈곤의 표시(나라야나, 라마짠드라) 혹은 비난, 질병(라가와난다)으로 해석

　　하고 있다.
　2) 제1장 108~10절 참조.

[157] 행동거지가 바르지 않은 자는 항상 세상에서 비난을 받을 것이요, 고통을 겪으며, 병을 앓으며, 오래 살지 못하리라.

[158] 아무런 징표[1]도 없는 자라도 바른 행동을 하고, (남을) 존경하며, 다른 자를 헐뜯지 않는 자는 일백 년을 산다.

[역주] 1) lakṣaṇa제 : 좋은 가문에서 태어나는 것 등이다(메다띠티).

[159] 남의 힘에 의지하는 일은 되도록 피해야 한다. 스스로의 힘으로 할 수 있는 일을 애써 하라.

[160] 남의 힘에 의지하는 모든 일은 불행이요, 스스로의 힘으로 하는 일은 행복이다. 이것을 행복과 불행의 징표로 알라.

[161] 어떤 일을 할 때, 그 일로 인하여 마음에 만족이 생기는 일[1]을 애써 하고 그렇지 않은 일은 피하라.

[역주] 1) 제2장 6절 참조.

[162] (베다를) 가르치는 자, 설법하는 자, 부모, 스승, 브라만, 소, 고행자 이 모두를 해쳐서는 안된다.

[163] 베다와 신에 대해 비난하는 나스띠까[1]를 피하라. 증오, 방해, 자만, 분노, 상해를 피하라.

역주 1) 제2장 11절 참조.

브라만에 대한 폭력의 금지

〔164〕 다른 자에게 단다[1]를 들지 말며, 화가 난 채 단다로 때리지 말라. 자식이나 제자에게 체벌하는 경우 외에는 그것으로 치지 말라.

역주 1) 일차적인 뜻은 회초리나 곤장과 같은 매이다. 범법자에 대한 처벌(제7장 14~35절 참조) 및 벌금, 적에 대한 징벌(제7장 102~103절 참조) 등의 뜻으로 확대 사용되고 있다. 제7장 14절 참조.

〔165〕 재생자가 죽일 작정으로 브라만에게 (단다를) 들려고 하면 그는 더 깊은 암지옥에서 일백 년을 떠돌게 된다.

〔166〕 단지 분노로 인해 브라만을 고의로 친 자는 그 흉기가 지푸라기일지라도 스물한 번을 죄스러운 출생으로 태어난다.[1]

역주 1) 제4장 87~90절 참조.

〔167〕 싸울 준비가 되지 않은 브라만(과 싸워 그)의 몸에서 피를 흘리게 한 자는 그 지혜롭지 못함으로 인하여 죽은 뒤에 큰 고통을 겪으리라.

〔168〕 피를 흘리게 한 자는 그 피로 젖은 흙의 알갱이 수만큼의 해(年) 동안 다른 자[1]들에게 물어뜯기리라.

역주 1) anya : 개, 자칼 등(꿀루까, 라가와난다, 마니라마)에게 물어뜯
긴다.

〔169〕 그러므로 현명한 자는 브라만에게 (단다를) 들지 않고 지푸
라기로라도 치지 않으며 피를 내지 않는다.

다르마를 지키지 않은 과보

〔170〕 다르마를 지키지 않는 자, 정직하지 못한 방법으로 재산을
모으는 자, 폭력을 즐기는 자는 이 세상에서 결코 행복을 얻을 수
없다.

〔171〕 다르마를 지키지 않는 자는 (그 죄로 인하여) 반대(고통을
받는다는 사실)를 알아, 다르마 때문에 고통을 받더라도 다르마가
아닌 것에 마음이 자리잡지 않게 하라.

〔172〕 다르마를 지키지 않는 자는 (그 나쁜 과보를) 소의 경우처럼
즉각 얻지 않고 그 행위자의 뿌리가 서서히 잘려지리라.[1]

역주 1) 소는 우유를 줌으로써 바로 혜택을 입게 하는 반면에, 땅은 씨가
뿌려지고 난 뒤 바로 열매를 맺는 것이 아니라 상당한 시간 후에
열매를 맺는다.

〔173〕 만일 그 과보가 그 자신에게 나타나지 않는다면 그 아들에
이르러, 아들에게 나타나지 않는다면 손자에 이르러 나타나게 된
다. 행위자의 행위로 만들어진 다르마는 결코 과보가 없을 수 없다.

〔174〕다르마를 지키지 않으면서 번창하게 되면, 그는 복을 받거나 적을 이기더라도 그 뿌리와 함께 파멸한다.

올바른 가치

〔175〕진실, 다르마, 아리야다운[1] 행동, 정(淨)한 일 가운데 항상 즐거워하며, 혀(말), 팔, 배를 잘 통제하며, 제자들을 다르마대로 가르쳐야 한다.

> 역주 1) āryavṛtī : 선한(메다띠티, 라가와난다, 고윈다라자) 혹은 죄와
> 거리가 먼(나라야나) 행동을 의미한다. 제7장 69절 참조.

〔176〕다르마가 금하는 아르타와 까마를 멀리하고, 다르마라도 다른 자에게 고통을 주거나 장차 세상이 비난하는 일(을 하지 말고)

〔177〕손발을 (쓸데없이) 흔들지 말고, 시선을 함부로 움직이지 않으며, 비뚜르게 걷지 말라. 쓸데없는 말을 늘어놓지 말며, 다른 자에게 해를 입히는 일을 하지 말라.

〔178〕항상 그의 아버지가 택한 길, 할아버지가 택한 길을 택하고, (그렇게) 늘 택한 길을 따라가면 해롭지 않으리라.

언쟁을 피해야 하는 경우

〔179〕제관(ṛtvij), 왕사제(王司祭, purohita),[1] (베다를) 가르치는 자, 외삼촌, 손님, 얹혀 사는 자, 어린 아이, 노인, 병든 자, 학

자,[2] 친족,[3] 인척,[4] 친척[5]들과 (언쟁하지 말아야 한다.)

역주 1) 왕립 사제도 왕을 보좌하는 일과 궁중의 의례를 집전한다.
2) vaidya : 『아유르 베다』 등에 정통한 학자(메다띠티)를 가리킨다.
3) jñāti : 부계 친족(메다띠티, 라마짠드라, 꿀루까, 마니라마) 혹은 일가(sapiṇḍa)에 속하는 자(나라야나)이다.
4) sambandha : 대개의 주석가가 혼인관계로 이루어진 친척(메다띠티, 라가와난다, 마니라마, 나라야나)이라고 보았다.
5) bāndhu : 이 경우는 모계 친족(꿀루까, 라가와난다, 마니라마, 고윈다라자) 혹은 양가 친척(나라야나)의 두 가지 해석이 있다.

〔180〕어머니와 아버지, 여자 친척, 형제, 아들, 처, 딸, 종들과도 언쟁하지 말아야 한다.

〔181〕이들과의 언쟁을 피하면 모든 죄에서 자유롭다. 이렇게 승리하면 그는 (아래에 언급되는) 모든 세상에서 승리하리라.

〔182〕(베다를 가르치는) 스승(ācārya)은 브라흐마 세계의 주인이요, 아버지는 쁘라자빠띠 세계의 주인이요, 손님은 인드라 세계의 주인이요, 제관(ṛtvij)은 신들의 세계(devaloka)의 주인이다.

〔183〕여자 친척들은 선녀의 세계에서, 친척들은 비슈와데와의 세계에서, 인척은 물의 세계에서, 어머니와 외삼촌은 쁘리트위(地神)의 세계에서 (주인이다.)

〔184〕어린 아이, 노인, 여윈[1] 자, 병든 자들을 대공(大空)의 세계의 주인(Īśa)으로 알라. 큰형은 아버지와 같으며, 처와 아들은 자신의 몸과 같다.

역주 1) 먹지 못해 몸이 여윈(나라야나) 혹은 재산이 없는(꿀루까) 등 두 가지의 해석이 가능하다.

〔185〕 종은 자신의 그림자이고 딸은 가장 자비롭게 대해야 할 대상이다. 그러므로 언제나 이들로부터 모욕받는 일이 있더라도 불같이 화내지 말고 참아야 한다.

증물에 대한 태도

〔186〕 증물을 받을 수 있는 자격이 되더라도 거기에 집착하는 것은 피하라. (그러한 것을) 받는 것으로 인하여 브라흐만에 대한 그의 총기가 줄어들기 때문이다.

〔187〕 분별력이 있는 자는 배를 곯는 고통을 겪을지라도 (받지 않아야 하고) 받음에 관한 법도를 알지 못하고 받는 일도 없어야 한다.

〔188〕 금, 토지, 말, 소, 음식, 옷, 깨, 우유버터를 받는 현명하지 못한 자는 장작이 불에 타 재가 되는 것처럼 된다.

〔189〕 금과 음식은 수명을, 토지와 소는 몸을, 말은 눈을, 옷은 피부를, 우유버터는 총기를, 깨는 자손을 태워버린다.

〔190〕 고행과 학습은 하지 않고 증물받는 것만 즐기는 재생자는 그것으로 인하여 돌로 만든 배가 (물에) 가라앉듯이 가라앉는다.[1]

역주 1) 지옥으로(메다띠티, 꿀루까) 가라앉는다는 의미이다.

〔191〕그러므로 현명하지 않은 자는 (무엇이든) 받는 것을 두려워해야 한다. 그것이 아주 조금일지라도 소의 발이 진흙탕에 빠지듯 그곳에 빠지기 때문이다.

〔192〕다르마를 아는 자는 고양이같이 행동하는 자, 왜가리같이 행동하는 자, 베다를 알지 못하는 재생자 등에게는 물조차 증물로 삼지 말아야 한다.[1]

역주 1) 제4장 195~97절 참조.

〔193〕순리대로 얻는 재물이라도 이러한 자들에게 주게 되면, 그 주는 자와 받는 자는 다음 생에서 아무 것도 얻지 못한다.

〔194〕돌로 만든 배를 타고 (물을) 건너려고 하면 빠지게 되듯, 주는 자와 받는 자가 무지하면 아래로[1] 가라앉는다.

역주 1) 제4장 190절 참조.

거짓된 다르마

〔195〕다르마의 깃발만 내건 자, 탐욕스러운 자, 거짓말하는 자, 남을 속이는 자, 남에게 해를 입히는 자, 모든 사람들을 헐뜯는 자는 고양이 같은 짓을 하는 자로 불린다.

〔196〕시선을 아래로 까는 자, 잔인하게 행동하는 자, 자신의 이득을 얻는 수단에만 골몰하는 자, 비뚤어진 자, 속임수 쓰는 재생자는 왜가리 같은 짓을 하는 자로 불린다.

〔197〕 왜가리같이 행동하는 브라만, 고양이 표시를 내는 자는 그들의 죄와 까르마로 인해 더 깊은 암지옥에 떨어진다.

〔198〕 죄를 짓고는 다르마의 이름을 거짓으로 내세워 서계하지 말라. 죄를 서계로 덮어두지 말며, 여자와 슈드라를 속이지 말라.

〔199〕 그와 같은 브라만은 죽은 후에 브라흐만을 말하는 자들에게 비난받으며, 그 거짓된 행동으로 악귀세계로 간다.

〔200〕 (본디) 그 행색[1]을 할 자가 아니면서 그 행색을 하고 먹고 사는 자는 그 행색의 죄를 모두 모아 가지니 그로써 (다음 생에) 비뚤어지게 태어난다.[2]

역주 1) liṅga : 금욕학습기, 가주기 등 매 인생기마다 취해야 할 특징적인 행색(메다띠티, 나라야나, 꿀루까, 라가와난다, 라마짠드라, 마니라마, 고원다라자)이 있다.
2) tiryakayonau jāyate : 개나 당나귀 등 사람이 아닌 짐승으로 (메다띠티, 꿀루까, 라마짠드라, 고원다라자) 태어난다.

목욕하는 장소

〔201〕 절대 다른 사람이 (목욕한) 웅덩이에서 목욕하지 말라. (거기에서) 목욕을 하면 웅덩이를 마련한 자의 죄가가 조금이나마 그에게 묻는다.

〔202〕 다른 사람의 탈것, 잠자리, 앉는 자리, 우물, 정원, 집을 그 주인이 사용하도록 내주지 않는데도 그것을 사용하는 자는 그로 인

하여 그 주인의 죄를 사분의 일만큼 받게 된다.

〔203〕 항상 강, 천연의 물웅덩이, 호수, 연못, 폭포 아래에서 목욕하라.

〔204〕 현자는 규정은 모두 못 지키더라도 규율은 항상 지키라. 규율을 지키지 않고 규정만 지키는 자는 떨어진다.[1]

[역주] 1) 규율(yama)은 '브라만을 해치지 말라', '술을 마시지 말라'와 같이 금하는 것이고 규정(niyama)은 '항상 베다를 묵송하라'와 같이 권하는 것(메다띠티, 꿀루까, 고윈다라자)이다. 제6장 29절 참조.

먹지 말아야 할 음식

〔205〕 브라만은 어떤 경우에라도, 베다에 정통하지 않은 자 혹은 (아무에게나) 제사를 치러주는 브라만 혹은 여자 혹은 고자가 봉헌하는 제사에서는 음식을 먹지 말아야 한다.

〔206〕 (그러한 자들이) 봉헌하는 곳은 선한 자들에게는 좋지 않다. 그것은 또한 신들에게도 좋지 않으므로 멀리 피하라.

〔207〕 술 취한 자, 분노한 자, 병든 자가 준 음식을 먹지 말고, 머리카락이나 벌레가 든 음식, 발이 닿은 음식을 탐을 내어 (먹지 말라.)

〔208〕 브라만을 해한 자가 보이는 곳에서는 음식을 먹지 말라. 월경중인 여자가 만진 음식이나 새가 쪼아먹은 음식 혹은 개가 건드

린 음식은 먹지 말라.

〔209〕 소가 킁킁거린 음식, 특히 사람을 가리지 않고 모두 불러모아 주는 음식, 집단[1]의 음식, 창녀의 음식 등은 현명한 자들이 비난하는 것이다.

역주 1) gaṇa : 주석가들은 이 구절에서 말하는 집단은 형제라고 하면서
　　　몰려다니는 자, 노래하고 춤을 추며 떠돌아다니는 자, 종교적인
　　　이유로 떠돌아 다니는 자(메다띠티) 혹은 서원(書院, maṭha)에
　　　있는 브라만 무리(라가와난다, 고윈다라자) 혹은 거짓된 브라만
　　　(꿀루까, 마니라마) 등이라고 해석했다. 제1장 118절 참조.

〔210〕 도둑, 노래 부르는 자, 직인(職人), 돈놀이 하는 자, 수계의 식을 치른 자, 구두쇠, 족쇄로 묶인 자의 음식

〔211〕 죄가 있다고 의심을 받고 있는 자, 고자, 바람난 여자, 거짓말하는 자의 음식, 그리고 밤새 놓아둔 음식, 상한 음식, 슈드라의 음식 등은 먹지 말라.

〔212〕 치료사, 사냥꾼, 폭력을 즐기는 자, 남이 먹고 남은 음식을 먹는 자, 우그라(Ugra),[1] 아이를 낳은 여자, 식사중에 입을 씻기 위해 일어난 자, 열흘[2]이 지나지 않은 자 등의 음식을 (먹지 말라.)

역주 1) 제10장 9절에는 끄샤뜨리야 남자와 슈드라 여자 사이에 생겨난
　　　자라고 되어 있다. 혹은 그러한 특정 신분을 의미하는 것이 아니
　　　고 문자대로의 의미인 '성격이 포악한 자'(꿀루까, 라가와난다)로
　　　보기도 한다.
　　2) 출산, 사망, 살생 등의 뒤에 행하는 정화기간(메다띠티, 라가와
　　　난다, 라마짠드라)이다.

〔213〕 공경심 없이 준 음식, 명분 없이[1] 잡은 고기, 남자 가족이 없는 젊은 여자[2]의 음식, 적의를 품은 자의 음식, 도시의 우두머리의 음식, 빠띠따의 음식, 그 위에 누군가 재채기한 음식(도 먹지 말라.)

> **역주** 1) vṛthā : 제사에 필요해서가 아니라 자신의 이기적인 목적으로(메다띠티, 나라야나, 꿀루까, 라가와난다, 난다나, 라마짠드라, 마니라마, 고윈다라자) 잡은 고기라는 의미이다.
> 2) 남편도 아들도 없는 여자(메다띠티, 꿀루까, 라가와난다, 난다나, 라마짠드라, 마니라마)를 뜻한다.

〔214〕 험담을 퍼뜨리고 다니는 자, 거짓말을 하는 자, 제물을 가져다 파는 자, 광대, 옷 짓는 일을 하는 자, 배은망덕한 자의 음식을 (먹지 말라.)

〔215〕 대장장이, 니샤다(Niṣāda),[1] 무대에서 공연하는 자, 금세공자, 바구니를 만드는 일을 하는 자, 무기 파는 일을 하는 자의 음식 또한 (먹지 말라.)

> **역주** 1) 제10장 8절 참조.

〔216〕 개를 키우는 자, 술을 만들어 파는 자, 빨래를 생업으로 하는 자, 옷에 염색하는 일을 생업으로 하는 자, 사람을 찬양하는 자,[1] 처의 정부가 함께 사는 자의 음식을 (먹지 말라).

> **역주** 1) nṛśaṅsa : 사람을 찬양하는 일을 직업으로 삼는 자(메다띠티, 라마짠드라) 혹은 자비심이 없는 자(메다띠티, 라가와난다, 난다나, 마니라마) 두 가지의 해석이 가능하다.

〔217〕 처의 정부를 묵인하는 자의 음식, 처에게 잡혀 사는 자의 음

식, 죽은 지[1] 열흘이 지나지 않은 자를 위한 음식, 마음에 내키지 않는 음식을 (먹지 말라.)

역주 1) 이 경우 죽은 자가 가족일 경우(메다띠티)를 말한다. 제5장 59절 참조.

〔218〕왕의 음식은 그의 명석함을 먹어치우며, 슈드라의 음식은 그의 브라흐만에 대한 총기를, 금세공자의 음식은 그의 수명을, 가죽일을 하여 먹고 사는 자의 음식은 그의 명예를 먹어치운다.

〔219〕직인의 음식은 그의 자손들을 해치고, 세탁부의 음식은 그의 힘을 해치며, 떼지어 다니는 자들의 음식과 논다니들의 음식은 그를 여러 세상들로부터 끌어내린다.

〔220〕치료사의 음식은 고름과 같고, 바람난 여자의 음식은 정액과 같고, 대금업자의 음식은 똥오줌과 같고, 무기 파는 자의 음식은 오물과 같다.

〔221〕이렇게 해서 먹지 말아야 할 다른 자들의 음식을 하나하나 열거했다. 현자들은 그러한 음식에 껍질, 뼈, 털을 들었다.

〔222〕부지불식간에 이중 어떤 음식을 취한 경우 사흘 동안 금식하고, 일부러 취한 경우에는 정액, 똥, 오줌을 먹은 것이니 끄릿츠라 (kṛcchra) 서계[1]를 행하라.

역주 1) 제11장 211~14절 참조.

슈드라의 음식

〔223〕 재생자, 현자는 제사를 치를 수 없는 슈드라가 요리한 음식을 먹지 말라. 이외에 음식을 구할 수 없으면 꼭 하룻밤 먹을 만큼의 양만 조리하지 않은 것으로 취하라.

〔224〕 신들은, 베다에 정통하지만 구두쇠인 자의 음식과 관대하지만 돈놀이하는 자의 음식을 비교하여 생각한 후 그 둘이 같다고 결론내렸다.

〔225〕 (그러나) 쁘라자빠띠는 신들에게 말하기를 '같지 않은 것을 같다고 할 수는 없다. 관대한 자의 음식은 신심으로 정결케 되지만 다른 자의 음식은 신심이 없으므로 파멸하는 것이다'라고 하였다.

〔226〕 항상 제물을 올리는 데 게으르지 말고 정결한 일을 하라. 제물을 올리는 일과 신심과 스스로 애써 모은 재산으로 정(淨)한 일을 할 때는 절대 파멸하지 않는다.

증물의 의무와 공덕의 축적

〔227〕 항상 그 대상을 보고 기쁜 마음으로 최선을 다하여 자신이 원하는 것을 이루게 하는 증물의 의무를 행하라.

〔228〕 누가 증물을 청하면 그것이 얼마나 되든 반드시 주라. 그가 모든 죄에서 구해줄 수도 있다.

〔229〕 물을 준 자는 만족을, 음식을 준 자는 깨지지 않는 행복을, 깨를 준 자는 원하는 아들을, 등불을 준 자는 가장 뛰어난 눈을 가지게 된다.

〔230〕 토지를 준 자는 토지를, 금을 준 자는 수명을, 집을 준 자는 최고의 거처를, 은을 준 자는 최고의 아름다움을 얻는다.

〔231〕 의복을 준 자는 짠드라(Candra)[1]의 세계를, 말을 준 자는 아슈윈(Aśvīn)[2]의 세계를, 소를 준 자는 슈리를, 암소를 준 자는 태양의 자리를 (얻는다.)

| 역주 | 1) 달(月) 혹은 달을 형상화한 신이다.
| 2) 문자대로의 의미는 '말을 가진 자'이며 새벽하늘에 말이 끄는 황금마차를 타고 나타나는 것으로 형상화되는 쌍둥이 신이다.

〔232〕 마차나 잠자리를 준 자는 처를, 두려움으로부터 보호해준 자는 통치권을, 곡물을 준 자는 영원한 행복을, 브라흐만에 대해 가르침을 준 자는 브라흐만과 하나가 됨을 (얻는다).

〔233〕 브라흐만 증물[1]은 물, 음식, 소, 토지, 의복, 깨, 금, 우유버터 등을 주는 모든 종류의 증물 가운데 특별한 것이다.

| 역주 | 1) 베다 학습(메다띠티, 라마짠드라, 꿀루까) 혹은 브라흐만에 대해 가르침을 주는 것(나라야나)을 뜻한다.

〔234〕 그가 어떤 마음으로[1] 증물을 하든, 그에 대해 그대로 되돌려 받는다.

| 역주 | 1) 기쁜 마음, 공경하는 마음으로(메다띠티) 하면 그러한 결과를 얻는다.

〔235〕 공경하는 마음으로 증물을 받는 자와 공경하는 마음으로 증물을 하는 자는 둘 모두 천상으로 간다. 그러나 그 반대의 경우에는 (모두) 지옥으로 간다.

〔236〕 고행한 것에 대해 자만하지 말고, 제사를 치르고 나서 거짓말을 하지 말며, 브라만으로 인해 고통받더라도 그들을 헐뜯지 말고, 증물하고 나서 자랑하지 말라.

〔237〕 제사는 거짓으로 인해 파멸하고, 고행은 자만으로 인해, 수명은 브라만을 헐뜯음으로 인해, 증물은 자랑함으로 인해 파멸한다.

〔238〕 개미가 집을 짓듯이, 만물에 고통을 주지 않으면서 저 세상에서 의지할 것을 위해 다르마(공덕)를 차곡차곡 쌓으라.

〔239〕 저 세상에서는 아버지도 어머니도 처도 아들도 친족들도 모두 의지처로 머물러 있지 않는다. 오로지 다르마(공덕)만이 있을 뿐이다.

〔240〕 생명 하나가 태어나면 하나가 죽고, 하나가 좋은 일을 겪으면 또 하나는 나쁜 일을 겪는다.

〔241〕 죽은 몸뚱아리는 나무토막처럼 땅에 버려지고, 친척들은 모두 고개를 돌려 떠난다. 오로지 다르마(공덕)만이 그를 따른다.

〔242〕 그러므로 항상 하나씩 하나씩 유일한 의지처가 될 다르마(공덕)를 쌓으라. 그리하면 그는 의지처인 다르마(공덕)로 어려움을 이겨낸다.

〔243〕 고행을 통해 죄를 소멸시킨, 다르마(공덕)가 큰 자는 (그 공덕이) 하늘과 같이 빛나는 그의 육신을 저 세상으로 곧바로 데려간다.

〔244〕 (가문이나 신분 등에서) 가장 뛰어난 것을 바라는 자는 그에 어울리는 관계를 맺으라. 가문을 가장 훌륭하게 이끌고자 하는 자는 비천한 관계들을 모두 버리라.

〔245〕 브라만은 비천한 것을 버리고 가장 뛰어난 것을 통해야[1] 가장 훌륭한 곳에 도달할 수 있다. 역의 경우에는 슈드라가 된다.

역주 1) 좋은 사람들과 관계를 맺어야 즉 적어도 끄샤뜨리야, 바이시야와
　　　어울려야(메다띠티, 라마짠드라) 한다.

〔246〕 신념이 확고하고, 부드럽게 대하며, 인내심 있고, 포악한 자와 가까이 지내지 않으며, 상해를 입히지 않은 자, 이러한 태도를 가진 자는 (감각을) 통제하고 증물을 바침으로써 천상을 얻으리라.

증물을 받아야 하는 경우

〔247〕 장작, 물, 뿌리, 과일, (누군가가) 바친 음식, 꿀, 위험을 지켜주는 것,[1] 이 모든 것은 받아야 한다.

역주 1) 짠달라 혹은 슈드라라도 위험으로부터 자신을 지켜주겠다고 하는
　　　것 등(메다띠티, 꿀루까, 고윈다라자)이다.

〔248〕 먼저 달라고 요구하지 않은 것이라면, 설령 그 주는 자가 나

쁜 일을 한 자라도 (그가) 가져온 것, (그가) 바치는 것은 받으라.
이것은 쁘라자빠띠가 인정하였기 때문이다.

[249] 그가 받지 않으면 그의 조상은 그가 바친 제물을 십 년하고
도 오 년을 먹지 않으며, 아그니는 그가 바친 제물을 가져가지 않
는다.

[250] 잠자리, 집, 꾸샤풀, 향, 물, 꽃, 보석, 발효유, 곡물, 생선,
우유, 고기, 채소를 거절하지 말라.

[251] 스승과 그가 보살피는 자들을 기쁘게 하기 위해 (그리고) 신
과 손님들을 공경하기 위해 이 모두를 받아야 한다. 단, 자신의 만
족만을 위해서 받아서는 안된다.

[252] 스승이 죽은 경우나 그가 부양가족들과 따로 떨어져 사는 경
우에는 자신에게 필요한 만큼만 선한 자들로부터 받아야 한다.

[253] 소작인, 집안과 친분이 있는 자, 소(牛)치기, 종, 이발사, 이
러한 슈드라 중에 자신을 바치는 자[1]들이 주는 음식은 먹는다.

역주 1) ātmānam nivedayet : 상대에게 봉사하는 것을 불행이라 생각하
지 않고 성실히 곁에서 봉사하는 자(메다띠티, 꿀루까, 라가와난
다, 난다나, 마니라마) 혹은 말, 마음, 몸을 모두 바치는 자(라마
짠드라)이다.

[254] 자신을 바치는 자는 그의 성품대로, 그의 의도하는 대로 그
와 같이 행동하는 자이다.

〔255〕 선한 자에게 자신을 사실과 다르게 말하는 자는 이 세상에서의 죄인이며 도둑이다. 그는 도둑질로써 자신에게 죄를 짓는 자이다.

〔256〕 말(言)과 그 의미는 (관계가) 정해져 있으니, 모든 것의 근원은 말이요, 말에서 모두가 생겨나왔다. 그러하니 말을 훔치는 자는 모든 것을 훔치는 자이다.

맺는말

〔257〕 법도에 따라 위대한 선인, 조상, 신들에게 모든 빚[1]을 갚고서 아들에게 모든 것을 맡기고 어느 쪽에도 치우치지 않는 마음으로 살라.

역주 1) 사람은 누구나 선천적으로 이 셋의 보살핌을 받아 태어난다고 한다. 따라서 사람으로 태어나서는 이들로부터 받은 은혜를 갚는 것이 의무라고 보는 것이다. 베다를 학습함으로써 선인들에 대한 빚을 갚고, 아들을 낳음으로써 조상에 대한 빚을, 제사로써 신에 대한 빚을 갚아야 한다(라가와난다). 제6장 35절 참조.

〔258〕 항상 혼자 조용한 장소에서 아뜨만에 유익한[1] 명상을 하라. 이렇게 홀로 명상하는 자는 최고의 행복[2]을 얻는다.

역주 1) 해탈에 보탬이 되는(라가와난다) 것을 뜻한다.
2) 해탈(메다띠티, 꿀루까, 난다나, 고윈다라자) 혹은 브라흐만에 도달함(나라야나)을 의미한다.

〔259〕 이렇게 해서 가주기의 브라만이 마땅히 살아가야 할 바를 말했다. 그리고 스나따까로 하여금 진실을 더하게 하고 복되게 하는

서계에 대해서도 말했다.

〔260〕베다와 그와 관계된 학문을 익힌 브라만은 이를 지키면 모든
죄에서 풀려나 브라흐만 세계에서 영원히 위대한 자가 된다.

제5장

금지된 음식을 먹는 죄

[1] 선인들은 스나따까[1])가 행해야 할 바른 다르마에 관한 이 모든 이야기를 들은 후, 불에서 난 위대한 영혼 브리구에게 말했다.

[2] 주께서 말씀하신 바대로 자신의 다르마에 충실하고 베다 학문을 아는 브라만에게 어떻게 죽음이 영향을 미칠 수 있습니까.

[3] 다르마의 현신이자 위대한 선인이며 마누의 자손인 브리구가 그들에게 대답하여 말씀하시기를, 들으라, 죽음은 각각의 죄악을 통해 브라만들을 해치는 것이다.

[4] 베다 학습을 하지 않고, (베다가 규정한) 법도를 어기며, 게으르고, 금지된 음식을 먹는 죄를 지으면 죽음이 브라만을 해치게 된다.

먹어서는 안되는 것

〔5〕 마늘, 파, 양파, 버섯, 청정하지 않은 것들은 재생자가 먹어서는 안된다.

〔6〕 붉은 수액, 나무를 째서 나온 즙, 쉘루(śelu) 열매, 갓 새끼를 낳은 소의 우유 등은 주의를 기울여 피하라.

〔7〕 쌀깨죽, 우유버터밀떡, 우유쌀죽, 그리고 쌀떡, 정화시키지 않은 고기, 신의 음식, 남은 봉헌물

〔8〕 새끼를 낳은 지 열흘이 안된 소의 우유, 낙타의 젖, 발굽이 한 뭉치로 된 짐승[1]의 젖, 양의 젖, 발정기에 있는 소의 우유, 새끼 없는 소[2]의 우유는 피하라.

> **역주** 1) 주석가들은 말(난다나) 혹은 당나귀, 밀(라가와난다)을 지적했다.
> 2) 새끼가 나서 죽은 소(꿀루까)를 뜻한다.

〔9〕 물소를 제외한 야생 짐승의 젖과, 사람의 젖, 시어진 모든 것을 피하라.

〔10〕 시어진 것 중에 발효유, 발효유에서 만들어진 음식, 꽃, 뿌리채소, 좋은 과일에서 추출한 음식은 먹으라.

〔11〕 육식하는 모든 새, 마을에 사는 새, 정화시키지 않은 발굽이 한 뭉치로 된 짐승, 띳띠바(ṭiṭṭibha) 새의 고기는 먹지 말라.

〔12〕 참새, 물새, 백조, 짜끄라흐와(cakrāhva) 새, 닭, 사라사(sā-

rasa) 새, 랏쥬왈라(rajjuvāla) 닭, 다띠유하(dātiyuha) 새, 앵무
새, 찌르레기

〔13〕 쁘라뚜다(pratuda) 새, 물갈퀴 있는 새, 꼬야슈띠(koyaṣṭi)
새, 발로 땅을 헤치는 나카위슈까라(nakhaviṣkara) 새, 니맛자따
(nimajjata) 새, 푸줏간 고기, 마른 고기

〔14〕 왜가리, 학, 갈가마귀, 할미새, 물고기를 먹는 짐승, 멧돼지,
물고기는 항상 (피하라.)

〔15〕 고기를 먹는 자는 '무슨 무슨 고기를 먹는 자'로 불리고, 물고
기를 먹는 자는 '모든 고기를 먹는 자'로 불리니, 물고기를 피하라.

〔16〕 메기와 붉은 생선은 신이나 조상 제사의 제물로 쓰인 것이라
면 먹을 수 있고, 줄무늬 물고기, 싱하뚠다(siṃhatuṇḍā) 물고기,
비늘 있는 물고기는 언제든 먹어도 좋다.

〔17〕 혼자 돌아다니는 짐승과 새, 모르는 짐승과 새, 앞에서 먹으라
고 한 범주에 드는 것이라도 금지하지는 않았지만 발톱이 다섯 개
있는 모든 짐승은 먹지 말라.

〔18〕 발톱이 다섯 개 있는 짐승 중에 바늘두더지, 고슴도치, 도마
뱀, 코뿔소, 거북이, 토끼 그리고 낙타를 제외한 이가 한 줄로 난
짐승은 먹는다.

〔19〕 재생자가 버섯, 멧돼지, 마늘, 닭, 파, 양파를 식탐으로 먹으
면 그는 떨어진다.[1]

역주 1) 제3장 16절, 52절 참조.

〔20〕이들 여섯 가지를 무심코 먹게 되면 그는 산따빠나 끄릿츠라[1]나, 짠드라야나[2]를 행해야 한다. 그외 다른 (금지된 음식을 먹은) 자들은 하루 동안 금식을 해야 한다.

역주 1) kṛcchram sāntapanam : 제11장 211절 참조.
　　　2) yāticāndrāyāṇam : 제11장 215~17절 참조.

〔21〕브라만은 일 년에 한 번은 끄릿츠라를 해야 한다. 이는 그가 부지불식간에 먹은 것을 정결케 하기 위한 것이고, 알고 먹은 일이 있다면 특히 (그것의 정화를 위해서) 반드시 해야 하기 때문이다.

〔22〕제사를 목적으로 혹은 식솔들의 생계를 위하여 브라만이 짐승과 새를 잡는 것은 합당하다. 오래 전에 아가스띠야(Agastya) 선인도 그와 같이 하였다.

〔23〕옛날에 선인들이 지내는 제사, 브라만이나 끄샤뜨리야가 지내는 제사에서는 먹을 수 있는 짐승과 새들로 제물을 삼았다.

〔24〕무엇이든 기름기가 있는 음식은 하룻밤이 지난 것이라도 먹어도 된다. 또한 제물로 남은 음식도 그러하다.

〔25〕재생자들은 오래되고 기름기가 없더라도 보리와 밀로 된 것, 우유를 변형시켜 만든 것은 모두 먹는다.

육식에 있어서의 법도

〔26〕이렇게 해서 재생자들이 먹을 것과 먹지 말아야 할 것을 모두

말하였다. 이제 고기를 먹는 데 있어서의 법도와 먹는 것이 금지되는 경우에 대해서 말하겠다.

[27] 고기는 정화된 것을 먹어야 한다. 브라만이 원할 때, 법도대로 준비되었을 때, 또는 생명이 위태로울 때는 먹을 수 있다.

[28] 쁘라자빠띠는 이 세상 모든 것이 생물의 먹을 것임을, 움직이지 않는 것과 움직이는 것 모두가 생물의 음식임을 정하였다.

[29] 움직이지 않는 것은 움직이는 것의 먹이요, 이가 없는 것은 이가 있는 것의 먹이요, 손이 없는 것은 손이 있는 것의 먹이요, 겁이 많은 것은 용맹한 것의 먹이이다.

[30] 생물을 음식으로 먹는 것은 설령 그것이 매일 매일이라고 해도 죄가 되지는 않는다. 창조자는 반은 먹는 자, 반은 먹히는 자로 만들었기 때문이다.

제사에서 허용되는 육식

[31] 제사를 이유로 고기를 먹는 것은 신의 법도라고 하였다. 다른 용도로 고기를 먹는 것은 락샤사의 법도라고 한다.

[32] 산 것이든 스스로 잡은 것이든 다른 자가 준 것이든, 고기를 신이나 조상에게 올리고 나서 먹는 것은 죄가 되지 않는다.

[33] 법도를 아는 재생자는 정당한 경우가 아닐 때 고기를 먹어서

는 안된다. 그가 법도에 어긋나게 먹으면 죽어서 그 죽은 먹이에게
먹힌다.

〔34〕 재물을 목적으로 짐승을 죽임으로써 받는 죄는 법도를 어겨
고기를 먹음으로써 죽은 후에 받는 죄보다는 가볍다.

〔35〕 정당하게 (제사에) 바친 경우에도 그 고기를 먹지 않는 자는
죽어서 스물한 번 짐승으로 태어난다.[1]

역주 1) 제4장 87절, 166절 참조.

〔36〕 브라만은 베다 구절로 정화되지 않은 짐승은 절대 먹지 말아야
한다. 항상 법도에 따라 베다 구절로써 정결케 한 다음 먹어야 한다.

제사 이외의 살상의 금지

〔37〕 (정히 고기를) 원한다면 우유버터로 (제사에 바치는) 고기를
삼고 밀가루로 (제사에 바치는) 고기를 삼으라. 절대 이유 없이 짐
승을 죽이고자 해서는 안된다.

〔38〕 이 세상에서 이유 없이 짐승을 죽인 자는 죽어서 죽은 짐승의
털만큼 수없이 태어나고 또 태어난다.

〔39〕 짐승은 자생자(自生者)[1] 스스로가 제사를 위하여 창조한 것이
다. 제사는 번성을 위하여 하는 것이므로 모든 제사에서 죽이는 것
은 죽이는 것이 아니다.

역주 1) 제1장 7절 참조.

〔40〕풀, (네 발) 짐승, 나무, (네 발 짐승은 아니지만) 제물로 쓰이는 짐승, 새, 이들이 제사를 위해 죽게 되면 다시 태어날 때 보다 낫게 태어난다.

〔41〕손님을 꿀로 대접하는 것, 신과 조상에 대한 제사, 이러한 경우에만 제물을 삼을 것을 목적으로 짐승을 해칠 수 있을 뿐, 다른 곳에서는 그렇지 않다. 이는 마누가 말씀하신 바이다.

〔42〕진리를 아는 재생자가 그러한 의미에서 짐승을 해치는 것은 자신과 짐승을 최고의 세계로 가게 하는 것이다.

〔43〕자아가 확고한 재생자는 집에 있거나 스승의 거처에 있거나 숲에 살거나 베다가 규정하고 있는 경우가 아닌 때, 아무리 곤란할 때라도 (짐승을) 해쳐서는 안된다.

〔44〕베다에서 규정하고 있는 이 모든 움직이는 것과 움직이지 않는 것에 대한 살상은 살상이 아님을 알아야 한다. 베다로부터 다르마의 기준이 나왔기 때문이다.

살상과 육식이 금지되는 경우

〔45〕자신의 만족만을 위해서 해를 끼치지 않는 생물을 해치는 자[1]는, 살아서도 죽어서도 그 어디에서도 만족을 얻지 못한다.

역주 1) 사슴 등을 재미삼아 해치는 자(꿀루까, 마니라마, 고윈다라자) 혹은 호랑이 등 해를 끼치는 짐승이 아닌 것을 해치는 자(난다나)이다.

〔46〕 생물을 사로잡거나 죽여서 (그들에게) 고통을 주기 원하지 않는 자는, 모든 번영을 얻으며 지극한 만족을 얻게 된다.

〔47〕 어떤 것에도 살상을 가하지 않는 자는 그가 무엇을 생각하든, 무엇을 하든, 무엇을 원하든, 무엇을 의도하든 그 모두를 쉽게 얻게 된다.

〔48〕 생물을 해치지 않고는 결코 고기를 얻을 수 없고, 생명이 있는 것을 죽여서는 천상에 갈 수 없다. 그러므로 고기를 금해야 한다.

〔49〕 고기가 어떻게 얻어졌는지를 생각하고, 짐승을 붙잡아놓은 모습과 살상하는 장면을 생각하여, 모든 고기 먹기를 피해야 한다.

〔50〕 고기를 먹지 않는 자는 삐샤짜처럼 규정(vidhi)[1]을 무시하는 일도 없고, 세상에서 사람들에게 사랑을 받으며, 질병으로 고통받지도 않는다.

역주 1) 제5장 31절 참조.

〔51〕 (고기를) 잡도록 시키는 자, 잡는 자, 자르는 자, 사거나 파는 자, 조리하는 자, 나누어주는 자, 먹는 자 모두가 살상자이다.

〔52〕 조상이나 신에게 올리지도 않고 단지 다른 자의 살을 취해 자신이 살찌고자 하는 자, 그보다 더 큰 과오를 저지르는 일은 없다.

〔53〕 말(馬)제사(aśvamedha)를 백 년 동안 매년 지내는 자와 고기를 먹지 않는 자, 이 둘이 얻는 공덕의 과보는 같다.

〔54〕청정한 과일과 뿌리채소를 먹는 것으로도, 은자들의 음식을 먹는 것으로도 고기를 피하는 자만큼의 과보는 얻지 못한다.

〔55〕현인들이 말하기를, 이 세상에서 내가 먹은 어떤 것이 있으니, '그것'이 '나'를 먹으리라 하여 고기를 '만사'라고[1] 부른다고 하였다.

> 역주 1) '나'를'은 산스끄리뜨로 '맘'(mam)이고 '그것'이'는 '사'(sa)이고 둘이 합쳐져 '만사'(maṅsa)가 된다. 법전 편찬자의 자의적인 해석이다.

〔56〕육식, 음주, 성교 자체가 잘못된 것은 아니다. 이러한 것들은 생물에게는 자연스러운 것이다. (그러나) 이것들을 피하면 큰 과보를 얻는다.

정화

〔57〕이제 네 신분의 죽음에 대한 정화와 물건에 대한 정화에 대해 차례대로 말하겠다.

〔58〕(아이의) 이가 날 때, 이가 난 바로 뒤에, 삭발의식[1]을 치르고 난 후에, 장례를 치를 때 그 친척은 모두 정결치 못하게 되며, 새로 아이가 태어날 때에도 마찬가지로 정결치 못하게 되는 것이라고 한다.

> 역주 1) 제2장 35절 참조.

〔59〕시신으로 인한 부정(不淨)은 그 일가에게 열흘 혹은 뼈를 추

려모을 때까지 혹은 사흘 혹은 하루 동안 머문다.

〔60〕 일가(sapiṇḍa)[1]의 관계는 일곱 대를 지나가면 없어지고, 물을 같이 마실 수 있는 친족(samānodaka)의 관계는 태어남을 통해 얻은 이름으로는 (후손들이 일족 여부를) 알지 못한다.

역주 1) 제3장 5절, 122절 참조.

〔61〕 시신으로 인한 부정은 일가의 모든 사람에게 적용된다. 이것은 철저히 정결하기를 원하는 자들에게 있어서는 태어남의 경우에도 마찬가지로 적용된다.

〔62〕 시신으로 인한 부정은 모든 사람들에게 적용되지만, 태어남으로 인한 부정은 부모에게만 있다. 최종적으로는 어머니에게만 적용되는데 아버지는 씻음으로써 정(淨)하게 된다.

〔63〕 사정한 남자는 목욕을 함으로써 다시 정결하게 된다. 정식관계가 아닌 여자[1]에게 사정을 한 경우[2] 그는 사흘 동안 부정하다.

역주 1) 다른 자의 처(꿀루까, 라가와난다) 혹은 자기 처 이외의 여자(나라야나)를 의미한다.
　　　 2) 자식을 얻은 경우(꿀루까, 라가와난다, 난다나, 마니라마)로 해석하기도 한다.

〔64〕 그는 당일 낮과 밤 그리고 세 번의 사흘 밤을 지내야 정결케 된다. 물을 같이 마실 수 있는 일가의 시신을 만진 경우에는 사흘 후에 정결케 된다.

〔65〕 제자가 스승을 장사지낼 때는 시신을 나르는 자들의 경우와

마찬가지로 열흘이 지나면 정결케 된다.

〔66〕 유산을 한 경우 (태아가) 뱃속에 있었던 밤이나 달만큼이 지나야 정결케 되며, 여자의 월경으로 인한 부정은 월경 후 목욕으로 정결케 된다.

〔67〕 삭발의식을 치르지 않은 아이가 죽은 경우에는 하룻밤을 지내면 정결케 된다고 하였다. 그러나 삭발의식을 치른 경우에는 사흘이 지나야 정결케 된다고 한다.

〔68〕 두 살이 되기 전에 죽은 아이는 친척들이 밖으로[1] 데려가서 장식을 하고 정(淨)한 땅에 놔두되 뼈는 모으지 말라.

역주 1) 마을 밖(메다띠티, 나라야나, 난다나, 마니라마)을 의미한다.

〔69〕 그 시신을 화장하지 말고, (죽은 자에게) 물을 바치는 의식도 하지 말며, 그대로 숲에 장작처럼 버려야 하는데, (이런 경우 그 가족들은) 사흘 동안 부정하다.

〔70〕 세 살이 되기 전에 죽은 아이의 시신에는 그 친척들이 물을 바치는 의식을 하지 말고, 이가 난 다음 혹은 이름을 지은 다음에 죽은 경우에는 좋을 대로 하라.

〔71〕 동료인 금욕학습자가 죽은 경우에는 하루 동안의 단식을 통해 정결케 되고, 물을 같이 마실 수 있는 친족이 태어난 경우에는 사흘밤이 지나야 정결케 된다고 하였다.

〔72〕 (혼인을 약조하고서) 의식을 치르지 않은 여자가 죽은 경우 그

(혼인하기로 되어 있던 남자의) 친척들은 사흘 밤이 지나야 정결케 된다. (여자의) 친척들도 그만큼의 시간이 지나야 정결케 된다.

〔73〕 그 사흘 동안은 음식에 소금을 치지 말고, 몸을 담가 목욕을 하며, 육식을 하지 말고, 바닥에서 한 사람씩 흩어져서 자도록 한다.

〔74〕 (이렇게 해서) 가까이 살고 있는 친척에 해당하는 시신으로 인한 부정에 대해서 말했다. 이제 멀리 떨어져 사는 친척의 경우에 따른 규율을 알라.

〔75〕 (친척 중) 타향에 사는 자의 부음을 죽은 지 열흘이 지나기 전에 듣게 되면, 열흘의 나머지날 밤 동안 부정한 상태에 있게 된다.

〔76〕 열흘이 지나고 들으면 사흘 동안 부정한 상태에 있어야 하고 일 년이 지나고 들으면 물로 씻어 정결케 한다.

〔77〕 열흘이 지나기 전에 부음을 듣고, 그때 자식을 얻었다는 소식을 들으면 그 사람은 옷을 입은 채 물 속에 몸을 담구어서 정결케 한다.

〔78〕 다른 곳에 머물러 있는 아이나 일가[1]가 죽은 경우에는 옷을 입은 채 물 속에 몸을 담그면 그날로 정결케 된다.

역주 1) 이 구절에서는 물을 같이 마실 수 있는 관계의 친족까지(메다띠티, 나라야나, 마니라마) 혹은 일가(sapiṇḍa)(나라야나) 혹은 물을 같이 마실 수 있는 관계의 친족과 일가(sapiṇḍa)까지(라가와난다, 난다나, 라마짠드라, 고윈다라자)로 해석했다.

〔79〕 열흘(의 부정한 기간) 안에 다른 사람이 또 죽거나 태어나면 브라만은 먼저 시작된 (부정한 기간) 열흘이 지날 때까지만 부정하다.

〔80〕 스승(ācārya)이 죽은 경우에는 사흘을 부정한 기간이라고 한다. 그 아들이나 부인이 죽은 경우에는 하루 낮과 밤 동안이 (부정한 기간)임은 정해진 일이다.

〔81〕 계시서(베다)의 학습을 함께 한 자나 아주 가까운 친구가 죽은 경우에는 사흘 밤 동안, 또 외삼촌, 제자, 제관(ṛtvij), 친척이 죽은 경우에는 이틀 동안 부정하다.

각 신분의 죽음에 따른 정화

〔82〕 왕이 죽은 경우에는 그날의 해가 있을 동안 (부정하다.) 베다에 정통하지 않은 브라만이나 스승(guru)이 죽은 경우에는 그날 하루가 (부정하다.)

〔83〕 브라만이 죽은 경우에는 열흘이 지나야 정결케 되고, 영토를 지키는 자(끄샤뜨리야)는 열이틀, 바이시야는 열닷새, 슈드라는 한 달이 지나야 정결케 된다.

〔84〕 부정한 날의 수를 늘림으로써 (혈족의) 아그니 의식을 가로막지 말라. (기간을 늘리면) 그 의식을 행하는 혈족(sanābhya)이 부정한 상태에 있게 되기 때문이다.

〔85〕 디와끼르띠(divākīrti)[1], 월경중인 여자, 빠띠따, 산모, 시신,

시신을 만진 자를 만진 자는 목욕으로 정결케 한다.

[역주] 1) 짠달라(메다띠티, 나라야나, 꿀루까, 라가와난다)를 가리킨다.

〔86〕정하지 않은 것을 보면 항상 물로 입을 씻은 후 태양을 찬양하는 베다 구절, 정결케 하는 베다 구절을 최선을 다해 묵송해야 한다.

〔87〕브라만이 살이 붙은 주검의 뼈를 만졌을 때는 목욕을 하고, 살이 없는 뼈를 만진 경우에는 물로 입을 씻고 소를 만지거나 태양을 봄으로써 정결케 한다.

〔88〕서계를 한 자는 그 서계의 기간을 다 끝내기 전에, (시신에) 관정(灌淨)의식을 해서는 안된다. 그러나 기간이 끝난 후에 관정의식을 한 경우 그는 사흘 밤을 지내야 정결케 된다.

〔89〕혼종신분인 브리타[1], 기세자(棄世者), 자신을 버린 자[2]의 시신에는 관정의식을 하지 않는다.[3]

[역주] 1) vṛthā : 직역은 '그 태어남이 아무런 소용이 없는 자'이며, 신, 조상, 사람에 대한 예배를 하지 않는 자(메다띠티) 혹은 고자(나라야나) 혹은 자기 다르마를 버린 자(꿀루까, 마니라마) 혹은 다섯 대제사를 치르지 않는 자(난다나, 라가와난다, 라마짠드라) 등의 해석이 있다.
2) ātmanastyāgī : 자살한 자 혹은 자신에게 속한 처나 자식을 버린 자(메다띠티)이다.
3) 자살한 경우에는 그 아들에게까지도 관정의식을 하지 않는다(메다띠티).

〔90〕빠샨다[1]와 어울린 여자, 애욕으로 방만하게 행동한 여자, 낙태시킨 여자, 남편을 죽인 여자, 술을 마시는 여자의 시신에도 (관

정의식을 하지 않아야 한다.)

역주 1) 제1장 118절 참조.

〔91〕 (학습서계 중에 있는 자는) 스승(ācārya), 선생(upā-dhyāya), 아버지, 어머니, 스승(guru)의 시신을 옮기는 일이 없도록 하여 서계를 중단하지 않아야 한다.

〔92〕 슈드라의 시신은 남쪽 문을 통해 나르게 해야 하고, 재생자들의 시신은 각각 서쪽, 북쪽, 동쪽으로 그 경우에 따라[1] 나르게 해야 한다.

역주 1) 바이시야, 끄샤뜨리야, 브라만 순(메다띠티, 나라야나, 꿀루까, 난다나)으로 나르게 한다.

왕에게는 부정이 없다

〔93〕 왕에게는 부정이 없다. 서계 중에 있는 자, (소 등을 바쳐) 제사를 치르는 자에게도 부정은 없다. (그러한 자들은) 인드라좌에 앉은 자들이요, 서계를 하는 자와 제사(satriṇa)[1]를 치르는 자는 항상 브라흐만 안에 있기 때문이다.

역주 1) 소 등을 제사로 바치는 제사(메다띠티, 꿀루까, 고윈다라자)이다.

〔94〕 높은 옥좌에 앉아 있는 왕에게는 그 자리의 정(淨)함이 정해진 바요, 그것은 그 자리가 인민을 보호하기 위한 것이기 때문이다.

〔95〕 전쟁에서 죽은 자, 번개에 맞아 죽은 자, 영토의 주인(왕)에게 죽은 자, 소나 브라만을 위해 죽은 자에게 (정함이 정해져 있고), 영토의 주인(왕)이 원하는 경우에도 (곧 정함이 정해진 바이다.)

〔96〕 왕은 소마, 아그니, 아르까(Arka), 바유, 인드라,[1] 빗따빠띠(Vittapati),[2] 아빰빠띠(Apāmpati),[3] 야마의 세계를 지키는 여덟 수호자들로 만들어진 존재이다.[4]

|역주| 1) 천둥 혹은 비를 형상화한 신이다.
　　　2) 재물의 신이다.
　　　3) 물(apā)의 신이다.
　　　4) 제7장 4절 참조.

〔97〕 세상을 세운 왕에게는 부정이 적용되지 않는다. 죽은 자로 인한 정과 부정은 각 세계의 주인(īśa)들의 힘으로 생기는 것이기 때문이다.

〔98〕 (전쟁터에서) 무기에 죽은 자, 끄샤뜨리야의 다르마를 위해 죽은 자, 이들은 바로 제사의 과보와 정(淨)함을 얻을 것이니, 이것은 정해진 일이다.

각 신분의 정화

〔99〕 (부정의 기간이 끝난 후, 소정의) 의식을 행한 후, 브라만은 물을 만져서 정결케 하고, 끄샤뜨리야는 그의 탈것과 무기를 만져서 정결케 하고, 바이시야는 그의 채찍이나 고삐를 만져서, 슈드라는 막대기[1]를 만져서 정결케 한다.

역주 1) yaṣṭi : 일할 때 쓰는 막대기(나라야나)이다.

〔100〕 이렇게 해서 브라만의 일가 사이에서의 정화에 관해 이야기하였다. 이제 모든 일가 가운데 지켜야 할 죽음으로 인해 생긴 (부정에 대한) 정화에 대해 이야기하겠다.

〔101〕 브라만이 일가가 아닌 재생자(의 시신이)나 어머니의 친척의 시신을 친척의 경우와 같이 처리한 경우에는 사흘 후에 정화된다.

〔102〕 함께 음식을 먹는 관계이면 열흘 만에, 함께 음식을 먹지 않고 그곳에 살지 않는 관계이면 하루 만에 정화된다.

〔103〕 (죽은 자와) 친족이든 아니든 스스로 원하여 시신을 따라나서면 옷을 입은 채로 목욕을 함으로써, 아그니를 만짐으로써, 우유 버터를 먹음으로써 정결케 된다.

〔104〕 동일한 신분들이 주위에 있으면서 브라만의 시신을 슈드라에게 옮기게 하지 말아야 한다. 아그니에 바쳐지는 제물을 슈드라가 만져서 그것이 오염되면 천상에 갈 수 없기 때문이다.

정화력을 가진 것들

〔105〕 지식, 고행, 아그니, 음식, 흙, 마음, 물, 바닥에 바르는 것,[1] 바람, 까르마(儀式), 태양, 시간은 몸을 가진 자들을 정결케 한다.

역주 1) 구체적으로 소똥 반죽(메다띠티, 난다나)이다.

〔106〕모든 종류의 정화 가운데 마음의 정화가 가장 뛰어나다고 한다. 마음을 정화한 자야말로 정한 자이며, (그에 비하면) 흙과 물로 하는 정화는 정화도 아니다.

〔107〕현자는 인내로써, 해서는 안될 일을 한 자는 증물로써, 남몰래 죄를 범한 자는 묵송으로써, 베다를 아는 자는 고행으로써 정결케 된다.

〔108〕정화되어야 할 것은 흙과 물로써 정결케 된다. 강은 그 물줄기로써, 마음이 더럽혀진 여인은 월경으로써, 재생자 가운데 가장 뛰어난 자는 기세(棄世, saṁnyāsa)[1]로써 정결케 된다.

> 역주 1) 제6장 86절 참조.

〔109〕손과 발은 물로써, 마음은 진실로써, 만물의 아뜨만은 학습과 고행으로써, 지성(buddhi)은 지혜(jñāna)로써 정결케 된다.

물건의 정화

〔110〕이렇게 해서 몸의 정화에 대해 정해진 규칙을 설명하였으니, 이제 갖가지 물건들의 정화에 대해 정해진 바를 들으라.

〔111〕금속물, 보석 그리고 돌로 만든 모든 것은 재(灰), 물, 흙으로 정화된다고 현자들은 말했다.

〔112〕오물이 묻지 않은 금으로 만든 것은 물만으로 정결케 된다. 물에서 난 것,[1] 돌로 만든 것, 은으로 만든 것이 또한 (그러하다.)

역주 1) 조개, 산호 등(메다띠티, 나라야나, 꿀루까, 라가와난다)이다.

〔113〕 금과 은은 물과 불의 결합으로 생겨난 것이다. 이 둘은 그 본래의 성질로써 가장 잘 정결케 된다.

〔114〕 구리, 철, 청동, 황동, 납, 아연은 염기, 산, 물로써 정결케 된다.

〔115〕 모든 액체는 걸러내어, 고체는 물을 뿌려, 나무로 만든 것은 베어 정결케 하는 것이라고 했다.

〔116〕 제사에서 제기는 손으로 문질러서, 나무로 된 잔과 용기들은 (물로) 씻어 정화한다.

〔117〕 (제사 용구 중에) 큰 솥, 크고 작은 국자, 나무로 된 채, 수레, 절구, 절굿공이, 나무로 된 낫은 뜨거운 물로 정결케 한다.

〔118〕 많은 양의 곡식과 옷은 물을 그 위에 뿌려서, 적은 양은 물로 씻어서 정결케 하도록 되어 있다.

〔119〕 가죽과 대나무로 만들어진 것은 옷을 정결케 하는 식으로, 채소, 뿌리채소, 과일은 곡류를 정결케 하는 식으로 한다.

〔120〕 견, 모는 염기성 흙으로, 모포는 리타(riṭha)나무 열매로, 고운 옷은 빌와(bilva)나무 열매로, 끄샤우마(kṣauma) 포(布)는 흰색 겨자로 정결케 한다.

〔121〕 소라, 뿔, 뼈, 상아의 정화는 끄샤우마 포를 정화하는 것처럼

하되, 소의 오줌이나 물로 하는 것도 잘 알려져 있다.

〔122〕풀, 장작, 짚 등의 정화는 거기에 물을 뿌려서 하고, 집의 정화는 쓸어내고 바름으로써[1] 하고, 흙으로 된 것은 다시 구움으로써 한다.

[역주] 1) 제5장 105절 참조.

〔123〕흙으로 만든 그릇에 술, 오줌, 똥, 침, 고름, 피가 닿으면 그것은 다시 구워도 정화되지 않는다.

〔124〕바닥을 정화하는 데는 다섯 가지가 있다. 쓸어내는 것, 바르는 것,[1] 물 뿌리는 것, 걷어내는 것, 소를 거기에 두는 것이 그것이다.

[역주] 1) 제5장 105절 참조.

〔125〕새가 쪼아먹은, 소가 킁킁거린, (옷자락이나 발 등으로) 건드린, 그 위에 재채기를 한, 머리카락이나 벌레가 빠져 더러워진 음식은 흙을 그 위에 뿌리면 정결케 된다.

〔126〕청정하지 않은 것이 묻어서 그 냄새와 얼룩이 있으면 없어질 때까지 흙과 물로 정결케 하며, 모든 것을 정결케 하는 데 그렇게 해야 한다.

〔127〕신들은 브라만들에게 소용되는 세 종류의 정화를 고안해냈다. 그것은 보지 않는 것, 물로 씻는 것, 말로써 읊는 것이다.

정결한 것

〔128〕 땅에 흐르는 물이라도 그것이 냄새, 색, 맛이 나쁘지 않으며, 소의 갈증을 없애줄 수 있는 것이면 깨끗한 것이다.

〔129〕 직인(職人)의 손, (그가 만들어) 펼쳐놓은 물건들, 금욕학습자가 시물로 얻은 음식, 이들은 모두 청정한 것이니 이것은 정해진 바이다.

〔130〕 여자의 입은 항상 정하다. 새가 (부리로) 과일을 (나무에서) 떨어뜨릴 때, 새끼가 그 어미의 젖을 먹을 때, 개가 짐승을 잡을 때 그것이 정한 것과 마찬가지이다.

〔131〕 마누는 개가 죽인 짐승의 고기, 다른 맹수가 죽인 짐승의 고기, 짠달라나 다시유(dasyu)[1]가 잡은 고기는 정하다고 하였다.

역주 1) 제10장 45절 참조.

〔132〕 배꼽 위의 모든 구멍은 청정하고 아래의 모든 구멍은 청정하지 못하며, 몸에서 나오는 오물은 더러운 것이다.

〔133〕 파리, 물방울, 그림자, 소, 말, 햇빛, 먼지, 흙, 바람, 불은 만져도 되는 청정한 것들이라 하였다.

육신의 정화

〔134〕 흙과 물은 배설물 나오는 구멍을 깨끗하게 하는 데 소용이

있으며, 몸에서 나오는 열두 가지 오물을 깨끗하게 하는 데에도 그러하다.

〔135〕 기름, 정액, 피, 골수, 오줌, 똥, 코(液), 귀지, 가래, 눈물, 눈꼽, 땀, 이들이 사람 몸에서 나는 열두 가지 오물이다.

〔136〕 깨끗하기를 바라는 자는 (오줌이 나오는) 생식기에는 흙 한 줌, (똥이 나오는) 항문에는 세 줌, 왼쪽 손에는 열 줌, 양쪽 손에는 일곱 줌을 쓴다.

〔137〕 이것은 가주기에 있는 자들이 정화하는 방법이다. 금욕학습자는 이것의 두 배로 하고, 임주자(林住者)는 세 배, 기세자(棄世者)들은 네 배로 해야 한다.

〔138〕 오줌을 누거나 똥을 누고 나서는 입을 씻고 몸의 구멍들을 씻어야 한다. 베다를 학습하기 전과 음식을 먹기 전에도 항상 이렇게 해야 한다.

〔139〕 몸을 정하게 하기를 바라는 자는 먼저 물로 입을 세 번 헹구고, 다음으로 입을 두 번 닦는다. 그러나 여자와 슈드라는 한 번씩만 한다.

〔140〕 슈드라는 한 달에 한 번 머리를 깎고 바이시야가 하는 식으로 정결케 하며 재생자가 남긴 음식을 먹는다.

〔141〕 먹던 중에 입에서 튄 물이 브라만의 몸에 떨어지거나 수염이 입으로 들어가거나 이에 (음식물이) 끼여도 그것은 (그를) 더럽히는 것이 아니다.

〔142〕입을 씻다가 그 물방울이 다른 사람의 발에 떨어질 때는 그 물이 바닥에 있는 물과 같다고 생각해야 한다. 그것은 그를 더럽히지 않는 것이다.

〔143〕음식을 손에 가지고 있는 자가 어쩌다가 (다른 사람이) 먹고 있는 음식과 닿으면, 그 손에 가지고 있는 것을 내려놓지 않더라도 바로 입을 씻으면 정결케 된다.

〔144〕토하거나 설사를 하면 목욕을 하고 우유버터를 먹어야 한다. 식사 후에 토한 경우에는 입을 헹구기만 한다. 여자와 성교를 갖고 나서는 목욕해야 한다.

〔145〕잠자고 나서, 재채기하고 나서, 먹고 나서, 침 뱉고 나서, 거짓말하고 나서, 물 마시고 나서, (베다) 학습을 준비할 때는 일부러 입을 씻어야 한다.

〔146〕이렇게 해서 정화의 모든 방법과 물건들의 정화에 대해서 말하였다. 이제 모든 신분의 여자들의 다르마에 대해 알려주겠다.

여자의 다르마

〔147〕여자는 어리든, 젊든, 늙든 간에 집에서도 그 어떤 일도 독립적으로 해서는 안된다.

〔148〕어려서는 아버지 집에, 젊어서는 남편의 집에, 남편이 죽어서는 아들의 집에 머물러야 한다. 여자는 독립해서는 안된다.

〔149〕 여자는 아버지, 남편, 자식으로부터 떨어지고자 해서는 안된다.[1] 그것은 양쪽 집안에 화가 되는 것이다.

역주 1) 제9장 2~3절 참조.

〔150〕 항상 즐거운 마음을 갖고, 집안 일을 잘하며, 물건들을 항상 깨끗이 하고, 씀씀이에 손이 크지 않아야 한다.

〔151〕 아버지나 아버지의 허락으로 형제가 여자를 누구에게라도 주면, 여자는 그 사람을 잘 섬기고 그가 죽은 후에도 그를 거역하지 않아야 한다.

〔152〕 혼인의식에 사용되는 길조의 베다 구절, 쁘라자빠띠에 대한 제사는 (여자를 남자에게) 주기 위한 것이니, (이것이 남편이 처에 대해) 주인이 되는 원인이다.

〔153〕 베다 구절로 의식을 치른 남편은 그 처가 가임기[1]에 있을 때나 그렇지 않을 때나, 이 세상에서나 저 세상에서나 항상 행복하게 하도록 한다.

역주 1) 제3장 45~57절 참조.

〔154〕 정숙한 처는 남편이 잘못 행동할지라도, 욕정에만 몰두하더라도, 좋은 점은 전혀 없더라도 그를 항상 신처럼 섬겨야 한다.

〔155〕 여자에게는 제사, 서계, 금식이 따로 없다. 남편을 잘 섬기면 그것으로 천상을 얻게 되는 것이다.

〔156〕 (죽은 뒤에) 남편의 세계에 가고자 하는 정숙한 여자는 그녀의 손을 받아준 남편이 살아 있는 경우나 죽은 경우나 그를 불쾌하게 하는 일을 절대로 하지 말아야 한다.

〔157〕 원한다면, 남편이 죽은 후 길조의 꽃, 뿌리야채, 과일만 먹음으로써 몸을 마르게 한다. 다른 남자의 이름을 입에 올려서는 안 된다.

〔158〕 남편이 한 사람이기를 바라는 여자, 가장 훌륭한 다르마를 바라는 여자는 죽을 때까지 인내하고, 자제하며, 금욕학습자처럼 행동하라.

〔159〕 수천의 혼인하지 않은 금욕학습자들이 브라만 가문을 잇기 위해 아들을 낳는 일을 하지 않고서도 천상으로 갔다.

〔160〕 남편이 죽고 난 후에도 정절을 지키는 정숙한 여자 금욕자들은 아이를 낳지 않아도 천상에 간다.

〔161〕 자식 욕심에 남편에 대한 정절을 지키지 않는 여자는 이 세상에서 비난을 받고 저 세상에서도 무너진다.[1]

역주 1) hīyate : 천상에 가지 못한다(메다띠티) 혹은 남편의 세계에 가지 못한다(나라야나). 제3장 166절 참조.

〔162〕 다른 (남)자에게서 난 자식은 인정되지 않으며 다른 여자에게서 난 자식도 마찬가지이다. 정숙한 여자에게 두번째 (남편)이란 있을 수 없다.

[163] 못난 남편[1]을 버리고 잘난 자[2]와 사는 여자는 세상에서 비난의 대상이 되고, 그녀는 '전에 남편이 있었던 여자'라고 불리게 된다.

역주 1) 남자 구실을 못하는 남자(라마짠드라) 혹은 끄샤뜨리야 등 낮은 신분의 남자(꿀루까, 마니라마) 혹은 가난한 남자(라가와난다) 등의 해석이 있다.
2) 브라만 남자(꿀루까, 라마난다)라는 해석도 있다.

[164] 남편에게 행실이 좋지 못한 여자는 세상에서 비난을 받고, 자칼로 다시 태어나며 그 죄로 인해 생긴 병으로 고통을 받는다.

[165] 남편에게 잘 대하는 여자, 마음과 말 그리고 몸을 절제하는 여자는 남편의 세계를 얻으며, 현자들이 정숙한 여자라고 부른다.

[166] 마음과 말 그리고 몸을 절제하는 여자는 이 세상에서 명성을 얻으며 저 세상에서는 남편의 세계를 얻는다.

처가 사망한 경우

[167] 이와 같이 행실이 좋고 동일한 신분인 처가 먼저 죽으면, 다르마를 아는 재생자는 아그니(祭火)와 제기를 제대로 갖추어 다르마에 따라 화장을 치르라.

[168] 먼저 죽은 처에 대해 아그니로써 화장을 치르고 나면, 그는 (다른) 처를 맞아들여 (아그니를) 다시 설치해야 한다.

〔169〕이러한 법도에 따라 절대 다섯 대제사[1]를 소홀히 하지 말고, (새) 처를 집에 들여 (인생 주기의) 두번째인 가장의 인생을 살아야 한다.

역주 1) 제3장 69~70절 참조.

제6장

【노년(老年)의 다르마】

임주자(林住者)의 다르마

[1] 법도에 따라 스나따까[1] 재생자는 가주기를 지내고 난 후, 바르게 자제하고 감각을 정복하여 숲에서 지내도록 한다.

역주 1) 제2장 138절 참조.

[2] 가장이 자신(의 모습)에서 주름과 백발을 보고, 그의 자식들의 자식들을 보면, 이제 그는 숲에 의지해야 한다.

[3] 마을에서 경작한 모든 곡식과 소유물을 버리고, 처를 자식들에게 맡기거나 혹은 데리고[1] 숲으로 가야 한다.

역주 1) 처가 원하면 함께, 혹은 젊으면 맡기고, 늙으면 함께(메다띠티, 꿀루까, 마니라마) 간다.

〔4〕 아그니 제사[1]및 가정 아그니 제사[2]에 쓰이는 도구들을 가지고 마을에서 숲으로 가서, 감각을 절제하고 지내야 한다.[3]

역주 1) agnihotra : 아그니(메다띠티, 나라야나, 꿀루까) 혹은 바이따나 아그니(vaitānāgni, 세 종류의 제화(祭火)를 모두 가지고 치르는 제사)(라마짠드라)이다. 제6장 9절 참조.
2) 이것을 아와스티야 아그니(āvasthyāgni, 정해진 장소에 설치된 제화로 치르는 제사)(라마짠드라)라고도 부른다.
3) 제6장 9절 참조.

〔5〕 법도에 따라 채소, 뿌리채소, 과일 등 여러 종류의 청정한 은자(隱者)의 음식을 잘 갖추어 (다섯) 대제사[1]를 치러야 한다.

역주 1) 제3장 69~70절 참조.

〔6〕 짐승의 가죽이나 나무껍질을 입고, 아침 저녁으로 목욕하라. 머리를 묶어 올리고 수염, 털, 손발톱 등을 항상 길러야 한다.

〔7〕 자기가 먹는 것으로, 최선을 다해 제물을 올리고 시물을 청해야 한다. 또한 그의 거처에 온 자들은 물, 뿌리채소, 과일로써 대접해야 한다.

〔8〕 항상 자습에 몰두하고, 절제하며, 우호적이고, 마음을 가라앉히며, 항상 주고, 받지 않으며, 모든 생물에 대해 동정심을 가지며 살아야 한다.

임주기의 제사의무

〔9〕 법도에 따라 바이따니까 아그니호뜨라(vaitānika āgnihotra)[1]

로써 제사를 치르며, 초승달 뜨는 날과 보름이 되면 그때에도 (그렇게 하라.)

역주 1) 가정 아그니(gārhapatya agni)를 남방(南方) 아그니(dakṣiṇa agni)에 합하여 비따나 아그니(vitāna agni)라 부르고 이 아그니에 제물을 바쳐 치르는 제사를 바이따니까 아그니호뜨라라고 한다(꿀루까, 마니라마). 아그니호뜨라는 제사의 이름이 아니라, 제사의 부분을 이루는 도구를 가리키는 것이다(메다띠티).

〔10〕 다르셰슈띠 제사[1]와 아그라야나 제사,[2] 짜뚜르마시야 제사,[3] 태양이 움직이는 두 방향에 따른 뚜라야나[4]와 닥샤시야야나[5] 두 제사도 (치러야 한다.)

역주 1) darśeṣṭi : 보통 릭셰슈띠(Ṛkṣeṣṭi)라고도 부르는 끄릿띠까(kṛttika) 별자리가 형성되는 때이다.
　　 2) āgrayaṇa : 곡식을 수확하고 치르는 제사이다.
　　 3) caturmāsya : 넉 달에 한 번씩 치르는 제사이다.
　　 4) turāyaṇa : 웃따라야나(uttarayaṇa)라고도 하는 태양이 북쪽으로 움직이는 길 또는 이때 치르는 제사이다.
　　 5) dakṣasyayāṇa : 닥샤야나(dakṣayaṇa)라고도 하는 태양이 남쪽으로 움직이는 길 또는 이때 치르는 제사이다.

〔11〕 봄과 가을에도 은자가 직접 모아 먹는 청정한 곡식과 떡과 죽으로 제사를 치러야 한다.

〔12〕 숲에서 난 청정한 제물로 신들에게 제사를 치르고, 남은 제물은 스스로를 위해 남겨두며, 소금은 직접 만든 것[1]을 사용한다.

역주 1) 바다에서 난 것은 안된다(메다띠티)는 뜻으로 나무 등에서 추출한 것(나라야나, 라마짠드라)의 의미이다.

임주자의 섭생

〔13〕땅에서 난 것, 물에서 난 것, 채소, 꽃, 뿌리채소, 과일, 청정한 나무에서 난 것, 꽃에서 난 기름 등을 먹어야 한다.

〔14〕꿀, 고기, 버섯, 부스뜨리나(bhustṛṇa)풀, 쉬그루까(śigruka) 채소, 슐레슈마따까(śleṣmātaka) 열매는 피해야 한다.

〔15〕아슈위나(aśvina) 달[1]이 되면 모아두었던 은자의 음식, 낡은 옷과 채소, 뿌리채소, 과일을 버린다.

역주 1) 양력 9월 중순부터 10월 중순에 해당하는 힌두력의 달이다.

〔16〕경작한 땅에서 난 것은 설령 그것이 버려진 것이라 해도 절대 먹어서는 안되며, 어떤 일이 있어도 (그러한) 뿌리채소, 과일도 먹어서는 안된다.

〔17〕불로 조리한 음식, 계절에 맞는 음식을 먹으며, 돌로 갈거나 이로 씹어 먹는다.

〔18〕(식사량은 식사를 끝내고) 바로 그릇을 닦을 수 있을 만큼, 혹은 한 달 먹을 만큼 혹은 여섯 달 먹을 만큼 혹은 일 년 먹을 만큼을 모을 수 있다.

〔19〕최선을 다해 곡식을 모을 수 있을 만큼 모아서 그것을 밤이나 낮에 혹은 네번째 끼니마다 혹은 여덟번째 끼니[1]마다 먹는다.

역주 1) 네번째 끼니, 여덟번째 끼니 : 끼니는 하루에 두 번으로 간주한

다. 그래서 네번째 끼니란 하루 걸러 두번째 날의 두번째 끼니,
여덟번째 끼니란 사흘을 거르고 나흘째 되는 날의 두번째 끼니
를 말한다(메다띠티, 나라야나).

[20] 달의 움직이는 길을 기준으로 하여 먹고, 백반월 동안과 흑반
월 동안에 서계를 한다.[1] 각 보름이 끝나는 날에는 보리죽을 한 번
씩 먹는다.

역주 1) 제11장 217절 참조.

[21] 땅을 파서 먹고 사는 주기[1]에 있어서는 언제나 꽃, 뿌리채소,
과일 그리고 계절이 되어 익은 것, 저절로 떨어진 것만 먹는다.

역주 1) 씨를 뿌려 거두는 것이 아니라 자기 소유가 아닌 땅 속의 것을 주
워 먹는다. 그런 의미에서 '땅을 파서 먹고 사는 주기'(vaikhan-
sa)라는 어휘를 사용하는데 이는 '숲에 머무는 주기 즉, 임주
기'(vanaprastha)와 같은 의미로 쓰인다(나라야나, 난다나, 고
윈다라자). 이것은 전형적인 임주기 생활방식이다(메다띠티, 꿀
루까, 라마짠드라, 마니라마).

임주자의 고행

[22] 땅에 눕기도 하고, 발끝으로 서기도 하고, 자리에 앉기도 하
고, 서기도 하고, 소마즙을 짤 때마다[1] (목욕하러) 물에 가기도 하
면서 하루하루를 지낸다.

역주 1) 일출, 정오, 일몰의 하루 세 번(꿀루까, 라가와난다, 마니라마,
고윈다라자)이다.

〔23〕여름에는 다섯 가지 열[1]로 스스로를 달구고, 우기에는 맨 하늘 아래 지내며,[2] 겨울에는 젖은 옷을 입고 (고행을 통해) 서서히 열기를 늘인다.

> **역주** 1) pañcatapā : 사방에 놓는 불과 하늘의 태양까지 해서 다섯이다(메다띠티, 마니라마).
> 2) 하늘을 가려 비를 피하지 말라(메다띠티, 나라야나, 고윈다라자)는 의미이다.

〔24〕세 번 소마즙을 짤 때마다[1] 목욕하고 나서 조상과 신들에게 물을 바치며 (몸 안에서) 열기를 일으켜 점차 몸을 건조시킨다.

> **역주** 1) 제3장 85절, 158절, 제6장 22절 참조.

〔25〕(이렇게 해서) 법도에 따라 (세 가지) 아그니를 자신 안에 옮겨놓으면, 불도 없고 집도 없고 뿌리채소와 과일만 먹고 사는 은자가 된다.

〔26〕쾌락을 얻고자 노력하지 않고, 성욕을 절제하며, 맨 땅에서 자고, 쉴 곳을 소유하지 않으며, 나무 밑둥을 거처로 삼아야 한다.

〔27〕고행중인 브라만, 가장, 그외 다른 숲에 거주하는 재생자에게서 최소 필요한 만큼만 시물을 받는다.

〔28〕숲에 거주하는 자는 마을에서 (시물로 받은 음식을) 나뭇잎으로 만든 그릇, 손바닥, 깨진 질그릇에 받아다가 여덟 주먹만큼만 먹는다.

〔29〕숲에 거주하는 브라만은 아뜨만을 깨닫기 위해 수계의식[1]을

따르고, 여러 우빠니샤드와 계시서를 따라야 한다.

역주 1) dīkṣā : 이 구절에서는 대개의 주석가들이 규정(niyama)의 뜻(메다띠티, 꿀루까, 마니라마, 난다나, 라가와난다)으로 보았다. 제4장 204절 참조.

〔30〕 선인, 브라만, 가장들은 지식과 고행을 늘이고 몸을 깨끗하게 하기 위해 (이러한 규율들을) 지켜왔다.

〔31〕 해탈(aparājitā)을 목표로 하여 육신을 버리게 될 때까지 결연하게 물과 공기만 취하며 똑바른 길을 간다.

〔32〕 위대한 선인과 스승들이 그러했듯이, 아무런 슬픔과 두려움 없이 육신을 버린[1] 브라만은 브라흐만의 세계를 얻는다.

역주 1) 물에 빠지거나 절벽에서 뛰어내리거나 분신(燒身)을 행하거나 죽기까지 금식하거나 하는 등의 극단적 고행행위(메다띠티) 혹은 제6장 23절에 언급된 다섯 가지 열로 행하는 고행(고윈다라자)이라는 해석이 있다.

기세자의 다르마

〔33〕 숲에서의 인생의 세번째 주기를 보내고 나면, 그는 모든 것에 대한 집착을 버리고 인생의 네번째 주기로 나아가야 한다.

〔34〕 인생의 한 주기에서 다른 주기로 가서, 아그니에 제물을 바치고, 감각의 힘을 이겨내며, 조상과 신들에게 제물을 바치는 끝에 (드디어) 지치게 되니, 그는 죽어서 (공덕을) 늘이는 것이다.

〔35〕세 가지의 빚을 다 갚고 나서[1] 마음을 해탈(mokṣa)로 향하게
하여 나아가야 한다. 빚을 갚지 않고 해탈을 구하는 자는 아래로 떨
어진다.

역주 1) 제4장 257절 참조.

〔36〕법도에 따라 베다를 학습하고, 다르마를 지켜 자식들을 낳고,
그 능력껏 아그니에 제사를 치른 후에 이제 마음을 해탈로 향하게
해야 한다.

〔37〕재생자가 베다를 학습하지도, 자식을 낳지도, 아그니에 제사
를 치르지도 않고서 해탈을 구하면 그는 아래로 떨어진다.

〔38〕브라만은 쁘라자빠띠에게 제사를 치러 그가 가진 모든 것을
제물로 바치고, 자신 안에 아그니를 지니고 집을 떠나야 한다.[1]

역주 1) 제6장 33절에서는 세번째 인생기를 보내고 나서 네번째 인생기
　　　로 들어선다고 하고 있지만, 제6장 35~38절에 의하면 실지로는
　　　반드시 세번째 인생기 즉 임주기를 마친 후에 네번째 인생기로
　　　들어가는 것은 아님을 알 수 있다.

〔39〕그 어떤 생물에게도 두려움을 주지 않는 자,[1] 집을 떠난 자,
브라흐만을 아는 자는 광휘로 된 세상을 얻는다.

역주 1) 가주기의 다르마는 제사를 치르기 위해 살상을 하는 등 생물에 두
　　　려움을 주는 것이지만 이제 그런 생활을 끝내고 집을 떠난다(꿀루
　　　까)는 의미이다.

〔40〕어떠한 생물에게도 두려움을 주지 않는 재생자는 육신에서 풀

려날 때 그 무엇에 대해서도 두려움이 없다.

[41] 성물(聖物)[1]들을 가지고 떠난 은자는 길에서 접하게 되는 욕망에 대해 무감함을 지키며 다녀야 한다.

역주 1) pavitrā : 지팡이, 물통 등(메다띠티, 꿀루까, 마니라마, 고윈다라자)이다.

[42] 깨달음을 얻고자 하는 자는 동반자 없이 홀로 다녀야 한다. 홀로 깨달음을 얻은 자는 (누구를) 버리지도 않고 (누구로부터) 버려지지도 않는다.

[43] 은자는 불도, 집도 가져서는 안되며, 입을 다물고, 집착하지 말고, 마음을 가다듬어 마을에 가 음식을 얻어야 한다.

[44] 해골, 나무 밑둥, 누더기, (다른 사람을) 의지하지 않는 것, 세상 만물에 대해 평상심을 갖는 것 이것이 해탈(mukta)의 징표이다.

[45] 죽음을 환영해서도 삶을 환영해서도 안된다. 마치 하인(bṛtaka)이 명령[1]을 기다리듯 때가 오기를 기다려야 한다.

역주 1) nirveṣa : 주는 대로 받는 보수(메다띠티)의 의미이다.

[46] 발에 시선을 두어 청정하게 한 지점을 디디며,[1] 천으로 (걸러) 정결케 한 물을 마시고, 진실로 정결케 한 말을 하며, 마음으로 정결케 한 행동을 해야 한다.

역주 1) 미물이라도 밟히지 않을까 살피며 걸어야 한다(메다띠티) 혹은

머리카락이나 오물을 피하기 위해 살펴 걸으라(꿀루까)는 의미
이다.

〔47〕 거친 말을 참아내고, 어느 누구도 속이지 않으며, 누구에게도
육신을 지탱하기 위해 적의를 품어서는 안된다.

〔48〕 화난 자에게 화로 대응해서는 안되고, 거칠게 말하면 부드럽
게 말해야 한다. 일곱 개의 문[1]을 통해 진실이 아닌 것을 말해서는
안된다.

역주 1) 다르마-아르타, 다르마-까마, 아르타-까마, 까마-아르타, 까마-
다르마, 아르타-다르마, 다르마-아르타-까마의 일곱(메다띠티)
이라고 한 주석도 있고, '일곱'이라는 것은 눈, 코, 입, 귀, 피부
의 오감에 의식(意識, manas), 지성(buddhi)을 포함하는 것이
며 사람이 말할 때는 오감을 통해 진실만을 걸러서 말해야 한다
(꿀루까)고 한 주석도 있다.

〔49〕 스스로 기뻐하고, (명상을 위해) 앉으며, 기대하는 것 없이,
욕망도 없이, 자신만을 의지하여 이 세상에서 (해탈에 대한) 행복
의 소망을 위해 움직여야 한다.

〔50〕 전조(前兆)에 대해 말해 주거나, 별자리나 손금을 보는 학문
을 하거나, 가르침을 주거나 변론해 줌으로써 사물에 대한 욕심을
부려서는 절대 안된다.

〔51〕 고행자, 브라만, 새, 개, 그외 다른 시물을 받는 자들과 무리
지어 집 가까이에 가서는 안된다.

〔52〕 머리카락, 손톱, 수염을 다듬고, 바리때, 지팡이, 물통을 가지

고 계속 떠돌아다녀야 한다. (감각을) 절제하며, 어떤 생물에게도
해를 가하지 말아야 한다.

〔53〕 바리때는 빛나지도 않고 깨지지도 않은 것이어야 하며, 제사
에서 쓰는 국자와 마찬가지로 물로 정결케 해야 한다고 하였다.

〔54〕 자생자의 아들 마누가 말하기를, 기세자의 바리때는 박, 나무,
흙 혹은 수숫대로 된 것이라고 했다.

〔55〕 (하루에) 한 번 시물을 받으러 나가고, 많이 얻고자 애쓰지 말
아야 한다. 먹을 것에 집착하는 고행자는 다른 감각 대상에 대해서
도 집착하게 된다.

〔56〕 (아그니의) 연기가 사라지고, 절구와 공이를 치우고, (음식을)
익히는) 불도 꺼지고, 그 가족들이 음식을 다 먹고, 그릇들을 치우
고 난 후에 기세자는 시물을 받으러 가야 한다.

기세자의 마음가짐

〔57〕 (시물을) 얻지 못했다고 슬퍼하지 말고 얻었다고 기뻐하지 말
아야 한다. 모든 것에 대한 집착을 버리고 하루 동안 숨을 유지할
수 있는 만큼만 얻어야 한다.

〔58〕 어디서나 얻은 것에 대해 담담해야 한다. 얻는 것에 욕심을 부
리면 그 방랑자(기세자)는 해탈한 자라도 속박된다.

〔59〕 음식을 적게 먹고, 조용한 곳에 앉음으로써 이끌리는 감각을 (그 대상에서) 거두어들여야 한다.

〔60〕 감각을 억제하고, 집착이나 증오를 없애며, 생물체에 해를 가하지 않음으로써 그는 불멸을 생각할 수 있게 된다.

〔61〕 과거의 잘못된 까르마의 과보로써 지옥으로 떨어짐에 대해, 야마의 세계에서 고통받음에 대해 생각해야 한다.

〔62〕 좋은 사람들과 떨어져 있고, 싫은 사람들과 만나고, 늙음과 질병의 고통을 극복함에 대해 (생각해야 한다.)

〔63〕 아뜨만[1]이 육신에서 나가는 것, 다시 모태로 들어가는 것, 수천 억의 모태에서 다시 태어나는 것에 대해서 (생각해야 한다.)

역주 1) 제12장 12절 이하 참조.

〔64〕 다르마가 아닌 것을 행함으로써 얻는 과보에 대해서, (죽을 수밖에 없는) 육신들이 고통을 겪는 것에 대해서, 다르마와 아르타로 얻는 파괴되지 않는 행복과 만나는 것에 대해서 (생각해야 한다.)

〔65〕 요가를 통해, 가장 미세한 최고 아뜨만에 대해, (그것이) 높고 낮은 육신에 머무는 것에 대해서[1] (생각해야 한다.)

역주 1) 제12장 3절, 24절 참조.

〔66〕 어떤 인생기(āśrama)에 있든지 치장[1]을 하고 있더라도 다르마(의무)를 실천하고 모든 생물체들을 똑같이 대해야 한다. 표시[2]

가 각 (인생기의) 다르마를 수행하는 이유가 되는 것은 아니다.

역주 1) 꽃 등으로 하는 장식(메다띠티, 나라야나, 고윈다라자) 혹은 특
　　　정 인생기를 나타내는 표시는 하지 않고 오히려 그 본분에 거스
　　　르는 모습(라가와난다)이다.
　　2) 기세자의 지팡이와 같은 어느 특정의 인생기를 나타내는 것(메
　　　다띠티, 나라야나, 꿀루까, 라마짠드라, 마니라마)이다.

〔67〕까따까(kataka)나무 열매가 물을 깨끗하게 하기는 하지만 그
이름을 갖는다고 해서 물이 깨끗해지는 것은 아니다.

기세자의 생활

〔68〕생물을 보호하기 위해서는 밤이든 낮이든 몸에 고통이 있을지
라도 항상 땅을 살피면서 걸어야 한다.

〔69〕기세자가 부지불식간에 생물을 해친 경우에는 정결케 하기 위
해 낮과 밤으로 목욕하고, (요가의) 호흡법을 여섯 번 한다.

〔70〕브라만이 법도에 따라 베다의 후렴구[1]와 옴의 묵송을 각각 넣
어 호흡법을 세 번씩 하는 것이 최고의 고행임을 알라.

역주 1) 제2장 76절 참조.

〔71〕광물의 불순물이 불에 타서 없어지는 것처럼, 감각의 불순물
은 숨을 억제함으로써 타 없어진다.

기세자의 선정

〔72〕 (육신의) 불순물은 호흡법을 통해, 죄악은 정신집중(dhāraṇa) 을 통해, 감각을 유혹하는 요소들은 마음의 거두어들임(pratyāhāra) 을 통해, (인간을) 신과 다르게 보이게 하는 속성(guṇa)[1]들은 선 정(禪定, dhyāna)을 통해 (태워 없앤다.)

역주 1) 신과 닮지 않은 속성 즉 분노, 탐욕 등(꿀루까, 마니라마, 라가와 난다) 혹은 자연 본성(prakṛti)의 진성, 동성, 암성(난다나, 나 라야나)이다. 제12장 24~50절 참조.

〔73〕 높고 낮은 생물들 안에 들었으며 자신을 (청정하게) 하지 못 한 자들은 선정의 요가를 통하여 이해하기 어려운 아뜨만의 자리를 알아야 한다.

〔74〕 바르게 보는 자는 까르마(업)에 얽매이지 않는다. 그러나 바 르게 보지 못하는 자는 윤회를 하게 된다.

〔75〕 불살생, 감각에 집착하지 않음, 베다에 규정된 까르마(제사), 극한 고행의 실행으로 이 세상에서 그 자리[1]를 얻는다.

역주 1) tatpadam : 브라흐만의 자리(메다띠티, 꿀루까, 나라야나, 라가 와난다, 라마짠드라, 고윈다라자) 혹은 브라흐만과의 일체를 나 타내는 표시(마니라마)를 얻는다.

〔76〕 뼈로 받쳐지고, 힘줄로 둘러싸여 있으며, 살과 피로 덮이고, 살가죽으로 덮인 악취나고, 오줌과 똥으로 가득 찬 이곳

〔77〕 늙음과 슬픔으로 뒤덮이고, 지독한 질병이 자리를 차지하고

있으며, 욕심으로 더럽혀진 생물체들이 머무는 이곳을 버려야 한다.[1]

역주 1)『마이뜨리 우빠니샤드』제3장 4절 참조.

〔78〕나무가 (물살에 시달려) 강둑에서 넘어지듯, 새가 (때가 되면) 나무를 떠나듯, 그도 이 육신을 떠나 고통을 주는 아귀[1]로부터 풀려나는 것이다.

역주 1) 물에서 악어, 상어, 바다뱀 등(꿀루까)으로부터 벗어나는 것이다.

〔79〕좋아하는 사람들에게는 선업으로 인한 과보를, 싫어하는 사람들에게는 악업으로 인한 과보를 던져주고, (그는) 선정의 요가를 통해 영원한 브라흐만의 자리에 도달한다.

〔80〕그가 아무런 욕심 없이 모든 감정에 대해 그대로 느낄 때, 그는 영원히 이 세상에서나 저 세상에서나 행복을 얻는다.

〔81〕이러한 법도로써 천천히 모든 것에 대한 집착을 버리면, 양쪽 세상[1] 모두에서 자유로워지고 브라흐만에 들어가 자리잡는다.

역주 1) 고통과 기쁨, 더위와 추위, 기아와 배부름, 명예와 모욕 등 서로 대조적인 것(나라야나)을 의미한다.

〔82〕이렇게 해서 선정에 관한 것을 모두 말했다. (이는) 아뜨만을 알지 못하는 자는 행위(제사)의 과보를 거둘 수 없기 때문이다.

베다와 브라흐만

〔83〕 제사와 관련된 브라흐만,[1] 신에 대한 브라흐만,[2] 영적인 것에 대한 브라흐만[3]과 베다의 마지막[4]에 담긴 영적인 (지혜에) 대한 (베다 구절)을 묵송해야 한다.

| 역주 | 1) 베다, 브라흐마나(메다띠티)를 의미한다.
2) 신에 대한 찬가(메다띠티)를 의미한다.
3) 아뜨만의 지혜를 담은 우빠니샤드 등(나라야나, 라가와난다)을 의미한다.
4) 우빠니샤드(꿀루까)의 다른 이름이다.

〔84〕 베다는 (진리를) 알지 못하는 자, 잘 아는 자, 천상을 구하는 자, 불멸을 갈망하는 자들이 (모두) 의지하는 것이다.

〔85〕 이러한 주기를 거쳐 (고행자로) 떠돌아다니는 재생자는 이 세상에서 죄를 털고 저 세상에서 지고의 브라흐만의 목적지에 도달하게 된다.

〔86〕 이렇게 해서 자기를 억제하는 유랑자(yati)의 다르마에 대해 말하였다. 이제 베다의 기세자[1]가 될 자들이 지켜야 할 바에 대해 알도록 하라.

| 역주 | 1) vedasannyāsika : 베다 제사는 치르지 않고 베다를 묵송하는 자 (메다띠티) 혹은 소유를 포기하고 해탈 목적의 명상 등을 하되 재가단계에 있는 자(나라야나) 혹은 소유를 포기하고 명상 등을 하는 자(라마짠드라) 혹은 소유를 포기하고 명상 등을 행하되 제사를 치르지 않는 자(마니라마, 난다나)를 말한다고 한다.

네 인생기의 다르마

[87] 학습기, 가주기, 임주기, 기세기 이 네 가지의 각기 다른 인생기에서 가주기가 으뜸이다.

[88] 가르침대로 이 모든 것을 행하면 (그것의 힘이) 그렇게 한 브라만을 가장 높은 목적지로 데려간다.

[89] 베다 계시에도 이들 모두 가운데 가주기가 가장 뛰어나다고 하였으니, 그가 다른 셋의 의지가 되기 때문이다.

[90] 모든 강과 강줄기가 바다에서 흐름을 멈추듯, 모든 인생기에 있는 사람들도 가주기에 이르러 흐름을 멈춘다.

[91] 이 네 주기에 있는 재생자들은 꾸준히 그리고 애써 징표가 되는 열 가지 다르마들을 지켜야 한다.

[92] 그 열 가지 다르마의 징표(lakṣaṇa)는 인내, 용서, 자제, 도둑질하지 않는 것, 정(淨)함, 감각의 절제, 지혜, 학문, 진실, 화내지 않는 것이다.

[93] 열 가지 징표가 되는 다르마를 학습한 브라만이, 그것을 알고 따라 행하면 지고의 목적지로 간다.

[94] 재생자가 그의 열 가지 징표가 되는 다르마를 마음을 가다듬어 실천하고, 법도에 따라 베단따를 학습하고, 세 가지 빚[1]을 갚고 난 후에는 세상을 버려야 한다.

역주 1) 제4장 257절 참조.

[95] 모든 까르마(儀式)[1]를 버리고, 까르마로 인한 죄를 없애고, 자제하고, 베다를 반복 학습[2]한 자는 자손들의 보호 아래 (저 세상에 가서) 기쁘게 지낼 수 있다.

역주 1) 매일 매일의 정화 의식(나라야나) 혹은 아그니 봉헌 등(꿀루까, 마니라마)을 의미한다.
　　2) 주석가들은 우빠니샤드 등의 문헌을 의미를 새기며 반복하는 것 (마니라마, 라마짠드라) 혹은 재가자에게 규정된 아그니 봉헌 등 (마니라마, 고윈다라자) 혹은 베다 학습과 육신의 정화(꿀루까) 혹은 아침 저녁의 예배(나라야나) 혹은 베다를 소리내어 묵송하는 것(나라야나) 등으로 해석했다.

[96] 까르마를 버리고,[1] 자신의 일을 가장 중요한 것으로 여기며, 욕심 없이, 세상을 버림으로써 죄를 없애면 그는 지고의 목적지[2]에 도달한다.

역주 1) 제6장 86절, 제12장 92절 참조.
　　2) 제12장 50절, 125절 참조.

[97] 이렇게 해서 죽은 후에도 사라지지 않고 선한 과보를 만드는 네 가지 브라만의 다르마(의무)[1]에 대해 말했다. 이제 왕의 다르마에 대해 알도록 하라.

역주 1) 각 인생기에 있어서의 의무(꿀루까, 나라야나, 라가와난다) 혹은 네 신분을 대상으로 한 의무(메다띠티)를 말한다.

제7장

【왕의 다르마】

왕의 창조와 신성(神性)

[1] 왕의 다르마, 왕의 태도, 왕의 유래, 그리고 그가 이룰 수 있는 최고의 성취[1]에 대해 말하겠다.

역주 1) 제12장 11절 참조.

[2] 브라흐만(베다)을 얻어 법도에 따라 의식을 치른 끄샤뜨리야는 그가 가진 모든 것을 정의롭게 지켜야 한다.

[3] 이 세상에 왕이 없어서 생긴 두려움 때문에 사방이 혼란에 빠졌으므로, 주(主, prabhu)께서 모두를 보호하기 위해 왕을 창조하였다.[1]

역주 1) 제7장 35절 참조.

〔4〕 인드라, 바유, 야마, 아르까, 아그니, 바루나, 짠드라, 빗떼샤 (Vitteśa)[1] 이들로부터 영원한 요소들을 취해 (왕을 창조하였다.)

역주 1) 재물의 신 꾸베라(Kubera)의 다른 이름이기도 하다.

〔5〕 왕은 이처럼 그 신들의 요소들로 만들어졌으므로, 모든 생물들을 그 광휘로 능가한다.

〔6〕 그는 눈과 마음을 태양처럼 뜨겁게 달구니, 이 땅에 있는 어느 누구도 그를 바로 쳐다볼 수 없다.

〔7〕 그는 그 권능으로 말하면 아그니이고 바유이고 아르까(Arka)[1]이고 소마이고 다르마의 왕이고 꾸베라이며 바루나[2]이며 위대한 인드라이다.

역주 1) 태양의 신이다.
　　　2) 사법(司法)의 신이다.

〔8〕 왕이 어리다 할지라도 그를 사람으로 낮추어 생각해서는 안될지니, 그는 사람의 모습을 하고 서 있는 위대한 신격이기 때문이다.

〔9〕 불은 잘못 다가선 한 사람을 태우지만, 왕의 불은 가족, 가축, 재산을 모두 태운다.

〔10〕 그는 다르마의 구현을 위하여 해야 할 일, 능력, 시간, 장소를 올바르게 살펴서 일체의 형상을 반복하여 취한다.

〔11〕 그의 은총에는 연꽃 위에 있는 슈리가, 그의 용맹에는 승리가,

그의 분노에는 죽음이 머문다. 그는 모든 (신들의) 광휘로 이루어진 자이기 때문이다.

[12] 어리석음으로 인해 그를 시기하는 자는 틀림없이 파멸하리니, 왕이 지체없이 그러한 자를 파멸하리라고 마음을 정하기 때문이다.

[13] 왕은 옳은 행동을 하는 자들에게는 그에 맞는 다르마를 베풀고 옳지 않은 행동을 하는 자에게는 또한 그에 맞게 처리한다. 그러므로 다르마를 거역하지 말아야 한다.

단다의 창조와 적용

[14] 그러한 자(를 창조할 것)에 뜻을 두고 주(主, iśvara)께서 오래 전에 자신에게서 난 자를 만들었으니 그는 단다(daṇḍa), 다르마, 모든 만물을 지키는 자, 브라흐만의 광휘로 이루어진 자이다.

[15] 그에 대한 두려움으로 모든 움직이는 생물과 움직이지 않는 것(식물 및 무생물)들이 (세상에서) 역할을 하고 있으며, 각기 자신의 다르마로부터 벗어나지 않고 있다.

[16] 장소, 시간, 힘,[1] 학식을 근본적으로 고려한 후 사람들 가운데 정의롭지 못한 일을 한 자를 합당하게 (처벌)해야 한다.

역주 1) śakti : 재산증물을 할 수 있는 능력(나라야나) 혹은 어린 아이인가 늙은 자인가 가난한 자인가 재산이 있는 자인가 하는 사실 등을 고려해야 한다(난다나)는 의미이다.

〔17〕 단다는 곧 왕이요, 남자[1]요, 지도자요, 지배자이기도 하며, 네 인생기와 다르마의 보증인[2]이라고 전해진다.

> 역주 1) 남자가 여자를 매로 다스려 여자의 다르마를 지켜나가게 하는 것을 비유(메다띠티, 라가와난다, 바루찌)한 것이다.
> 2) 다르마를 행하도록 하는 자(나라야나) 혹은 신을 대신하여 다르마를 행하도록 하는 자(꿀루까)이다.

〔18〕 단다가 모든 인민을 다스리고 보호한다. (모두) 잠든 가운데 깨어 있는 것은 단다이니, 현자는 단다가 다르마임을 안다.

〔19〕 왕이 그것을 제대로 살피고 지키면 모든 인민이 기쁘게 되지만, 제대로 살피지 않으면 모든 곳에 파멸이 있을 뿐이다.

〔20〕 만일 왕이 단다를 받아야 할 자들에 대해 단다를 내리는 것을 게을리하면 힘 있는 자가 힘 없는 자를 마치 물고기를 쇠꼬챙이에 꽂아 굽듯 불에 굽는다.[1]

> 역주 1) 맛시야니야야(Matsyanyaya, 물고기의 법)라 불리는 약육강식의 법이 지배원리가 되는 무정부 상태를 왕의 기원으로 보는 것은 『마하바라따』(*Mahābhārata*, 제12장 67절), 『라마야나』(*Rāmāyaṇa*, 제2장 53~57절)에 나타난다.

〔21〕 (그렇게 되면) 까마귀가 제물을 먹고, 개가 공물을 핥을 것이니, 어느 누구에게도 주인됨[1]이 없으리요, 하극상이 될 것이다.

> 역주 1) 자신에 대한 주인 혹은 처와 자식의 주인(메다띠티) 혹은 아래 신분들에 대한 주인됨(꿀루까, 라마짠드라)을 의미한다.

〔22〕정(淨)[1]한 자가 적기 때문에 모든 세상이 단다를 통해야 정복된다. 단다에 대한 두려움으로 모든 세상이 각기 그 역할을 하게 된다.

역주 1) 마음이 깨끗하고 청렴한(나라야나) 혹은 탐욕심이 없는 것(라가와난다)을 말한다.

〔23〕신, 다나와, 간다르와, 락샤사, 새, 뱀, 이들도 단다를 두려워하여 각기 제 역할을 하게 된다.

단다의 올바른 적용

〔24〕단다가 혼란스럽게 되면 모든 신분들이 더럽혀지고, 모든 경계가 무너지며, 모든 사람들이 분노하게 된다.

〔25〕검은 몸에 붉은 눈을 가지고 악을 파괴하는 단다가 있는 곳에서는 지도자(왕)가 잘 감시하고 있음으로 하여 인민이 미혹에 빠지지 않는다.

〔26〕단다를 시행하는 자, 진실을 말하는 자, 사려 깊게 행동하는 자, 지혜로운 자, 다르마, 까마, 아르타를 잘 아는 자를 왕이라 부른다.

〔27〕왕이 단다를 잘 사용하면 셋[1]이 번성하게 된다. (그러나) 애욕에 빠지고, 불공정하고, 저급스러우면 그 단다에 의해 (그 자신이) 파멸한다.

역주 1) 다르마, 까마, 아르타(라가와난다, 라마짠드라, 고윈다라자)를
뜻한다.

[28] 단다는 위대한 광휘로 된 것이므로 자신이 확립되지 않은 자
는 가지기 힘들다. 왕이 다르마에 대해 흔들리면 단다가 그 친척과
함께[1] 그를 파멸시킨다.

역주 1) 아들, 손자 등과 함께(메다띠티, 고윈다라자) 혹은 아들, 친척 등
과 함께(꿀루까)의 의미이다.

[29] 그렇게 되면 성(城), 왕국, 이 움직이는 것과 움직이지 않는
것의 세계, 그리고 저 대공에 있는 자와 은자들과 신들까지도 고통
스러워한다.[1]

역주 1) 다르마가 흔들리고 제사가 제대로 치러지지 않게 되면 제사를 받
아야 할 자들이 받지 못함으로 인해서 고통스러워한다(나라야
나, 꿀루까, 라마짠드라).

[30] 단다는 보좌하는 자가 없는 자, 어리석은 자, 욕심 많은 자,
지성이 모자라는 자, 감각의 대상들에 빠진 자가 정당하게는 가질
수 없는 것이다.

[31] 보좌하는 자가 있는 자, 현명한 자, 정(淨)한 자, 진실한 자,
교의(敎義)대로 행하는 자가 단다를 잘 수행할 수 있다.

[32] 자신의 왕국에서 정의를 따르고, 적들에 대해서도 엄격한 단
다를 내리며, 가까운 관계인 자들에 대해서도 편향되지 않고, 브라
만들에게도 관용을 베풀어야 한다.

[33] 이와 같이 하는 왕이라면 그가 이삭과 (땅에 떨어진) 곡식을 주워 살더라도¹⁾ 그 명성은 물에 떨어진 기름 방울처럼 세상에 퍼지리라.

[역주] 1) 제4장 5절 참조.

[34] 이와 반대로 자신을 이기지 못한 왕의 명성은 물에 떨어진 우유버터 방울처럼 세상에서 작아지리라.

[35] (이와 같이) 왕은 각각의 다르마를 순서에 맞게 부여받은 모든 신분과 모든 인생기에 있는 자들을 보호하기 위해 창조되었다.

왕의 의무

[36] 왕이 인민을 보호하기 위해 그 대신들과 함께 지켜야 할 의무를 차례차례 말하겠다.

[37] 땅의 주인(왕)은 아침에 일찍 일어나 세 가지 학문(베다)을 모두 익히고, 나이 들고 학식 있는 브라만들을 섬기며 통치함에 있어 그들의 말씀을 잘 따라야 한다.

[38] 나이가 들고 베다를 아는 자, 정(淨)한 자(브라만)들을 항상 섬겨야 한다. 왜냐하면 나이든 자를 공경하는 자는 락샤사로부터조차 언제나 섬김을 받기 때문이다.

[39] 왕은 겸양이 있더라도 항상 그들로부터 겸양을 배워야 한다. 겸양을 갖춘 왕은 절대 파멸하지 않기 때문이다.

〔40〕 겸양이 없어서 많은 왕들이 그에게 속한 것[1]들과 함께 파멸하였다. (그러나) 숲에 머무는 자[2]일지라도 겸양으로 인해 왕국을 얻은 바도 있다.

> **역주** 1) 자식, 처, 코끼리, 말 등(메다띠티) 혹은 군대(라가와난다) 혹은 코끼리, 말, 국고(꿀루까, 고윈다라자)이다.
> 2) 즉 아무 것도 가진 것이 없는 자(메다띠티, 라가와난다, 꿀루까, 고윈다라자)이다.

〔41〕 베나(Vena)는 겸양이 없어서 파멸하였고, 나후샤(Nahuṣa), 삐자와나(Pijavana)의 아들 수다(Suda) 형제, 수무카(Sumukha), 그리고 니미(Nimi), 이런 왕들도 마찬가지였다.

〔42〕 쁘리투(Pṛthu)는 겸양으로 인해 왕국을 얻었으며, 마누 또한 그러하였다. 꾸베라는 재물의 주인(īśvara)이 되었고, 가디(Gādhi)의 아들은 브라만이 되었다.

〔43〕 (그러므로 왕은) 영원히 이어질 세 가지 학식(베다)을 가지고 있는 자로부터 그 세 가지 학식과, 통치술에 관한 정책, 논리학, 아뜨만에 대한 학문을 익혀야 하며, 세상으로부터 교역과 장사에 대해 배워야 한다.

〔44〕 밤낮으로 감각을 이기고자 부단히 노력해야 한다. 자신의 감각을 이긴 자만이 인민을 통제할 수 있기 때문이다.

〔45〕 욕망에서 생기는 열 가지 (악덕)[1]과 분노에서 생기는 여덟 가지 (악덕)[2]은 애써 피해야 하니 그 끝이 나쁘기 때문이다.

역주 1) 제7장 47절 참조.
2) 제7장 48절 참조.

〔46〕욕망에서 생기는 악덕과 기쁨은 왕의 다르마와 아르타를 잃게 하고, 분노에서 생기는 악덕은 왕의 아뜨만을 잃게 한다.

〔47〕사냥, 노름, 낮잠, 험담, 여자, 음주, 연주, 노래, 춤 그리고 쓸데없이 돌아다니는 것이 욕망에서 생기는 열 가지 (악덕)이다.

〔48〕음흉함, 폭력, 배신, 시기, 적의, 재산 강탈, 언어 폭력, 모욕이 분노에서 생기는 여덟 가지 (악덕)이다.

〔49〕모든 선인들은 그 둘의 근원을 알고 있으니, 탐욕을 애써 이겨야 한다. 그 둘은 모두 거기에서 나온 것이기 때문이다.

〔50〕욕망에서 생기는 악덕들 중에 음주, 노름, 여자, 사냥이 차례대로 최악의 고통을 겪을 것임을 알아야 한다.

〔51〕분노에서 생겨난 악덕 가운데는 구타, 언어 폭력, 재산 강탈이 세 가지가 가장 고통스러운 것임을 항상 알아야 한다.

〔52〕아뜨만을 아는 자는 모든 곳에 만연한 이 일곱 가지 중 앞에 언급된 악덕이 보다 무거운 것임을 알아야 한다.

〔53〕악덕과 죽음 가운데 악덕이 더 나쁘다고 하니, 죽어서 악덕을 가진 자는 아래로 저 아래로[1] 가나 악덕을 가지지 않은 자는 천상으로 간다.

역주 1) 여러 지옥으로 떨어진다(메다띠티, 꿀루까) 혹은 이 세상과 저 세상을 떠돌게 된다(나라야나).

대신의 임명

[54] (왕은) 뿌리가 있고,[1] 학문에 정통하며, 용맹스럽고, 뛰어나며, 가문이 좋은, 확실하게 검증된 일곱 내지 여덟 명의 대신들을 임명해야 한다.

역주 1) 조상대대로 세습받는 것이 있는 사람(라가와난다, 난다나) 혹은 전통이 있는 사람을 말한다(나라야나). 제7장 60절, 62절 참조.

[55] 쉬운 일이라도 혼자하기는 힘든 것이니, 특히 많은 일이 생기는 왕국을 통치하는 데 보좌하는 자들이 없다면 어떠하겠는가.

[56] 동맹, 이반, 일반적인 일, (국가가 처한) 상황, (국가가) 벌어들이는 것, 벌어들인 것을 지키는 것들에 대해 항상 그들과 함께 생각해야 한다.

[57] 그들에게서 각각 일에 관한 다른 의견들을 일일이 듣고, 그것을 종합하여 스스로를 유익하게 하는 것을 택해야 한다.

[58] 가장 중요한 여섯 가지 정책[1]에 관련된 일에 대해서 왕은 모든 자들 중 특히 실리에 밝은 브라만 한 사람으로부터 자문을 구해야 한다.

역주 1) 동맹, 이반, 진지 구축, 진군, 진영의 설치, 전쟁, 보호 요청(라마짠드라)이다.

〔59〕항상 그를 신임하고 모든 일을 그에게 맡기며 그와 함께 결정을 내렸을 때는 행동에 옮겨야 한다.

〔60〕이외에도 정(淨)하고, 현명하고, 결단력 있고, 재물을 잘 거두어들일, 확실하게 검증된 다른 대신(大臣, amātya)으로 임명해야 한다.

〔61〕일을 수행하는 데 필요한 만큼의 인원을 근면하고, 능력 있고, 통찰력 있는 자들로 임명해야 한다.

〔62〕그 가운데 용맹스럽고, 능력이 있으며, 좋은 가문에서 태어난 자는 재무직에 임명한다. 정(淨)한 자는 채광직과 가공직에, 그리고 겁이 많은 자는 궁내직에 임명한다.

왕의 사절의 임명

〔63〕모든 교의를 폭넓게 알고 있으며, 손짓·표정·몸짓을 잘 이해하며, 정(淨)하고, 능력이 있고, 훌륭한 가문에서 난 자는 사절(使節)로 임명해야 한다.

〔64〕사교성 있고, 정(淨)하고, 능력이 있으며, 기억력이 좋고, 장소와 시간을 잘 분별할 줄 알며, 그 모습이 훌륭하며, 두려움이 없고, 말을 잘하는 자는 왕국의 사절로 적합하다.

〔65〕군대는 대신에게 달려 있고, (인민의) 복종심은 군대에게, 재물과 왕국은 왕에게, (다른 왕국과의 관계가) 우방인가 적대인가는 사절에게 달려 있다.

〔66〕사절이 실제로 동맹을 맺게 하고, 동맹을 가르기도 하는 것이니, 사절이야말로 바로 사람들을 가르는 일을 하는 자이다.

〔67〕그는 (다른 나라 왕의) 일과 관련하여 숨겨진 움직임이나 동태를 통해 그리고 신하(bṛtya)들의 모습, 손짓, 몸짓을 통해 낌새를 알아차려야 한다.

〔68〕(사절을 통해) 다른 왕국 왕의 낌새를 정확히 모두 알고서, (왕은) 자신에게 고통이 미치지 않도록 (조치를 취하는) 노력을 기울여야 한다.

왕국의 지리조건

〔69〕정착하는 곳은 숲이 우거지거나 곡식이 풍부한 곳, 아리야[1]가 사는 곳, 질병이 없으며, 쾌적하고, 공경받을 수 있으며, (인민이) 생업을 하며 살 수 있는 곳이어야 한다.

역주 1) Ārya : 이 구절에서는 다르마를 지키는 자(메다띠티, 라마짠드라)라고 하기도 한다.

〔70〕사막, 바위, 강물, 나무, 사람, 산 등을 이용한 요새들을 섞어서 도성(都城)을 축조하여 정착하여야 한다.

〔71〕모든 노력을 기울여 산 요새를 이용해야 한다. 산 요새야말로 여러 가지 이점이 있기 때문이다.

〔72〕처음 세 가지 요새는 각각 야생 짐승, (쥐와 같이) 구멍 속에

사는 짐승, 그리고 (악어와 같이) 물 속에 사는 짐승에게 적합하고, 나중의 세 가지는 차례로 원숭이, 사람, 불멸하는 자들에게 (적합하다.)

〔73〕(짐승이 제) 요새 안에 숨어 있으면 그 적들이 해치지 못하듯, 요새 안에 잘 은신하는 왕은 적들이 해치지 못한다.

〔74〕요새의 벽에 의지한 한 명의 궁수(弓手)는 적군 백 명, 백 명 (의 궁수)은 (적군) 만 명에 필적한다. 그러므로 요새가 필요한 것이다.

〔75〕요새에는 무기, 재물, 곡식, 탈것, 브라만, 기술자, 연장, 여물, 물이 갖추어져 있어야 한다.

〔76〕(왕은) 요새 가운데에 넓고, 안전하며, 모든 계절에 적합하고, 아름답고, 물과 나무가 갖추어진 자신의 처소를 짓게 한다.

왕의 주변인물

〔77〕그 다음에는 동일한 신분의, 상(相, lakṣaṇa)이 좋고, 훌륭한 가문 출신의 마음을 끄는, 아름다움과 좋은 품성을 갖춘 여자와 혼인해야 한다.

〔78〕왕사제(王司祭)를 임명하고 제관(ṛtvij)도 가려뽑아서, 이들이 왕의 가정제(家庭祭)나 다른 제사들을 치르도록 해야 한다.

〔79〕 왕은 충분한 보수를 (브라만들에게 주어서) 여러 가지 제사를 치러야 한다. 다르마를 쌓기 위해 브라만들에게 음용할 것과 재물을 주어야 한다.

〔80〕 적절한 대신으로 하여금 왕국으로부터 일 년에 해당하는 공세(貢稅, bali)를 거두게 하고, (모든 세금에 대한) 규정을 잘 알고 있어야 하며,[1] 사람들에게는 아버지와 같이 행동해야 한다.

[역주] 1) 제7장 127~37절, 제8장 398절 참조.

〔81〕 (각 부처의) 곳곳에 여러 명의 능력 있는 감독관을 임명하여, 그들로 하여금 사람들이 일하는 것을 살펴보도록 해야 한다.

브라만에 대한 증물의 과보

〔82〕 왕은 (학습을 마치고) 스승의 거처에서 돌아오는 브라만을 공경해야 한다.[1] 그것은 결국 왕의 것으로서 영원히 사라지지 않는 브라만의 보물이라고 하기 때문이다.

[역주] 1) 증물을 주어야 한다(메다띠티, 나라야나, 꿀루까, 라가와난다).

〔83〕 그것은 도둑이나 적이 빼앗아갈 수 없으며 소멸하지도 않는 것이다. 그러므로 왕은 이 사라지지 않는 보물을 브라만들에게 맡겨두어야 한다.

〔84〕 그것은 새지도 마르지도 않고 소멸하지도 않는 것이니, 브라만의 입에 바치는 것은 봉헌의식보다도 훨씬 나은 과보를 낳는다.

〔85〕 브라만이 아닌 자에게 준 증물은 꼭 그만큼의 과보를, 이름뿐일지라도 브라만이라 불리는 자에게 준 것은 두 배, 스승(ācārya)에게 준 것은 백의 천 배, 베다에 정통한 자에게 준 것은 무한한 과보를 가져오는 것이다.

〔86〕 사람 나름대로의 신심에 따라, 죽은 후에 적든 많든 증물에 대한 과보를 얻는다.

전쟁을 치르는 경우

〔87〕 왕은 동등한 힘을 가지거나 우월한 힘을 가지거나 혹은 더 적은 힘을 가진 자들에게 도전을 받지만, 그 인민을 지키고, 끄샤뜨리야로서의 다르마(의무)를 상기하여 전쟁을 피해서는 안된다.

〔88〕 전쟁에서 물러서지 않고 인민을 보호하고 브라만에 대해 귀기울이는 자가 가장 훌륭한 왕이다.

〔89〕 왕들은 전쟁에서 서로 죽이고자 최대한의 힘으로 싸우니, 등 돌려 (달아나지) 않은 자들은 천상으로 간다.

〔90〕 전쟁을 치르더라도 위장한 무기, 철침이 박힌 화살, 독화살, 불화살을 사용해서 적을 죽여서는 안된다.

〔91〕 (전차나 말 등을) 타고서 땅에 서 있는 적을 죽여서는 안된다. 고자, (살려달라고) 손을 모아 비는 자, 머리카락을 풀어헤친 자, (바닥에 꿇어)앉은 자, 스스로 내가 여기 있다고 말하는 자는 죽여

서는 안된다.

〔92〕 잠자고 있는 자, 갑옷을 입지 않은 자, 벌거벗은 자, 무기를 지니지 않은 자, 싸울 태세가 아닌 자, 구경하고 있는 자, 다른 사람과 싸우고 있는 자를 (죽여서는) 안된다.

〔93〕 그 무기가 부러진 자, (전장에서 아들을 잃거나 해서) 슬픔에 빠져 있는 자, 심하게 부상당한 자, 공포에 떨고 있는 자, 도망가는 자는 다르마를 상기하여 (죽여서는 안된다.)

〔94〕 전쟁에서 두려워 도망가는 자는 또 다른 사람에 의해 죽는다. 무엇이든 (그의 부하에 의해) 저질러진 잘못은 주인인 자(왕)가 모두 되돌려받게 된다.

〔95〕 도망을 가다가 죽은 자가 가지고 있던 모든 선행은 다음 생에 그의 주인인 자(왕)가 갖게 된다.

〔96〕 전차, 말, 코끼리, 양산, 재물, 곡물, 가축, 여자, 모든 종류의 (값진) 물건, 그리고 (값진) 광물로 된 것들이 모두 승리한 자의 것이다.

〔97〕 왕에게 전리품을 바쳐야 한다는 것은 베다에도 있는 가르침이다. 또한 왕이 (병사들과) 함께 획득한 것들은 왕이 모든 병사들에게 나누어주어야 한다.

〔98〕 이와 같이 정당하고 영원한 병사들의 다르마는 이미 세상에 공표된 것이다. 끄샤뜨리야는 이 다르마에 의거하여 전쟁에서 적을 죽이는 일을 기피해서는 안된다.

왕의 능력

〔99〕얻지 못한 것은 얻도록 하고, 얻은 것은 지켜야 한다. 지킨 것은 늘리고, 늘어난 것은 자격이 있는 자(브라만)들에게 맡겨야[1] 한다.

역주 1) 제7장 82~85절 참조.

〔100〕사람들의 이상(理想)에 부합되는 네 가지[1]를 알아야 한다. 이것들을 게을리하지 말고 잘 지켜야 한다.

역주 1) 다르마, 아르타, 까마, 목샤이다.

〔101〕아직 갖지 못한 것은 군대를 통해 구하고, 가진 것은 잘 지키며, 지킨 것은 이윤을 만들어 늘리며, 늘린 것은 자격이 있는 자(브라만)에게 맡겨야 한다.

〔102〕(왕은) 항상 단다를 치켜듦으로써 의인으로서의 모습이 드러나도록 해야 한다. 숨길 만한 일은 숨기면서 항상 적의 틈을 살펴야 한다.

〔103〕세상은 그 단다를 치켜든 자(왕)를 두려워한다. 그러므로 단다로써 만물을 복종시켜야 한다.

〔104〕속이는 것 없이 행동해야 하며, 절대 속임수를 쓰면 안된다. 그러나 적이 속임수를 쓸 때는 눈치챌 수 있어야 하며 항상 자신을 잘 지켜야 한다.

〔105〕 그의 틈은 다른 자들이 알아채지 못하게 해야 하지만, 다른 자의 틈은 파악해야 한다. 거북이처럼 수족(aṅga)[1]을 숨길 수 있어야 하고, 자신의 약점을 지켜야 한다.

> **역주** 1) 국가를 구성하는 중요한 요소들에 대한 비유이다. 제9장 294절 참조.

〔106〕 왜가리처럼 꾀를 생각해 내고, 사자처럼 공격하며, 늑대처럼 먹이에 달려들며, 토끼처럼 도망갈 줄 알아야 한다.[1]

> **역주** 1) 제4장 195~97절 참조.

〔107〕 이렇게 하여 승리하게 되면 (이제) 그의 길을 반대하는 자들을 회유 및 다른 수단[1]을 통해 제압해야 한다.

> **역주** 1) 뇌물 증여, 이간, 정벌(꿀루까, 고윈다라자)이다. 제7장 198~200절 참조.

〔108〕 만일 그들이 처음 세 가지 수단[1]으로 멈추지 않으면 (네번째인) 단다로 제압하여 점차 통제할 수 있도록 해야 한다.

> **역주** 1) 제7장 198~200절 참조.

〔109〕 회유 등 이 네 가지 수단 중에 브라만들은 왕국을 항상 부흥하게 하는 회유와 단다를 권장한다.

〔110〕 농부가 잡초를 뽑아 곡식을 지키듯, 왕도 그의 길을 반대하는 자를 파멸시켜 왕국을 지켜야 한다.

〔111〕 왕이 무지 때문에 사려 깊지 못하게 행동하여 왕국을 곤경에 처하게 하면, 그는 친척(bāndhu)과 함께 영원히 왕국과 삶에서 파멸하게 된다.

〔112〕 몸이 고통을 받으면 그 생명이 희미해지듯, 왕의 생명 또한 왕국이 고통을 당하면 파멸된다.

〔113〕 왕국을 수호하는 데 있어 항상 (아래와 같이) 정해진 바를 따라야 한다. 수호가 잘되는 왕국의 주인은 기쁨을 누리기 때문이다.

〔114〕 둘, 셋, 혹은 다섯 개의 마을 가운데에 병단(兵端)을 두고, 수백 개의 마을 가운데에도 그와 같이 하여 왕국을 지켜야 한다.

행정관의 임명

〔115〕 (각) 마을의 우두머리를 임명하고, 열 개 마을의 우두머리, 스무 개 마을의 우두머리, 백 개 마을의 우두머리, 천 개 마을의 우두머리를 임명해야 한다.

〔116〕 한 개 마을에 문제가 생기면 (우두머리는) 열 개 (마을)의 우두머리에게 알려야 하고, 열 개 (마을의) 우두머리는 스무 개 마을의 우두머리에게 직접 차례로 알려야 한다.

〔117〕 스무 개 마을의 우두머리는 이 모든 것을 백 개 마을의 우두머리에게, 백 개 마을의 우두머리는 천 개 마을의 우두머리에게 직접 알려야 한다.

〔118〕 마을의 우두머리는 음식, 물, 장작 등 마을사람들이 매일 왕에게 바치는 것들을 받는다.

〔119〕 열 개 마을의 우두머리는 한 집안[1]을, 스무 개 마을의 우두머리는 다섯 집안을, 백 개 마을의 우두머리는 촌을, 천 개 마을의 촌장은 도성(都城)을 받는다.

역주 1) kula : 주석가들은 마을의 한 부분(메다띠티) 혹은 집안의 가축으로 쟁기질하는 범위(나라야나, 꿀루까, 라마짠드라, 고윈다라자)로 정의하였다.

〔120〕 왕의 다른 보좌관들은 마을의 일과 개별적인 문제들에 있어서 부드러운 태도로 (그러나) 게으름 없이 살펴야 한다.

〔121〕 도시마다 모든 일을 살필 수 있는 자를 한 사람 임명하라. 그는 높은 지위의, 별들 중에 큰 별처럼 그 모습이 위엄 있는 자이어야 한다.

〔122〕 그는 항상 직접 모든 마을들을 순회하고, 첩자를 통하여 사람들이 하는 일을 면밀히 살펴야 한다.

〔123〕 인민을 보호하는 권한을 부여받은 왕의 신하(bṛtya)들은 다른 자들의 재물을 취하는 못된 자가 되기 쉽다. (왕은) 그런 자들로부터 인민을 보호해야 한다.

〔124〕 왕은 인민의 재물을 착취하는 사악한 마음을 가진 자들로부터 모든 재물을 몰수하고 그들을 추방해야 한다.

행정관에 대한 녹의 지급

〔125〕왕의 시종을 드는 여자들과 하인들에게는 매일 그 지위와 일에 따라 녹을 주어야 한다.

〔126〕(그들 중) 가장 저급한 (일을 하는) 자에게 1빠나,[1] 가장 나은 (일을 하는) 자에게 6빠나와 여섯 달마다 옷가지와 매달 한 드로나[2]씩의 곡물을 지급해야 한다.

역주 1) paṇa : 고대 인도에서 가장 널리 통용되던 은화의 단위. 『아르타샤스뜨라』(Arthaśāstra)에 의하면 액면 금액이 1, 1/2, 1/4, 1/8의 넷으로 구분되어 있다.
2) droṇa : 고대 인도에서 쁘라스타(prastha)와 더불어 가장 널리 통용되던 무게 단위이며, 1드로나는 7.9kg이다.

세금 징수

〔127〕매매(가격), 운송거리, (운송과정에서 쓴) 지출과 보관비용 등을 고려하여 상인들로부터 세금(kara)을 거두어야 한다.[1]

역주 1) 제8장 307절 참조.

〔128〕왕국에서 왕은 항상 왕과 일을 하는 자가 이익을 함께 나누어 가질 수 있도록 잘 살펴보고 세금을 정해야 한다.

〔129〕거머리, 송아지, 벌이 그 먹이[1]를 조금씩 먹듯, 왕국으로부터 해마다 조금씩 세금을 징수해야 한다.

[역주] 1) 거머리는 피, 송아지는 우유, 벌은 꿀이 그 먹이이다.

〔130〕왕은 가축과 금의 경우에는 오십분의 일을 거두어들여야 하며, 곡물의 경우는 팔분의 일 혹은 육분의 일 혹은 십이분의 일을 세금으로 징수해야 한다.

〔131〕나무, 고기, 꿀, 우유버터, 향, 약초, 향신료, 꽃, 뿌리채소, 과일의 경우에는 육분의 일을 징수해야 한다.

〔132〕잎, 야채, 풀, 가죽, 죽제품, 토기, 그리고 모든 돌로 만든 물건들의 경우에도 마찬가지로 (육분의 일을 징수해야 한다.)

〔133〕왕은 굶어 죽더라도 베다에 정통한 자(브라만)로부터는 세금을 징수해서는 안된다. 베다에 정통한 자가 그의 영토에서 배고픔으로 고통받지 않도록 해야 한다.

〔134〕그 왕국의 영토 내에 배고픔에 고통받는 베다에 정통한 자(브라만)가 있으면, 그 왕국은 영원히 배고픔으로 고통받는다.

〔135〕그의 계시서(베다)에 대한 지식을 알아보고, 행동거지도 살펴보아서 다르마에 합당한 생계수단을 찾아내며, 아버지가 그 아들을 보호하듯 모든 방법으로 그를 보호해야 한다.

〔136〕왕의 보호 아래 다르마에 합당한 일을 하는 자로 인하여 왕의 수명, 재산, 왕국이 늘어나게 된다.

〔137〕왕은 왕국에서 어떤 것으로라도 (생산)활동[1]을 하고 사는 자들로부터 해마다 세금의 명목으로 거두어야 한다.

[역주] 1) 농사, 투자, 매매(메다띠터) 혹은 매매 등 상업활동(나라야나, 꿀루까, 라가와난다, 난다나, 마니라마, 고윈다라자)을 들 수 있다.

[138] 위대한 주인(왕)은 직인, 공예인, 자기 노동으로 사는 슈드라들로 하여금 (세금 대신으로) 매달 하루씩 일을 하게 해야 한다.

[139] 아무리 어려운 상황이라 해도 자기 뿌리나 다른 뿌리들을 잘라서는 안된다. 자기 뿌리를 자르는 것은 곧 그 자신과 그들을 고통스럽게 하는 것이기 때문이다.[1]

[역주] 1) mūlaṁ nocchindyāt : 세금 징수를 그만두어서는 안된다(라가와난다).

[140] 위대한 주인(왕)은 날카롭고도 부드럽게 일을 살펴야 한다. 날카로우면서도 부드러운 왕이 존경을 받는다.

[141] 왕이 일을 할 수 없는 (지친) 상태일 때는 그 자리에 다르마를 알고 현명하며 절제할 수 있는, 좋은 가문 출신의 대신을 두어야 한다.

인민의 보호

[142] 이와 같이 해서 자신의 모든 일을 수행하고, 부지런하고 성실하게 인민을 보호해야 한다.

[143] 다시유[1]들이 그 왕국을 습격하여 인민을 울부짖게 할 때, 그 대신들과 함께 방관하는 왕은 살아 있는 것이 아니며 죽은 것과 마

찬가지다.

역주 1) 제5장 131절, 제10장 45절 참조.

〔144〕 끄샤뜨리야(왕)의 최고 다르마(의무)는 그 인민을 보호하는 것이니, 위에서 말한 이익을 즐기는 것도 왕을 다르마(공덕)에 결합시켜주는 것이다.[1]

역주 1) 제8장 304~305절 참조.

대신과의 정책 협의

〔145〕 그는 해뜨는 시간[1]에 일어나 (스스로를) 정(淨)하게 하고, 마음을 가다듬으며, 아그니에 봉헌하고, 브라만을 경배한다. 그리고 알현실(謁見室)에 들어야 하는데 이로써 그는 좋은 결과를 얻는다.

역주 1) paścimegāma : 직역은 '해가 서쪽에 가 있는 때'이다. 하루를 여덟 개의 시간대로 구분하는데, 이것은 그 여덟 중의 마지막 시간대의 끝부분을 가리키는 것으로서, 다음날의 첫 순간과 이어지기도 한다.

〔146〕 (왕은) 그곳에 온 모든 인민의 말을 (귀 기울여 들어줌으로써) 기쁜 마음으로 물러가게 하고, 인민이 물러간 뒤에 대신(mantrī)들과 의논해야 한다.

〔147〕 언덕 뒤편에 올라가서, 혹은 궁 안에 사람들이 없는 곳에서, 혹은 초목이 우거지지 않고 사람이 없는 숲에서 드러나지 않게 의논을 해야 한다.

〔148〕협의한 내용을 알지 못하는 인민이 (내용을 아는 인민과) 함께 온 경우 그것이 알려지지 않게 해야 한다. 그렇게 할 수 있는 왕은 그가 비록 국고가 부실하다 하더라도 이 땅 전체를 향유하는 자이다.

〔149〕협의를 할 때는 바보, 벙어리, 장님, 귀머거리, 짐승, 나이가 몹시 많은 노인, 여자, 믈렛차, 병자, 불구자를 물러나게 해야 한다.

〔150〕이와 같은 똑똑하지 못한 자들과 새[1] 그리고 특히 여자들은 협의한 내용을 다 퍼뜨리고 다닌다. 그러므로 이들을 조심해야 한다.

역주 1) 앵무새 등(꿀루까)을 들 수 있다.

〔151〕정오나 자정에 휴식을 취하여 피곤을 풀고 나서 혼자 혹은 대신들과 함께 다르마, 아르타, 까마에 대해 깊이 생각해야 한다.

〔152〕이들이 서로 상충되는 경우에 대해, 딸을 (혼인으로) 내주는 문제에 대해, 왕자들을 보호하는 문제에 대해 (깊이 생각해야 한다.)

〔153〕사절을 보내는 일, 마무리지어야 할 일, 내궁에서 일어나는 일, 그가 보낸 밀정들에 대해 (깊이 생각해야 한다.)

국가원과 주변 요소

〔154〕모든 여덟 가지 까르마(의무),[1] 다섯 가지 부류(에 속하는 자들),[2] 좋은 일 궂은 일[3]과 국가원(maṇḍala)[4]의 동정에 대해서

(깊이 생각해야 한다.)

역주 1) aṣṭavidha karma : 세금 징수, 지출, 명령 전달, 금지할 일을 정
하는 것, (신분에 따른) 분쟁을 해결하는 것, 소송건의 해결, 단
다(daṇḍa), 참회(꿀루까)이다. 혹은 일을 시작하는 것, 일을 끝
맺는 것, 끝낸 일을 더 좋게 개선하는 것, 수확물 징수 등 이상
넷에 회유, 이반, 공여, 무력을 사용하는 것을 합해 여덟 가지로
보기도 한다(메다띠티).
2) pañcavargam : 건달, 타락한 유랑자, 아무 곳에나 농사짓는 자,
타락한 상인, 거짓 고행자(메다띠티, 나라야나, 꿀루까)이다.
3) anurāgāparāgau : 다섯 계급과 대신 등과 관련된 좋은 일과 궂
은 일(메다띠티) 혹은 다른 사람이나 자신의 좋은 일과 궂은 일
(나라야나) 혹은 대신들의 좋은 일과 궂은 일(꿀루까, 고윈다라
자) 등으로 해석이 가능하다.
4) maṇḍala : 문자대로의 의미는 원(圓)이지만, 정치·외교적으로
중심 왕국과 그 주변 왕국들간의 관계를 뜻한다. 제7장 158절,
『아르타샤스뜨라』 제6장 제2편 13~29절 참조.

〔155〕 중립자(madhyama)[1]의 동태, 그를 정복하려고 노리는 자
의 동태, 중간자(udāsīna)[2]의 동태, 적의 동태에 대해 (깊이 생각
해야 한다.)

역주 1) 두 나라 사이에 끼여 있음으로써 양국 사이에서 중립을 취하는
자이다.
2) 위치와 관계없이 중립의 태도를 취하고 있는 자를 의미한다.

〔156〕 종합하면 이것들이 (한 왕국의) 주변을 이루는 (네 가지) 기
본적인 요소요, 여기에 여덟 가지[1]가 더 있는데, 이렇게 해서 열두
가지가 된다.

역주 1) 적, 적의 우방, 우방의 우방, 적의 우방의 우방, 뒤에서 공격하는
자, 뒤에서 공격하는 자를 공격하는 자, 뒤에서 공격하는 자의

우방, 뒤에서 공격하는 자를 공격하는 자의 우방(메다띠티)이다.

[157] 그외에 (왕국을 이루는 요소로는) 대신, 영토, 요새, 재정, 군대 이렇게 다섯 가지가 있어서, 이것들을 각기 따로 세면 모두 일흔두 가지[1]가 된다.

역주 1) 한 왕국의 주변을 이루는 요소 넷과 왕국을 이루는 요소 다섯은 아홉이므로 여기에 부수적인 요소 여덟을 각각 고려하면 일흔두 가지가 된다.

적절한 외교책략

[158] 왕은, 적이라는 것이 인접해 있으면서도 (다른) 적을 이롭게 하는 자일 수도 있고, 또한 우방이라는 것이 적과 인접해 있으면서 (또 다른) 적과 자신의 가운데에 있을 수도 있다는 것을 알아야 한다.

[159] 왕은 회유 및 다른 (셋)[1]을 쓰든, 용맹을 발휘하든, 이 모든 주변을 각각 그리고 한꺼번에 통제할 수 있어야 한다.

역주 1) 제7장 107절 참조.

[160] 동맹, 이반, 진군, 진영의 설치, 병력 분할,[1] (다른 왕국에 대한) 보호 요청, 이렇게 여섯 가지의 책략을 항상 생각해야 한다.

역주 1) dvaidhībhāva : 병력 분할(나라야나, 꿀루까, 라가와난다, 라마 짠드라, 마니라마, 고윈다라자)이라는 해석도 있지만 동맹·이반의 취사 여부(메다띠티)로 해석한 주석도 있다.

〔161〕왕은 사태를 잘 살펴, 진영의 설치, 진군, 동맹, 이반, 병력 분할, 보호 요청의 책략을 이용할 수 있어야 한다.

〔162〕왕은 동맹, 이반, 진군, 진영의 설치, 보호 요청에 각각 두 가지 경우가 있음을 알아야 한다.

〔163〕동맹에는 당장에 결과를 보기 위한 것과 장래에 결과를 보기 위한 경우가 있으며, (각각은) 진군을 함께 하는 경우와 그 반대의 경우가 있음을 알아야 한다.

〔164〕이반에도 때에 이르러서[1] 하는 경우와 때가 아니라도 우방이 위험에 처했을 때 뜻[2]을 이루기 위하여 하는 경우의 두 가지가 있다고 했다.

역주 1) 제7장 170절 참조.
　　　2) 적을 이기고자 하는 뜻(꿀루까, 마니라마, 라가와난다) 혹은 자신이나 우방을 위하는 뜻(라마짠드라)으로 해석할 수 있다.

〔165〕긴급사태 발생시 진군 또한 단독으로 뜻을 세워 하는 경우와 우방과 함께 연합해서 하는 경우의 두 가지가 있다.

〔166〕진영의 설치에도 (왕이) 운명으로든 지난 일의 과보로든 약해져 있을 때, 혹은 우방의 요청을 받아들여 할 때의 두 가지가 있다고 했다.

〔167〕목적을 달성하기 위해 군대와 그 대장이 각기 다른 곳에 머물러 있는 것을 군의 분할이라고 부르며, 이것은 여섯 가지 전략의 특성을 아는 자들에 의한 것이다.

〔168〕 보호 요청도 목적을 이루기 위해 하는 것이며, 적에게 당하고 있을 때 하는 경우와 훌륭한 왕들의 이름에 의지하고자 할 때 하는 경우 두 가지가 있다고 했다.

〔169〕 장래에 자신의 우세가 확실하고 당장에도 손실이 적다고 판단될 때 동맹을 맺어야 한다.

〔170〕 모든 인민이 그 가진 것에 만족하고, 그 스스로도 기세가 올라있다고 판단될 때 이반을 단행해야 한다.

〔171〕 자신의 군대는 건강하고 기세가 올라 있고, 적은 그 반대라고 생각될 때 적을 향해 진군해야 한다.

〔172〕 그의 전차¹⁾와 병사들이 지친 경우에는 가능한 한 적들을 안심시키면서 조심스럽게 진영을 설치해야 한다.

> 역주 1) 코끼리, 말 등 전차 대용수단과 보병(메다띠티) 혹은 코끼리, 말
> 등(라가와난다)이다.

〔173〕 왕은 적이 모든 면에서 자신보다 강하다고 생각될 때는 병력을 분할함으로써 자신의 목적을 달성해야 한다.

〔174〕 적군에 정복될 상황이면, 정의롭고 강력한 왕에게 신속히 보호 요청을 해야 한다.

〔175〕 (왕은) 인민과 적의 군대를 통제하는 자이니 그를 스승(guru)처럼 여기고 항상 모든 노력을 기울여 섬겨야 한다.

〔176〕 보호 요청을 하는 것조차 불리하다고 생각되는 경우에는 망설이지 말고 최선을 다해 전쟁을 해야 한다.

〔177〕 정치적 책략을 아는 땅의 주인(왕)은 모든 방법을 통해 우방, 중간자, 적이 자신보다 크지 않도록 해야 한다.

〔178〕 모든 일을 기획할 때 장래와 현재를 고려해야 하며, 모든 지난 일들의 이득과 손해도 정확하게 고려해야 한다.

〔179〕 장래의 이득과 손해를 따져볼 수 있는 자, 현재 신속한 결정을 내릴 수 있는 자, 지난 일이 남긴 결과를 아는 자는 적에게 정복당하지 않는다.

〔180〕 우방, 중간자, 적이 넘볼 수 없도록 만반의 준비를 해야 한다. 이것이 정책에 있어 중요한 점이다.

진군해 들어가야 할 경우

〔181〕 주인(왕)이 적국으로 진군해 들어갈 때는 다음과 같은 방법으로 조심스럽게 한다.

〔182〕 위대한 주인(왕)은 길조의 달 즉, 마르가쉬르샤(mārga-śirṣa) 달이나 팔구나(phālguna) 혹은 짜이뜨라(caitra) 달에 (양쪽 군대의) 힘의 상태를 보아 (진군해야 한다.)[1]

역주 1) 마르가쉬르샤 달은 양력으로 11월 중순~12월 중순으로 본격적인 겨울로 들어서기 전, 팔구나 달은 2월 중순~3월 중순으로 겨울

이 끝나 날이 풀리는 때이고, 짜이뜨라 달은 3월 중순~4월 중순
으로 본격적인 여름으로 들어서기 전의 시기로, 모두 진군하기에
자연조건이 최적으로 갖추어지는 때이다.

〔183〕 그외 다른 때에도 승리가 확실해 보이거나 적에게 어떤 문제
가 생긴 경우에는 진군해 들어갈 수 있다.

〔184〕 (진군해 들어갈 때에는) 본국에서는 진군에 필요한 준비를
하고, (진영을 설치하기 위한) 위치를 확보[1]해 두며, 밀정들을 잘
배치해 두어야 한다.

> 역주 1) 공격하기 위해 진영을 설치하기 위한 위치를 확보하거나(나라야
> 나) 혹은 자기 주인에 대해 반감을 가지고 있는 자들을 확보한다
> 는(메다띠티, 꿀루까, 라가완다, 고윈다라자) 뜻이다.

〔185〕 세 가지 길[1]을 개척하고 여섯 종류의 병사[2]들을 정비하여
전쟁을 위해 적의 요새로 서서히 나아가야 한다.

> 역주 1) 원시림, 불길, 숲(메다띠티) 혹은 높거나, 낮거나 평평한 장애(라
> 가와난다, 메다띠티) 혹은 마을, 숲, 시골 산길(라마짠드라) 등
> 의 해석이 있다.
> 2) 코끼리, 말, 전차, 보병, 코끼리, 국고, 세금(메다띠티) 혹은 코
> 끼리, 말, 전차, 보병, 코끼리 탄 병사, 무기를 가진 자(나라야
> 나, 라가와난다, 라마짠드라) 등의 해석이 있다.

〔186〕 우방이면서 적을 몰래 돕는 자, (적에게로) 도주했다가 되돌
아온 자를 조심해야 한다. 그런 자는 고통을 주는 적이다.

〔187〕 진군할 때 대열은 장대(長垈), 수레, 곰, 악어, 바늘, 독수리
의 모양으로 짜야 한다.

〔188〕 위험이 감지되는 방향으로 군대를 배치해야 하며 그 스스로는 연꽃 모양으로 구축한 진형(陣形)(의 가운데) 자리를 잡아야 한다.

〔189〕 장군과 군의 지휘관들은 위험이 예상되는 곳에 배치하되 그 어떤 방향에서도 맞설 수 있도록 모든 방향에 배치해야 한다.

〔190〕 충직하고,[1) 준비물2)을 갖추고, 싸움에 나서면 뛰어나고, 두려워하지 않고, 의지가 강한 군대를 모든 방향에 배치해야 한다.

> 역주 1) 혹은 인질의 위치에 있고(나라야나)로 해석할 수도 있다.
>   2) 나팔이나 깃발 등(메다띠티) 혹은 북, 나팔, 소라 등(라가와난다, 고원다라자)이다.

〔191〕 필요에 따라 적은 수의 병사를 밀집시켜 배치할 수도 있고, 여러 명을 펼쳐 배치할 수도 있고, 바늘이나 번개 모양의 진형으로 배치하여 싸울 수도 있다.

〔192〕 (병사는) 평지에서는 말, 수레와 싸울 수 있어야 하고, 물에서는 배, 코끼리와 싸울 수 있어야 하며, 나무와 잡목들로 덮인 땅에서는 화살과 싸울 수 있어야 하고, 언덕에서는 (칼이나 창과 같은) 무기와 싸울 수 있어야 한다.

〔193〕 (전열의) 맨앞에는 꾸루끄셰뜨라, 맛시야, 빤짤라, 슈라세나 출신의 키가 크고 (몸이) 날쌘 자들을 배치해야 한다.

〔194〕 군대의 진형을 짜고 난 후 그들의 사기를 북돋우고 또한 주의깊게 점검해야 한다. 그들이 어떻게 움직이고, 적들과는 어떻게 싸우는지를 파악해야 한다.

〔195〕 적을 포위한 경우에는 (그 외곽에) 진을 치고 괴롭혀야 한다. 그리고 계속해서 (그들의) 사료, 식량, 물, 연료에 막대한 피해를 입혀야 한다.

〔196〕 저수지, 성벽, 해자를 부수고, 밤에 그들을 습격하여 두려워 떨게 해야 한다.

전쟁이 불가피한 경우

〔197〕 의논할 만한 측근들과 의논하고, 적의 동태를 알아내며, 두려워하지 말고 길조의 때를 골라 싸워 이겨야 한다.

〔198〕 회유, 뇌물 증여, 이간 등의 (세 가지)를 개별적으로 사용하든 동시에 사용하든 해서 적을 정복하고자 애써야 한다.[1] 그리고 전쟁은 (먼저) 생각하지 말라.

역주 1) 제7장 200절 참조.

〔199〕 전쟁하는 쌍방은 승리와 패배가 영속적인 것이 될 수 없음을 알아 (가급적이면) 전쟁을 피해야 한다.

〔200〕 앞에서 언급한 세 가지 책략을 사용할 수 없는 경우에는 전쟁을 해서 적을 이기도록 해야 한다.

승리한 경우

〔201〕 승리한 경우 신들과 다르마에 충실한 브라만들에게 경배하고, 세금 감면을 시행하고, 안전을 선포해야 한다.

〔202〕 (피정복자의) 인민이 원하는 바를 확인하고, 그의 가문 사람들 가운데 골라 왕을 옹립하며 그와 협정을 맺어야 한다.

〔203〕 그들이 선포하여 지켜온 법을 인정해 주고, 보석을 주어 중요한 직위에 있는 자들과 함께 그를 공경해야 한다.

〔204〕 필요로 하는 것들을 빼앗으면 (누구나) 좋아하지 않는 법이며, 주면 좋아하게 마련이니, (이 두 가지가 각각) 적절한 때 사용되는 것이 좋은 방법이라 할 만하다.

〔205〕 이 모든 일은 신이나 사람이 만드는 것이다. 이 둘 가운데 신이 만드는 일은 알 수 없는 것인 반면에, 사람과 관계된 일은 (사람에 의해서) 만들어지는 것이다.

〔206〕 동맹, 금, 영토가 (정복의) 세 가지 열매임을 깨달아 가능하면 (정복당한 왕과) 동맹을 맺어두고 떠나오는 것이 좋다.

〔207〕 주변 (인물) 가운데 뒤에서 공격하는 비겁한 자와 그를 공격하는 자를 주의깊게 감시하여, 그의 우방이나 적으로부터 원정(遠征)의 성과를 확보해야 한다.

〔208〕 (비록 지금은) 약하더라도 앞으로 유망하고 확실한 자와 동

맹을 맺음으로써 얻는 바는 금과 영토를 획득함으로써 얻는 것보다
도 크다.

〔209〕약하게 보이는 우방일지라도 다르마를 알고, 은혜를 알고,
그 인민이 만족하고 충성스러우며 일을 견고히 한다면 (우방으로)
권장할 만하다.

〔210〕가장 힘든 적은 분별력이 있고, 가문이 좋고, 용삼하고, 재능
있고, 관대하고, 은혜를 알며, 결단력 있는 자라고 현명한 자들이
말한다.

〔211〕아리야다움,[1] 사람(의 도리)를 아는 것, 용기, 자비, 관용을
가지는 것이 중간자에게 항상 이로움이 되는 덕목들이다.

[역주] 1) 제4장 175절, 제7장 69절 참조.

〔212〕환경이 좋고 좋은 곡물을 생산해내고 좋은 가축을 늘리는 땅
일지라도 왕이 뜻을 세우기 위해서라면 (그것을) 버릴 수도 있어야
한다.

곤란한 때에 대한 대비

〔213〕궁핍한 때를 대비하여 재물을 지켜야 하고, 재물을 희생해서
라도 처는 지켜야 하며, 처나 재물을 희생해서라도 자신은 지켜야
한다.

〔214〕현명한 자는 모든 재난이 동시에 발생한 것을 알게 되면, 이

(네 가지) 책략을 동시든 개별로든 사용해야 한다.

〔215〕 모든 책략, 책략을 강구하는 자, 책략을 강구함으로써 성취되는 것, 이 세 가지를 모두 고려하여 뜻을 이루도록 애써야 한다.

왕의 생활

〔216〕 왕은 그 대신들과 이 모든 것을 협의하고, 운동과 목욕을 하고 나서 정오가 되면 식사를 위해 내궁에 들어간다.

〔217〕 그곳에서 신뢰할 만하고, 식사의 때를 잘 아는, 어떤 유혹에도 넘어가지 않을 자(요리사)가 만든 음식을 독을 제거하는 베다 구절을 왼 다음 먹는다.

〔218〕 왕의 모든 물건들은 독을 없애는 약초물로 깨끗이 씻고, 항상 독을 없애는 보석을 지녀야 한다.

〔219〕 잘 검증된 옷과 장신구들을 착용한 여자들이 부채, 물, 향 등으로 그를 지극 정성스럽게 모셔야 한다.

〔220〕 마찬가지로 (왕의) 탈것, 잠자리, 앉는 자리, 음식, 목욕, 몸단장, 장신구 등도 가능한 한 그렇게 (검사를) 해야 한다.

〔221〕 식사를 끝낸 후, 내궁에서 여자들과 함께 즐길 수 있지만, 즐기고 나면 다시 시간에 따라 업무를 생각해야 한다.

〔222〕 이렇게 단장을 하고 병사, 탈것, 무기 그리고 장식품들을 점검해야 한다.

〔223〕 일몰 예배를 끝내고 나서, 무장한 채로 내실에서 밀정들의 활동에 대해 그리고 (그들이 전하는) 비밀보고를 들어야 한다.

〔224〕 다른 방으로 가 그들의 이야기를 듣고, 그들이 가고 나면 다시 식사를 하기 위해 여자들이 있는 내궁으로 들어간다.

〔225〕 거기에서 다시 식사를 마치고 나면, 악기연주를 들음으로써 기운을 돋구며, 누워 쉬고, 피곤을 풀고 시간에 맞추어 일어나야 한다.

〔226〕 땅의 주인(왕)은 건강할 때 이러한 규정들을 지켜 행해야 하며, 건강하지 않을 때는 대신들에게 모든 것을 위임한다.

제8장

___

소송의 심리

[1] 땅의 주인(왕)이 (인민의) 소송을 살피고자 법정에 들어가서는 브라만 그리고 베다 구절을 아는 사려 깊은 대신들과 함께 신중한 태도로 임해야 한다.

[2] 그곳에서 (왕은) 점잖은 옷과 장신구로 차림을 하고, 오른손을 위로 들어올리고 앉거나 혹은 서서 (소송)담당관들의 사건을 심리하여야 한다.

[3] (법정에서는) 지방 및 법전(dharmaśāstra)규정에 따라 (소송의) 열여덟 (주제)에 관한 (사건)을 매일 하나씩 하나씩 (심리하여야 한다.)

[4] 그 (열여덟 주제에는) 채무 불이행, 기탁, 소유주가 아닌 자에 의한 매각, 동업, 증여물의 불양도

〔5〕 임금 불지불, 협약의 파기, 매매의 해제, (가축) 소유주와 목부 (牧夫)의 분쟁

〔6〕 경계 분쟁, 언어 폭력, 폭행, 도둑질, 무력 행사, (남녀간의) 교접

〔7〕 부부의 의무, (유산)분배, 도박. 이렇게 해서 열여덟 가지가 있다.

〔8〕 이러한 사건을 재정하는 데 있어서는, 영원한 다르마(정의)에 기초하여 신중하게 토론한 뒤 문제에 대한 결정을 해야 한다.

재판관

〔9〕 사람들의 주인(왕)이 직접 사건을 심리할 수 없을 때는 일을 살필 수 있는 현명한 브라만을 임명해야 한다.

〔10〕 그는 세 명(의 배석판사들)과 함께 법정으로 들어가서, 앞쪽에 앉거나 혹은 서서 일을 살펴야 한다.

〔11〕 베다를 아는 세 명의 브라만들과 왕이 임명한 현명한 자가 앉는 그곳은 브라흐마의 법정이라고 알려진다.

법정에서 다르마의 수호

〔12〕 법정에서 아다르마(불의)(의 창에) 다르마(정의)가 구멍나고

아다르마의 창을 뽑아내지 못하면 그 법정에 있는 재판관들도 뚫리는 것이다.

[13] 법정에는 들어가지 말되, 일단 (들어가면) 있는 그대로 말해야 한다. 말하지 않거나 거짓을 말하는 자는 죄를 짓는 것이다.

[14] (재판관들이) 지켜보는 가운데 아다르마(불의)가 다르마(정의)를 그리고 거짓이 진실을 파괴한 곳에서는 그 법정에 있는 자들도 파괴된다.

[15] 파괴된 다르마(정의)는 파괴하고 수호된 다르마(정의)는 수호한다. 그러므로 파괴된 다르마(정의)가 우리를 파괴하지 않도록 다르마(정의)를 파괴하지 말아야 한다.

[16] 존자(尊者)는 다르마(정의)를 황소(vṛṣa)라 하고, 이것을 없애는 자는 황소를 죽이는 자[1]임을 안다. 그러므로 다르마(정의)를 없애서는 안된다.

역주 1) vṛṣala : 슈드라(śudra)의 별칭으로 '브리샬라'의 어휘는 '황소'(vṛṣa)를 '없애는'(alam) 자라는 의미가 중의적으로 나타나 있다(꿀루까).

[17] 다르마(정의)[1]만이 죽은 뒤에도 따라오는 유일한 친구이다. 그외 모든 것은 육신과 함께 소멸된다.

역주 1) 제4장 239~41절 참조.

[18] 아다르마(불의)의 사분의 일은 행위자에게 속하고, 사분의 일

은 증인에게, 사분의 일은 법정에 온 자(재판관)들에게, 사분의 일
은 왕에게 속한다.[1]

역주 1) 제1장 81~82절 참조.

[19] 책임져야 할 자가 책임지는 곳에서는 왕과 법정에 있는 자(재
판관)들이 (죄에서) 풀려나며, 그 행위자에게만 (죄가) 간다.

[20] (브라만으로) 태어난 것으로 생계를 이어가는 자 혹은 브라만
이라고 말만 하는 자[1]라도 왕의 뜻이 있으면 다르마(정의)를 가르
칠 수 있으나, 슈드라는 절대 그렇게 해서는 안된다.

역주 1) 전자는 브라만 신분이지만 베다 학습이나 제사 봉헌을 하지 않는
     자, 후자는 브라만 신분은 아니지만 그러한 것들을 하는 자(꿀루
     까)를 가리킨다.

[21] 슈드라가 왕국의 다르마(정의)에 관한 논의를 하는 것을 왕이
보고 있으면 그 왕국은 소가 수렁에 빠지듯 쇠퇴한다.

[22] 슈드라가 많고 나스띠까들이 왕국을 좌지우지하며 재생자가
없으면 그 왕국은 곧 완전히 파괴되고 기근과 질병으로 시달린다.

심리

[23] (왕은) 다르마(정의)의 자리에 앉아, (옷으로) 몸을 가려 단
정히 하고, 세상의 수호신들에게 머리 숙여 경배하고, 정신을 집중
시켜 사건의 심리를 시작한다.

[24] 이로운 것과 이롭지 않은 것, 다르마와 다르마가 아닌 것을 분별하여 당사자들의 신분 순서에 따라 일을 살펴야 한다.

[25] 밖으로 드러나는 목소리, 안색, 동작,[1] 눈빛, 몸짓을 통해 속의 감정을 알아채야 한다.

역주 1) 아래를 내려다보는 등(꿀루까)의 움직임들이 이에 속한다.

[26] 속마음은 외모, 동작, 걸음걸이, 몸짓, 말 그리고 눈과 표정의 변화를 통해 파악할 수 있다.

미성년자와 여자의 재산 보호

[27] 왕은 미성년자가 상속한 재산을 그가 학습을 마칠 때까지, 즉 소년기가 끝날 때까지 보호해야 한다.

[28] 마찬가지로 자식을 낳지 못한 여자, 아들이 없는 여자, 가족이 없는 여자,[1] 정숙한 여자,[2] 과부, 병든 여자들의 재산도 보호해야 한다.

역주 1) 일가(sapiṇḍa)가 없는 여자(꿀루까)를 말한다.
  2) pativratā strī : 남편이 없으나 그에 대한 정절을 지키는 여자(꿀루까)를 말한다.

[29] 그(여자)들이 살아 있는 동안에 친척들이 (그들의 재산을) 취할 때는 정의로운 땅의 주인(왕)이 도둑질에 해당하는 단다를 적용하여 그들을 처벌하여야 한다.

소유주가 불분명한 재산의 처리

〔30〕 왕은 소유자가 나타나지 않는 재물은 3년간 보관하여야 한다. 그 기간 내에 소유자가 나타나면 그에게 주지만 3년이 지나면 왕이 가져도 된다.

〔31〕 '이것은 내 것'이라고 신고하는 자가 있으면 법도에 따라 그에게 그 모양, 수량 등을 확인하고 그 물건을 가지도록 해야 한다.

〔32〕 (그가 분실물의) 장소, 시간, 색깔, 모양, 수량 등을 정확히 알지 못하면 벌금을 물려야 한다.

〔33〕 왕은 선한 자들의 다르마를 기억하여 분실 후 되찾은 재산을 육분의 일만큼 취할 수도 있고, 혹은 십분의 일이나 십이분의 일만큼 취할 수 있다.

〔34〕 분실 후 되찾은 재산은 제자리에 잘 보관해야 한다. 왕은 그 물건들을 훔친 자를 체포하면 코끼리로 (밟아) 죽여야 한다.

〔35〕 (소유주가 불분명한) 재산에 대해 '이것은 내 것'이라고 말하는 경우에 그것이 진실임이 판명되면 왕은 육분의 일이나 십이분의 일을 취하고 난 후 그에게 돌려주어야 한다.

〔36〕 그러나 그가 허위신고를 한 것으로 드러나면 그것의 팔분의 일에 해당하는 만큼 혹은 그 재산을 계산해서 그보다는 적게 재산의 일부를 벌금으로 내도록 해야 한다.

〔37〕현명한 브라만이 땅에 매장되어 있던 재산을 찾아내면 모두 가질 수 있도록 해주어야 한다. 그는 모든 것에 대한 주인이기 때문이다.

〔38〕왕은 오래 전에 매장된 재산을 발견하면 그 절반을 재생자에게 주고 절반은 국고에 넣어야 한다.

〔39〕왕은 오래 전에 매장된 물건, 땅속에 있는 광물의 반을 가지니, 그는 그것의 보호자요, 땅의 주인이기 때문이다.

〔40〕왕은 도둑이 훔친 모든 재산을 모든 신분의 당사자들에게 돌려주어야 한다. (왕이) 그 재산을 취하면 도둑의 죄를 범하는 것이다.

공정성에 대한 의무

〔41〕다르마를 아는 왕은 신분에 따른 다르마, 지방에 따른 다르마, 동업조합(śreṇī)에 따른 다르마, 가문의 다르마를 고려해서 각각의 다르마(법)를 만들어야 한다.

〔42〕자기에게 주어진 역할에 따라 자신의 까르마(일)를 수행하는 자는 충실하다면 멀리 떨어져 있어도 사람들이 그를 소중히 여긴다.

〔43〕왕 및 왕을 대신하는 자들은 자신이 소송을 제기하지 말고 재물에 대한 욕심으로 다른 자의 소송을 끝내지 말아야 한다.

〔44〕사냥꾼이 짐승의 핏자국을 따라 추적하듯 사람들의 주인(왕)

도 다르마에 합당한 추론(anumāna)[1]을 좇아 추적해야 한다.

역주 1) 제12장 105절 참조.

〔45〕 (왕은 소송의) 규칙에 근거하여 진실, 목적, 아뜨만,[1] 증인, 장소, 시간, 형태 등을 잘 알아보아야 한다.

역주 1) 진실을 밝힐 때 그 과보를 겪을 당사자(꿀루까)를 의미한다.

〔46〕 (왕은) 보통 사람들, 다르마를 따르는 재생자들의 행동거지에 따라 지방, 가문, 신분에 부합되는 다르마를 세워야 한다.

소송의 열여덟 주제

(1) 채무 불이행

채무변제의 수단
〔47〕 채권자가 채무자에게서 부채를 받게 해달라고 (왕에게) 청하면 왕은 약속한 만큼의 부채를 받아주어야 한다.

〔48〕 (왕은) 어떤 방법을 통해서라도 채무자가 채권자에게 부채를 갚도록 해야 한다.

〔49〕 다르마(법), 거래 규칙, 술수, 관례, 그리고 마지막 다섯번째인 힘을 통해서라도 그는 돈을 되찾아야 한다.

〔50〕 채권자가 왕을 통하지 않고 스스로 채무자로부터 받고자 할

때는 그 되찾은 것에 대해 법을 적용치 말아야 한다.

〔51〕 (합당한) 방법으로 증명된[1] 부채를 부정하는 경우에는 어떠한 수단으로든 증명하여 그것을 갚도록 하며 능력에 따라 얼마쯤 벌금의 단다도 물게 해야 한다.

역주 1) 글로 남긴 증서 등(꿀루까)을 의미한다.

〔52〕 법정에서 채무자가 부채를 인정하지 않을 때, 고소인은 증인을 지명하거나 다른 법적인 근거를 제시해야 한다.

패소의 원인
〔53〕 그가 사실 무근인 장소를 대거나,[1] 먼저 말한 것을 번복하거나, 먼저 말과 나중 말의 앞뒤가 맞지 않는 것을 깨닫지 못하거나

역주 1) 부채를 얻은 장소를 전혀 엉뚱한 곳으로 댄다든가 하는 것(꿀루까)을 뜻한다.

〔54〕 증언으로 한 진술을 철회하거나, 명백히 밝혀진 진술에 대한 질문을 받고 그에 부합되지 않게 답하거나

〔55〕 증인과 이야기해서는 안될 장소에서 이야기하거나, 던져진 질문에 답하지 않으려고 하거나, 황급히 빠져나가거나

〔56〕 진술하라는 명령을 받고도 진술하지 않거나, (진술한 것을) 증명해내지 못하거나, 일의 앞뒤를 모른다면, 그는 패소하는 것이다.

〔57〕 증인이 있다고 해놓고 증인을 부르라는 말을 따르지 않으면,

정의로운 자(왕)는 이를 근거로 하여 그의 패소를 선언해야 한다.

[58] 원고가 진술하지 않으면 다르마(정의)에 의거하여 체형에 처해지거나 벌금을 부과받는다. 그가 세(三) 보름 동안 진술하지 않으면 다르마에 의거하여 패소하는 것이다.

[59] (채무자가) 부채의 양을 허위로 진술하거나 (채권자가) 허위로 요구할 경우에 왕은 다르마를 알지 못한 그 둘에게 두 배의 벌금을 부과시킨다.

증인
[60] 재산을 받기 원하는 채권자에 의해 법정에 출두한 (채무자가) 법정에서 조사를 받을 때 (사실을) 부인하려면 그는 최소한 세 명의 증인을 통해 왕과 브라만들 앞에서 (자신의 주장을) 입증해야 한다.

[61] (이제) 재산의 소유주(채무자)가 어떤 자들을 증인으로 삼을 수 있는지, 어떻게 진실을 말해야 하는지에 대하여 말하겠다.

[62] 가주기에 있는 자, 아들을 가진 자, (가문 등 배경에) 뿌리가 있는 자,[1] 끄샤뜨리야, 상인(바이시야), 슈드라 태생 등이 채권자가 요청할 때 증인이 될 수 있으며, 극단적인 경우[2]를 제외하고는 아무나 불러서는 안된다.

역주 1) 태어난 곳이 분명한 자(꿀루까)라는 의미이다.
     2) 제8장 69절 참조.

[63] 모든 신분(varṇa)의 일에 있어서 신뢰할 만하고 다르마를 잘

아는 자가 증인이 되어야 한다. 이에 반하고 욕심이 많은 자는 제외되어야 한다.

〔64〕 소송과 이해관계가 있는 자,[1] 가까운 자,[2] 도움을 주고자 하는 자,[3] 적대관계에 있는 자, 결함이 드러난 자,[4] 병으로 고통을 받고 있는 자는 (증인으로) 삼지 말아야 한다.

역주 1) 부채 등으로 관련이 있는 자(꿀루까)를 뜻한다.
2) 친구 등(꿀루까)을 뜻한다.
3) 기꺼이 도움이 되려고 하는 자, 종 등(꿀루까)을 뜻한다.
4) 이를테면 다른 소송에서 이미 죄가 밝혀진 자 등(꿀루까)을 뜻한다.

〔65〕 왕은 직인(職人), 광대, 베다에 정통한 자, 아무런 표시가 없는 자,[1] (세상과의) 모든 관계를 끊은 자 등을 (증인이 되지 않도록) 피해야 한다.

역주 1) na liṅgastha : 금욕학습자(꿀루까)를 의미한다.

〔66〕 (남에게) 의존해 사는 자,[1] 평판이 나쁜 자, 다시유, 옳지 못한 일을 하는 자,[2] 노인, 어린 아이, 혼자 사는 자, 최하층민,[3] 감각기관에 이상이 있는 자(를 피해야 한다.)

역주 1) 철저히 남에게 의존해 사는 자, 종으로 태어난 자(꿀루까) 등이다.
2) 애착, 증오 등이 생기기 때문에(꿀루까) 피해야 한다.
3) antya : 다르마를 알지 못하는 짠달라 등(꿀루까)을 말한다.

〔67〕 고통[1] 속에 있는 자, (술에) 취한 자, 미친 자, 허기와 목마름에 찌든 자, 피곤에 지친 자, 욕망에 빠진 자, 분노한 자, 도둑이

(증인이) 되어서는 안된다.

역주 1) ārta : 주위의 친척들이 죽거나 파멸하여 당하는 괴로움(꿀루까)
을 말한다.

〔68〕 여자에 대해서는 여자가 증인이 되고, 재생자에 대해서는 재
생자가 증인이 되고, 슈드라에 대해서는 선한 슈드라가 증인이 되
고, 최하층민에 대해서는 최하층 신분이 증인이 되게 한다.

〔69〕 실내나 숲속에서 일이 일어난 경우나 심각한 신체적인 피해가
있는 경우에는 그 일을 목격한 누구든 증인이 될 수 있다.

〔70〕 적절한 증인이 없는 경우에는 여자, 어린 아이, 노인, 제자,
친척, 종, 식솔 등이 (증인이 될 수 있다.)

〔71〕 어린 아이, 노인, 질병을 앓는 자, 정신이상자가 거짓을 말한
경우에는 (진위를) 구별하여 알아보아야 한다.

〔72〕 무력 행사,[1] 도둑질, 간음, 언어 폭력, 폭행[2]의 경우에는 증
인들을 통해 검증할 필요가 없다.

역주 1) 제7장 344~51절 참조.
2) 제7장 279~98절 참조.

〔73〕 증인들 사이에 말이 다르면 왕은 다수의 말을 받아들여야 하
고, 수가 같으면 보다 나은 자질을 가진 증인의 증언을 받아들여야
하며, 자질도 같으면 브라만의 증언을 들어야 한다.

〔74〕직접 눈으로 보고 귀로 들은 대로 증언하는 자, 진실을 증언하는 자는 다르마(공덕), 아르타(실리)를 잃지 않는다.

〔75〕아리야들의 법정에서, 본 것과 들은 것과 달리 거짓으로 증언하는 증인은 죽은 후에 저 아래 지옥으로 가며 천상에 가지 못한다.

〔76〕증인으로 지명되지 않은 자라도 무엇이든 보거나 들은 것이 있고 그것에 대해 질문을 받으면 보고 들은 그대로 진술해야 한다.

〔77〕욕심이 없는 자라면 누구든 증인이 될 수 있다. 그러나 여자는 여럿일지라도 그리고 설령 그들이 정(淨)하다고 할지라도 여자의 지성이란 믿을 수 없으므로 증인이 될 수 없다. 그외 다른 부족함이 있는 자[1]들도 마찬가지이다.

역주 1) 도둑질을 한 자 등(꿀루까)을 말한다.

〔78〕(재판관은) 진술된 내용을 있는 그대로 받아들여야 한다. 그 외의 진술들은 다르마의 목적에 소용이 없는 것이다.

증인에 대한 심문
〔79〕법정에서 원고와 피고의 앞에 선 증인에 대하여 심문하는 재판관은 차분히 법도대로 다음과 같이 심문해야 한다.

〔80〕그대는 이 사건의 증인이니 이들 두 사람 사이의 일에 대해 아는 대로 모두 진실되게 말하라.

〔81〕증언함에 있어 진실을 말하는 증인은 (죽은 후) 큰 세상을 얻고, 이 세상에서도 큰 명예를 얻을 것이니 그러한 증언은 브라흐마

의 공경을 받노라.

[82] 증언함에 있어 거짓을 말하게 되면 일백 번 피할 수 없는 환생을 해야 하는 바루나의 밧줄에 포박당하게 되니, 증언할 때는 진실을 말하라.

[83] 증인은 진실로써 경배받고 다르마(공덕)는 그 진실로써 자란다. 그러므로 모든 신분의 증인은 진실만을 진술해야 하노라.

[84] 아뜨만(자신)만이 아뜨만의 증인이요, 아뜨만만이 아뜨만의 목적지이니 현명한 증인은 거짓 증언으로 아뜨만을 욕되게 하지 말라.

[85] 악을 행하는 자는 어느 누구도 자신들을 보고 있지 않다고 생각하지만 신들은 그들을 일일이 보고 있으며 그들 자신의 내면에 있는 자[1] 또한 그러하다.

역주 1) 뿌루샤(꿀루까)를 의미한다. 제1장 11절 참조.

[86] 하늘, 땅, 물, 심장, 달, 태양, 불, 야마, 바람, 밤, 여명, 석양 그리고 다르마(정의)는 육신을 가진 모든 자들이 무슨 일을 하는지 알고 있다.

[87] 오전 중에 재생자(증인)가 북쪽이나 동쪽을 향해 서 있는 가운데 신들과 브라만들 앞에서 (그에게) 정(淨)한 자(재판관)가 진실을 물어야 한다.

[88] 브라만에게는 '진술하시오'라는 말로, 끄샤뜨리야에게는 '진실을 말하시오'라는 말로, 바이시야에게는 소, 씨앗, 금(을 거두어들

인다는 경고)로, 슈드라에게는 모든 범죄에 대하여 (진실을 증언할 것을 요구해야 한다.)[1]

역주 1) 제8장 113절, 256절 참조. 보다 자세한 범죄목록은 제11장 참조.

[89] 허위 증언하는 자의 (사후)세계는 브라만을 살해한 자, 여자와 아이를 살해한 자, 동료를 배신한 자, 배은망덕한 자의 세계와 같은 것이 된다.

[90] 그대가 태어난 이후 행한 모든 공덕은 그대가 (진실이 아닌) 다른 것을 말한 경우 개에게 가는 것이다.[1]

역주 1) 제3장 230절 참조.

[91] 그대는 스스로에 대해 '나는 혼자다'라고 생각하고 말하지만 공덕과 죄악을 보는 은자가 그대의 심장 안에 항상 있다.

[92] 심장 안에 있는 야마, 바이와스와따(Vaivasvata)[1]와 갈등이 없다면 그대는 갠지스 강에도 꾸루의 땅[2]에도 갈 필요가 없다.

역주 1) 태양의 신이다.
   2) 대표적인 성지의 하나로, 그곳을 순례함으로써 속죄를 이룬다.

[93] 거짓으로 증언하는 자는 옷을 입지 않은 채로 삭발하고, (해골) 바가지를 들고, 배고프고 목마르고 눈먼 채로 적의 집에 구걸하러 가게 된다.

[94] 진리와 다르마(정의)를 가리는 데 있어 거짓으로 답변하는 자

는 더 깊은 암지옥[1]으로 간다.

역주 1) 제4장 388절 참조.

〔95〕법정에 가서 사실을 숨기거나 눈으로 직접 본 대로 말하지 않는 것은 생선을 뼈와 함께 먹는 장님과 같은 것이다.

〔96〕말을 함에 있어서 아무런 의심도 하지 않게 하는, '흙을 아는 자'[1]보다 훌륭한 자를 신들은 이 세상에서 알지 못한다.

역주 1) kṣetrajña : 문자대로의 뜻인 '흙을 아는 자'이며, 모든 것을 아는 자 즉 근원을 아는 자의 의미이다. 따라서 현자(賢者)라는 뜻(꿀루까)으로 사용된다.

〔97〕총명한 자여, 거짓으로 증언하면 그 증언이 얼마나 많은 친척[1]들을 파멸시키는지[2] 차례차례 들으라.

역주 1) 주로 아버지 등(꿀루까)을 말한다.
      2) 해를 입힌 결과, 지옥으로 가게 되는 것 등(꿀루까)이다.

〔98〕가축에 대해 거짓을 말하면 다섯[1]을 파멸시키는 것이고, 소에 대해 거짓을 말하면 열을, 말에 대해 거짓을 말하면 백을, 사람에 대해 거짓을 말하면 천을 파멸시키는 것이다.

역주 1) 다섯 친척(꿀루까)을 뜻한다.

〔99〕금에 관해 거짓을 말하면 태어난 자손과 태어나지 않은 자손을 해치고, 땅에 대해 거짓을 말하면 모든 것을 해친다. 그러므로 땅에 대해서는 절대로 거짓을 말하는 자가 되지 말라.

〔100〕마시는 물[1]에 대해, 여자들과의 성교에 대해, 물에서 생긴 것이든 돌로 만들어진 것이든 모든 보물에 대해 거짓을 말하는 자는 땅에 대해 (거짓을 말하는) 것과 같다고 한다.

역주 1) 연못이나 웅덩이(꿀루까)를 의미한다.

〔101〕거짓으로 말함으로써 생기는 과보들의 이러한 폐해를 잘 고려해서 모든 것을 들은 대로 본 대로 바로 말해야 한다.

다르마를 위한 거짓증언

〔102〕브라만으로서 소를 사육하거나 상업을 하거나 잡일을 하거나 광대의 일을 하거나 남의 하인으로 있거나 대금업 하는 자(가 증인인 경우에는 그)를 슈드라처럼 다루라.

〔103〕진실을 알지만 다르마(정의)를 위해 거짓으로 증언하는 자는 천상에서 배제되지 않는다. (사람들은) 그것을 신들의 말이라고 부른다.

〔104〕진실을 말하는 것이 슈드라, 바이시야, 끄샤뜨리야, 브라만의 죽음을 야기시키는 경우[1]에는 거짓이라도 말할 수 있다. 그것이 진실보다 더 중요한 일이기 때문이다.

역주 1) 제8장 112절 참조.

〔105〕그런 경우에 한 거짓말의 죄를 씻는 최고의 방법은 쌀죽을 올려 사라스와띠(Sarasvatī)[1]를 예배하는 것이다.

역주 1) 지혜와 배움, 웅변술, 음악, 예술 등을 담당하는 여신이다.

〔106〕 (이때에) 법도에 따라 꾸슈만다 베다 구절[1]로 아그니에 우유버터를 바치거나, 바루나에 대한 베다 구절[2]이나 물에 대한 베다 구절[3]을 사용하여 봉헌한다.

> 역주 1) kuṣmāṇḍa : yaddevā devaheḍanam(그 신에게 이 공물을……).
> 『따잇띠리야 아라니야까』 제10장 3~5절 참조.
> 2) uduttamam varuṇapāśama(지고의 바루나의 밧줄에……).
> 『리그 베다』 제1장 제24편 참조.
> 3) ① 우리에게 힘을 주는 물이여, 청량함을 주오. 우리는 지극히 기뻐하리니. ② 물이여, 자상한 어머니와 같이 이 땅의 우리에게 그 물줄기를 나누어주오. ③ 물이여, 거기에 우리가 나게 해주오.『리그 베다』제10장 제9편 1~3절 참조.

증언 거부시의 제재

〔107〕 부채문제 등에 대한 (출석요구에) 병환중이 아니면서도 세 보름 이내에 증언을 하지 않는 자에게는 전체의 십분의 일을 벌금으로 부과하여야 한다.

〔108〕 진술을 한 증인이 일 주일 안에 병을 앓거나 불이 나거나 친족의 상을 당하거나 한다면 그는 부채를 지불하고 벌금을 내야 한다.[1]

> 역주 1) 이는 거짓증언의 반증이다(꿀루까). 제8장 115절 참조.

선서

〔109〕 증인이 없는 사건에 대해 양측이 서로 논쟁하고 결론을 내릴 수 없을 때는 선서를 통해 진실을 밝힐 수 있다.

〔110〕 소송사건의 (해결을) 위해서는 위대한 선인들과 신들도 선서를 하였다. 바시슈타 또한 빠이자와나(Paijavana) 왕 앞에서

선서했다.[1]

역주 1) 일곱 선인과 짠드라 신도 불확실한 일을 결정하기 위해 선서를
했다. 바시슈타도 비슈와미뜨라(Viśvāmitra)가 씌운 백 명의 아
들을 잡아먹었다는 혐의를 부정하기 위해서 수다(Suda) 왕 앞에
서 선서를 했다(꿀루까).

〔111〕 현명한 자는 작은 일이라도 거짓으로 선서를 해서는 안된다.
거짓으로 선서하는 자는 죽은 후와 이 세상에서 모두 파멸하기 때문
이다.

〔112〕 (연인관계인) 여자에게, 혼인에 대해서, 소의 사료에 대해
서, 장작[1]에 대해서, 그리고 브라만이 위험에 처한 경우 (그를 구
하기 위해 거짓으로) 선서를 하는 것은 죄가 되지 않는다.

역주 1) 신성한 아그니의 연료가 되는 것이 장작이다(꿀루까).

〔113〕 브라만은 진실에 대해, 끄샤뜨리야는 그 전차와 무기에 대
해, 바이시야는 소, 씨앗, 금에 대해, 그리고 슈드라는 모든 범죄에
대해 선서케 해야 한다.[1]

역주 1) 제8장 88절, 256절 참조.

〔114〕 혹은 불을 손에 들게 하거나, 물 속에 잠기게 하거나, 자식과
처의 머리에 각각 손을 대어 선서케 한다.

〔115〕 타오르는 불이 그를 태우지 않거나, 물이 그를 떠오르게 하
지 않거나, 그가 바로 곤란을 당하지 않거나 하면 그것은 선서가 정
(淨)함을 알리는 것이다.

〔116〕오래 전에 바뜨사(Vatsa)가 그의 동생으로부터 의심을 받았을 때[1] 진실의 힘 때문에 세상의 아그니가 (그의 몸에 난) 털 하나도 태우지 않았다.

역주 1) 의심받은 내용은 '너는 브라만이 아니고, 슈드라 신분이다'라는 것이다. 혹은 『사마 베다』 제25장 참조.

거짓증언의 결과

〔117〕어떤 사건에서라도 거짓증언이 있는 것으로 판명되면 그 소송은 무효가 되며, 결정은 미결이 된다.

〔118〕욕심, 미혹, 공포, 의리, 욕정, 분노, 무지, 미숙함으로 인한 증언을 거짓이라고 한다.

〔119〕이러한 상태로 인해 거짓으로 증언한 경우 각각의 단다에 대해 차례로 설명하겠다.

〔120〕욕심 때문인 경우에는 일천 (빠나)을 벌금으로 내야 하고, 미혹 때문인 경우에는 최저 수준의 벌금을, 공포 때문인 경우에는 중간 수준의 두 배의 벌금을, 의리 때문인 경우라면 최저 수준의 네 배를 내야 한다.[1]

역주 1) 제8장 138절 참조.

〔121〕애욕 때문인 경우에는 최저 수준의 열 배를, 분노 때문인 경우이면 최고 수준의 세 배, 무지 때문인 경우이면 이백 배, 미숙함 때문인 경우이면 일백 배를 (벌금으로) 내야 한다.

〔122〕현자들은 이들 거짓증언에 대한 벌금에 대해서 (이것은) 다르마(정의)의 흐트러짐을 막기 위함이며 아다르마(불의)를 억제하기 위한 것이라고 했다.

〔123〕정의로운 왕은 세 신분들[1]이 위증한 데 대해서는 벌금을 물리고 추방해야 한다. 그러나 브라만의 경우는 추방만 한다.

역주 1) 끄샤뜨리야, 바이시야, 슈드라(꿀루까)이다.

형벌의 수단

〔124〕자생자의 아들인 마누는 세 신분에게 단다(형벌)를 가할 수 있는 신체부위 등 열 군데를 말씀하셨다. (그러나) 브라만의 경우는 (몸에) 상처 없이 추방당하게 해야 한다.

〔125〕생식기, 배, 혀, 손, 발, 눈, 코, 귀, 재산 그리고 몸 전체가 그 (열 군데)이다.

〔126〕동기와 장소, 시간을 확인하고, (죄인이 처벌을 받을 만한) 힘을 가지고 있는지 그리고 범죄가 있는지를 확신할 때 단다(형벌)를 받을 자에게 단다를 내려야 한다.

〔127〕부당한 단다(형벌)는 이 세상에서 (왕의) 명예를 해치고, 명성을 파괴하며 다음 세상에도 천상에 갈 수 없게 한다. 그러므로 그것을 피해야 한다.

〔128〕단다(형벌)를 받지 않을 자에게 단다를 내리고, 단다를 받아야 할 자에게 단다를 내리지 않는 왕은 큰 불명예를 얻을 것이며, 지옥으로 가게 된다.

〔129〕처음은 말의 단다로, 그 다음은 질책의 단다로, 세번째는 재산을 거두는 단다로 처벌을 내린다. 최고의 단다는 신체적인 단다이다.

〔130〕체형(體刑)으로도 제압하지 못한 경우에는 이 네 가지를 모두 사용해야 한다.

화폐단위

〔131〕(이제) 사람들이 세상에서 장사를 하는 데 쓰는 동, 은, 금 등(으로 된) (화폐)단위에 대해 모두 설명하겠다.

〔132〕태양이 창문을 통해 들어올 때 미세하게 보이는 작은 먼지를 최소 단위라고 하며 그것은 '햇빛 속의 먼지'라고 불린다.

〔133〕여덟 개의 '햇빛 속의 먼지'는 그 단위에 있어 이(蟲)의 알 하나와 같고, 그것이 셋 있으면 검은 겨자씨 하나와 같으며, 겨자씨 세 개가 모이면 흰 겨자씨 하나와 같다.

〔134〕(흰) 겨자씨가 여섯 개 모이면 중간 크기의 보리알 하나와 같고, 보리알이 세 개 모이면 끄리슈날라,[1) 5끄리슈날라는 1마샤(māṣa), 16마샤는 1수와르나(suvarṇa)(金)이다.

역주 1) kṛṣṇala : 고대 인도의 기본 중량 단위로 락띠까(raktika)라고도 부른다. 0.118g.

〔135〕4수와르나는 1빨라(pāla), 10빨라는 1다라나(dharaṇa), 2끄리슈날라는 은(銀) 1마샤까(māṣaka)이다.

〔136〕 그것이 16이면   은 1뿌라나(purāṇa) 혹은 1까르샤빠나 (kārṣāpaṇa)가 되고, 동(銅) 1까르샤빠나는 1까르쉬까빠나임을 알라.

〔137〕 은 10다라나는 은 1샤따마나(śatamāna), 4수와르나는 1니 슈까(niṣka)임을 알라.

벌금

〔138〕 250빠나는 최저 수준, 500빠나는 중간 수준, 그리고 일천 빠 나는 최고 수준이 된다.

〔139〕 부채를 갚아야 한다는 것이 인정되면 (벌금으로) 백 중에 다 섯을 내야 하고 만일 인정하지 않으면 그것의 두 배를 벌금으로 내 야한다. 이것은 마누가 가르치신 바이다.

이자

〔140〕 돈을 빌려준 자가 재산을 늘리고자 하는 경우에는 바시슈타 가 말한 바에 따라 백에 팔십의 이자를 매월 거두어들일 수 있다.

〔141〕 다르마를 기억하는 자라면 이자를 백에 둘을 거두어들이며, 백에 둘만 거두어들이는 자가 얻은 것은 죄가 되지 않는다.

〔142〕 각 신분의 차례에 따라 매달의 이자율을 백의 둘, 셋, 넷, 다 섯을 거두어들일 수 있다.

〔143〕 수익성이 있는 담보물인 경우에는 따로 이자를 받지 말아야 한다. 장기간 점유한 담보물은 매각해서는 안된다.

〔144〕담보물은 자의로 사용해서는 안되며, 그렇게 하는 자는 이자를 포기해야 한다. (담보물을 훼손한 경우에는) 그에 상응하는 대가를 지불하여 그 (소유주)를 만족시켜야 한다. 그렇지 않으면 그는 도둑질한 자가 된다.

시간에 따른 소유권의 소실

〔145〕담보물과 비자금[1]은 장기간이 지나도 없어지는 것이 아니다. 시간이 지나도 (당사자가 요구하면) 되가져갈 수 있는 것이다.

역주 1) upanidhi : 즐기기 위해서 모은 재산(꿀루까)을 말한다.

〔146〕소, 낙타, 말, 황소 등은 그 소유주의 뜻에 따라 다른 사람이 사용하더라도 소유주의 권리는 사라지지 않는다.

〔147〕소유주가 목전에서 다른 사람이 자기 물건을 사용하는 것에 대해 십 년 동안 묵인한 경우에는 되돌려받을 수 없다.

〔148〕바보나 어린 아이가 아닌 성인 앞에서 그 소유물을 다른 사람이 사용하면 그것을 사용하는 자가 가져도 된다.

〔149〕저당물, 경계, 아이의 재산, 공탁물, 비자금, 여자, 왕의 소유물, 베다에 정통한 자의 소유물은 (다른 사람이) 사용한다고 해서 그 권리가 없어지는 것은 아니다.

담보물

〔150〕소유주의 허가 없이 담보물을 사용하는 분별없는 자는 그것을 사용한 대신 이자의 반을 포기해야 한다.

이자의 적용

〔151〕 이자를 한꺼번에 받을 때는 두 배가 넘어서는 안되고,[1] 곡물, 과일, 양털, 수레 끄는 동물에 대한 이자의 경우는 다섯 배가 넘어서는 안된다.

[역주] 1) 원금과 이자를 합쳐 원금의 두 배를 넘어서는 안된다(꿀루까).

〔152〕 정해진 것[1] 이상으로 과도한 이자는 인정되지 않으며 그렇게 되면 고리대라고 불린다. 백분의 오 미만으로 거두어들여야 한다.

[역주] 1) 모든 계급에 5%를 적용해야 한다(꿀루까). 제8장 142절 참조.

〔153〕 일 년 거치 이후의 이자, (법전 등에서) 본 일이 없는 이자, 이자에 대한 이자, 정기적으로 받는 이자, 강요에 의한 이자, 몸으로 갚는 이자는 받아서는 안된다.

채권계약의 갱신

〔154〕 부채를 갚을 능력이 없는 자가 다시 거래하기를 원하는 경우에는 이자를 모두 지불한 후에 계약을 갱신해야 한다.

〔155〕 금[1]을 지불하지 못하는 경우로 계약갱신을 할 때는 지불가능한 만큼 이자를 내도록 계약을 갱신해야 한다.

[역주] 1) 이자(꿀루까)를 의미한다.

〔156〕 장소와 시간을 지켜 (물건을) 수레에 실어 운반하는 데 드는 것은 수레비용[1]이다. 장소와 시간을 지키지 못하면 그 대가는 받을 수 없다.

[역주] 1) cakravṛddhi : 수레로 물건을 운반할 때 부과되는 운반비용(꿀루까)이다.

〔157〕 (수레비용은) 항해에 능숙하고 장소와 시간 그리고 물건에 능통한 자가 설정하면 그것은 적절한 것으로 인정된다.

보증인

〔158〕 보증을 선 자는 채무자가 나타나지 않으면 그를 대신하여 자기 재산으로 채무 변제를 해야 한다.

〔159〕 아들은 아버지의 보증 채무, 대수롭지 않은 약정,[1] 도박 부채, 외상술값, 벌금 및 세금의 잔액은 지불하지 않아도 된다.

[역주] 1) 농담으로 주겠다고 한 것 혹은 기생 등에게 주겠다고 약속한 것 등(꿀루까)이 이에 속한다.

〔160〕 앞에 말한 것들은 보증인에게 적용하는 법도이다. 지불해야 할 보증인이 사망한 경우 그의 유산 상속인으로 하여금 그 부채를 지불하게 한다.

〔161〕 채권자가 보증인의 성품을 근거로 대부해 주고 부채를 갚기 전에 보증인이 사망하면 어떤 근거로 그것을 받을 수 있는가.

〔162〕 보증인이 (채무자로부터) 돈을 받아 (지불할 만한 돈이) 충분하다면 자기 재산에서 부채를 갚아야 한다. 이것은 정해진 바이다.

계약과 거래의 무효

〔163〕 술 취한 자, 미친 자, 고통 속에 있는 자,[1] 피부양자, 어린

이, 노인이 상의없이 성사시킨 거래는 무효이다.

역주 1) 주위에 질병이나 죽음을 당한 자(꿀루까)를 뜻한다. 제8장 67절
　　　참조.

〔164〕 말로 한 계약은 성립된 것이라도 그것이 다르마와 규율
(niyata), 거래규칙에 합당한 것이 아니면 효력이 없다.

〔165〕 속임수를 써서 확보해서도 안되고 팔아서도 안되며, 주어서
도 받아서도 안된다. (왕은) 이러한 경우를 보게 되면 모두 무효로
해야 한다.

상속인의 변제의무
〔166〕 가족에게 사용하기 위해 (돈을) 빌린 자가 사망한 경우에는
그 비용을 친척들이 각자의 것을 모아 공동으로 변제해야 한다.

〔167〕 피부양자[1] 등이 체결한 계약이라도 가족을 위한 것일 경우
가장은 그 지역에 있든 다른 지역에 있든 그 문제에 대해 소홀히 해
서는 안된다.

역주 1) 가족과 종(꿀루까)을 포함한다.

소송심리에 관한 왕의 역할
〔168〕 마누께서 말씀하시기를 협박에 못이겨 준 것, 협박에 못이겨
사용한 것, 협박에 못이겨 기재한 것, 그리고 협박으로 이루어진 모
든 일들은 (거래로서) 성립될 수 없는 것이라고 하셨다.

〔169〕 증인, 보증인, 가족 이 셋은 (다른 사람을) 고통스럽게 하고,

브라만, 부자, 상인, 그리고 땅의 주인(왕) 이 넷은 득되게 한다.[1]

역주 1) 증인, 보증인, 가족의 관계는 변제의무 등에 말려들 가능성이 크지만, 브라만, 부자, 상인, 왕은 증물을 하게 해주거나 돈을 대부받을 수 있게 하거나 거래를 통해 재산을 모으게 해주기 때문에 득이 되는 관계이다. 그러므로 이들 브라만, 부자, 상인, 왕 등을 힘으로 대하지 말아야 한다(꿀루까).

〔170〕 땅의 주인(왕)은 (아무리) 궁해도 받지 말아야 할 것은 받지 말아야 하며, 풍요롭다 해도 버리지 말아야 할 것은 아무리 작은 것이라도 버리지 말아야 한다.

〔171〕 왕이 받지 말아야 할 것을 받고, 받아야 할 것을 버리면 유약하다는 평판을 듣게 되고, 이 세상과 저 세상에서 파멸하게 된다.

〔172〕 왕이 자신의 것을 받고, 신분이 혼합되는 것을 막으며, 힘없는 자들을 보호하면 그 능력은 살아나고 그는 이 세상과 저 세상에서 번영하게 된다.

〔173〕 그러므로 주인(왕)은 자기가 좋아하는 것과 혐오하는 것을 야마처럼 버려야 하며, 야마가 하듯 분노를 누르고 감각을 절제하는 행동을 해야 한다.

〔174〕 어리석어 다르마(정의)에 따라 소송을 처리하지 못하는 자, 자신을 통제하지 못하는 자들의 통치자(왕)는 오래되지 않아 그 적들의 손아귀에 말려 들어간다.

〔175〕 인민은 욕망과 분노를 가라앉히고, 정의롭게 소송을 처리하는 자(왕)를, 바다를 따르는 강처럼 따른다.

부채의 상환

[176] (채무자가) 제멋대로 채권자의 부채를 (갚지 않고) 해결하고자 왕에게 (거짓을) 고하는 경우에는 왕이 (그 부채의) 사분의 일을 벌금으로 부과해야 하며, 부채도 상환하게 해야 한다.

[177] (채권자와) 신분(jati)이 같거나 낮은 채무자는 (그 밑에서) 일을 해서라도 채권자에게 한꺼번에 부채를 갚아야 하나, 신분이 높은 경우에는 천천히 갚을 수 있다.

[178] 이상과 같이 왕은 사람들 사이에 발생하는 분쟁들을 증인과 증거를 사용하여 밝힘으로써 공정한 결과를 끌어내야 한다.

(2) 기탁

[179] 현자는 (좋은) 가문에서 난 자, 행동거지가 바른 자, 다르마를 아는 자, 진실을 말하는 자, 가족이 많은 자, 재산이 많은 아리야[1]에게 기탁물(寄託物)을 맡겨야 한다.

역주 1) 제4장 179절, 제7장 69절 참조.

[180] 기탁자는 물건을 맡긴 동일한 상태로 반환받을 수 있어야 한다. 기탁한 상태 그대로 찾는 것이다.

[181] (기탁자가) 요구하는데도 기탁물을 반환하지 않는 수탁자에게는 재판관이 그 기탁자가 (자리에) 없을 때 그것을 청구한다.

[182] 증인이 없는 경우에는 적합한 나이와 용모를 한 사람들을 동원하여 그럴싸하게 속여 실제로 금을 그에게 맡겨본다.

〔183〕 그가 만일 받은 그대로의 방식과 형태로 되돌려주면, 그에게 다른 자들이 부여하는 혐의는 주어지지 않는 것이다.

〔184〕 그가 만일 금을 법도에 따라 그에게 되돌려주지 않으면 (앞의 기탁물과 몰래 맡겨본 금의) 두 가지 경우 모두에 따라 벌금을 부과해야 한다. 이것은 다르마에 의한 결정이다.

〔185〕 기탁물, 비자금은 (본인이 아니면) 가까운 가족에게도 주지 말아야 한다. (기탁자가) 죽은 경우 그 두 가지도 모두 사라지는 것이니, 그가 살아 있는 동안만 (그것들이) 유효한 것이다.

〔186〕 (수탁자가 원해서) 스스로 죽은 자의 가까운 가족에게 주는 경우에는 그것을 왕도 (기탁자의) 친척도 정하지 말아야 한다.

〔187〕 속임수를 쓰지 말고 (상대방이) 기꺼운 마음이 들도록 하여 물건을 되돌려받을 수 있게 해야 할 것이며, 그 (수탁자)의 성격을 알아보고 회유하는 마음으로 해결하도록 해야 한다.

〔188〕 이러한 모든 것이 기탁자측이 (되돌려받을 때) 취해야 할 법도이다. (수탁자는) 봉인(封印)이 있는 경우 그 기탁물에서 취한 것이 없으면 아무런 (죄도) 받지 않는다.

〔189〕 도둑을 맞거나, 물에 떠내려가거나, 불에 타거나 한 경우에 그가 수탁물을 조금도 취한 것이 없는 이상 돌려주지 않는다.

〔190〕 기탁물을 가져간 자의 경우, 그가 기탁자가 아닌 경우에는 (왕은) 베다의 맹세에 의거하여 모든 방법을 강구하여 되찾아야 한다.

〔191〕 기탁물을 반환해 주지 않는 자와 기탁하지도 않고서 요구하는 자에게는 둘다 도둑과 같이 다스리거나 (기탁물과) 동일한 액수의 벌금을 부과해야 한다.

〔192〕 왕은 기탁물을 가져간 자에게 그에 상응하는 벌금을 부과해야 하며, (비밀리에 기탁한) 재물을 가져간 자에게도 마찬가지로 해야 한다.

〔193〕 속임수를 써서 다른 사람의 물건을 취한 자는 공개적으로 여러 가지 체형을 동원하여 그 공범들과 함께 처단해야 한다.

〔194〕 (수탁자의) 가족 앞에서 기탁을 한 경우에는 그에 관해서 그때 기탁한 만큼을 인정해야 하며, 그에 대해 다르게 말하는 자는 단다를 받는다.

〔195〕 두 사람 간에 주고 받은 것은 두 사람 간에 되돌려주면 된다. 준 대로 받는 것이다.

〔196〕 (봉인하지 않고) 기탁한 재물 및 우의(友誼)에 기초하여 기탁한 재물에 대해서는 왕은 수탁자에게 훼손을 주지 않고 찾을 수 있도록 결정을 내려야 한다.

(3) 소유주가 아닌 자에 의한 매각

〔197〕 소유주가 아니면서 소유주의 동의없이 다른 자의 재산을 매각하는 자를 증인으로 데려와서는 안된다. 그가 (자신을) 도둑이 아니라고 주장해도 도둑이기 때문이다.

〔198〕그가 관계자(sānvaya)[1]이면 벌금으로 600(빠나)를 내야 한다. 관계자도 아니고 인정해 줄 만한 근거도 없으면 도둑의 죄를 얻게 된다.

역주 1) 친족관계이거나 그 일에 직접 관여하는 자(꿀루까)를 뜻한다. 제8장 331~32절 참조.

〔199〕소유주가 아닌 자에 의한 증여나 판매는 거래가 이루어지지 않은 것으로 생각해야 한다. 이것은 정해진 바이다.

〔200〕사용한 것은 드러나되 그것이 어떻게 입수되었는지 전혀 드러나지 않을 때는 입수과정이 (소유의) 근거가 되는 것이지 사용한 것이 근거가 되는 것이 아니다. 이것은 정해진 바이다.

〔201〕어떤 재물을 가족들이 있는 가운데 매매를 통해 취하는 경우, 그것은 깨끗한 매매에 의해 정당하게 취하는 것이다.

〔202〕원소유주가 아닌 자가 매각한 경우, (매입한 자가) 사람들이 보는 가운데 구매한 경우에는 그는 왕에게서 (처벌을 받지 않고) 풀려나고 그 물건은 원소유주가 취한다.

〔203〕서로 다른 것이 섞이거나, 망가지거나, (함량이나 크기가) 모자라거나, (매매장소에 없고) 멀리 떨어진 곳에 있거나, (볼 수 없도록) 가려놓은 것은 매매할 수 없다.

〔204〕마누께서 말씀하시기를 한 처녀를 보여주고, 다른 처녀를 (신부로) 주는 것은 한 처녀에게 주는 대가로 두 처녀를 데려가는 것이라고 말씀하셨다.[1]

역주 1) 제9장 93~100절에서는 신부대(新婦代)를 금지하고 있다. 제3장
51~54절 참조.

[205] 처녀가 정신이상이거나, 나병환자이거나, 성경험이 있는 경우에 (처녀를) 주는 자가 미리 결함을 밝혔을 때는 단다를 받지 않는다.[1]

역주 1) 제8장 224절 참조.

(4) 동업

[206] 제사일을 하게 되어 있는 제관(rtvij)이 자신의 까르마(직무)를 (중도에) 포기하는 경우에는 함께 일한 자들(의 보수)에 맞추어 그가 수행한 일에 상응하는 만큼만 (보수를) 주어야 한다.

[207] (제관이) 제사의 보수를 받은 다음에 자신의 까르마(직무)를 못하게 되면 그가 전체 몫을 받고 그 대신 다른 사람으로 하여금 그 일을 하게 해야 한다.

[208] 제사의 각 과정에 따른 보수가 정해져 있으니, 보수는 (한 사람이) 한 과정에 대해서만 받을 수 있는가, 모든 과정에 대해서 받을 수 있는가.

[209] 아드와리유는 마차를 가져가고, 아그니 제단의 브라흐만은 군마, 호따는 말, 우드가따는 (소마)수레를 가져간다.[1]

역주 1) 아드와리유는 야주르 베다 담당 제관, 브라흐만은 아타르바 베다
담당 제관으로 기타 다른 베다 담당 제관들의 활동을 총괄하며,
우드가따는 사마 베다 담당 제관, 호따는 리그 베다 담당 제관이

다. 제2장 130절 참조.

〔210〕 모든 사제들 중에 첫번째로 불리는 대표사제는 전체의 반, 그 다음은 반의 반, 세번째는 삼분의 일, 네번째는 사분의 일을 가져간다.

〔211〕 이와 같이 해서 공동으로 까르마(직무)를 행한 자들에 대해서 법도에 따라 각자에게 그 보수를 분배해야 한다.

(5) 증여물의 불양도

〔212〕 다르마(공덕)를 위한 것이라고 하면서 재물을 요구한 후 나중에 그렇지 않은 것이 드러나면 그에게 재물을 주지 않아도 된다.

〔213〕 그자가 오만이나 탐욕을 부려 그것을 계속 포기하지 않으면 왕은 그런 자에게 도둑질 죄를 대신하여 1수와르나[1]를 부과해야 한다.

역주 1) 제8장 134~37절 참조.

〔214〕 (지금까지) 정해진 증여물의 정당한 불양도의 경우에 대해 다르마에 의거하여 말했다. 이제 임금을 주지 않는 경우에 대해 말하겠다.

(6) 임금 불지불

〔215〕 하수인이 병에 걸린 경우가 아닌데도 불구하고 오만하여 시킨 대로 일을 하지 않으면 그에게 8끄리슈날라를 (벌금으로) 부과

하고 임금을 주지 말아야 한다.

〔216〕 (그러나) 병에 걸렸다가 회복하여 처음에 시킨 대로 일을 하면 (회복)기간이 오래 걸렸더라도 임금을 모두 받게 해주어야 한다.

〔217〕 병에 걸렸든 건강하든, 하기로 되어 있는 일을 하지 않으면 설령 못한 일이 조금에 불과하다 하더라도 임금을 주지 말아야 한다.

〔218〕 이렇게 해서 일에 따라 임금지불을 하지 않는 다르마에 대해 모두 말했다. 이제 협약의 파기에 대해 말하겠다.

(7) 협약의 파기

〔219〕 그 마을이나 지방에 사는 자가 단체와 진실을 걸고 협약을 하고는 탐욕으로 인해 그것을 파하는 경우 (왕은) 그를 왕국에서 추방해야 한다.

〔220〕 협약을 파기한 자를 체포하여 (그 죄의 경중에 따라) 4수와르나, 6니슈까, 100라자땀을 지불하게 해야 한다.

〔221〕 정의로운 땅의 주인(왕)은 마을이나 신분(jāti)공동체(sa-muha)와의 협약을 지키지 않는 자들에게 이러한 벌칙들을 적용해야 한다.

(8) 매매의 해제

〔222〕 어떤 것을 사거나 팔고 나서 그것을 후회하는 경우에는 열흘 안에 반환하거나 회수할 수 있다.

〔223〕 열흘이 경과한 경우에는 반환하거나 회수할 수 없다. (열흘 경과 후) 반환하려 하거나 회수하려 하는 자에게 왕은 600(빠나)의 벌금을 부과할 수 있다.

〔224〕 결함이 있는 처녀를 (진실을) 밝히지 않고 준[1] 자에게는 왕이 96빠나의 벌금을 부과해야 한다.

역주 1) 신부로 주는 것(꿀루까)을 의미한다. 제8장 205절 참조.

〔225〕 처녀를 시기하여 처녀가 아니라고 말하고서 그 처녀의 결함을 증명하지 못한 경우는 100(빠나)의 벌금형을 받게 된다.

〔226〕 손을 건네주는 의식의 베다 구절은 사람들 가운데 처녀들에게만 해당되는 것이고, 처녀가 아닌 여자들에게는 해당되지 않는다. 그들은 다르마에 배제되기 때문이다.

〔227〕 손을 건네주는 의식의 베다 구절은 (합법적인) 아내가 되는 것을 나타내는 징표이다. 현명한 자는 그 구절들이 일곱번째 걸음[1]에 담겨 있음을 알아야 한다.

역주 1) 혼인의식에서 신랑과 신부는 아그니를 가운데 두고 그 주위를 일곱 걸음으로 돈다(꿀루까).

〔228〕 어떠한 일이든 행한 일을 후회하는 자들도 (이와 같은) 법도에 따라 다르마의 길로 들어서게 해야 한다.

(9) 가축 소유주와 목부의 분쟁

〔229〕 (이제) 가축의 소유주와 목부들 사이에 발생하는 분쟁에 대

해 다르마의 진실에 의거하여 말하겠다.

〔230〕 낮에는 목부들이, 밤에는 소유주가 책임져야 한다. 다만 목부들이 집에 함께 있는 경우에는 밤에도 목부들이 책임져야 한다.

〔231〕 우유로 임금을 받는 목부는 소의 소유주 허락을 얻어 훌륭한 소 열 마리에서 우유를 짠다. 이것은 임금을 따로 받지 않는 목부의 임금이다.

〔232〕 (가축이) 분실되거나, 해충으로 인해 상해가 생기거나, 개에 물리거나, 위험한 곳에 빠져 죽었을 때는 사람이 할 수 있는 책임을 다하지 못한 것이므로 목부가 (소유주에게) 변제해야 한다.

〔233〕 도둑이 (가축을) 훔쳐간 경우라도 바로 소리쳐서 적절한 시간과 장소에서 주인에게 고한 경우 변제하지 않아도 된다.

〔234〕 가축이 죽은 경우에는 주인에게 두 귀,[1] 가죽, 꼬리,[2] 오줌보, 힘줄, 쓸개를 가져와 그 증거로 보여주어야 한다.

역주 1) 죽은 가축의 두 귀(꿀루까)이다.
2) 꼬리털(꿀루까)이다.

〔235〕 염소와 양이 이리들에 둘러싸인 경우에 목부가 (이리를) 몰아내지 않아 이리가 사냥감에 해를 끼쳤다면 (그것은) 목부의 죄이다.

〔236〕 (염소와 양들) 모두가 함께 숲에서 풀을 뜯고 있는 가운데 이리가 뛰어들어 해를 입힌 경우 목부에게는 죄가 없다.

〔237〕(가축사육을 위해서는) 시골인 경우 활 길이의 일백 배, 막대를 던져 떨어지는 거리의 세 배 범위의 땅이 있어야 하며, 도시인 경우는 그것의 세 배가 필요하다.

〔238〕만일 가축들이 그 범위 안에서 곡물을 훼손한 경우 (왕은) 지키는 자들에게 단다를 부과하지 말아야 한다.

〔239〕낙타가 내려다볼 수 없는 울타리를 만들어야 하며, 개나 돼지가 그 머리를 들이밀 만한 구멍을 모두 봉쇄해야 한다.

〔240〕길이나 농지 근처에서 목부가 지키고 있던 가축들이 (농지나 타인에게) 손해를 입히면, 그 목부에게 100(빠나)를 벌금으로 부과해야 한다. 목부가 지키지 않는 가축들인 경우에는 (농지 주인이나 관리자가) 가축들을 몰아내야 한다.

〔241〕가축이 남의 농지에 들어간 경우 (목부는) 일과 사분의 일 (빠나)을 변제해야 하며, 농지 전체를 훼손한 경우에도 농지 주인에게 (그것을) 변제해야 한다. 이것은 정해진 바이다.

〔242〕마누께서 말씀하시기를 목부가 지키고 있었든 지키지 않고 있었든, 산후 10일 미만의 소, 황소,[1] 신에게 바칠 가축이 입힌 피해에 대해서는 처벌하지 않아야 한다고 하셨다.

> 역주 1) 황소는 대개 주인이 없고 제멋대로 돌아다니므로 책임을 물을 목부가 없다.

〔243〕농지 주인에게 과실이 있는 경우 벌금은 열 배를 물게 해야 하며, 그 하인의 과실이거나 주인과 관련이 없는 경우에는 그것의

절반만 물게 해야 한다.

[244] 정의로운 왕은 가축의 소유주, 가축 그리고 목부 사이에 분쟁이 있을 때 이러한 법규(vidhāna)를 적용해야 한다.

(10) 경계 분쟁

[245] 두 촌락간의 경계에 관한 분쟁이 생겼을 때는 지예슈타 (jyeṣṭha) 달[1])에 땅의 표시가 잘 보일 때 경계를 결정해야 한다.

역주 1) 양력 5~6월경에 해당하는 힌두력의 하나이다.

[246] 경계표시를 위해 쓰는 나무는 보리수, 무화과나무, 낑슈까 (kiṅśuka)나무, 샬말리(śālmalī)나무, 살라(sāla)나무, 야자수, 유액이 흐르는 나무로 해야 한다.

[247] 엉킨 숲, 여러 종류의 대나무(숲), 샤미(śamī)나무(숲), 덩굴, 흙더미, 갈대, 꾸브자까(kubjaka) 숲으로 경계를 정한다. 이렇게 하면 경계가 없어지지 않는다.

[248] 경계선에는 연못, 우물, 저수지, 샘, 신의 거처(사원) 등을 만들어야 한다.

[249] 세상 사람들은 항상 (경계에 관한) 무지로 인해 일을 잘못하므로, 이를 고려하여 다른 경계표시를 해두어야 한다.

[250] 돌, 뼈, 소꼬리털, 벼껍질, 재, 질그릇, 마른 소똥, 벽돌, 숯, 자갈, 모래

〔251〕이와 같이 시간이 흘러도 (썩어) 없어지지 않을 것들을 경계 지점에 드러나지 않게 감추어두어야 한다.

〔252〕분쟁이 있을 때 왕은 이러한 표시에 따라 그리고 이전부터 계속 이용해온 흐르는 물로써 경계를 정해야 한다.

〔253〕표시들을 보여주는데도 의심이 생기면, 증인이 하는 증언에 결정력이 있다.

〔254〕경계에 대한 증인은 반드시 마을사람들과 분쟁 당사자들 앞에서 질문을 받도록 해야 한다.

〔255〕질문을 받은 증인들이 의견을 모아 경계를 정하면 (왕은) 그에 따라 경계를 확정하고 그 (증인) 전원의 이름을 적어두어야 한다.

〔256〕그들은 머리에 흙을 올리고,[1] 화환을 쓰고, 붉은 옷을 입고서, 각자 자기 선행에 대한 선서를 하고 난 후 (경계를) 바르게 결정해야 한다.

역주 1) 이마에 진흙을 찍는 것이다(꿀루까).

〔257〕그들이 말한 것을 토대로 해서 결정을 내릴 때, 그들이 진실을 걸고 증언을 한 경우 청정한 자들로 인정을 해야 한다. 그러나 그와 반대이면 그들에게 200(빠나)의 벌금을 부과해야 한다.[1]

역주 1) 제8장 88절, 113절 참조.

〔258〕증인이 없는 경우에는 인접한 마을에 사는 네 명이 왕 앞에

서 신중하게 결정을 내려야 한다.

〔259〕 경계에 대한 증인이 될 본토박이가 없으면 (왕은) 숲에 사는 자들을 (증인으로) 지명할 수 있다.

〔260〕 사냥꾼, 새잡이, 목부, 까이와르따,[1] 뿌리 캐기가 생업인 자, 뱀꾼, 이삭을 줍고 낱알을 모아 생계를 잇는 자, 숲에서 다니는 자

역주 1) 제10장 34절 참조.

〔261〕 (왕은) 이러한 자들에게 물어 다르마(정의)에 의거하여 두 마을의 경계지점에 표시를 해야 한다.

〔262〕 밭, 우물, 연못, 공원, 가옥 등의 경계표시에 대한 결정은 경계 주변에 사는 자들이 제시하는 증거에 달린 것임을 알아야 한다.

〔263〕 사람들이 경계표시에 대해 분쟁을 벌이고 있을 때 경계 주위에 있는 자들이 거짓으로 증언하는 경우, 왕은 그들 모두에게 각기 중간 수준의 벌금[1]을 내게 해야 한다.

역주 1) 제8장 138절 참조.

〔264〕 협박을 통해 가옥, 연못, 공원, 밭을 취한 자에게는 500(빠나)을 (벌금으로) 부과하고, 알지 못해 그렇게 한 경우에는 200(빠나)을 부과해야 한다.

〔265〕 (이와 같은 방법으로도) 경계가 결정되지 않는 경우에는 정의로운 왕이 모두를 이롭게 하기 위해 직접 분배를 해야 한다. 이것

은 정해진 바이다.

〔266〕 이렇게 해서 경계의 분쟁에 관련된 모든 법규를 말하였다. 이제 다음은 언어 폭력에 대한 법규(vinirṇaya)를 말하겠다.

(11) 언어 폭력

〔267〕 브라만을 모독한 끄샤뜨리야에게는 100(빠나)의 단다를 내게 하고, 바이시야는 50, 슈드라는 체형(體刑)을 받게 한다.

〔268〕 브라만이 끄샤뜨리야를 모독한 경우에는 50(빠나)을 벌금으로 부과하고, 바이시야에게 한 경우에는 그 절반, 슈드라의 경우는 12(빠나)를 내도록 해야 한다.

〔269〕 동일한 신분(varṇa)의 재생자들간의 모독은 200(빠나), 해서는 안될 말을 한 경우[1]에는 그 두 배로 벌금을 내게 해야 한다.

역주 1) 어머니나 여자형제에 대한 모독이나 고자로 호칭하는 것 등(꿀루까)의 경우이다.

〔270〕 슈드라가 재생자에게 욕설을 하면 그 혀를 잘라야 한다. 그는 엉덩이 태생[1]이기 때문이다.

역주 1) 비천한 태생(꿀루까)이라는 의미이다.

〔271〕 (슈드라가) 재생자의 이름과 신분(jati)을 무례하게 부르면 그 입에 손가락 길이 열 배 되는 쇠못을 박아야 한다.

〔272〕 거만하게 브라만에게 그 다르마를 가르치는 자에게는 왕이 그 입과 귀에 뜨거운 기름을 붓게 해야 한다.

〔273〕 거만하게도 그의 계시서(에 관한 지식), (출신) 지역, 신분(jati), 몸(의 정결)에 대해 거짓으로 말한 자에게는 200(빠나)의 벌금을 부과시켜야 한다.

〔274〕 다른 사람을 애꾸, 절름발이, 혹은 그와 비슷하게 부르는 자에게는 설령 그것이 사실이라 할지라도 최저 1까르샤빠나로 벌금의 단다를 부과해야 한다.

〔275〕 어머니, 아버지, 처, 형제, 아들, 혹은 스승을 해치거나 스승에게 길을 비키지 않은 자는 100(빠나)의 벌금을 내게 해야 한다.

〔276〕 (위의 죄를 지은 자가) 브라만과 끄샤뜨리야의 경우, 분별력 있는 자(왕)는 브라만에게는 최저의 벌금 단다를, 끄샤뜨리야에게는 중간의 벌금을 부과시켜야 한다.

〔277〕 바이시야와 슈드라의 경우에는 각기 신분(jati)에 따라 (위와 같이) 단다가 주어져야 하지만, (혀를) 절단하는 것은 제외한다.[1] 이것은 정해진 바이다.

역주 1) 제8장 270절 참조.

〔278〕 이렇게 해서 언어 폭력에 대한 단다에 대해 말했다. 이제 폭행한 경우의 단다에 대해 말하겠다.

(12) 폭행

〔279〕최하층민(antyaja)인 자[1]가 높은 신분인 자의 신체를 어느 부위이든 다치게 한 경우에는 (가해자의) 그 부위를 절단해야 한다. 이것은 마누께서 결정하신 바이다.

역주 1) 여기에서는 슈드라(꿀루까)를 뜻한다.

〔280〕손이나 몽둥이를 치켜올리면 그 손을 절단하는 단다를 내려야 하고, 화를 내며 발로 차면 그 발을 절단해야 한다.

〔281〕비천한 태생[1]이 높은 신분의 자리에 함께 앉고자 하는 경우에는 엉덩이에 낙인을 찍어 추방하거나 그자의 엉덩이 살을 베어내야 한다.

역주 1) āpakṛṣṭja : 슈드라(꿀루까)를 뜻한다.

〔282〕거만하게도 (브라만에게) 침을 뱉으면 왕이 그 입술을 절단하고, 오줌을 갈기면 생식기를, 방귀를 뀌면 항문을 절단해야 한다.

〔283〕손으로 머리를 움켜쥐면 주저하지 말고 그 손을 절단할 것이며, 발, 수염, 목, 고환을 쥐는 경우에도 마찬가지이다.

〔284〕피부를 찢거나 피가 나게 하면 100(빠나)을 (벌금으로) 부과하며, 살을 찢으면 벌금으로 6니슈까를, 뼈를 부러뜨리면 추방해야 한다.

〔285〕어떠한 식물들에게라도 상해를 가하는 경우에는 그 유용도에

따라 벌금을 부과시켜야 한다. 이것은 정해진 바이다.

〔286〕인간이나 짐승에게 고통을 주는 폭력을 사용하는 경우에는
그 고통의 정도에 따라 단다를 부과해야 한다.

〔287〕신체의 일부를 다치게 하거나, 상처나게 하거나, 피 흘리게
하는 경우에는 치료비를 부과하거나 모든 단다를 사용해야 한다.

〔288〕고의적이든 고의적이 아니든 다른 사람의 물건에 피해를 입힌
자는 만족시켜야 하고,[1] 왕에게도 그만큼의 벌금을 물어야 한다.

역주 1) 배상을 통해 주인을 만족시켜야 한다(꿀루까).

〔289〕가죽, 가죽으로 만든 물건, 나무로 만든 물건, 진흙으로 만든
물건(을 파손한) 경우, 단다는 그 가격의 다섯 배이다. 꽃, 뿌리,
과일의 경우에도 마찬가지이다.

〔290〕수레, 수레를 끄는 자, 수레의 주인이 (상해를 입힌 경우)
용서받을 수 있는 경우는 열 가지이며, 그외의 단다도 규정되어
있다.

〔291〕코에 매는 끈이 끊어지거나, 멍에가 부러지거나, 수레가 옆
으로 넘어지거나, 뒤로 뒤집히거나, 차축이 부숴지거나, 바퀴가 부
숴지거나

〔292〕끌잇줄, 멍에에 매는 줄, 고삐가 부러지거나, (마부가) '비키
시오' 하고 소리를 지르는 (이상 열 가지) 경우에는 단다를 내리지
않아야 한다고 마누께서 말씀하셨다.

〔293〕마부의 잘못으로 수레가 길을 잘못 들어 피해가 생긴 경우에는 그 주인에게 200(빠나)의 벌금을 부과해야 한다.

〔294〕수레를 끄는 자가 (멈추게) 할 수 있는 상황이면 수레를 끄는 자에게 벌금을 부과해야 하고, 수레를 끄는 자가 할 수 없는 상황이면 수레에 타고 있는 전원에게 100(빠나)씩을 부과하여야 한다.

〔295〕그가 가축이나 다른 수레로 인해 (수레를) 멈출 때 생명을 해쳤을 경우에는 주저할 것 없이 단다를 부과해야 한다.

〔296〕(그로 인해) 사람이 죽으면 그 죄는 당장 도둑질과 같은 것이 된다. 소, 코끼리, 낙타, 말과 같은 큰 짐승이 죽었을 때는 죄가 그 절반이다.

〔297〕작은 짐승이 죽으면 200(빠나), 길조의 짐승이나 새의 경우에는 500(빠나)의 단다(벌금)를 부과해야 한다.

〔298〕당나귀, 양, 염소의 경우에는 5마시까, 개나 돼지가 죽은 경우에는 1마시까의 단다(벌금)를 부과해야 한다.

〔299〕처, 아들, 종, 하인, 동복형제가 함께 죄를 죄은 경우에는 동앗줄이나 갈라진 대나무 매로 맞는 체형을 내려야 한다.

〔300〕(그러나) 등을 치되 절대 신체의 뒷부분[1]은 치지 말아야 한다. 이를 어기고 폭력을 쓰는 자는 도둑질에 해당하는 죄를 갖게 된다.

역주 1) 머리의 뒤쪽(꿀루까)을 말하는 것이다.

[301] 이렇게 해서 폭행에 대한 모든 단다 규정을 말하였으니, 이제 도둑질에 대해 정해진 단다를 말하겠다.

(13) 도둑질

[302] 왕은 도둑질한 자에 대해 최고의 노력을 기울여야 한다. 도둑질한 자를 잡는 것으로 그의 명예와 왕국이 번창하기 때문이다.

[303] 안전을 제공하는 왕은 항상 섬김을 받는다. (인민에게) 안전을 보수로 주는 그의 제사는 항상 번창하기 때문이다.

[304] (인민을) 보호하는 왕은 어디에서든 다르마(공덕)의 육분의 일을 가진다. 보호하지 않는 왕은 아다르마(악덕)의 육분의 일을 가지게 된다.

[305] 인민을 잘 보호하는 왕은 학습하고, 제사를 치르고, 베풀며, 섬김으로써 (브라만이) 얻는 다르마(공덕)의 육분의 일을 가지게 된다.

[306] 다르마(정의)에 따라 만물을 보호하고 체형에 처할 자들을 처단하는 왕은 매일 수십만의 보수를 나누어주는 제사를 치르는 것이다.

[307] 보호하지도 않는 땅의 주인(왕)이 공세(貢稅),[1] 세금,[2] 통관세(śulka), 진상품(pratibhāga)을 받고 단다를 사용하면 그는 곧바로 지옥으로 가게 된다.[3]

역주 1) 제8장 308절 참조.

2) 제7장 127~37절 참조.
3) 제8장 398절 참조.

〔308〕 보호는 하지 않고 수확물의 육분의 일을 공세로 받는 자는 모든 세상의 죄를 받는다고 (선인들이) 말했다.

〔309〕 기준을 무시하고, 나스띠까(불신자)이며, 브라만의 재산을 빼앗고, 인민을 보호하지 않고, (그들의 것을) 빼앗는 왕은 아래로 가게 됨을 알라.

〔310〕 (왕은) 아다르마(죄)를 지은 자들을 세 가지 방법 즉, 못하게 하거나,[1] 묶어놓거나,[2] 여러 가지 체형[3]으로 최선을 다해 제재해야 한다.

역주 1) 감옥에 가두는 것 등(꿀루까)을 말한다.
2) 족쇄 등으로 묶는 것(꿀루까)을 말한다.
3) 손, 발의 절단 등(꿀루까)이 있다.

〔311〕 왕은 죄인에게 벌을 주고, 선한 자를 보호함으로써, 재생자들이 제사로서 그렇게 되듯 항상 정결케 된다.

〔312〕 자신에게 유익한 일을 하기 원하는 왕은 소송 당사자, 어린 아이, 노인, 병자들이 모욕을 하더라도 항상 용서한다.

〔313〕 사람들로부터의 모욕을 참아내는 왕은 천상으로 올라가서 위대해진다. 권위로 인해 용서하지 못하는 왕은 지옥으로 간다.

〔314〕 도둑은 머리를 풀고 왕에게 달려가 '제가 이런 일을 했습니다. 저를 벌하여 주십시오'라고 말해야 한다.[1]

역주 1) 제11장 98~101절 참조.

[315] (이때 도둑은) 절굿공이, 나무 몽둥이, 양쪽으로 날이 있는 창, 혹은 쇠로 된 장대를 어깨에 메고 (간다.)

[316] (왕이 처벌로) 다스리거나 혹은 방면하면 도둑질한 죄에서 풀려난다. 그러나 왕이 그를 다스리지 않으면 도둑질한 죄를 왕이 갖게 된다.

[317] 뱃속의 아이를 살해한 자의 죄는 (그의) 음식을 먹는 자에게, 부정한 여자의 죄는 그 남편에게, 학생의 죄는 스승(guru)에게, 제주(祭主)의 죄는 왕사제(王司祭)에게, 도둑의 죄는 왕에게 가는 것이다.

[318] 죄를 저지른 자가 왕으로부터 단다를 받고 나면 죄가 없어져서 선한 일을 한 자와 마찬가지로 천상으로 간다.

[319] 우물에서 두레박이나 그 줄을 훔치거나 우물벽을 파손한 자는 벌금으로 1마샤를 내고 다시 원상태로 복귀시켜 놓아야 한다.

[320] 곡물을 10꿈바[1] 이상 훔친 자에게는 사형을 내려야 한다. 다른 경우(그보다 적은 경우)에는, 훔친 것의 열한 배를 벌금으로 내고 (그 주인에게도) 그 훔친 만큼을 지불하여야 한다.

역주 1) 1꿈바(kumbhā)는 항아리 하나의 양을 나타내는 단위이다. 다른 단위들과의 관계는 주석가들마다 달리 설명되어서 정확하게는 알 수 없으나 꿀루까는 1꿈바를 20드로나라고 했고, 빌러(G. Büller)가 인용한 메다띠티의 의견은 1꿈바를 20~22쁘라스타, 고원다라자와 라자와난다는 200빨라씩의 20드로나, 나라야나는

200빨라로 보았다. 웬디 도니거(Wendy Doniger)는 1꿈바를 3~4부쉘(bushel)이라 하였다.

〔321〕 무게로 재는 금이나 은, 최고급 옷감 등을 백 가지 이상 훔친 경우에는 사형에 처해야 한다.

〔322〕 오십 가지 이상 훔친 경우에는 양손을 자른다. 나머지 경우에는 훔친 것의 열한 배를 벌금으로 부과해야 한다.

〔323〕 (도둑이) 좋은 가문 태생이거나 특히 여자이거나 고가품의 보석을 훔친 자인 경우에는 사형에 처할 수 있다.

〔324〕 큰 가축,[1] 무기, 약초를 훔친 데 대해서도 왕은 시간과 동기를 고려하여 단다(처벌)를 결정해야 한다.

역주 1) 코끼리, 말, 소, 황소, 당나귀 등(꿀루까)이 있다.

〔325〕 브라만의 소유로 되어 있는 소를 칼로 상해하거나 가축[1]들을 훔친 경우에는 (그 도둑의) 발을 반으로 잘라야 한다.

역주 1) 작은 제사용 가축(꿀루까)을 말한다.

〔326〕 실, 솜, 효모, 소똥, 당밀, 발효유, 우유, 탈지유, 물, 풀

〔327〕 대로 만든 용기, 소금, 흙으로 빚어 만든 것, 흙, 재(災)

〔328〕 물고기, 새, 기름, 우유버터, 고기, 꿀, 짐승에게서 나는 다른 것들

〔329〕 (그외의) 다른 유사한 것들, 술, 쌀죽, 조리한 음식을 훔친 경우는 단다(벌금)를 두 배로 부과해야 한다.

〔330〕 꽃, 녹색 곡물, 관목, 덩굴, 나무, 그외 탈곡하지 않은 곡물의 경우 5끄리슈날라를 벌금으로 부과해야 한다.

〔331〕 탈곡한 곡물, 채소, 뿌리채소 그리고 과일의 경우는 (훔친 자가 주인의) 관계자[1]가 아니면 100(빠나)을, 그리고 관계자라면 100(빠나)의 반을 벌금으로 부과해야 한다.

역주 1) 같은 마을에 사는 자(꿀루까)를 말한다. 제8장 198절 참조.

〔332〕 (주인과) 관계자이면서 무력으로 이러한 일을 하면 폭력배요, 관계자가 아니면서 가지고 가서 부인하는 것은 도둑이다.

〔333〕 사용하려고 준비해 놓은 이러한 물건[1]들을 훔친 자, 집에서 불을 훔친 자에게 왕은 최저 (벌금)을 부과해야 한다.

역주 1) 제8장 326절 참조.

〔334〕 땅의 주인(왕)은 도둑이 어떤 신체 부위이든 사람에게 상해를 입힌 경우에 (재발을) 방지하는 뜻에서 (도둑의) 해당 부위를 절단해야 한다.

〔335〕 왕은 아버지, 스승(ācārya), 친구, 어머니, 처, 형제, 아들, 왕사제(王司祭)라고 해도 모두 그 다르마에 충실하지 않으면 단다(처벌)를 내려야 한다.

〔336〕 보통 사람들에게 1까르샤빠나의 벌금이 부과되고 왕에게는
일천(빠나)이 부과되니[1] 이것은 정해진 일이다.

[역주] 1) 왕은 브라만에게 납부하거나 바루나에게 바치는 의미로 부과된
벌금을 물에 던진다(꿀루까).

〔337〕 슈드라가 범한 도둑질 죄에 대해서는 (훔친 물건의) 여덟
배, 바이시야의 경우는 열여섯 배, 끄샤뜨리야의 경우에는 서른두
배를 부과하여야 한다.

〔338〕 브라만의 경우에는 예순네 배, 혹은 일백 혹은 예순넷의 두
배를 부과하여야 하니, 그는 잘잘못을 아는 자이기 때문이다.

〔339〕 마누께서 말씀하시기를, 나무에서 뿌리와 과일을 취하는 것,
불을 피우기 위해 나무를 가져가는 것, 소를 먹이기 위해 풀을 뜯어
가는 것은 도둑질이 아니라고 하였다.

〔340〕 제사나 학습의 대가라고 할지라도 (아직) 주지 않는 자의 손
에서 재물을 욕심내는 브라만은 도둑과 마찬가지이다.

〔341〕 길 떠난 재생자가 먹을 것이 떨어져 다른 자의 밭에서 사탕
수숫대 두 개 혹은 뿌리 두 개를 먹은 경우에는 단다(처벌)를 내리
지 않아도 된다.

〔342〕 묶여 있지 않는 가축을 묶어 매거나, 묶여 있는 것들을 풀
어놓거나, 종, 말, 수레를 가져가는 자는 도둑질한 죄를 범하는 것
이다.

[343] 왕은 이와 같이 도둑을 통제함으로써 이 세상에서는 명성을, 죽어서는 최고의 행복을 얻게 된다.

(14) 무력 행사

[344] 왕이 인드라좌, 불멸의 명성을 갖고자 한다면 무력[1]을 사용하는 자들을 일순간이라도 간과해서는 안된다.

> [역주] 1) 집에 불을 지르거나 강탈하는 것(꿀루까)을 말한다.

[345] 무력을 행사하는 자는 언어 폭력을 쓰는 자, 도둑, 몽둥이로 상해를 입히는 자보다 더 나쁜 죄인임을 알아야 한다.

[346] 무력 행사를 용서해 주는 땅의 주인(왕)은 곧 파멸하고 증오를 받게 된다.

[347] 왕은 만물에게 공포를 주는 무력자를 의리를 핑계로 풀어주거나, 큰 부(富)를 (핑계로) 풀어주어서는 안된다.

[348] 재생자는 그 다르마에 장애가 생긴 경우와 재생자 신분에 위기가 발생한 경우에 무기를 들 수 있다.

[349] 자신을 지키고자 하는 경우, (제사의) 보수를 받기 위한 경우, 여자나 브라만을 구해내는 경우, 그리고 다르마를 위해 살상하는 경우에는 죄인이 되지 않는다.

[350] 스승(guru), 아이, 노인, 학식이 풍부한 브라만일지라도 (그쪽에서 먼저) 살해하고자 접근하는 경우에는 가차없이 죽여도 된다.

[351] 어느 누구도 (먼저) 살해하고자 한 자를 죽이는 것은 공공연하게 하든 알지 못하는 가운데 하든 죄가 되지 않는다. 살의는 살의를 부르는 것이다.

(15) 남녀간의 교접

[352] 위대한 주인(왕)은 다른 사람의 처와 교접한 자를 공포를 일게 하는 단다(처벌)로 낙인을 찍어 추방해야 한다.

[353] 그런 일이 생기면 사람들 사이에 혼종신분이 생기게 되고, 아다르마(죄)로 인해 뿌리가 잘리게 되며, 모든 것이 파멸하게 된다.

[354] 이전에 그러한 죄로 고발당한 자가 (다시) 다른 자의 여자와 은밀하게 말을 나누면, 그에게는 최저의 벌금을 부과한다.

[355] 전에 그러한 죄로 고발당한 바가 있는 자가 이유가 있어 (여자와) 말을 나누는 것은 위반한 것이 아무 것도 없으므로 죄가 되지 않는다.

[356] 다른 자의 여자와 물가, 야외, 숲, 강가에서 말을 나눈 자는 상접한 것이라고 하였다.

[357] (선물을 주면서) 구애하는 것, (장난치며) 붙어 있는 것, 장신구나 옷을 만지는 것, 한 잠자리에 앉는 것, 이 모두가 상접한 것이라고 하였다.

[358] 만져서는 안되는 여자의 신체부위[1]를 만지거나, (여자로 하여금) 만지게 하거나, 서로 동의하여 한 행동은 모두 상접이라고

하였다.

역주 1) 가슴, 엉덩이 등(꿀루까)을 말한다.

〔359〕 브라만 아닌 자가 (남의 여자와) 상접한 경우에는 사형을 받을 수 있다. 네 신분의 여자들은 항상 최고로 보호되어야 하기 때문이다.[1]

역주 1) 제9장 1~13절 참조. 브라만인 경우 제8장 378~79절 참조.

〔360〕 걸식자, 음유방랑자, 수계의식(dīkṣā)을 치른 자,[1] 직인(織人)은 금지된 자[2]들이 아니니, 다른 자의 처와 말을 나눌 수 있다.

역주 1) 제사를 주관할 수 있는 자격을 받은 자(꿀루까)라는 의미이다.
2) 제4장 85절 참조.

〔361〕 금지된 자들은 다른 자의 처와 말을 나누지 말아야 한다. 금지된 자가 대화한 경우에는 1수와르나를 단다(벌금)로 부과할 수 있다.

〔362〕 이러한 법은 광대의 처 혹은 처로 인해 먹고 사는 자들의 처에 대해서는 적용되지 않는다. 이러한 자들은 그들 스스로 처를 보내 몰래 (다른 남자와) 관계하도록 하기 때문이다.

〔363〕 이러한 여자들, 한 남자가 쓰는 하녀, 여자 방랑자와 은밀하게 말을 나누는 자에게는 약간의 벌금만 부과한다.

〔364〕 처녀가 원하지 않는데도 그녀를 범한 자는 곧장 사형에 처할

수 있다. 동일한 (신분)끼리라면 원해서 그런 경우에는 두 사람 모두 체형을 받지 않는다.

〔365〕 처녀가 가장 높은 신분인 자와 즐긴 경우에는 벌금을 부과하지 않는다. 엉덩이 태생[1]과 즐겼을 때는 집에 연금시킨다.

역주 1) 제8장 270절 참조.

〔366〕 엉덩이 태생이 가장 높은 신분의 처녀와 즐기면 사형을 받고, 동일한 (신분의) 처녀와 즐기면 (처녀의) 아버지가 원하는 경우에 대가(śulka)를 지불해야 한다.

〔367〕 만용을 부려 처녀를 힘으로 범한 자는 바로 손가락 두 개를 절단해야 하며, 600(빠나)의 단다(벌금)를 부과할 수 있다.

〔368〕 동일한 신분의 처녀인데다 그 처녀가 원하여 그리한 경우에는 손가락을 절단하지 않으며, 관계를 끊게 하기 위해 200(빠나)의 벌금을 부과해야 한다.

〔369〕 만일 처녀가 또 다른 처녀에게 그리한 경우에는 200(빠나)을 벌금으로 부과하여야 하고, (보통 신부대의) 두 배로 대가를 지불하게 하고 채찍으로 열 대 쳐야 한다.

〔370〕 혼인한 여자가 처녀에게 그렇게 한 경우에는 당장 그 머리카락을 자르고, 두 손가락을 절단하며, 당나귀를 올라타는 벌을 부과하여야 한다.

〔371〕 여자가 그 친족이나 (자신의) 자질을 이유로 건방지게 남편

을 무시하는 경우에,[1] 왕은 많은 사람이 보는 가운데 개가 그 여자를 먹게 해야 한다.

역주 1) 남편이 있는데도 다른 남자와 성관계를 가지는 경우(꿀루까)를 말한다.

〔372〕 (여자와 관계를 가진) 죄 지은 남자는 뜨겁게 달군 철판에 태워야 한다. 거기에 장작을 놓아 죄인이 타서 죽게 해야 한다.

〔373〕 이미 죄를 지은 자가 일 년 안에 또 그리하면 두 배의 벌금을 부과해야 한다. 서계를 깬 자나 짠달라 여자와 동거한 자도 마찬가지이다.

〔374〕 슈드라가 재생자 신분(varṇa)의 여자와 동거하면, 보호자 없는 여자와 동거하는 경우에는 몸의 일부와 전재산을, 보호자가 있는 여자와 동거하는 경우에는 모든 것을 잃는다.

〔375〕 (브라만 여자와 동거하는) 바이시야는, 일 년간 투옥되고 전재산을 몰수하는 단다(형벌)를 받고, 끄샤뜨리야의 경우에는 일천(빠나)을 벌금으로 내고, 오줌물[1]로 머리를 깎아야 하는 단다(형벌)를 받는다.

역주 1) 노새의 오줌(꿀루까)을 쓴다.

〔376〕 바이시야나 끄샤뜨리야가 보호자 없는 여자를 가까이한 경우, 땅의 주인(왕)은 바이시야에게 500(빠나), 끄샤뜨리야에게는 일천(빠나)의 벌금을 부과하여야 한다.

〔377〕이 두 경우 중 보호자가 있는 브라만 여자인 경우, (남자는) 슈드라와 같은 단다를 받거나 마른 풀에 불 붙듯 불에 타 죽을 수도 있다.

〔378〕보호자가 있는 브라만 여자를 무력으로 강간한 브라만에게는 일천(빠나)을 단다(벌금)로 부과해야 하며, 여자가 원하여 함께 성 관계를 가진 경우에는 500(빠나)을 부과해야 한다.

〔379〕브라만에게는 삭발이 사형(과 동일한 것)으로 규정된 일이지만, 다른 신분(varṇa)들은 사형의 단다에 처해야 한다.

〔380〕브라만은 어떤 죄를 짓더라도 죽이지 않는다. 그러한 경우, 재산은 그냥 두고 상처도 내지 않은 채로 왕국에서 추방을 해야 한다.

〔381〕이 땅에 브라만을 죽이는 것보다 더 무거운 아다르마(죄)는 없다. 그러므로 왕은 마음으로라도 브라만을 죽이는 일은 생각하지 말아야 한다.

〔382〕바이시야가 보호자가 있는 끄샤뜨리야 여자를 범한 경우, 끄샤뜨리야가 바이시야 여자를 범한 경우에는 둘다 보호자 없는 브라만 여자를 범한 경우와 같은 단다를 받는다.

〔383〕브라만이 보호자가 있는 그 두 신분의 여자들을 범한 경우, 일천(빠나)의 단다(벌금)를 부과해야 한다. 끄샤뜨리야나 바이시야 남자가 슈드라 여자를 (범한) 경우는 일천(빠나)의 벌금을 부과해야 한다.

〔384〕바이시야 남자가 보호자 없는 끄샤뜨리야 여자를 (범한) 경

우, 500(빠나)의 벌금을 부과해야 한다. 끄샤뜨리야의 경우에는 오줌물로 삭발하거나 원하면 단다(벌금)만 납부해도 된다.

〔385〕브라만이 보호자 없는 끄샤뜨리야, 바이시야, 슈드라 여자를 범한 경우에는 500(빠나)의 단다(벌금)를 납부하여야 하고, 가장 낮은 신분의 여자를 (범한) 경우는 일천(빠나)을 납부하여야 한다.

〔386〕마을에 도둑이 없고, 여자를 범하는 자가 없으며, 언어 폭력을 쓰는 자가 없고, 무력[1]을 사용하는 자, 강도짓을 하는 자가 없게한 왕은 샤끄라(Śakra)[2]의 세계를 얻는다.

역주 1) 집에 불을 지르기 등(꿀루까)이다.
　　 2) 인드라의 다른 이름이다.

〔387〕자신의 땅에서 이들 다섯에게 제재를 가하는 왕은, 동일한 태생들 가운데 최고의 왕권을 갖게 되고 세상 사람들 가운데 명성을 얻게 된다.

기타 소송의 해결

〔388〕특별한 하자가 없는데도 제주가 제관(rtvij)을 취소하거나, 제관이 제주를 취소하는 경우에는 100(빠나)의 벌금을 부과해야 한다.

〔389〕어머니, 아버지, 처, 아들을 버려서는 안된다. 이러한 자들이 빠띠따가 되지 않았으면 왕이 그들에게 600(빠나)의 벌금을 부과해야 한다.

〔390〕 각각의 인생기에 있는 재생자들 사이에 어떤 일¹⁾에 대해서 서로 논쟁이 생긴 경우, 자신의 이득을 원하는 왕은 다르마에 대하여 말하지 말아야 한다.

> 역주 1) 각 인생기(āśrama)에 따르는 의무 혹은 경전(śāstra)의 해석에 관한 입장에 대해서 논쟁이 생긴 경우(꿀루까)를 말한다.

〔391〕 땅의 주인(왕)은 적절한 예를 표하고 나서 먼저 브라만과 함께 그들을 부드럽게 진정시키고 (그후) 각자의 다르마를 설명해야 한다.

〔392〕 브라만이 스무 명의 재생자를 초대하는 좋은 일¹⁾을 벌이면서 옆집과 그 이웃의 사람들을 불러 음식대접을 하는 데에 소홀히 한 경우에는 1마샤²⁾의 단다(벌금)를 부과할 수 있다.

> 역주 1) 잔치를 벌이는 일(꿀루까)이다.
>   2) 제8장 135절 참조.

〔393〕 베다에 정통한 자(브라만)가 베다에 정통한 다른 자들을 잔치에서 훌륭히 대접하지 못하는 경우에 그는 음식값의 두 배를 벌금으로 물어야 하며, 1마샤의 금이 부과된다.

〔394〕 장님, 바보, 곱추, 칠십 노인, 베다에 정통한 자를 우대하는 자에게는 세금을 부과하지 말아야 한다.

〔395〕 왕은 베다에 정통한 자, 병든 자, 고통 속에 있는 자, 어린 아이, 노인, 아무 것도 가진 것이 없는 자, 훌륭한 가문에서 난 자, 아리야를 항상 섬겨야 한다.

〔396〕세탁부는 살말리 나무판에 대고 조심스럽게 옷을 빨고, (주인 아닌) 다른 사람에게 가져다주어서는 안되고, (주인 아닌) 다른 사람이 옷을 입게 해서도 안된다.

〔397〕직물공은 (옷감을 짜기 위해) 10빨라(의 실)를 받았다면 (다 짜서 줄 때) 11빨라를 돌려주어야 한다. 그렇게 하지 않으면 열두 (빠나)의 벌금을 내야 한다.

〔398〕통관세를 내는 장소와 상품의 가격을 아는 자가 물건의 가격을 정하면 왕은 그 수입의 20분의 1을 취한다.

〔399〕왕과 관련된 것으로 알려진 상품,[1] 왕이 (수출을) 금지한 상품을 욕심을 부려 다른 지역으로 가지고 가는 경우 왕은 그의 모든 재산을 몰수해야 한다.

역주 1) 코끼리, 말 등과 이들에게 부수적으로 필요한 것들(꿀루까)을 뜻한다.

〔400〕왕은 세관을 피하는 자, 때가 아닐 때 매매하는 자, 거짓으로 (수량을) 말하는 자에 대해서는 그가 속인 세금의 여덟 배를 (벌금으로) 부과하여야 한다.

〔401〕물건의 매매는 얼마나 멀리에서 가져오는가, 어디로 보내는가, 이득과 손실은 어떠한가. 이 모든 것을 고려해야 한다.

〔402〕닷새째 밤마다 혹은 보름 기간의 마지막 날마다 왕은 공개적으로 그 물건들의 가격을 결정해야 한다.

[403] 모든 도량형은 잘 표시해야 하며, 여섯 달마다 다시 검사해야 한다.

[404] 배로 (짐이 가득한) 수레를 실어 나르는 운임은 1빠나를 내야 하며 (짐만 있는) 사람은 그것의 반, 가축이나 여자는 사분의 일, 짐 없는 사람은 그것의 반(을 내야 한다.)

[405] 짐이 가득한 수레는 각기 그 (물건의) 가치에 따라 운임을 물어야 하며, 짐이 없는 자는 무엇이든 조금만 내면 된다.

[406] 장거리 항해에 있어서 운임은 거리와 시간에 따라 내야 한다. 이것은 강을 따라 갈 때에만 적용되는 것이고 바다의 경우는 정해진 바는 없다.

[407] 두 달 후면 해산할 여자, 유랑자, 은자, 징표가 있는 브라만[1]은 운임을 물지 않도록 해야 한다.

역주 1) 첫번째 인생기 중에 있는 금욕학습자(꿀루까)를 의미한다.

[408] 무엇이든 선원들의 과실로 (승객들이) 손해를 입었으면, 그 선원들이 각자의 부분을 맡아 한꺼번에 모두 배상해야 한다.

[409] 이상은 물 위에서 선원들의 과실에 관하여 승객들이 제기하는 소송과 관련하여 정해진 바, 천재(天災)인 경우에는 제재를 당하지 않는다.

[410] 바이시야는 상업, 대금(貸金), 농업, 가축사육에 종사하고, 슈드라는 재생자들의 종이 되어야 한다.[1]

역주 1) 제8장 413절 참조.

[411] 브라만은 끄샤뜨리야와 바이시야의 생계가 궁핍할 때, 자비로써 신분에 따라 정해진 까르마(일)를 주어서 도움을 베풀어야 한다.

[412] 브라만이, 욕심으로 인해 입문의식을 치른 재생자들로 하여금 그들의 뜻과 무관하게 종의 일을 하게 하면 왕은 그에게 600(빠나)의 단다(벌금)를 부과하여야 한다.

[413] 슈드라는 산(買) 경우든 아니든 종으로 부릴 수 있으며, 이는 자생자가 그를 브라만의 종으로 창조했기 때문이다.[1]

역주 1) 제1장 91절 참조.

[414] 주인이 그를 면천해준 경우라도 슈드라는 종의 신분에서 풀려나지 못한다. 본래 그렇게 태어났으니 누가 그것을 빼낼 수 있는가?

[415] 깃발 아래[1] 붙잡혀온 경우, 먹는 것만을 조건으로 종이 된 경우, 종에게서 태어난 경우, 팔려온 경우, (증물로) 보내진 경우, 조상 대대로 물려내려온 경우, 단다에 의해 그리된 경우, 이것이 종이 되는 일곱 가지 연유이다.

역주 1) 전쟁(꿀루까)을 뜻한다.

[416] 처, 아들, 종, 이 셋에게는 재산이 있을 수 없다고 하였다. 그들의 재산이란 모두 그들이 속한 자의 것이기 때문이다.

[417] 브라만은 슈드라로부터 주저할 것 없이 물건을 취할 수 있

다. 그의 재산이란 것은 아무 것도 없고, 그의 재산은 주인이 취하기 때문이다.

〔418〕 바이시야와 슈드라로 하여금 각기 그 직무를 열심히 수행하도록 해야 한다. 이들이 직무를 게을리하면 이 세상을 혼란에 빠뜨리게 되기 때문이다.

〔419〕 하루 일의 종결, 짐승이 끄는 수레의 상태, 수입과 지출, 광산과 국고를 항상 살펴야 한다.

〔420〕 이상과 같이 제기되는 모든 소송들을 해결한 왕은 모든 죄를 털고 지고의 자리를 얻게 된다.

제9장

---

(16) 부부의 의무

처의 보호

〔1〕 이제 다르마의 길을 가는 남자와 여자가, 함께 있을 때나 떨어져 있을 때나 지켜야 할 영원한 다르마에 대해 말하겠다.

〔2〕 남자는 밤이든 낮이든 여자가 독립하지 못하도록 해야 한다. 그들은 감각적인 것에 몰두하니, 통제해야 한다.

〔3〕 어려서는 아버지가 보호하고, 젊어서는 남편이 보호하며, 늙어서는 아들이 보호하니, 여자는 독립하지 못한다.[1]

역주 1) 제5장 148절 참조.

〔4〕 적절한 시기[1]에 딸을 주지 않는 아버지는 비난받고, (처를) 가까이 두지 않는 남편도 비난받을 것이며, 남편이 죽은 후 어머니를 보호하지 않는 아들 또한 비난받는다.

역주 1) 8세부터 초경이 있기 전(메따티티) 혹은 초경 전(꿀루까, 난다
나, 마니라마, 고윈다라자)으로 본다.

〔5〕 처는 적은[1] 접촉[2]에도 특별히 보호받아야 한다. 보호받지 못한
여자는 두 집안에 고통을 주기 때문이다.[3]

역주 1) 적은 인원(고윈다라자) 혹은 적은 수의 윗사람들(난다나)을 접할
때라도 보호받아야 한다.
2) 모르는 사람과 대화하는 등 옳지 못한 접촉(메다띠티, 나라야나,
꿀루까, 난다나, 라마짠드라, 마니라마) 혹은 춤, 노래, 다른 사
람 집에 가는 것(라가와난다) 등이다.
3) 제8장 359절 참조.

〔6〕 남편은 모든 신분의 최고 다르마를 각성하고, 설령 자신이 허
약할지라도 처는 보호해야 한다.

〔7〕 능력껏 처를 보호하는 것은 자기 자손, 성품, 가문, 자신, 그리
고 그의 다르마를 보존하는 것이다.

〔8〕 남편은 처의 태(胎)로 들어가 다시 태어난다. 처로부터 다시
태어나기(jāyate) 때문에 처를 자야(jāyā)라고 부른다.

〔9〕 여자가 받아들이기에 따라[1] 그에 걸맞는 자식이 태어난다. 그
여자로부터 자손이 정결하게 태어나게 하기 위해 여자를 애써 보호
해야 하는 것이다.

역주 1) 성교할 때 얼마나 마음을 집중시켰는가에 따라(나라야나, 라마짠
드라) 혹은 경전에 부합되게 혹은 거스르게 한 바에 따라(꿀루
까, 라가와난다, 마니라마, 고윈다라자) 자식이 태어난다.

[10] 누구도 힘만으로는 여자를 완전히 보호할 수 없으며, 다음과 같은 방법을 통해서 그들을 완전히 보호할 수 있다.

[11] 재산을 모으고 쓰는 일, (집안을) 정결히 유지하는 일, 다르마 (의식), 요리, 집안의 물건을 챙기는 일들은 여자에게 맡겨야 한다.

[12] 믿을 만한 사람들이 집안에서 지켜주어도 안전한 것이 아니다. (여자는) 자기가 자기를 보호할 수 있어야 안전하다.

[13] 술 마시는 것, 좋지 않은 사람들과 어울리는 것, 남편과 헤어지는 것, 돌아다니는 것, 잠자는 것,[1] 다른 사람의 집에 머무는 것은 여자를 망치는 여섯 가지이다.

> 역주 1) 잘 시간이 아닌데 자는 것(꿀루까, 마니라마, 라가와난다)을 말한다.

여자의 본성

[14] 여자들은 외모를 살피지 않으며 나이에도 매이지 않는다. 잘생겼든 못생겼든 (상대가) 남자라는 것에 즐거워한다.[1]

> 역주 1) 매달린다(메다띠티, 꿀루까, 라가와난다)는 의미이다.

[15] 천성적인 남자에 대한 관심, 번덕스러움, 인정없는 본성 때문에 (여자들은) 애써 보호해줘도 남편에게 순종하지 않는다.

[16] 남자는 쁘라자빠띠가 창조하신 (여자의) 천성을 알아, (여자를) 보호하는 데 최선을 다하여야 한다.

〔17〕 잠자리, 앉는 자리, 장신구, 욕정, 분노, 부정직, 사악함, 나쁜 행동거지는 마누께서 (여자의 것으로) 정한 것이다.

〔18〕 여자들에게는 다르마(법)로 정해진 베다 구절로써 행하는 의식이 없다. (여자는) 분별력이 모자라고 베다 구절을 취할 수 없기 때문에 허구이다. 이것은 정해진 바이다.

〔19〕 또한 베다에도 (그 여자들의) 본성을 보여주는 계시들이 나오니, 그들이 (저지른 죄를) 사하는 것에 대해 들어보라.

〔20〕 '내 어머니가 욕망에 빠져 남편에 대한 서계를 지키지 못하였으니, 아버지는 그 정액[1]을 내게서 멀리 있게 하기를[2],[3] 이것은 (여자의 천성을 보여주는 구절의) 좋은 예이다.

[역주] 1) 어머니에게 묻어 있는 정액(메다띠티, 라가와난다, 마니라마, 고원다라자)을 말한다.
2) 주석가들은 '정결케 하기를'(꿀루까, 라가와난다) 혹은 '받아들이기를'(메다띠티, 난다나)의 의미로 해석했다.
3) 『아빠스땀바 다르마수뜨라』(*Āpastambha Dharmasūtra*) 제1장 99절, 『샹카야나 그리히야수뜨라』(*Śaṅkhāyana Gṛhyasūtra*) 제3장 제13편 5절에 유사한 상황을 설명하는 구절이 있다(메다띠티).

〔21〕 무엇이든 손을 잡아준 자[1]가 바라지 않는 것을 마음으로라도 범하는 경우에는, 이 베다 구절이 그 죄를 사하여 준다.

[역주] 1) 남편(메다띠티, 꿀루까, 라가와난다, 마니라마, 고원다라자)을 말한다.

〔22〕 여자는 어떤 성품을 가진 남편이든 법도에 따라 그와 맺어지

면, 그에 맞는 여자가 되어야 한다. 강물이 바다에 맞는 것처럼.

[23] 비천한 태생인 악샤말라(Akṣamālā)도 바시슈타와 결합하였고, 샤랑기(Śāraṅgī)도 만다빨라(Mandapāla)와 결합하여 매우 존경받게 되었다.

[24] 이외에도 세상의 여러 다른 낮은 태생의 여자들이 각자 남편의 성품에 따라 훌륭한 여자들이 되었다.

정숙한 여자

[25] 이렇게 해서 여자와 남자가 해야 할 방도를 말했으니, 이제 이 세상과 저 세상에서 행복을 주는 자식에 대한 다르마를 알라.

[26] 자식을 낳고, 큰 복을 가지고 있으며, 경배를 받을 만하며, 집을 빛나게 해주는 여자는 가정의 슈리와 조금도 다름이 없다.

[27] 여자는 자식을 낳는 일, 태어난 자식을 양육하는 일, 매일의 일상적인 일에 있어 직접적인 기반이다.

[28] 자식, 제사, 뒷바라지, 최고의 성희(性戱), 그리고 조상들과 자신의 천상이 처에게 달려 있다.

[29] 남편에게 충성스러운 여자, 마음, 말 그리고 몸을 절제하는 여자는 (다음 세상에서) 남편의 세계를 얻고, 현자들이 정숙한 여자(sādhvī)라고 부르게 된다.

[30] 남편에게 충성스럽지 못한 여자는 이 세상에서 비난받고 자칼의 자궁에서 태어나게 되어 죄악과 질병에 시달리게 된다.

아들의 귀속문제

〔31〕 (이제) 예로부터의 현인과 위대한 선인들께서 내리신 아들에 대해서 말씀을 들으라. 이것은 세상에 난 모두에게 공덕을 내리는 것이다.

〔32〕 아들은 남편에 속하는 것이라고들 한다. (아버지가) 그 주인임은 계시서에 두 가지 이유로 설명하니, 혹자는 낳게 한 자이므로 그렇다고 하고, 혹자는 또 밭의 주인이므로 (그러하다고 한다.)[1]

역주 1) 제9장 167절 참조.

〔33〕 여자는 밭이요, 남자는 씨라고 한다. 밭과 씨가 결합함으로써 몸을 가지는 모든 것이 생겨나는 것이다.

〔34〕 어떤 곳에서는 씨가 뛰어나고, 어떤 곳에서는 여자의 자궁이 (뛰어나니) 양자가 동등한 곳에서 난 자가 가장 뛰어나다.

〔35〕 씨와 자궁 가운데 씨가 중요하다고 말한다. 만물의 자손을 보면 씨의 특성이 나타나기 때문이다.

〔36〕 씨가 제때에 밭에 뿌려지면 그 밭에서 씨와 닮은 성품들로 만들어진 것이 싹튼다.

〔37〕 이 땅이 만물의 영원한 자궁이라 불리기는 하지만, 그 어떤 씨도 자궁의 조건이 좋다고 해서 싹트는 것은 아니다.

〔38〕 농부가 파종시기에 맞추어 같은 땅, 같은 밭에 씨를 뿌리더라도 씨들은 각기 (제 본성에 따라) 싹을 틔운다.

〔39〕 브리히 쌀, 샬리 쌀, 녹두, 깨, 마샤 콩, 보리, 마늘, 사탕수수
는 그 씨에 따라 그대로 싹이 튼다.

〔40〕 심은 것과 다른 것이 생겨나는 일은 없다. 심은 씨와 같은 것
이 싹트기 때문이다.

〔41〕 그러므로 현명하고, 겸손하고, 지식과 지혜[1]를 갖추고, 장수
를 바라는 자는 다른 남자의 여자에게 씨를 뿌리지 말아야 한다.

역주 1) jñānavijñānaveda : 베당가와 언변술(메다띠티) 혹은 다르마에
　　　 관한 것과 세속적인 것(나라야나, 라마짠드라) 혹은 세속적 지식
　　　 과 경전에 나오는 지혜(난다나) 등의 해석이 있다.

〔42〕 (그래서) 과거를 보는 자는, 남자가 다른 여자에게 씨를 뿌려
서는 안된다는 바유의 노래를 부르는 것이다.

〔43〕 이미 뚫린 구멍을 화살로 다시 쏘는 것은 소용없는 일이니, 다
른 자의 여자에게 씨를 뿌리는 것은 그와 같이 소용없는 일이다.

〔44〕 과거를 보는 자는 이 땅(pṛthvi)을 쁘리투(Pṛthu)[1]의 처라고
하였으니, 밭도 (그 위를) 쓸어내고 차지한 자의 것이요, 사슴도 화
살로 맞춘 자의 것이라고 한다.

역주 1) 제7장 42절 참조.

〔45〕 이와 같이 남자란 처와 자신과 자식으로 (완전하게) 되니, 현
자들은 남편이 바로 처라고 말한다.

〔46〕 (여자를) 팔거나 버린다고 해서 여자가 남편의 처라는 사실로부터 해방되는 것이 아니다. 우리는 이것이 쁘라자빠띠가 태초에 창조한 다르마(법)라는 것을 알고 있다.

〔47〕 (재산을) 나누기 전에 일단 준 것, 처녀를 일단 준 것, '주겠다'고 말한 것, 이 세 가지는 영원히 가는 것이다.

〔48〕 암소, 암말, 암낙타, 하녀, 암물소, 암염소, 암양의 경우, 새끼가 생기게 한 자는 새끼를 소유할 수 없다. 이와 마찬가지로 다른 여자에게서 (난 자식) 또한 그러하다.

〔49〕 밭의 주인이 아니면서 그 밭에 씨를 뿌린 자는 거기에서 난 수확을 절대로 취할 수 없는 것이다.

〔50〕 황소가 다른 주인의 암소에게서 새끼 백 마리를 낳는다 해도, 그 새끼들은 암소 주인의 것이니 황소가 정액을 쏟아 붓는 것은 소용없는 일이다.

〔51〕 마찬가지로 그 밭의 주인이 아닌 자가 씨를 그 밭에 뿌리면 밭 주인이 이득을 보는 것이지, 씨 뿌린 자는 아무런 수확도 얻지 못한다.

〔52〕 밭 주인과 수확에 대해 협상하지 않고 씨를 뿌리면 명백히 밭 주인이 이득을 보는 것이다. 씨보다는 자궁이 더 중요하기 때문이다.

〔53〕 수확에 대해 합의를 본 경우에만 씨 뿌린 자와 밭 주인 두 사람이 나누어 가진다.

〔54〕 물이나 바람에 휩쓸려 씨가 다른 자의 밭에 가 싹이 트는 경우 그것은 그 밭 주인의 것이고, 씨의 주인은 아무런 열매도 얻지 못한다.

〔55〕 암소, 암말, 하녀, 암낙타, 암염소, 암양 그리고 암새, 암물소의 새끼에 대한 다르마가 이러함을 알아야 한다.

〔56〕 이렇게 해서 씨와 다른 것(모태)의 관계에 대해 중요한 사실을 말했다. 이제 곤란한 때에 있어서 여자들이 지켜야 할 최고의 다르마에 대해 말하겠다.

니요가
〔57〕 동생은 형수를 사모(師母)처럼, 형은 제수를 며느리처럼 생각해야 한다고 하였다.

〔58〕 형이 제수와 혹은 동생이 형수와 때가 아닐 때 함께 다니면[1] (그 둘이) 니요가(niyoga)[2]의 경우라 해도 빠띠따가 된다.

역주 1) 성관계를 가지는 것(라가와난다) 혹은 자식을 얻는 목적이 아닌 성관계를 가지는 것(꿀루까)을 의미한다.
　　　2) 제9장 59절, 120~21절, 143~47절, 165절, 167절 참조.

〔59〕 자손을 잇지 못하는 경우, 여자가 자식을 원하면 니요가로서 남편의 형제 혹은 일가 사람으로부터 (자식을) 얻을 수 있다.

〔60〕 과부의 니요가 상대가 된 자는 밤에 (몸에) 우유버터를 바르고, 말을 삼가며 (과부에게 가되), 아들 하나만 얻을 수 있을 뿐, 두번째는 절대 안된다.

〔61〕 그것에 대해 달리 아는 자들은 아들 하나만 낳는 것은 두 사람의 니요가의 목적을 달성하지 못하는 것으로 간주하여, 다르마에 합당하게 하기 위해 그 여자에게서 두번째 아들도 낳아야 한다고도 한다.

〔62〕 과부에 대한 니요가의 목적이 법도에 따라 달성되고 나면, 서로 스승(guru)과 며느리에게 하듯 행동해야 한다.[1]

> 역주 1) 남자가 어리더라도 윗사람으로 대해야 한다(메다띠티, 나라야나, 꿀루까, 라가와난다, 난다나, 마니라마, 바루찌)의 뜻이다.

〔63〕 니요가의 법도를 어기고 까마(애욕)에 따라 행동하면, 그 둘은 며느리나 스승의 잠자리를 더럽힌 자[1]들로서 빠띠따가 된다.

> 역주 1) 아버지나 스승의 처와 동침한 자(메다띠티, 꿀루까, 라가와난다, 고윈다라자)를 뜻한다.

〔64〕 재생자들은 과부를 다른 자에게 니요가를 하게 해서는 안된다.[1] 다른 곳에 니요가를 하게 하는 것은 영원한 다르마를 해치는 것이기 때문이다.

> 역주 1) 남편이 고자가 아니거나 혹은 남편이 병에 걸려 자식을 낳을 수 없는 경우가 아니면 니요가를 하게 해서는 안된다(메다띠티) 혹은 일가 외의 사람과 니요가를 하게 하면 안된다(라마짠드라) 혹은 남편형제들과라도 니요가를 하게 하면 안된다(꿀루까, 마니라마, 고윈다라자). 이 구절 이하의 세 구절(64~66절)은 지금까지 본문에서 이야기해온 내용과 크게 모순된다.

〔65〕 베다의 혼인구절 어디에도 니요가에 대한 언급은 없으며, 혼인법규에도 과부를 취하는 경우가 언급된 바는 없다.

[66] 현명한 재생자들은 이를 짐승의 다르마라고 비난하였으니, 이것은 베나가 왕국을 통치할 때부터 사람들 사이에 있어왔다.[1]

역주 1) 제7장 41~42절 참조.

[67] 오래 전에 왕립 선인 쁘라와라(Pravara)가 육정으로 마음이 망가져 신분들을 섞기 시작했다.

[68] 그 이후로 선한 자들은, 자식을 얻기 위해 과부를 니요가로 만드는 미혹에 빠진 자들을 비난하였다.

[69] 처녀의 정혼한 자가 죽은 경우에 남편의 형제는 그 여자를 다음과 같은 규칙(vidhāna)에 따라 취해야 한다.

[70] 법도에 따라 흰옷을 입고 정(淨)함의 서계[1]를 한 여자에게 가되, 수태가 될 때까지 매달 가임기[2]에 한 번씩만 서로 즐긴다.

역주 1) 몸, 언어, 마음의 정조(라가와난다, 고윈다라자) 혹은 해산할 때까지와 그후에 정숙하게 행동하겠다는 서약(나라야나, 라마짠드라)의 의미이다.
　　2) 제3장 45~47절 참조.

혼인의 무효

[71] 사려 깊은 자는 처녀를 어떤 사람에게 주기로 약속하고서 다른 사람에게 주어서는 안된다.[1] (일단 구두로라도) 준 처녀를 다른 자에게 주면 거짓사람(이라 불리는 죄)[2]을 갖게 되기 때문이다.

역주 1) 구두언약을 한 신랑이 죽었을 경우에도 다른 곳에 혼인시키면 안된다(메다띠티, 꿀루까).

2) 사람을 납치하는 죄(제8장 98절 참조. 메다띠티) 혹은 천 명이
거짓말을 한 죄(꿀루까, 라가와난다, 마니라마)이다.

〔72〕 법도에 따라 받아들인 경우라도, (여자가) 비난받는 자이거
나, 질병이 있거나, 정조를 잃었거나, 속아서 받아들인 경우라면 버
릴 수 있다.

〔73〕 처녀에게 결함이 있음을 말하지 않고 증물로 주는 나쁜 자는
헛되다.[1]

역주 1) 제8장 205절, 224절 참조.

남편 부재시 여자의 생계
〔74〕 (먼길을 갈) 일이 있는 남자는 처의 생계를 준비해놓고 길을
떠나야 한다. 아무리 곧은 여자라고 해도 가난에 고통받으면 타락
할 수 있기 때문이다.

〔75〕 생계를 준비해두고 나가 있는 동안 (여자는) 절도 있는 생활을
해야 한다. 준비해두지 않고 떠난 경우에는 비난받지 않을 기술[1]을
써서 살아가야 한다.

역주 1) 바느질 등(메다띠티, 나라야나, 꿀루까, 라가와난다, 라마짠드라,
마니라마)을 말한다.

〔76〕 남자가 다르마(의무)와 연관된 일을 목적으로 떠난 경우에는
8년을, 학문이나 명성을 위한 경우에는 6년을, 까마(욕망) 때문인
경우[1]에는 3년을 기다려야 한다.

[역주] 1) 다른 여자를 얻는 경우(꿀루까, 나라야나, 마니라마)이다.

처의 기득권 상실

〔77〕 여자가 (남편을) 싫어하면 그는 일 년간 기다려보고, 일 년이 넘으면 그 여자의 물건을 빼앗고 함께 살지 말아야 한다.[1]

[역주] 1) 이하 84절까지에 나타난 것은 이혼이 허용된다는 의미가 아니고 중혼이 허용된다는 의미이다. 제9장 85~87절 참조.

〔78〕 (남편이) 난봉꾼이거나 주정뱅이, 병자라 하여 공격하는[1] 여자는 장신구와 살림살이[2]도 빼앗고 석 달 동안 버려야 한다.

[역주] 1) 명령에 복종하지 않는 것(메다띠티, 나라야나, 꿀루까, 라가와난다, 라마짠드라, 마니라마)을 말한다.
    2) 이불 등(꿀루까) 혹은 그릇, 항아리, 데려온 종 등(메다띠티)이다.

〔79〕 (남편이) 미친 자이거나, 빠띠따이거나, 고자, 씨가 없는 자이거나, 죄로 인해 병을 앓고 있는 자인 경우에는 여자가 그를 싫어하더라도 버리거나 재산을 빼앗지 않는다.

〔80〕 (여자가) 술을 마시거나, 행실이 나쁘거나, 반항적이거나, 병들어 있거나, 포악하거나, 낭비하는 경우에는 항상 다른 여자로 대체할 수 있다.

〔81〕 여자가 8년간 아이를 못 낳으면 다른 여자로 대체할 수 있다. 자식이 죽으면 10년 후, (여자가) 딸만 낳으면 11년 후, 그리고 말을 함부로 하는 경우에는 당장에 (다른 여자로 대체할 수 있다.)

〔82〕 (처가) 병들어 있으나 행실이 좋고 정숙한 경우는 처의 허락

을 얻어야 다른 여자로 대체할 수 있으며, (처는) 언제든지 무시당하지 않는다.

〔83〕 다른 여자로 대체한다고 해서 화를 내고 집을 나가는 여자는 바로 잡아 가두거나 가족들이 보는 앞에서 버려야 한다.

〔84〕 (여자가) 금지된 때에[1] 잔치에서라고 하더라도 술을 마시거나, 공연 모임에 가면 6끄리슈날라를 (벌금으로) 부과해야 한다.

[역주] 1) 아버지나 가족이 금지한 기간(메다띠티)이다.

신분이 다른 처

〔85〕 만일 재생자가 동일한 신분의 여자, 다른 신분의 여자와 모두 혼인한 경우에는, 그들의 신분에 따라서 (높은 신분의 여자를) 어른으로 섬기게 하고 옷차림도 그에 따르게 한다.

〔86〕 남편의 몸시중, 제사, 일상적인 일을 돌보는 것은 동일한 신분의 처가 해야 하며 다른 신분의 처가 해서는 절대 안된다.

〔87〕 동일한 신분의 처가 살아 있는데도 어리석게도 다른 처로 하여금 그 일을 하게 하는 자를 옛 사람들은 브라만 짠달라라 했다.

딸을 혼인시키는 일

〔88〕 (딸의 혼기가) 차지 않았더라도,[1] 훌륭하고, 용모가 수려하며, 동등한 (자격의) 배필이 있으면 그에게 법도에 따라 딸을 주어야 한다.

[역주] 1) 주석가들은 아직 욕정을 느끼지 못하는 나이 혹은 6~8세(메다띠

티) 혹은 8세(나라야나, 꿀루까, 라가와난다, 라마짠드라)로 보았다.

[89] 설령 처녀의 초경이 지나더라도 자질이 좋지 못한 자에게는 딸을 주어서는 안된다. 차라리 그보다는 죽을 때까지 집에 머물게 하는 것이 낫다.

[90] 당혼하면 처녀는 3년간 기다려보고, 혼기가 지나면 스스로 동등한 (신분의) 남편감을 고를 수 있다.

[91] 신랑을 골라주지 않으면, 여자가 스스로 신랑을 찾아나설 수 있다. 이렇게 하는 것은 여자가 잘못하는 것이 아니며, 그 상대도 죄를 짓는 것이 아니다.

[92] 스스로 신랑을 고른 처녀는 아버지, 어머니, 형제에게서 패물을 받지 말아야 하니 만일에 가지고 가면 그것은 훔쳐 가는 것이다.

[93] 당혼한 여자를 데리고 가는 자는 그 아버지에게 대가를 주지 말아야 한다.[1] 때를 놓치는 것은 오히려 아버지의 (자식에 대한) 주인됨이 위협받는 것이기 때문이다.

역주 1) 제3장 51~54절, 제9장 98절 참조.

혼인 연령

[94] 서른 살된 자는 서둘러[1] 마음에 드는 열두된 살 여자를, 스물네 살된 남자는 여덟 살된 여자를 취한다. 그러지 않으면 다르마(의무)를 수행함에 있어 곤란하게 되기 때문이다.

역주 1) 학습이 끝나는 대로 바로(꿀루까, 바루찌)의 뜻이다.

처의 의의

〔95〕 남편은 신이 주시는 처를 취하니, 자기가 원하는 대로 취하지 않는다. 항상 신들을 기쁘게 하는 정숙한 여자를 받들어야 한다.

〔96〕 여자는 아이를 낳기 위하여, 남자는 대를 잇기 위하여 창조되었으니, 계시에 따라 평상시의 다르마(의식)는 처를 동반하고 치러야 한다.

딸의 혼인에 대한 대가 금지

〔97〕 (처녀의 아버지에게) 처녀에 대한 대가를 지불한 후 대가를 지불한 자가 죽으면, (그 아버지는) 처녀에게 동의를 구하여 (처녀를) 그 남자의 형제에게 주어야 한다.

〔98〕 아무리 슈드라라도 딸에 대해 대가라고 불릴 만한 것은 받지 말아야 한다. 대가를 받는 것은 딸을 파는 것이기 때문이다.

〔99〕 과거나 지금이나 선한 자들은 (딸을) 한 남자에게 약속하고는 다른 사람에게 주는 짓은 하지 않는다.

〔100〕 대가라고 이름 붙인 재물을 받고 딸을 파는 일은 이전에도[1] 들어보지 못했다.

> 역주 1) 전생이나 다른 우주의 시간단위인 겁(劫)에도(메다띠티, 나라야나, 꿀루까, 라가와난다, 마니라마)의 뜻이다.

부부의 다르마

〔101〕 (부부는) 서로에 대해 죽을 때까지 충실해야 한다. 이것이 여자와 남자가 지켜야 하는 다르마의 요체임을 알라.

〔102〕 (혼인)의식을 치른 남자와 여자는 서로 헤어지지 않고, 서로에게 충실치 못한 행동을 하지 않도록 꾸준히 노력해야 한다.

〔103〕 여자와 남자의 성(性)과 관계된 다르마, 어쩔 수 없을 때 자식을 얻는 법에 대해 말했으니, 이제 유산분배에 대해 알라.

(17) 유산분배

동일 신분의 처와 자식 사이의 유산분배

〔104〕 부모가 사망한 후, 형제들이 모여서 부모의 재산을 동등하게 분배한다. 부모가 살아 있는 동안에는 (자식들에게 재산에 대한) 소유권이 없기 때문이다.

〔105〕 장자는 부모의 재산을 모두 취하며, 나머지는 아버지에게 의지해 살듯 그에게 의지해서 살아야 한다.

〔106〕 장자는 태어나는 것만으로 남자로 하여금 아들을 가진 자가 되게 하고, 조상에 대한 의무에서 풀려나게 하므로[1] 그는 모든 것을 가질 수 있다.

역주 1) 제4장 257절 참조.

〔107〕 그에게만 그 의무를 물려주고, 그로 인해 그가 영원함을 얻을 수 있으니, 그만이 다르마에서 태어난 아들이요, 나머지는 욕망에서 난 자들임을 알라.

〔108〕 아버지가 그 아들을 양육하듯, 장자는 그의 동생들을 양육해야 한다. 동생들 또한 (자식처럼) 장자를 따라야 한다.

〔109〕장자는 가족을 번영하게 할 수도 파멸하게 할 수도 있으니, 장자는 세상에서 가장 섬김을 받는 자이며 현인들도 함부로 대하지 않는다.

〔110〕장자가 장자다운 행동을 하면 어머니, 아버지와 같이 (섬기고), 장자답지 못한 행동을 하면 친척과 같이 섬겨야 한다.

〔111〕이와 같이 하면서 형제들은 함께 살아도 되고, 따로 살아도 된다. (그러나) 다르마를 원한다면 따로 사는 것이 좋다. 그것은 다르마를 번성케 해주는 것이니, (따로 살면서) 따로 의식[1]을 치러야 한다.

<u>역주</u> 1) 혼인의식, 가정의식 및 다섯 대제사(메다띠티) 혹은 다섯 대제사 등(꿀루까, 마니라마)을 말한다.

〔112〕장자는 추가 몫으로 (재산의) 이십분의 일과 모든 것에서 가장 좋은 것을 취하며, 차자(次子)는 그 절반을, 그리고 말자(末子)는 그 사분의 일을 취한다.

〔113〕앞에서 말한 식으로 장자와 말자는 각자 자기 몫을 취하고, 다른 아들들은 장자와 말자의 중간을 재산으로 취한다.

〔114〕장자는 모든 재산 가운데 무엇이든 가장 좋은 것, 매우 특별한 것, 열 개 중에 가장 좋은 것[1]을 취한다.

<u>역주</u> 1) 열 마리의 가축 가운데 가장 좋은 것(메다띠티, 나라야나, 꿀루까, 라가와난다, 라마짠드라, 마니라마, 바루찌)이다.

〔115〕(자식들이) 자기 일에 유능하면 열 개 중에서 추가 몫을 챙겨가지 않으며, (오히려) 무엇이든 존경심이 늘어나도록 장자에게 주어야 한다.

〔116〕이와 같이 해서 추가 몫을 가져간 후에는 (남는) 재산을 동등하게 분배해야 한다. 몫을 가져가지 않은 경우에는 다음과 같이 분배해야 한다.

〔117〕장자는 하나에 하나를 더 갖고, 차자는 하나 반을 갖고, 말자는 하나를 갖는다.

〔118〕형제들은 자매들에게 자기 몫에서 사분의 일을 각각 주어야 한다. 주지 않으면 빠띠따이다.

〔119〕염소, 양, 발굽이 한 뭉치로 된 짐승을 공평하게 나눌 수 없을 때는 그것을 장자에게 주는 것이 가장 공평하다. 이것은 정해진 바이다.

〔120〕차자가 장자의 처에게서 아들을 얻으면 그때의 분배는 동일하게 해야 한다. 이것은 다르마가 정한 바이다.

〔121〕부차적(副次的)으로 태어난 자[1]는 주인공(장자)의 다르마(권리)를 가질 수 없다.[2] 태어남에 관한 한은 실제 아버지가 (바로) 주인공이기 때문이다. 그러므로 다르마에 합당하게 그것을 분배해야 한다.

역주 1) upasarjana : 남편이 아닌 자에게서 여자가 낳은 자식(메다띠티, 꿀루까) 혹은 주된 아들이 아닌 자(나라야나, 라마짠드라, 라마

난다)를 뜻한다.
  2) 제9장 145절 참조.

[122] 큰 처[1]에게서 낳은 아들보다 작은 처에게서 낳은 아들이 먼저 태어나 그 아들들 사이의 분배에 의문이 생기는 경우에는

역주 1) jyeṣṭhā : 처음으로 얻은 처(메다띠티, 꿀루까) 혹은 나이가 많은 처(나라야나)라는 해석이 있다.

[123] 첫번째 처의 아들은 (가장 뛰어난) 황소 한 마리, 다른 아들들은 각기 그 어머니의 순위에 따라 그 다음(으로 뛰어난) 황소를 취한다.

[124] 큰 처에게서 난 아들이 장자인 경우에는 소 열여섯 마리를 가지고,[1] 나머지는 각기 그 어머니의 순위에 따라 가진다. 이것은 정해진 바이다.

역주 1) 암소 열다섯 마리와 황소 한 마리(메다띠티, 나라야나, 꿀루까, 마니라마) 혹은 열여섯 마리 황소(난다나, 라마짠드라)라는 해석이 있다.

[125] (신분이) 동일한 처로부터 난 아들들은 서로 다를 바 없으므로 어머니(가 처음 얻은 처인가 아닌가)에 따라 그 아들이 장자가 되는 것이 아니며, (먼저) 태어나는 아들이 장자로 불리게 된다.

[126] 태생으로 인해서 장자가 된 자만이 (제사에서 신을) 부르는 자가 될 수 있다고 수브라만야(subrahmaṇyā) 베다 구절[1]에도 전해지니, 쌍둥이 아들 가운데도 먼저 태어난 자가 장자 자격이 있다고 하였다.

역주 1) 인드라를 부르기 위해 사용하는 베다 구절(메다띠티, 꿀루까, 라가와난다)이다.

뿌뜨리까의 자식에 대한 상속권

〔127〕 아들이 없는 자는 '이 딸에게서 난 아들이 나에게 제사를 치르는 자가 된다'라는 법규에 따라 딸을 뿌뜨리까[1]로 삼는다.

역주 1) putrikā : 아들의 역할을 하는 딸을 말한다. 제9장 128절 참조.

〔128〕 이런 규정을 통해 태초에 창조의 신 닥샤(Dakṣa)[1]는 스스로 자신의 가문을 크게 하려고 딸을 (자신의) 아들을 낳을 자로 삼았다.

역주 1) 쁘라자빠띠(창조주)의 다른 이름이다.

〔129〕 그는 다르마(Dharma)에게 열, 까쉬야빠(Kaśyapa)에게 열셋, 소마에게 스물일곱(의 딸들)을 예의를 갖추어 기쁜 마음으로 바쳤다.

〔130〕 아들은 자기 자신과 같고, 딸은 아들과 같다. 딸이 자기에게 있을 때, 다른 자가 어찌 재산을 가져가겠는가.

〔131〕 어머니의 소장품은 그 딸만이 가질 수 있다. 아들이 없는 경우에 (아버지의) 유산은 반드시 딸이 낳은 아들이 가져야 한다.

〔132〕 아들이 없는 자의 모든 것은 딸의 아들이 취하므로, 그는 (조상 제사에서) 아버지와 외할아버지에게 두 개의 단자(piṇḍa)를 (각각) 올려야 한다.

〔133〕 세상의 다르마(법)에 따라 볼 때 아들이 낳은 아들과 딸이 낳은 아들은 서로 다를 것이 없다. 그 둘의 (각각 그) 아버지와 어머니는 그 할아버지 몸에서 나왔기 때문이다.

〔134〕 딸을 뿌뜨리까로 정하고 난 후에, 만일 (자신에게서) 아들이 태어나는 경우 그 둘 사이에 분배는 동등하게 이루어져야 한다. 딸에게서 난 아이가 우선이 될 수 없기 때문이다.

〔135〕 뿌뜨리까로 정한 딸이 어쩌다 아들을 낳지 못하고 사망하는 경우에는, 그 딸의 남편이 주저할 것 없이 그 재산을 취한다.

〔136〕 딸을 (뿌뜨리까로) 정했든 정하지 않았든, 자기와 (신분이) 동일한 자에게서 낳은 자식은 조상 제사에서 외할아버지에게 단자 하나를 올리고, 재산도 취할 수 있다.

〔137〕 아들로 인해 세상들[1]을, (딸에서 난) 손자로 인해 불멸을, 아들이 낳은 손자로 인해서는 태양의 자리[2]를 얻는다.

> 역주 1) 천상 등 슬픔이 없는 여러 세상들(메다띠티, 나라야나, 꿀루까)
>   혹은 태양의 세상(라마짠드라)이다.
>   2) 제4장 231절 참조.

〔138〕 아들은 그 아버지를 뿌뜨(put)라고 부르는 지옥에서 구해 주므로, 자생자께서 (아들을) 뿌뜨라(putra)라고 칭하셨다.

〔139〕 이 세상에서 아들에게서 난 아들과 딸에게서 난 아들은 차이가 없다. 딸이 낳은 손자도 아들이 낳은 손자처럼 저 세상에서 그를 구하기 때문이다.

[140] (뿌뜨리까로) 정한 딸에게서 난 아들은 가장 먼저 어머니에게, 두번째는 아버지에게, 세번째는 아버지의 아버지에게 단자를 올려야 한다.

양자의 상속권

[141] 양자라도 자질을 모두 갖춘 자라면 다른 고뜨라(gotra)[1]에서 온 경우라도 그가 재산을 취한다.

[역주] 1) 제3장 5절 참조.

[142] 양자는 실제로 그를 낳은 자의 고뜨라와 유산을 결코 취득할 수 없다. 고뜨라와 유산은 조상 제사에서 올리는 단자와 관계되는 것이며, (자식을) 다른 사람에게 넘겨주고 나면 그 아들이라도 제사공물을 바치는 일은 할 수 없게 되기 때문이다.

니요가에 의해 태어난 자식의 상속권

[143] 니요가로 정해지지 않은 (여자가) 낳은 아들, 아들이 이미 있는데도 남편 형제로부터 낳은 아들은 둘다 유산을 분배받을 수 없다. 그는 정부(情夫)의 아들이요, 애욕의 아들이기 때문이다.

[144] 니요가로 태어난 아들이라도, 규범[1]에 따르지 않고 낳은 경우에는 아버지의 유산을 가질 자격이 없다. 그는 빠띠따에게서 태어난 것이기 때문이다.

[역주] 1) 제9장 60절 참조.

[145] (규범에 따라) 니요가에 의해 태어난 아들은 적자(嫡子)와 동등하게 (그 몫을) 나눠 가져야 한다. 다르마(법)에 의하면 씨와

자식은 밭의 주인에게 속한 것이기 때문이다.

[146] 죽은 형의 재산과 부인을 취하는 동생은 그 형의 아들이 생기면 그 아들에게 (그 형의) 재산을 주어야 한다.

[147] 니요가에 지정된 여자가 다른 남자로부터 혹은 남편의 (다른) 형제로부터 자식을 얻으면, 그 자식은 까마(욕망)에서 난 자, 유산을 취하지 못하는 자, 태어남이 소용없는 자라고 불린다.

어머니의 신분이 다른 자식들간의 유산분배

[148] 이와 같이 같은 모태에서 난 자식들간의 (유산)분배의 규정을 잘 알아야 한다. 이제 한 아버지와 여러 여자들에게서 태어난 자식들의 (유산분배에 대해) 알라.

[149] 브라만이 만일 신분별로 네 명의 여자를 두는 경우에는 그 여자들에게서 난 아들들 사이에는 다음과 같은 (분배)방법이 정해져 있다.

[150] 농부, 암소를 위한 황소, 수레, 장신구, 집은 브라만 (여자에게서 난 아들)의 몫이며, 주요한 것도 (마찬가지이다.)

[151] 브라만의 아들은 재산의 세 부분을, 끄샤뜨리야에게서 난 아들은 두 부분을, 바이시야 여자의 아들은 하나 반의 부분을, 슈드라 여자에게서 태어난 아들은 한 부분을 취한다.

[152] 혹은 다르마를 아는 자는 모든 유산을 십등분하여 다음과 같은 방법으로 분배해야 한다.

〔153〕 브라만에게서 난 자는 네 부분을, 끄샤뜨리야에게서 난 자는 세 부분을, 바이시야의 아들은 두 부분을, 슈드라에게서 난 아들은 한 부분을 취한다.

〔154〕 훌륭한[1] 아들이 있든 혹은 훌륭한 아들이 없든 법도에 따라 십분의 일 이상을 슈드라에게서 난 아들에게 주어서는 안된다.

> 역주 1) 브라만(메다띠티, 라마짠드라) 혹은 재생자(나라야나, 꿀루까, 바루찌) 혹은 네 신분(라가와난다)의 의미이다.

〔155〕 브라만, 끄샤뜨리야, 바이시야, 슈드라로부터 아들을 낳은 경우 그들이 유산을 저절로 갖게 되는 것이 아니고, 그 아버지가 주는 것만이 그들의 재산이 되는 것이다.

〔156〕 재생자와 동일한 신분의 여자에게서 난 아들들은 장자에게 몫을 주고 나서 그 다음에 동등하게 분배하여야 한다.

〔157〕 슈드라는 동일한 신분의 여자 이외에는 다른 처를 들일 수 없다. 동일한 신분의 여자를 들이는 경우에는 거기에서 난 아들이 백 명이라 해도 동등하게 분배하여야 한다.

열두 부류의 자식과 상속권

〔158〕 자생자의 아들 마누는 사람들의 열두 아들에 대해 말하기를 여섯은 친척이면서 상속자이고, 여섯은 친척이기는 하나 상속자는 아니라고 하였다.

〔159〕 적자, 밭에서 난 자식,[1] 양자, 성인이 된 후 아들로 삼은 자, 비밀리에 난 자식, 버려진 자식의 여섯은 친척도 되고 상속자

도 된다.

1) 제9장 167절 참조.

〔160〕미혼모의 자식, 임신한 채로 혼인한 여자의 자식, 산(買) 자식, 재혼한 여자의 자식, 스스로 내준 자식, 슈드라 여자에게서 난 자식 이렇게 여섯은 친척은 되지만 상속자는 아니다.

〔161〕낡은 배로 물을 건너다가는 그 결과를 얻게 되듯, 못된 아들을 의지하여 어둠을 건너려다가는 그와 같은 결과를 얻게 된다.

〔162〕한 남자의 상속자가 적자와 밭에서 난 자(kṣetraja)[1]의 두 경우가 있을 때는 적자가 아버지의 유산을 취하며, 다른 (처가 낳은 자식)은 취하지 못한다.

역주 1) 제9장 167절 참조.

〔163〕적자만이 아버지 재산의 주인이다. 나머지에게는 자비를 베풀어 생계유지를 할 만큼 주어야 한다.

〔164〕아버지의 재산을 분배할 때 적자는 육분의 일이나 오분의 일을 아버지의 다른 처가 낳은 자식에게 주어야 한다.

〔165〕적자와 (니요가로) 낳은 자식은 둘다 아버지의 유산을 물려받되, 차례대로 다른 열(부류의 아들)도 고뜨라와 유산의 몫을 받는다.

〔166〕자신과 (혼인)의식을 치른 밭(처)에게서 낳은 자, 자기 잠자

리에서 자기가 나게 한 자가 적자(aurasa)이고 첫번째로 꼽힘을 알라.

〔167〕사망한 자, 고자, 병든 자, 다르마에 따른 니요가의 상대, 이러한 자들의 잠자리에서 생겨난 자식은 밭에서 난 자식(kṣetraja)이라고 부른다.

〔168〕그 부모가 궁핍하여 (신분이) 동등하고 애정을 가지고 있는 자[1]에게 물 (뿌리는) 의식을 치러 건네주는 경우 그를 닷뜨리마 양자(養子)(dattrima)로 알라.

> 역주 1) 욕심 없이 순수한 애정을 가진 자(메다띠티) 혹은 상대로 하여금 두려움이 일지 않게 하는 자(꿀루까, 난다나, 마니라마) 등의 해석이 있다.

〔169〕(신분이) 동등하고, 잘잘못을 가릴 줄 알며, 아들로서의 자질을 갖춘 자를 아들로 삼는 경우 그는 끄리뜨리마 양자(kṛtrima)가 된 자임을 알라.

〔170〕집에서 태어난 자로 누구의 자식인지 모르는 경우는 집에서 비밀리에 생긴 자로, 잠자리에서 태어나게 한 정부의 아들(talpaja)이 된다.

〔171〕어머니와 아버지 혹은 부모 중 한쪽으로부터라도 버려진 아들은 그를 받아들인 자의 아들이 되며 버려진 자식(apaviddha)이라고 불린다.

〔172〕처녀가 그 아버지의 집에서 비밀리에 낳은 자식은 미혼모의

자식(kānīna)으로 불리며, 그는 그 처녀와 혼인하는 자의 자식이
된다.

〔173〕 알려졌든 알려지지 않았든 임신한 채로 (혼인)의식을 치르
면, 그 여자의 자식은 그 처녀와 혼인하는 자에게 속하며 임신한 채
혼인한 여자의 자식(sahodha)이라고 불린다.

〔174〕 아들로 삼을 목적으로 그 어머니와 아버지로부터 산(買) 아이
는, (신분이) 동등하든 동등하지 않든 산(買) 자식(kritaka)이다.

〔175〕 남편으로부터 버림받은 여자나 과부가 제 뜻으로 재혼하여
자식을 낳으면 그는 재혼한 여자의 자식(paunarbhava)이라고 불
린다.

〔176〕 여자가 (아직) 처녀성을 잃지 않았고, 떠났다가 돌아온[1] 경
우, 그 남편과 재결합하는 의미로 다시 (혼인)의식을 치를 수 있다.

역주 1) 어려서 남편에게서 떠났다가 돌아온(메다띠티, 꿀루까, 라가와난
다)의 뜻이다.

〔177〕 어머니 아버지가 없거나 이유 없이 버려진 자, 누구에게든 자
신을 내어준 자는 스스로를 내어준 자(svayamdatta)라고 불린다.

〔178〕 브라만이 욕망으로 슈드라 여자에게서 자식을 낳으면 그는
살아 있어도 시체이니 산 송장(paraśava)이라고 알려진다.

〔179〕 여종(dāsī)[1]에게서 혹은 종의 여종에게서 난 자식은 슈드라
의 자식이요, (그 아버지가) 허락하는 경우에는 몫을 취할 수 있다.

이것은 정해진 다르마이다.

역주 1) 슈드라의 딸(메다띠티, 나라야나, 꿀루까)이다.

[180] 현인들은 지금까지 말한, 밭에서 난 자식 등 열한 종류의 아들이 (제사)의식을 빠뜨리지 않게 하기 위한 대리 아들이라고 말했다.

[181] 다른 씨에서 난 자식은 그 연관성 때문에 그 남자의 아들로 인정한다. 그는 다른 자가 아니고 그가 나온 씨에서 난 자이다.

[182] 한 아버지에게서 난 여러 형제들 중에 한 사람만 아들을 갖는 경우, 모두가 그 아들로 인해서 아들을 갖게 된다고 마누께서 말씀하셨다.

[183] 모든 (형제들의 처들) 가운데 한 처만 아들을 갖는 경우, 그 아들로 인해 모두가 아들을 갖게 되는 것이라고 마누께서 말씀하셨다.

[184] (아들 가운데) 최적자가 없으면, 차선의 (아들이) 유산을 가질 수 있다. (자격이) 동등한 (아들이) 많을 경우에는 모두가 유산을 나누어 가져야 한다.

[185] 아버지의 유산상속자는 아들이다. 형제나 그의 아버지는 (상속자가) 될 수 없다. 아들이 없는 자의 유산인 경우에는 그 아버지와 형제들이 취한다.

[186] 삼대 (조상들에 대한) 관정의식과 삼대 단자(를 올리는 제사)는 사대 자손까지 해야 하며, 오대는 해당되지 않는다.

일가 이외의 상속인

〔187〕 일가 관계의 유산은 그와 가까운 가족의 것이 된다. 그 다음은 사꿀리야 일가,[1] (그 다음은) 스승(ācārya)이나 제자의 것이 된다.

> [역주] 1) sakulīya : 문자대로의 의미는 '동일한 가문에 속하는 자'인데, 주
> 석에 따르면 외삼촌 등 친척(나라야나) 혹은 함께 식사하는 관계
> (꿀루까, 마니라마, 바루찌, 난다나)를 말한다.

〔188〕 이 모두가 없다면 세 가지 학문(베다)을 알고, 청정하며, 감각을 절제할 수 있는 브라만이 그 유산을 취한다. 이렇게 해야 다르마가 무너지지 않는다.

〔189〕 왕은 브라만의 것을 취해서는 안된다. 이것은 정해진 바이다. 그외 신분들의 것은 (상속자)가 없는 경우에 왕이 취한다.

〔190〕 자식이 없는 과부는 사고뜨라(sagotra)[1]로부터 아들을 데려오고 유산을 그에게 물려주어야 한다.

> [역주] 1) 제3장 5절 참조.

처의 재산과 그 상속인

〔191〕 한 여자에게 (아버지가 다른) 아들이 둘이 있고 그 사이에 재산분쟁이 있는 경우에 (재산은) 각 아버지의 각 아들이 취해야 한다. 다른 자가 취하지 않게 해야 한다.

〔192〕 어머니가 사망한 경우에는, 동복형제들과 자매들이 그 어머니의 유산을 동등하게 분배해야 한다.

〔193〕 그 자매들의 딸들에게도 얼마가 되든 외조모의 재산에서 기꺼이 능력껏 주어야 한다.

〔194〕 여자의 재산은 여섯 가지라고 전해지니, 그것은 (혼인의식 때) 아그니 앞에서 받은 것, (신행 가서) 신랑측으로부터 받은 것, (남편의) 애정표시로 받은 것, 형제에게서 받은 것, 어머니에게서 받은 것, 아버지에게서 받은 것이다.

〔195〕 (혼인의식) 이후에 (시집으로부터) 받은 것, 남편이 애정으로 준 것은 사망한 자의 재산으로써, 남편이 살아 있더라도 그 자식들의 것이다.

〔196〕 브라흐마, 다이와, 아르샤, 간다르와, 쁘라자빠띠 혼인[1]을 치른 여자가 자식 없이 사망한 경우에는 그 재산을 남편이 취한다.

역주 1) 제3장 21~34절 참조.

〔197〕 아수라 혼인 이하로 혼인한 여자에게 주어진 재산은 그 여자가 자식 없이 사망한 경우에 그 부모가 취한다.

〔198〕 처가 무엇이든 그 아버지로부터 받은 재산은 (여러 신분의 처 중에) 브라만 처의 딸 혹은 그 딸의 자식이 취하게 해야 한다.

〔199〕 여자는 그 남편의 허락 없이는 재산을 모든 가족의 것으로든 자신의 것으로든 축적해서는 안된다.

〔200〕 (피상속자라고 해도) 그 사망한 여자의 남편이 살아 있는 동안은 그 여자가 사용한 장신구까지 분배해서는 안된다. 그것을 분

배하면 그는 (아래로) 떨어진다.

기타 유산분배
〔201〕 고자, 빠띠따, 선천적 맹인과 귀머거리, 미친 자, 바보, 벙어리, (손발이 없거나 하여) 감각이 없는 자에게는 몫을 줄 수 없다.

〔202〕 현자라면 그러한 모든 사람들에게 옷가지와 양식을 죽을 때까지 최선을 다하여 대주는 것이 마땅하니, 그렇게 하지 않은 자는 빠띠따가 된다.

〔203〕 고자를 비롯해 (위에서 언급한) 자들일지라도 처를 구하여 그로부터 자식을 낳으면,[1] 그 자식은 (유산을) 가질 수 있다.

역주 1) '밭에서 난 자식' 등과 같은 자식을 얻을 수 있다(나라아나, 꿀루까)는 뜻이다. 제9장 167절 참조.

〔204〕 아버지가 사망하면 모든 재산은 장자가 취하되 만일 동생들이 학문을 배운 자라면 그중에서 일부는 그들에게 주어야 한다.

〔205〕 (그러나) 모두가 학문을 배우지 않은데다가 그들 모두의 노력으로 재산이 이루어진 경우에는 그것을 동등하게 분배한다. 그것은 아버지의 유산이 아니기 때문이다. 이것은 정해진 바이다.

〔206〕 학문으로 이룬 재산은 그것을 취득한 자의 재산이다. 친구로부터 받은 것, 혼인을 통해 받은 것, (손님대접을 받아) 꿀로 만든 음식과 함께 받은 것도 (그러하다.)

〔207〕 형제들 중에 능력이 있어 자기 일을 하고 살면서 재산을 원

하지 않는 자가 있으면 그에게는 생활을 위해 최소한의 몫만 주고 (유산 전체를) 분배해 주지는 않는다.

〔208〕아버지의 재산을 사용하지 않고, 그 스스로 번 것은 원하지 않는 한 주지 않아도 된다.[1]

역주 1) 다른 형제에게 주지 않아도 된다(꿀루까, 마니라마)는 뜻이다.

〔209〕아버지의 재산이지만 그가 생시에 얻지 못한 것을 (아들이) 취득하게 되는 경우, 스스로 원하지 않는 한 (다른) 아들들에게 분배하지 않아도 된다. 그것은 스스로 번 것이다.

〔210〕유산분배 후 (별거하다가) 다시 공동생활을 하게 된 경우, 다시 (재산을) 분배하게 되면 그때는 동등하게 분배하여야 한다. 이 경우에는 장자가 따로 없다.

〔211〕장자나 말자가 받는 몫은 빼앗기거나 이들이 사망하는 경우에도 없어지지 않는다.

〔212〕(가족이 없는 경우) 가까운 동복 형제[1]와 혈족 자매[2]들이 모두 함께 모여 그것을 동등하게 분배해야 한다.

역주 1) sodarya sanābhaya : 유산분배 후 따로 살다가 다시 함께 살고 있는 형제(메다띠티)이다.
2) saṅsṛta bhaginya : 남편이 있으나 형제들과 동일한 성을 쓰는 자매(메다띠티)이다.

〔213〕장자가 욕심을 내어 동생들의 (몫을) 취한다면 그 장자 자격이 없는 자는, 그 몫을 취하지 못하도록 왕이 통제해야 한다.

〔214〕 소행이 나쁜 형제는 재산을 취할 수 없다. 장자는 조금이라도 동생들에게 주지 않고 자기 재산으로 만들어서는 안된다.

〔215〕 분배하기 전에 형제들이 함께 노력해 재산을 모은 경우, 아버지는 어떤 아들에게도 몫을 불균등하게 분배해서는 안된다.

〔216〕 분배 이후에 태어난 자는 아버지의 재산만을 취한다. 혹은 혈족¹⁾이 더 있으면 그들과 함께 분배해야 한다.

[역주] 1) 후에 다시 결합한 가족(꿀루까, 마니라마) 혹은 형제(나라야나) 혹은 여자형제(메다띠티)를 의미한다.

〔217〕 자식이 없는¹⁾ 아들의 재산은 어머니가 취한다.²⁾ 어머니가 사망하면 조모가 그 재산을 취한다.

[역주] 1) 아들, 손자, 증손자, 처, 딸이 없는 자(난다나)를 말한다.
  2) 제9장 185절의 언급을 보면 아버지가 취한다고 했는데 『야쟈왈끼야 스므리띠』(*Yājñavalkya Smṛti*) 제8장 135절에 부모가 취한다고 되어 있기 때문에 이 구절들은 서로 보완성이 있는 것이다(꿀루까, 라마짠드라, 마니라마). 이 구절에서는 어머니는 자식을 뱃속에서 키우고 먹인 자이므로 가장 중요한 사람이라는 이유에서 어머니가 죽으면 할머니가 취한다고 한 것이다. 그러므로 자식이 없는 아들의 재산은 처, 어머니, 아버지 순으로 취한다고 보아야 한다(라가와난다).

〔218〕 부채 및 재산을 모두 법도에 따라 분배한 후, 무엇이든 나중에 발견되면 (그것 또한) 모두 동등하게 가져가야 한다.

〔219〕 옷, 수레, 장신구, 조리한 음식, 물, 여자, 보호하는 수단¹⁾ 그리고 목초지는 분배할 수 없는 것이라고 한다.

역주 1) 없던 것을 얻고 있던 것은 지키는 수단(라가와난다, 나다나, 라
마짠드라, 바루찌) 혹은 브라만들이 제사에 사용하는 것을 지키
는 수단(메다띠티, 꿀루까, 마니라마) 혹은 왕들이 획득한 것을
지키는 수단(나라아나) 등의 해석이 있다.

〔220〕 이렇게 해서 밭에서 난 자식 등 (여러 부류의) 아들들 사이
의 유산분배와 제사에 대해 차례대로 말했으니, (이제) 도박의 다
르마(법)에 대해 알라.

(18) 도박

〔221〕 왕은 왕국에서 도박과 내기를 금지시켜야 한다. 이 두 가지
는 왕국을 멸망시키는 원인이 되는 해악들이다.

〔222〕 이 도박과 내기 두 가지는 공개된 도둑질이다. 그러므로 왕
은 이들을 없애도록 항상 노력해야 한다.

〔223〕 무생물을 가지고 하는 것을 세상에서는 도박이고, 생물을 가
지고 하는 것은 내기이다.

〔224〕 왕은 슈드라이든 재생자 징표를 가진 자이든, 도박이나 내기
를 하는 자 및 시키는 자들은 모두 처단해야 한다.

〔225〕 왕은 도박꾼, 무용수, 괴팍한 자,[1] 빠샨다,[2] 행동거지가 나
쁜 자, 주정꾼을 신속히 마을에서 추방해야 한다.

역주 1) krura : 성미가 고약하고 비뚤어진 자(나라아나)이다.
2) 제1장 118절 참조.

[226] 이들 위장한 도둑들이 왕국에 있는 한 항상 그 나쁜 행위들은 선량한 인민을 괴롭힌다.

[227] 이 도박은 영겁의 전부터 큰 적들을 만들었음이 드러난 바 있다. 그러므로 현명한 자는 장난으로라도 도박에 몰두하지 말라.

[228] 위장해서 하든 공공연하게 하든 그런 일에 탐닉하는 자는 왕의 뜻에 따라 단다(처벌)를 내려야 한다.

여러 가지 경우의 단다

[229] 끄샤뜨리야, 바이시야, 슈드라로 태어난 자가 벌금을 낼 수 없으면 일을 해서 갚고, 브라만은 조금씩 갚아도 된다.

[230] 여자, 어린 아이, 미친 자, 노인, 빈자(貧者), 병자에 대하여 왕은 채찍, 대나무 회초리, 끈 등으로 처벌하여야 한다.

[231] (재판에) 임명된 자가 재물의 입김에 현혹되어 소송 당사자들의 소송을 망치는 경우에는 왕이 그의 모든 재산을 압수해야 한다.

[232] 왕의 명(命)을 다르게 전달하는 자, 대신들을 욕되게 하는 자, 여자·어린 아이·브라만을 해치는 자, 적을 돕는 자는 사형에 처해야 한다.

[233] 어떤 계약이나 방침이 다르마에 합당하게 정해진 경우, 그것을 승인하고 다시 바꾸지 말아야 한다.

〔234〕 대신이나 재판관이 일을 제대로 하지 않으면 왕이 직접 그 일을 하고 그들에게는 일 천(빠나)의 단다를 부과해야 한다.

〔235〕 브라만을 살해하는 자, 술 마시는 자, 도둑질하는 자, 스승의 잠자리를 더럽히는 자,[1] 이 모두는 각기 대죄를 지은 자들임을 알라.

역주 1) 제11장 102~105절 참조.

〔236〕 이들 넷 중에 속죄[1]를 하지 않는 자에게는 다르마에 합당하게 단다(벌금)와 함께 체형을 내려야 한다.

역주 1) 제11장 70~105절, 249~50절 참조.

〔237〕 스승의 잠자리를 더럽힌 자에 대해서는 (이마에) 여자의 생식기 표시를 찍고, 술 마시는 자에게는 술 깃발,[1] 도둑질한 자에게는 개의 발, 브라만을 죽인 자는 머리 잘린 사람 표시를 찍는다.

역주 1) 제11장 91절 참조.

〔238〕 밥을 먹지 못하게 하고, 제사를 치르지 못하게 하고, 학습하지 못하게 하며, 그 집안과는 혼인을 하지 못하게 하고, 모든 의식에서 제외시켜 비참한 처지로 땅을 떠돌아다니게 해야 한다.

〔239〕 마누께서는 그러한 표시가 찍힌 자들은 친족들로부터 버림을 받게 하고, 동정하지 말고, 인사도 하지 말아야 한다고 가르치셨다.

〔240〕 상위 신분[1]의 경우 정해진 바에 따라 참회를 하면 이마에 표

시를 더 이상 찍지 않는다. (대신) 왕은 최고 수준의 벌금을 부과해 야 한다.

역주 1) purvavarṇa : 슈드라를 제외한 세 신분(메다띠티, 나라야나, 꿀 루까, 난다나, 마니라마) 혹은 브라만 등(바루찌) 혹은 네 신분 (라마짠드라) 등 해석에 이견이 있다.

[241] (그러한) 잘못을 한 브라만에게는 중간 수준의 벌금을 부과 하며, 물건과 소지품과 함께 그를 왕국에서 추방해야 한다.

[242] 다른 신분이 의도 없이 이러한 잘못을 저지르는 경우, 그의 모든 재산을 빼앗아야 한다. 의도적으로 그렇게 한 경우에는 추방 해야 한다.

[243] 선한 왕은 대죄인들의 재물은 받지 않아야 한다. 욕심 때문 에 그것을 받으면 죄가 되는 것이다.

[244] (그러한 죄를 지은 왕은) 물 속에 들어가서[1] 그 단다를 바루 나에게 되돌려주거나, 계시서(베다)를 수행하는 브라만에게 주어야 한다.

역주 1) 혹은 물에 던진다(메다띠티)고 해석할 수도 있다.

[245] 바루나는 단다의 주(主)이니, 그는 왕에게도 단다를 드는 자 이기 때문이다. (또한) 베다에 정통한 브라만은 모든 세상의 주이다.

[246] 왕이 죄인들에게서 재물을 받는 것을 거절하는 곳에서는 사 람들이 제때에 태어나고 장수한다.

[247] (그곳에서는) 바이시야들이 심은 대로 각각의 곡물들이 생기고, 어린 아이들이 죽지 않으며, 기형아가 태어나지 않는다.

[248] 고의로 브라만을 괴롭히는 비천한 태생에 대해서는 왕이 두려움을 주는 여러 가지 방법으로 처단해야 한다.

[249] 왕이 무고한 자를 벌하는 것은 죄인을 풀어주는 것과 마찬가지로 아다르마(죄)가 되는 일이니, (처벌이) 주어져야 다르마가 지켜진다.

[250] 이렇게 해서 서로간에 분쟁이 생기는 열여덟 가지 주제에 있어 소송의 판결내용을 길게 말했도다.

정복 및 치안

[251] 이처럼 다르마에 따라 일을 훌륭히 해내는 위대한 주인(왕)은 획득하지 못한 곳은 획득하고자 하고 이미 획득한 곳은 잘 지켜야 한다.

[252] 경전에 따라 안정된 지역에서 요새를 구축하고 항상 해로운 자들을 제거하도록 최선의 노력을 기울여야 한다.

[253] 아리야의 행동을 하는 자들을 보호하고, 해로운 행동을 하는 자들을 정리함으로써 인민을 보호하는 데 충실한 왕은 천상으로 간다.

〔254〕 도둑을 다스리지 않은 채 공세(貢稅)를 거두어들이는 땅의 주인(왕)은 증오를 면치 못하고 천상을 얻을 수가 없다.

〔255〕 왕국이 왕의 어깨 힘에 의지하여 두려움이 없으면 물을 준 나무처럼 항상 번영한다.

〔256〕 다른 자의 물건을 훔치는 도둑 가운데는 공공연하게 하거나 숨어서 하는 두 가지 유형이 있으니, 위대한 주인(왕)은 밀정들을 통해 이들을 잘 파악해야 한다.

〔257〕 여러 가지 물건을 팔아 생활하는 자는 공개된 도둑, 숲 등에서[1] 숨어 있다가 훔치는 자는 숨은 도둑들이다.

[역주] 1) 사람이 없는 곳(메다띠티) 혹은 숨을 수 있는 깊은 곳(나라야나, 꿀루까, 마니라마)을 말한다.

〔258〕 뇌물을 받는 자, 공갈꾼, 사기꾼, 노름꾼, 길조를 알려주는 일을 생업으로 하는 자, 선한 척하는 자,[1] 점쟁이

[역주] 1) 사람들을 속여 재물을 얻을 목적으로 선한 척하는 자(꿀루까, 라가와난다) 혹은 목적에 상관없이 선한 척하는 자(난다나, 마니라마, 라마짠드라)이다.

〔259〕 일을 제대로 하지 않는 대신(大臣), 치료사, 수공예자, 그리고 가게 여자[1]

[역주] 1) 창녀(나라야나, 라가와난다)를 가리킨다.

〔260〕 이러한 세상을 해롭게 하는 자들이 공개된 도둑이며, (속임

수를 써서) 아리야처럼 행동하며[1] 몰래 재물을 긁어모으는 자들도 있음을 알아야 한다.

역주 1) 제10장 57장 참조.

[261] 같은 일을 하는 자들을 비밀리에 이용하여, 그리고 여러 가지 변장을 하는 밀정들을 통해 그러한 자들을 잘 알아내어 통제해야 한다.

[262] 왕은 자기들의 죄를 각자 사실대로 고하게 하여 그 죄의 내용에 따라 잘 다스려야 한다.

[263] 죄로 가득찬 머리를 가진 도둑들은 숨어 다니더라도 이 땅에서 단다를 받지 않고서는 죄로부터 벗어날 수가 없다.

[264] 집회소, 물 마시는 곳, 당과(糖菓) 가게, 창녀집, 술집, 음식을 파는 곳, 네거리, 마을의 큰 나무(가 있는 곳), 사람들이 많이 모인 곳, (가무 등을) 구경하는 곳

[265] 오래된 공원, 삼림, 직인의 공방(工房), 빈 집, 숲, 정원

[266] 이와 같은 장소에서 도둑질이 일어나지 않도록 왕은 보초병, 순찰병, 밀정을 이용하여 살피도록 해야 한다.

[267] (도둑을) 돕는 자, (도둑을) 따라다녀서 여러 가지 일들을 알고 있는 자, 이전에 도둑이었던 자들을 통해 (도둑을) 찾아내 뿌리뽑아야 한다.

〔268〕 먹을 것을 구실로 삼거나, 브라만을 소개해 주겠다는 것을 (구실로) 삼거나, 용맹성 과시를 구실로 삼아서라도 그들을 만나야 한다.

〔269〕 (만나는) 장소에 나타나지 않거나 (왕의) 비밀을 알아차린 자들은, 왕이 무력으로 그 동료, 친족 및 친척들과 함께 처단해야 한다.

〔270〕 다르마를 지키는 왕은 확인하지 않은 채 도둑을 처단해서는 안된다. 확인을 하고 증거도 있을 때는 주저할 것 없이 처단한다.

〔271〕 마을에서 도둑에게 음식을 주거나 자리를 제공하거나 한 자들은 누구든지 모두 처단해야 한다.

〔272〕 왕국에서 안전을 지키는 임무를 맡은 자들과 변방을 지키는 명을 받은 자들이 (도둑들과) 중간에 연계되어 있으면 (그들도) 도둑들과 마찬가지로 즉시 다스려야 한다.

〔273〕 다르마로 사는 자¹⁾가 다르마에서 벗어나면, 그 역시 단다로 제재를 가해야 한다. 그는 자기 다르마에서 벗어난 것이기 때문이다.

역주 1) 브라만(나라야나, 꿀루까) 혹은 다른 자의 제사를 치러주는 일을 하여 사는 자(라가와난다, 마니라마) 혹은 다른 자로부터 증물을 받음으로써 그들의 공덕을 늘려주는 역할을 하는 자(라마짠드라)이다. 제11장 20절 참조.

〔274〕 마을이 습격을 받거나, 제방이 파괴되거나, 노상 강도가 발생하는 것을 보고만 있는 자들은 능력을 발휘하여 그 재산과 함께 추방해야 한다.

〔275〕왕의 금고를 탈취한 자, (왕을) 반대하는 자리에 선 자, 적과 공모한 자들은 여러 가지 단다로써 처단해야 한다.

〔276〕야음을 틈타 (담을) 뚫고 도둑질을 한 도둑은 왕이 그 두 손을 자르고 날카로운 창으로 찔러야 한다.

〔277〕묶어놓은 매듭을 풀어 훔친 자는 (범행이) 처음인 경우 손가락을 자르고, 두번째는 손발을 자르고, 세번째는 사형에 처한다.

〔278〕도둑에게 불, 음식, 무기, 장소를 제공한 자 혹은 도둑의 물건을 보관해 주는 자는 왕이 도둑과 동일하게 죽여야 한다.

〔279〕저수지를 파괴하는 자는 물 속에서 처단하거나 단번에 처형한다. 혹은 죄 지은 자가 (손해를) 배상하고자 하는 경우에는 최고의 벌금을 부과한다.

〔280〕창고, 무기고, 사원을 부순 자와 코끼리, 말, 마차를 훔친 자는 가차없이 죽여야 한다.

〔281〕이미 만들어진 저수지의 물을 (자기 쪽으로) 끌어가는 자나, 물줄기를 끊는 자에게는 최저의 벌금을 부과해야 한다.

〔282〕피치 못할 경우[1]가 아닌데도 왕이 다니는 길에 오물을 버린 자는 2까르샤빠나를 부담하고 즉시 치워야 한다.[2]

역주 1) 맹수와 맞닥뜨리거나 질병으로 인한 경우(나라야나, 라가와난다) 등이다.
2) 짠달라에게 돈을 주어 치우게 해야 한다(메다띠티)는 의미이다.

〔283〕 피치 못할 경우의 사람, 노인, 임산부, 어린 아이의 경우에는 질책하고 즉시 오물을 치우도록 해야 한다. 이것은 정해진 바이다.

〔284〕 잘못된 치료를 퍼뜨리는 치료사에게는 (그 피해 대상이) 사람이 아닌 경우에는 최소의 벌금을 부과하고, (피해자가) 사람인 경우에는 중간 수준의 벌금을 (부과해야 한다.)

〔285〕 다리(橋), 깃발, 깃대, 신상(神象)을 파괴한 자는 모든 손해를 배상하고 500(빠나)을 벌금으로 부담해야 한다.

〔286〕 더럽혀서는 안될 물건들을 더럽히거나 보석들을 깨뜨리거나 구멍을 낸 자에게는 최소 수준의 벌금을 부과해야 한다.

〔287〕 같은 (가치의) 것을 (거래시에) 다른 것으로 취급하거나, 가격을 속인 자에게는 첫번째 혹은 중간 수준의 벌금을 부과해야 한다.

〔288〕 모든 감옥을 왕립 도로에 설치해서 그곳에서 죄인들이 고통받고 망가지는 것을 보게 해야 한다.

〔289〕 성벽을 부순 자, 해자를 메운 자, 성문을 부순 자는 즉시 추방해야 한다.

〔290〕 주문,[1] 뿌리를 가지고 믿을 수 없는 자들이 행하는 마술,[2] 여러 종류의 주술[3]을 쓰는 여자들 모두에 대해서는 200(빠나)의 벌금을 물려야 한다.

역주 1) abhicāra : 베다구절의 힘으로 죽이는 것 등(메다띠티, 꿀루까)
이다.

2) mūlakarma : 뿌리를 가지고 홀리게 하는 것 등(메다띠티, 사르
와자, 꿀루까, 마니라마, 라마짠드라, 난다나, 라가와난다)이다.
3) 주문과 비슷한 것(메다띠티) 혹은 병을 생기게 하는 것 등(나라
야나)이다.

〔291〕 씨앗이 아닌 것을 (씨앗이라고) 파는 자, 상품(上品)의 씨앗
이라고 (속여) 파는 자, 경계선을 파괴하는 자는 불구가 되도록 체
형을 받아야 한다.

〔292〕 모든 해로운 자들 중에 가장 나쁜 죄인은 부정직한 금세공자
이니, 땅의 주인(왕)은 그를 칼로 갈기갈기 찢어야 한다.

〔293〕 쟁기, 무기, 약초를 훔치는 것에 대해서는 시기와 일의 경중
을 따져보아 단다로 제재를 가해야 한다.

왕국의 일곱 요소

〔294〕 주인(왕), 대신, 도시, 영토, 국고, 군대, 우방은 (왕국을 이
루는) 일곱 가지 부분들이며, 이들로 이루어진 것을 왕국이라고 부
른다.[1]

역주 1) 제7장 156~57절 참조.

〔295〕 이 일곱 가지 왕국의 요소들은 앞에서부터 차례로 중요하고
이것의 손실은 대단히 크다는 것을 알아야 한다.

〔296〕 이 일곱 요소들로 이루어진 한 왕국에서는 모든 요소들이

(기세자가) 사용하는 삼지장(三枝杖)처럼 서로 중요하므로 각기 그
보다 더 중요한 것은 없다.

〔297〕 어떤 일에도 각각의 부분들이 중요하다. 그때 그때 일을 이
루게 하는 것이 가장 훌륭한 것이라고 말한다.

왕의 종사에 임하는 자세

〔298〕 왕은 밀정을 이용하고 용기를 북돋우며 모든 까르마(일)를
다해서, 항상 자신과 적 사이에서 자신의 능력과 다른 자의 힘을 알
고 있어야 한다.

〔299〕 (양측이 가진) 모든 고통과 불리한 점에 있어 경중을 잘 따
져본 후에 일을 시작해야 한다.

〔300〕 일을 시작하면 지치게 되겠지만, 다시 일을 시작해야 한다.
슈리는 일하는 자를 좋아하기 때문이다.

〔301〕 왕의 모든 행동은 끄리따, 뜨레따, 드와빠라, 깔리 유가(紀,
yuga)와 상응한다.[1] 왕은 유가라고 불린다.

역주 1) 제1장 68~72절, 81~86절 참조.

〔302〕 (왕이) 잠자고 있는 것은 깔리 유가, 깨어 있는 것은 드와빠
라 유가이다. 일에 착수하는 것은 뜨레따, 활발히 움직이는 것은 끄
리따 유가이다.

〔303〕 왕은 인드라, 아르까, 바유, 야마, 바루나, 짠드라, 아그니, 쁘리트위의 광휘를 가져야 한다.[1]

역주 1) 제7장 4절 참조.

〔304〕 인드라가 우기에 넉 달 동안 비를 뿌리듯 (왕은 인민이) 원하는 것을 왕국에 뿌림으로써 인드라의 서계를 수행해야 한다.

〔305〕 아르까가 여덟 달 동안 그 햇빛들을 통해 물을 거두어들이듯, (왕은) 왕국에서 세금을 거두어들여야 한다. 이것이 태양의 영원한 서계이기 때문이다.

〔306〕 마루따(Maruta)[1]가 (이곳저곳) 만물 속을 드나들듯, (왕은) 그의 밀정들을 써서 (어디든) 꿰뚫고 들어간다. 이것이 마루따의 서계이기 때문이다.

역주 1) 바람의 무리를 집합적 개념으로 형상화한 신이다. '숨'(息)의 비유(마니라마)이기도 하다.

〔307〕 야마가 아끼는 자든 미워하는 자든 때가 되면 불러들이듯, 왕은 그렇게 인민을 통제해야 한다. 이것이 야마의 서계이기 때문이다.

〔308〕 바루나가 밧줄로 묶는 것처럼 죄인들에게 제재를 가해야 한다. 이것이 바루나의 서계이기 때문이다.

〔309〕 사람들이 짠드라를 보고 기뻐하듯, 인민은 짠드라의 서계를 행하는 왕을 보고 (기뻐한다.)

〔310〕 아르까가 항상 열기와 광휘를 가지듯, (왕은) 항상 죄 지은 자들과 사악한 대신, 폭력을 쓰는 자들을 (뜨겁게 벌 준다.) 이것이 아그니의 세계이기 때문이다.

〔311〕 쁘리트위가 만물을 똑같이 받쳐주듯 땅의 주인(왕)의 세계는 만물을 보호하는 것이다.

〔312〕 이러한 방법들과 그외의 다른 방법들을 써서 부지런히 자기 왕국(에 속한 자)과 다른 (왕국에서 온) 자들 가운데 도둑들을 통제해야 한다.

브라만에 대한 섬김

〔313〕 아무리 곤란한 지경에 처한 경우라도 브라만을 노하게 해서는 안된다. 그들이 분노하면 당장 그 군사와 전차들과 함께 그(왕)를 해칠 것이기 때문이다.

〔314〕 아그니로 하여금 모든 것을 먹어치우게 하고, 바다를 마실 수 없게 하며, 달이 기울다가 다시 차오르게 한 그들(브라만)을 화나게 하면 어느 누가 파멸하지 않겠는가.

〔315〕 분노하면 어떤 세계라도 만들고 모든 세계의 수호자(왕)들을 창조하며, 신을 신이 아닌 자로 만들어버리는 그들을 괴롭혀서 어느 누가 번영할 수 있겠는가.

〔316〕 (모든) 세계와 신이 항상 그들을 의지하여 존재하고, 그들의

재산은 브라흐만(베다)이니, 살고자 하는 어느 누가 그들을 해롭게 할 수가 있을 것인가.

〔317〕 학식이 있든 없든 브라만은 위대한 신격(devata)이다. (제단에) 불을 피우든 그렇지 않든 아그니가 위대한 신격인 것과 마찬가지이다.

〔318〕 (아그니의) 광휘는 정결하기 때문에 화장터에서도 오염되지 않는다. 제사에 봉헌할 때는 다시 활활 타오른다.

〔319〕 브라만은 모든 종류의 명예롭지 못한 일에 종사하고 있더라도 모든 면에서 섬김을 받아야 한다. 그들은 모두 지고의 신적 존재이기 때문이다.

〔320〕 무슨 일에서건 끄샤뜨리야가 브라만을 억누르고자 하는 경우에는 브라만이 (그들을) 통제해야 한다. 끄샤뜨리야는 브라만에서 나왔기 때문이다.

〔321〕 불은 물에서, 끄샤뜨리야는 브라만에게서, 쇠는 돌에서 나왔다. 이들이 가지는 모든 자리를 뚫는 열(熱)은 각기 자기의 모태에 이르면 진정한다.

〔322〕 끄샤뜨리야는 브라만 없이 번영할 수 없고, 브라만은 끄샤뜨리야 없이 번영할 수 없다. 브라만과 끄샤뜨리야는 협력하여 이 세상과 저 세상에서 번영한다.

〔323〕 (왕은) 모인 단다(벌금)[1]와 재산을 모두 브라만들에게 주고, 왕국은 아들에게 물려준 후 전쟁에서 죽는 길을 택해야 한다.

역주 1) 죄를 지은 데 대해 내는 것(꿀루까)인데, 여기에는 왕에게 세금 말고도 벌금이 얼마나 걷혔는가를 보여주는 의도도 있다(메다 띠티).

왕의 다르마의 전념

〔324〕이와 같이 해서 땅의 주인(왕)은 항상 왕의 다르마(의무)에 전념하여 모든 대신들로 하여금 세상에 이로움을 주도록 배치해야 한다.

〔325〕이렇게 해서 왕과 관련된 모든 영원한 까르마(직무)에 대해서 말했다. 이제 차례로 바이시야와 슈드라의 까르마에 대해 알라.

바이시야의 다르마

〔326〕바이시야는 의식[1]을 치른 후 처를 맞아들이고, 항상 자기 일[2]과 가축사육에 종사해야 한다.

역주 1) saṅskāra : 입문의식, 혼인의식 등(메다띠티, 꿀루까) 혹은 탄생의식 등(난다나)이다.
2) vārtā : 주석가들은 농사(꿀루까, 라마짠드라) 혹은 농사, 가축, 사육, 장사(난다나) 등을 들었다.

〔327〕쁘라자빠띠는 가축을 창조하시고 바이시야에게 주셨다. 브라만과 왕(끄샤뜨리야)에게는 모든 인민을 주셨다.

〔328〕바이시야는 가축을 사육하지 않을 생각을 품어서는 안된다.

바이시야가 원하는 한 다른 (신분)은 절대 (가축을) 사육할 수 없다.

〔329〕 (바이시야는) 보석, 진주, 산호, 쇠, 옷감, 향, 향신료의 등급을 알고 있어야 한다.

〔330〕 씨를 심는 법, 밭의 좋고 나쁨, 도량형을 사용하는 방법을 알고 있어야 한다.

〔331〕 물건들이 상품(上品)인지의 여부, 지방의 좋은 물건과 나쁜 물건의 (여부), 판매시 이득의 여부, 그리고 가축을 불리는 방법들을 알고 있어야 한다.

〔332〕 종들의 급여, 사람들의 다양한 언어, 물품의 보관과 판매에 관해서도 알고 있어야 한다.

〔333〕 다르마(법)에 따라 재산을 불리기 위해 최고의 노력을 기울여야 한다. (그리하여) 가능한 한 만물에 먹을 것을 공급해 주어야 한다.

슈드라의 다르마

〔334〕 슈드라의 다르마이며 최고의 기쁨이 되는 것은, 베다를 잘 아는 브라만으로서 가주기에 있는 자, 명예를 가진 자들을 받들어 모시는 것이다.

〔335〕 항상 정결하고, 모시는 데 뛰어나며, 언어가 부드러운 자,

건방지지 않은 자, 브라만에게 의지하는 자는 상위 신분(jati)에 태어난다.

〔336〕 이렇게 해서 어쩔 수 없는 때가 아닌 경우에 있어서의 (모든) 신분(varṇa)들의 까르마(일)에 대해서 말했다. (이제) 곤경에 처한 경우의 까르마에 대해 차례로 알라.

제10장

【혼종신분의 다르마】

네 신분

〔1〕 세 재생 신분(varṇa)은 각기 제 까르마(의무)를 지켜서 학습을 해야 한다. 그중 브라만은 가르치는 일을 하고 다른 두 신분은 그리할 수 없다. 이것은 정해진 바이다.

〔2〕 브라만은 법도에 따라 모두의 생계수단을 알아야 하고 다른 신분(varṇa)들에게[1] 가르쳐야 하며, 스스로도 그렇게 해야 한다.

> **역주** 1) 문법적으로 쌍수가 아니고 복수임을 보아 이 안에 끄샤뜨리야, 바이시야뿐 아니라 슈드라도 포함됨을 알 수 있다.

〔3〕 브라만은 중요하고, 태생이 훌륭하고, 규정을 유지시키며, 특별한 의식[1]을 수행하는 자들이기 때문에 (모든) 신분들 중에 주(主)이다.[2]

역주 1) saṅskāra : 입문의식(메다띠티, 꿀루까, 나라야나, 난다나, 고윈
　　　　　다라자) 혹은 학습(마니라마, 바루찌)을 뜻한다.
　　　 2) 제1장 93절 참조.

[4] 브라만, 끄샤뜨리야, 바이시야, 이 세 신분은 재생(再生) 신분
(jati)이요, 넷째 슈드라는 단생(短生) 신분이다. 다섯째는 없다.

[5] 모든 신분 가운데 동일한 (태생)이며 처녀성을 잃지 않은 여자
와의 사이에서 정순(正順)[1]에 따라 생긴 자는 그 (부모)와 동일한
신분(jati)임을 알라.[2]

역주 1) anuloma : 브라만은 브라만끼리, 끄샤뜨리야는 끄샤뜨리야끼리,
　　　　　바이시야는 바이시야끼리 하는 결합(메다띠티, 꿀루까, 고윈다
　　　　　라자) 혹은 신부가 신랑보다 신분이 낮거나 신랑이 신부보다 나
　　　　　이가 많은 결합(나라야나)이다.
　　　 2) 제9장 94절, 제10장 6~7절, 41절 참조.

혼종신분

[6] 재생자가 한 단계 낮은 여자에게서 낳은 자식은 (아버지와 신
분이) 동등하기는 하지만, 어머니의 흠 때문에 비난을 받는다.

[7] 이상은 한 단계 낮은 여자에게서 생겨난 자들에 대한 영원한
법이다. (이제) 두 단계 낮은 여자에게서 생겨난 자식들에 대한 다
음의 법을 알라.

[8] 브라만이 바이시야 처녀에게서 낳은 자는 암바슈타(Ambaṣṭha),
슈드라 여자에게서 낳은 자식은 니샤다이며 빠라샤와(Pāraśava)[1]

라고도 부른다.

역주 1) 제9장 178절 참조.

[9] 끄샤뜨리야가 슈드라 여자에게서 낳은 자식은 행동이 포악하며, 끄샤뜨리야와 슈드라의 성질을 섞어가지니 우그라(Ugra)[1]라고 불린다.

역주 1) 제4장 212절 참조.

[10] 브라만이 다른 세 신분의 여자들 사이에서 낳은 자식, 끄샤뜨리야가 두 신분의 여자들에게서 낳은 자식, 바이시야가 한 신분 여자에게서 낳은 자식, 이 여섯 경우를 모두 아빠사다(Apasadā)라고 부른다.

[11] 끄샤뜨리야가 브라만 처녀에게서 낳은 자식은 신분(jati)상 수따(Sūta)이다. 바이시야가 끄샤뜨리야 여자, 브라만 여자의 몸에서 낳은 자식들은 (각각) 마가다(Māgadha)와 바이데하(Vaideha)이다.

[12] 슈드라와 바이시야 여자, 끄샤뜨리야 여자, 브라만 여자 사이에서는 각각 아요가와(Ayogava), 끄샤따(Kṣatā) 그리고 가장 비천한 인간인 짠달라와 같은 혼종신분(varṇasaṅkara)들이 생겨난다.

[13] 신분 한 단계 차이의 정순으로[1] 생겨난 자들을 암바슈타[2]와 우그라[3]라 하고, 역순[4]으로 생겨난 자들을 끄샤뜨리(Kṣattṛ)와 바이데하까(Vaidehaka)라고 부른다.

역주 1) 제10장 3절 참조.

2) 제10장 8절 참조.
3) 제10장 9절 참조.
4) pratiloma : 슈드라가 끄샤뜨리야 여자와 결합하는 등 신랑의 신
  분이 신부의 신분보다 낮은 결합이다. 슈드라와 끄샤뜨리야 여자
  사이에서 생겨난 자는 끄샤뜨리, 바이시야와 브라만 여자 사이에
  서 생겨난 자는 바이데하(메다띠티)이다.

〔14〕 (앞에) 말한 바와 같이 재생자가 각기 한 단계 낮은 여자들
에게서 낳은 아들은 어머니의 결함 때문에 아난따라(Anantara)
로 불린다.[1]

역주 1) 제10장 6절 참조.

〔15〕 브라만과 우그라 처녀 사이에서는 아우리따(Āvṛta)가 생겨나
고, 암바슈타 처녀에게서는 아비라(Ābhīra), 아요가와 처녀에게서
는 디그와나(Dhigvaṇa)가 생겨난다.

〔16〕 슈드라와 (아래에서부터) 차례로 (신분이) 높은 여자들 사이
에서는 세 아빠사다 즉 아요가, 끄샤따 그리고 가장 비천한 자인 짠
달라가 생겨난다.

〔17〕 바이시야와 (아래에서부터) 차례로 (신분이) 높은 여자들 사이
에서 마가다와 바이데하가 생겨나고, 끄샤뜨리야 (남자)와 (브라만
처녀)에게서 수따가 나니, 이들은 각기 다르지만 세 아빠사다이다.

〔18〕 니샤다가 슈드라 여자에게서 낳은 아들은 뿔까사(Pulkasa)
요, 슈드라가 니샤다 여자에게서 낳은 자식은 꾹꾸따까(Kukku-
ṭaka)이다.

〔19〕 끄샤뜨리가 우그라 여자에게서 낳은 아들은 슈와빠까(Śvapā-ka)¹⁾로 불리고, 바이데하끼가 암바슈타 여자에게서 낳은 자는 베나(Veṇa)라고 불린다.

[역주] 1) 제3장 92절 참조.

〔20〕 재생자이며 동일한 신분(varṇa)의 여자에게서 생겨난 자가 서계를 행하지 않고 그 정결한 의무를 다하지 않으면 사위뜨리가 내쫓는다. 그러한 자는 브라띠야¹⁾라고 불린다.

[역주] 1) vrātyā : 서계를 깬 자, 성사를 걸치지 않으며 사위뜨리를 모욕하는 자(라마짠드라) 혹은 네 신분에 속하지 않는 대우를 받는 자 (메다띠티) 혹은 역순으로 생겨난 자와 동등한 대우를 받는 자 (꿀루까) 등의 해석이 있다.

〔21〕 브라만으로서 브라띠야인 자로부터 죄스러운 태생인 부르자깐따까(Bhūrjakaṇṭaka), 아완띠야(Āvantya), 바따다나(Vāṭadhāna), 뿌슈빠다(Puṣpadha), 샤이카(Śaikha)가 생겨난다.

〔22〕 끄샤뜨리야로서 브라띠야인 자로부터 잘라(Jhalla), 말라(Malla), 닛치위(Nicchivi), 나따(Naṭa), 까라나(Karaṇa), 카사(Khasa), 드라위다(Draviḍa)가 생겨난다.

〔23〕 바이시야로서 브라띠야인 자로부터는 수단완(Sudhanvan), 짜리야(Cārya), 까루샤(Kāruṣa), 비잔만(Vijanman), 마이뜨라(Maitra), 사뜨와따(Sātvata)가 생겨난다.

〔24〕 서로 다른 신분간에 음행(婬行)을 하고, 알아서는 안되는 것을 알려고 하며, 자신의 까르마(의무)를 포기하는 자는 혼종신분으

로 태어난다.

[25] 정순 및 역순의 혼합(saṅkara)으로 생겨나는 신분(saṅkara-jati)들은 서로 뒤섞인 자들이니 (이제) 그에 대해 남김없이 말하고자 한다.

[26] 수따, 비데하, 가장 비천한 인간인 짠달라, 마가다, 끄샤뜨리, 아요가와[1]

역주 1) 제10장 12절 참조.

[27] 이들 여섯은 태생이 동일한 신분(varṇa)의 여자, 모(母)의 신분(jati)(과 동일한 신분) 그리고 (자기)보다 높은 태생(의 여자)에게서 자신과 동일한 신분을 낳는다.

[28] 세 신분 중에서, 바로 아래 신분과 자기와 동일한 신분, 두 신분 (여자)에게서 그 사람의 자신 (같은 신분의 자식)이 나는 것처럼, 배제된 자[1]들의 경우에서도 그 순서대로 (같은 신분의 자식이) 생겨난다.

역주 1) bāhya : 앞에서 언급한 역순으로 생겨난 자들(메다띠티, 나라야나, 꿀루까, 라가와난다, 라마짠드라, 난다나, 마니라마)이다.

[29] 그들은 서로의 처에게서 그 (아비)보다도 더욱 불결하다고 비난받는 많은 자, 배제된 자들을 낳는다.

[30] 슈드라가 브라만 여자에게서 자식을 낳으면 배제된 자가 되는 것처럼, 배제된 자들이 네 신분의 여자들에게서 자식을 낳으면 그

배제된 자보다도 더 배제된 자들을 낳게 된다.

〔31〕 (정해진 규칙에) 거스르게 행동하는[1] 배제된 자들은 그보다
도 더 배제된 자들과 비천하고 보다 더 비천한 자식을 낳는다. 이들
이 열다섯 (혼종)신분들[2]이다.

역주 1) 성교를 하는 것(메다띠티)을 뜻한다.
    2) 혼종신분의 종류에 대해서 주석가들의 여러 가지 의견을 볼 수
       있다.
       ① 브라만, 끄샤뜨리야, 바이시야, 슈드라에게서 생겨나는 역순
       으로 인한 배제된 자는 각각 3종으로 모두 열둘이고, 이들이 다
       시 끄샤뜨리, 아요가와, 짠달라와 결합하면 열다섯 종류의 혼종
       이 나온다. 이들이 네 신분과 각각 결합하면 총 60종이 나오며
       여기에 네 신분을 더하면 혼종신분은 모두 64종이다(메다띠티).
       ② 배제된 자 15종, 비천한 자 15종 해서 30종의 혼종이 있다(꿀
       루까).
       ③ 역순으로 생겨난 6종의 배제된 자(수따, 비데하, 짠달라, 마
       가다, 끄샤뜨리, 아요가와)들이 그 안에서 서로 결합하면 15종
       이 된다(꿀루까, 라가와난다).
       ④ 브라만, 끄샤뜨리야, 바이시야, 슈드라에서 생겨난 배제된 자
       들이 열둘이므로 여기에 다시 3종의 슈드라에서 생겨난 자들을
       합하면 총 15종이 된다(나라야나).
       ⑤ 슈드라에서 생겨난 3종의 배제된 자들이 각기 네 신분과 자기
       신분(끄샤뜨리, 아요가와, 짠달라)과 한 번씩 결합하여 총 15종
       이 된다(바루찌).

혼종신분과 그들의 생업

〔32〕 다시유[1]는 아요가와 (여자)에게서 사냥해서 연명하는 사이린
드라(Sairindhra)를 낳는다. 그는 씻고 시중드는 일을 잘 알고, 종

은 아니나 종의 생애를 산다.

[역주] 1) 제10장 45절 참조.

〔33〕 바이데하는 목소리가 좋은 마이뜨레야까(Maitreyaka)를 낳는다. 그는 동틀녘에 종을 울리고 사람들을 계속해서 칭송한다.

〔34〕 니샤다는 마르가와(Mārgava)나 다사(Dāsa)와 같이 배를 저어 생계를 잇는 자들을 낳는다. 아리야와르따에서 사는 자들은 그들을 까이와르따(Kaivarta)라고 부른다.

〔35〕 아리야가 아닌 아요가와 여자에게서 생겨난 세 비천한 신분(jati)들은 죽은 자들의 옷을 입고 비난받는 음식을 먹는다.

〔36〕 (그들은) 니샤다에게서 가죽일을 하는 까라와라(Kārāvara)를 낳고, 바이데하까 여자에게서는 마을 밖에 거주처를 두는 안드라(Andhra)와 메다(Meda)를 낳는다.

〔37〕 짠달라에게서는 대(竹)를 다루는 빤두소빠까(Pāṇḍusopāka)를 낳고, 니샤다에게서 아힌디까(Āhiṇḍika)를 낳는다.

〔38〕 짠달라와 뿔까사 여자에게서는 선한 자들이 항상 비난하는, 뿌리를 파는 일을 생계로 하는 죄스런 소빠까(Sopāka)[1]가 생겨난다.

[역주] 1) 독이 있는 뿌리를 캐어 그것을 파는 일을 생계로 하는 자(나라야나) 혹은 생계수단으로 주문을 써서 사람을 죽이는 일에 가담하고 죽은 자의 옷을 취하며 제사의 음식을 먹는 자(메다띠티)이다.

〔39〕 니샤다 여자는 짠달라에게서, 화장터에서 일하는 안띠야와사

인(Antyāvasāyin)이라 불리는 배제된 자들 가운데서도 비난받는 자식을 낳는다.

〔40〕 혼종신분의 부모로부터 생겨난 자들은 그들이 (신분을) 숨기든 드러내든 그 각자의 까르마(일)로 알려지게 된다.[1]

역주 1) 제10장 50절 참조.

〔41〕 동일한 신분(jati)이나 한 단계 낮은 신분의 여자에게서 생겨난 여섯[1]은 재생자의 다르마[2]를 가진다. 그러나 그들과 동일한 다르마를 가지더라도 슈드라 여자에게서 난 모든 자[3]들은 비천한 자들이라고 한다.

역주 1) 제10장 5~7절 참조.
2) 구체적으로는 입문의식(메다띠티, 나라야나, 꿀루까, 고윈다라자)이다.
3) 재생자 남자와 슈드라 여자에게서 생겨난 자를 말한다.

〔42〕 열(熱)과 씨의 힘에 따라 그들은 낮게 혹은 높게 이 세상의 사람들 사이에서 세대 세대에 태어난다.[1]

역주 1) 제10장 64~65절 참조.

〔43〕 끄샤뜨리야 신분도 의식[1]을 치르지 않고 그로 인해 브라만을 상담하지 않으면 차차로 (다음과 같은) 슈드라[2]가 된다.

역주 1) 입문 의식 등(메다띠티, 꿀루까, 라가와난다, 마니라마, 고윈다라자)을 말한다.
2) 제8장 16절 참조.

〔44〕 빠운드라까(Pauṇḍraka), 아우드라(Auḍra), 드라위다, 깜보자
(Kāmboja), 야와나(Yavana), 샤까(Śaka), 빠라다(Pārada), 빠할
라와(Pahalava), 찌나(Cīna), 끼라따(Kirāta), 다라다(Darada),
카샤(Khaśa)

〔45〕 (마하뿌루샤의) 입, 팔, 넓적다리, 발 가운데 배제된 신분(jati)
은 믈렛차 말을 쓰든, 아리야 말을 쓰든 모두 다시유라고 불린다.

〔46〕 재생자에게서 태어나도 아빠사다[1]이거나 상것[2]으로 불리는
자들은 재생자들에게 비난받는 까르마(일)를 하며 살아야 한다.

역주 1) 제10장 10절, 17절 참조.
    2) Apadvaṅsaja : 슈드라가 하는 일과 같은 일을 하는 자(나라야
       나) 혹은 역순 태생의 수따 등(라가와난다, 난다나, 라마짠드라,
       바루찌)이다.

〔47〕 수따는 말과 전차를 다루는 일, 암바슈타는 치료하는 일, 바
이데하까는 여자들에 관한 일, 마가다는 길거리에서 장사하는 일을
한다.

〔48〕 니샤다는 물고기를 잡는 일, 아요가와는 목수의 일, 메다, 안
드라, 쭌쭈,[1] 마드구[2]는 야생동물을 잡는 일을 한다.

역주 1) Cuñcu : 바이시야와 끄샤뜨리야 여자 사이에서 생겨난 자식(고
       원다라자)이다.
    2) Madgu : 슈드라와 끄샤뜨리야 여자 사이에서 생겨난 자식(고원
       다라자)이다.

〔49〕 끄샤따, 우그라, 뿔까사는 동굴에 사는 짐승들을 잡거나 죽이

는 일, 디그와나는 가죽을 벗기는 일, 베나는 북을 치는 일을 한다.

〔50〕 (이들은) 눈에 잘 띄는 나무 아래, 화장터, 언덕, 삼림에 자리를 잡고 각자 자기 일을 하며 살아야 한다.

〔51〕 짠달라와 슈와빠짜는 마을 밖에 거주해야 한다. 상한 그릇[1]을 사용하지 말아야 하며, 이들의 재산은 개와 당나귀뿐이다.

역주 1) 제10장 52절, 54절 참조.

〔52〕 죽은 자의 옷을 입고, 깨진 그릇으로 식사하며, 쇠로 된 장신구를 쓰고, 항상 떠돌아다녀야 한다.

〔53〕 다르마를 수행하는 자는 이런 자들과 어울리지 말며[1] 서로 거래[2]하지도 말아야 한다. 혼인은 동등한 자들끼리 (해야 한다.)

역주 1) 같은 장소에서 서거나, 앉거나, 다니는 것(메다띠티) 혹은 같이 돌아다니는 것(고원다라자) 혹은 만나서 대화하는 것(라가와난다)이다.
2) 말을 주고 받거나 응대해 주는 것(나라야나) 혹은 부채를 주고 받는 관계, 결혼관계(꿀루까, 고원다라자) 혹은 부채관계(라가와난다, 마니라마) 혹은 매매관계(난다나) 등의 해석이 있다.

〔54〕 남에게 의지해 사는 이러한 자들에게는 깨진 그릇에 음식을 주어야 한다. 이들이 밤에 마을이나 도시에 돌아다니지 못하게 해야 한다.

〔55〕 낮에 왕의 명령에 의한 표시[1]를 하고 친척 없는 시체를 나르는 일을 해야 하니, 이 일을 하기 위해서만 돌아다닐 수 있다.[2] 이

것은 정해진 바이다.

> 역주 1) 번개표시 등 어깨에 걸치거나 가지고 다니는 것(메다띠티) 혹은
>   이마에 하는 표시(라가와난다) 혹은 지팡이 등(고윈다라자) 혹
>   은 철갑 장신구, 공작털 등(나라야나)이라는 해석이 있다.
>   2) 제10장 52절 참조.

〔56〕 (그들의 일은) 언제나 왕의 명령으로 처형이 정해진 자들을
경전(śāstra)에 따라 죽이고, 죽은 자들의 옷, 침상, 장신구 등을
취하는 것이다.

배제된 자의 식별

〔57〕 신분(varṇa)에서 배제된 자, 알려지지 않은 자,[1] 비천한 태생
인 자, 아리야의 모습을 하고 있으나 아리야가 아닌 자를 그 하는
일로 가려내야 한다.

> 역주 1) 누구의 자식인지 알려지지 않은 자(메다띠티, 난다나) 혹은 다른
>   지역에서 온 자(라가와난다)이다. 제외된 자(나라야나, 라마짠
>   드라, 마니라마, 고윈다라자)라는 표현을 쓴 해석도 있다.

〔58〕 아리야답지 않음, 거친 행동, 잔인함, 의식을 치르지 않음은
이 세상에서 죄스런 태생임을 나타내는 것이다.

〔59〕 비천한 태생은 아버지 혹은 어머니 혹은 양쪽의 성질을 공유
하기 때문에 자신의 근본을 숨길 수가 없다.

〔60〕 명문 출신이라도 혼종신분으로 태어난 자는 적든 많든 그 (아

버지)의 성질을 닮게 되어 있다.

〔61〕 이와 같은 신분(varṇa)을 더럽히는 파멸할 자[1]들이 태어나는
왕국은 그 왕국의 인민과 함께 당장 파멸하게 된다.

역주 1) 혼종신분(메다띠티, 꿀루까, 나라야나, 난다나, 라마짠드라, 마니
라마)을 의미한다.

배제된 자의 성취

〔62〕 브라만, 소, 여자 및 아이를 위해 보상을 생각하지 않고 몸을
던진 배제된 자에게는 그것이 곧 성취[1]의 원인이 된다.

역주 1) siddhi : 천상으로 가는 것(메다띠티, 나라야나, 꿀루까, 라가와
난다, 마니라마) 혹은 선천적으로 갖는 것 아닌 능력으로 이루는
것 등(고윈다라자)을 말한다.

〔63〕 마누께서는 불살생, 진실, 도둑질하지 않는 것, 정결, 감각의 절
제, 이러한 것들이 네 신분들에게 공통되는 다르마라고 말씀하셨다.[1]

역주 1) 제4장 246절, 제5장 107절, 제6장 91~94절 참조.

신분의 상승 및 하강

〔64〕 브라만과 슈드라 여자에게서 생긴 자가 상위신분을 통하여 자
식을 낳으면 (이후) 일곱 세대 이후에야 상위신분이 된다.

〔65〕 슈드라가 브라만이 되기도 하고, 브라만이 슈드라가 될 수도 있으니, 끄샤뜨리야에게서 난 자와 바이시야에서 난 자들도 또한 그러함을 알아야 한다.[1)]

역주 1) 제10장 42~43절 참조.

아리야와 비아리야가 섞여 난 자식

〔66〕 아리야가 아닌 여자와 브라만 남자에게서 어쩌다가 생겨난 자와 브라만 여자와 아리야가 아닌 남자에게서 생겨난 자 가운데 어느 쪽이 뛰어난가.

〔67〕 아리야가 아닌 여자와 아리야 남자 사이에서 생겨난 자는 자질에 따라 아리야가 되지만, 아리야가 아닌 남자와 아리야 여자에게서 태어난 자는 아리야가 아니다. 이것은 정해진 바이다.

〔68〕 그 둘은 의식을 치를 수 없다. 전자는 자질이 나쁘기 때문에 그리고 후자는 역순 태생이기 때문이다.

〔69〕 좋은 씨가 좋은 밭에서 훌륭하게 자라듯 아리야 남자와 아리야 여자에게서 난 자만이 모든 의식을 치를 수 있다.[1)]

역주 1) 제9장 33~41절 참조.

〔70〕 현자들 가운데 어떤 이는 씨를, 다른 이는 밭을, 또 다른 이는 씨와 밭을 모두 칭송하지만 이에 관해서는 정해진 바가 있다.

[71] 경작지가 아닌 곳에 떨어진 씨는 그대로 썩어버린다. 씨가 없는 밭은 아무것도 자라게 할 수 없다.

[72] 짐승으로 태어난 자라도 씨로 인해서 경배받고 칭송받는 선인이 되었다. 그래서 씨가 중요한 것이다.[1]

역주 1) 제9장 34절, 제10장 42절 참조.

[73] 창조자께서 아리야로 행동하는 아리야가 아닌 자와 아리야가 아닌 것처럼 행동하는 아리야에 대해서 생각하신 끝에 그 둘이 같지도 다르지도 않다고 말씀하셨다.

【곤경시의 다르마】

재생자의 직업

[74] 브라흐만으로부터 태생하여, 자신의 의무에 충실한 브라만은 여섯 가지 다르마(일)들을 순서에 따라 바르게 수행하며 산다.

[75] 교육, 학습, 제사, 타인 제사의 집행, 증물을 하는 것, (증물을) 받는 것이 브라만들의 여섯 가지 까르마(일)이다.[1]

역주 1) 제1장 87~88절 참조.

[76] 여섯 가지 일 가운데 셋은 생계와 관련된 것이니, 타인 제사의 집행, 교육, 정결한 자로부터의 (증물을) 받는 것이 그것이다.

〔77〕 브라만에 비해 끄샤뜨리야가 할 수 없도록 되어 있는 다르마가 세 가지 있다. 교육, 타인 제사의 집행, 그리고 세번째는 (증물)을 받는 것이다.

〔78〕 (이 세 가지는) 바이시야도 마찬가지로 할 수 없도록 되어 있으니, 이것은 정해진 바이다. 쁘라자빠띠인 마누께서 그 둘에 대해 그와 같은 다르마를 정하지 않으셨기 때문이다.

〔79〕 무기를 소지하는 것은 끄샤뜨리야의 다르마이며, 장사, 가축 사육, 농사를 생업으로 삼는 것은 바이시야의 다르마, 증물을 하는 것, 학습, 제사는 (브라만들의) 다르마이다.

〔80〕 브라만에게는 베다 교육, 끄샤뜨리야는 (인민의) 보호, 바이시야는 일(vārtā)[1]이 각자의 까르마(일)이다.

> 역주 1) 장사, 가축사육(꿀루까, 마니라마) 혹은 장사(난다나) 혹은 농사, 장사, 가축사육(고원다라자)이다.

네 신분의 차선의 직업

〔81〕 브라만이 앞에서 말한 자신의 일로 생계를 꾸릴 수 없을 때는 끄샤뜨리야 일로서 생계를 꾸릴 수 있다. 그것은 바로 그 다음의 일이기 때문이다.

〔82〕 그 두 가지로도 생계를 꾸릴 수 없을 때는 농사, 소사육에 종사하여 바이시야의 일을 하며 살 수 있다.

〔83〕 브라만 그리고 끄샤뜨리야가 바이시야의 일을 함에 있어서는, 생물을 죽이는 일이 많고 남에게 의존해야 하는[1] 농사는 가능한 한 피해야 한다.

역주 1) 제4장 159~60절 참조.

〔84〕 농사는 좋은 일이라고 생각되기도 하지만 비난받기도 하니, 날이 있는 호미로 땅과 땅에 있는 생물들을 죽이기 때문이다.

〔85〕 (자신에게 규정된 일만으로는) 생계가 어렵고 다르마(의무)를 온전히 실행하지 못하는 자는 (아래의) 제외할 것만 제외하고 바이시야들이 취급하는 물건들을 파는 장사를 해서 재산을 늘릴 수 있다.

〔86〕 모든 종류의 조미료, 조리한 음식, 깨기름, 보석, 소금, 가축, 사람들은 팔지 말라.

〔87〕 붉은 염색을 한 천, 염색하지 않은 대마(大麻), 아마(亞麻), 모(毛), 과일, 뿌리채소, 약초

〔88〕 물, 무기, 독, 고기, 소마, 모든 종류의 향, 우유, 당과, 발효유, 우유버터, 꿀, 엿, 꾸샤풀

〔89〕 숲에 사는 모든 짐승, 이가 있는 짐승,[1] 새, 술, 남색 물감, 붉은색 물감, 발굽이 한 번 갈라진 짐승 (또한 팔지 말라.)

역주 1) 주석가들은 개 돼지 등(메다띠티) 혹은 개(나라야나) 혹은 사자 등(꿀루까, 고윈다라자) 혹은 돼지 등(라가와난다, 라마짠드라) 이라고 해석했다.

〔90〕 농사를 생업으로 하는 자가 스스로 재배해서 오래두지 않은 깨끗한 깨는 다르마 수행을 위하여[1] 필요하면 팔 수 있다.

역주 1) 주석가들은 어떤 목적을 달성하기 위해(메다띠티) 혹은 제사 등을 위해(라가와난다) 혹은 처 자식을 위해 등(고윈다라자)의 의미로 해석했다.

〔91〕 식용으로나 바르기 위해서나 증물용이 아닌 목적으로 깨를 사용하면[1] 그는 벌레로 태어날 것이며, 그 조상들과 함께 개똥에 파묻히게 되리라.

역주 1) 남에게 파는 것 등(메다띠티, 꿀루까, 나라야나, 라가와난다, 라마짠드라, 고윈다라자)이다.

〔92〕 브라만이 고기, 물감, 소금을 팔면 곧장 빠띠따가 되고, 우유를 팔면 사흘 안에 슈드라가 된다.

〔93〕 세상에서 브라만이 욕심 때문에[1] (이외의) 다른 물건들을 팔게 되면 칠일 밤 안에 바이시야가 된다.

역주 1) 제10장 81절 참조.

〔94〕 조미료는 다른 조미료와 바꿀 수 있으나 소금과는 바꿀 수 없다. 조리한 음식은 조리하지 않은 음식과, 깨는 곡류와 (양이) 동일한 경우 (바꿀 수 있다.)

〔95〕 곤경에 처한 끄샤뜨리야는 이러한 일로 생계를 꾸릴 수 있으나 자신보다 높은 신분의 일을 생업으로 삼아서는 절대 안된다.

〔96〕 비천한 신분(jati)이 욕심을 부려 상위(신분)의 생업으로 생활하면 왕은 당장 그의 모든 재산을 빼앗고 추방해야 한다.

〔97〕 자기 다르마(일)는 좋은 질이 아니더라도[1] 좋은 것이요, 남의 다르마는 좋지 않은 것이다. 남의 다르마를 따르는 자는 자기 신분(jati)으로부터 떨어져 곧장 빠띠따가 되기 때문이다.

역주 1) 자신이 완전하게 잘하지 못하더라도(메다띠티)의 의미이다. 제6장 66절 참조.

〔98〕 자기 다르마(일)로써 생계를 꾸릴 수 없는 바이시야는 슈드라의 일이라도 해야 한다. (그러나) 하지 말아야 할 일들은 하지 않으면서 해야 하고, 능력이 생기면 그만두어야 한다.

〔99〕 슈드라가 재생자를 섬기는 일이 없어 자식과 처를 잃게 될 처지에 이르면 직인의 일로라도 생계를 꾸려야 한다.

〔100〕 직인의 일과 여러 가지 공예를 쓰는 일들은 그 일을 함으로써 재생자들을 섬길 수 있는 일이어야 한다.

곤경에 처한 브라만의 다르마

〔101〕 바이시야의 생업을 하지 않고 자기 길을 지키는 브라만이 생계를 꾸릴 수가 없어 어려울 때는 다음과 같은 다르마를 따라야 한다.

〔102〕 곤경에 처한 브라만은 모두에게서 증물을 받을 수 있다. 다르마에 관한 정결한 것[1]이 더럽혀지는 일은 일어나지 않기 때문이다.

역주 1) 주석가들은 불(나라야나, 라가와난다) 혹은 갠지스 강(메다띠티, 마니라마) 혹은 재생자(라마짠드라)를 예로 들었다. 제10장 103절 참조.

〔103〕 브라만들이 교육, 타인 제사의 집행, (증물을) 받는 것은 죄가 되지 않는다. 그들은 불, 물과 같기 때문이다.

〔104〕 생계가 위급하여 (금지된) 음식을 먹는 자는 대공에 진흙이 묻지 않듯 죄가 묻지 않는다.

〔105〕 아지가르따(Ajigarta)는 배고픔으로 인해 아들을 죽였으나 배고픔을 이겨내기 위해 한 행동이므로 죄가 묻지 않았다.

〔106〕 다르마와 아다르마를 잘 아는 바마데와(Vamadeva) 또한 배가 고파 생명을 지키고자 개고기 먹기를 원했으나 (죄가) 묻지 않았다.

〔107〕 위대한 고행자 바라드와자(Bharadvaja)는 인적 없는 숲에서 아들과 함께 배가 고파 목수 브리두로부터 여러 마리의 소를 받았다.

〔108〕 다르마와 아다르마를 잘 아는 비슈와미뜨라(Viśvamitra)는 배가 고파 짠달라가 손으로 건네준 개다리를 받아 먹고자 하였다.

〔109〕 (증물을) 받는 것, 타인 제사의 집행, 교육 가운데 브라만에게는 증물을 받는 것이 죽은 후에 가장 훌륭치 못한 (과보를) 받는 일이다.

〔110〕 다른 사람의 제사의 집행과 교육은 항상 (입문)의식을 치른

자들에게만 행하는 일이지만 (증물을) 받는 것은 슈드라나 혼종으로 태어난 자들에게서도 가능하기 때문이다.

[111] 다른 사람의 제사의 집행과 교육에 있어 생기는 죄는 묵송과 봉헌으로 사할 수 있으나 (증물을) 받는 것으로 생기는 죄는 기세와 고행으로(만 사할 수 있다.)

[112] 생계를 꾸릴 수 없는 브라만은 이삭을 줍거나 낱알을 모아야 한다.[1] 이삭을 줍는 일은 (증물을) 받는 것보다는 나으며 그보다는 낱알을 모으는 것이 낫다.

역주 1) 제8장 260절 참조.

[113] 스나따까[1]가 쇠붙이나 금품이 없어 어려울 때는 왕에게 청해야 하며 그가 주지 않으면 (왕을) 떠날 수 있다.

역주 1) 제2장 138절, 제4장 13절 참조.

[114] 일구지 않은 땅(을 받는 것)은 일구어놓은 땅(을 받는 것)보다 죄가 덜 된다. 그리고 소, 염소, 양, 금, 곡물, 조리한 음식(을 받는 것)은 (순서대로) 먼저 것이 죄가 덜 된다.

[115] 다르마를 거스르지 않으면서 재산을 가지는 일곱 가지 방법은 상속받는 것, 얻는 것, 사는 것, 정복하는 것, 투자하는 것, 노동해서 버는 것, 선한 자들에게서 받는 것이다.[1]

역주 1) 위 일곱 가지 중에 앞의 세 가지는 모든 네 신분, 네번째는 끄샤뜨리야, 다섯번째 여섯번째는 바이시야, 일곱번째는 브라만에게 해당된다(메다띠티, 꿀루까, 라가와난다, 고윈다라자). 한편 처음 셋은 모두에게, 그 뒤는 끄샤뜨리야, 바이시야, 슈드라, 브라만 순서로 해당된다(나라야나)는 해석도 있다.

〔116〕생계를 꾸리는 방법에는 학문,[1] 공예, 품삯일, 시중드는 것, 소사육, 장사, 농사, 흔들림 없는 것,[2] 시물을 청하는 것, 빌리는 것 이 열 가지가 있다.

> 역주 1) 베다 이외의 의학, 논리학, 마술(메다띠티, 꿀루까, 라가와난다, 고윈다라자) 혹은 무용 등(난다나)을 말한다.
> 2) 스스로 만족감을 갖는 것(메다띠티, 꿀루까, 라가와난다, 마니라마, 고윈다라자, 바루찌)이다.

〔117〕브라만 그리고 끄샤뜨리야라도 이자를 받아서는 안된다. 필요하다면 다르마를 목적으로 죄가 많은 자에게 약간은 빌려줄 수 있다.

곤경에 처한 끄샤뜨리야의 다르마

〔118〕끄샤뜨리야[1]가 곤경에 처하는 경우 그가 최선을 다해 (인민을) 보호하는 자라면 사분의 일[2]만큼을 거두어들이는 것은 죄에 들지 않는다.

> 역주 1) 이 경우는 왕(메다띠티, 꿀루까, 라가와난다, 마니라마, 고윈다라자, 바루찌)이다.
> 2) 곡물징수(꿀루까, 라가와난다, 고윈다라자)의 경우이다.

〔119〕(왕의) 다르마(의무)는 정복이니, 그는 도전에 대해 등을 돌려서는 안된다. 그가 자신의 무기로 바이시야를 보호한 경우에는

그로부터 정당한 공세(貢稅)¹⁾를 받아야 한다.

[역주] 1) 제7장 80절 참조.

[120] 곡식에 대해 바이시야로부터 받는 세금은 팔분의 일, 이십분의 일, 혹은 1까르샤빠나를 거두고, 슈드라, 직인, 공예인은 노역을 하게 한다.

곤경에 처한 슈드라의 다르마

[121] 슈드라가 (브라만을 섬기는 일을 할 수 없어) 생계를 찾아 다니는 경우가 되면 끄샤뜨리야를 섬기거나 재물 많은 바이시야를 섬기는 일을 해서 살아야 한다.

[122] 그는 천상에 가기 위해, 이 세상과 저 세상을 위해 브라만을 섬겨야 한다. 브라만으로 태어난 것만으로 그는 이루어야 할 일을 이루기 때문이다.

[123] 브라만을 모시는 것만이 슈드라가 최고의 까르마(일)를 수행하는 것이다. 이외에 다른 무슨 일을 해도 그에게는 아무런 과보가 없는 것이다.

[124] 브라만은 슈드라의 능력, 솜씨, 식솔의 수를 고려해서 능력껏 그가 생계를 꾸릴 수 있도록 해주어야 한다.

[125] 먹고 남은 음식, 해어진 옷, 남은 곡물, 쓰던 낡은 그릇들을 주어야 한다.

〔126〕슈드라는 그 어떤 일로도 신분이 떨어지는 죄를 짓게 되지는 않는다. 어떠한 의식[1]도 치를 수 없고 다르마[2]에 대한 권리는 없으나, 다르마로부터 제외되지도 않는다.

> 역주 1) 입문의식(메다띠티, 꿀루까, 바루찌)도 치를 수 없다.
> 2) 다섯 대제사 등(나라야나, 라가와난다) 혹은 아그니호뜨라 등(꿀루까, 고윈다라자, 바루찌) 혹은 목욕, 신에 대한 예배(메다띠티) 혹은 음식조리제 등(난다나)을 말한다.

〔127〕다르마를 원하며, 다르마를 알고, 베다 구절에서 배제되기는 하지만 선한 자들의 다르마를 지키는 슈드라는 죄에 들지 아니하고 칭찬을 받는다.

〔128〕(슈드라라도) 투기심 없이 선행을 하면 그는 비난받지 않고 이 세상과 저 세상을 얻는다.

〔129〕슈드라는 능력이 있을지라도 재산을 모아서는 안된다. 슈드라가 재산을 모으면 브라만들을 옭아매기 때문이다.

〔130〕이렇게 해서 곤경에 처하는 경우의 네 신분들의 다르마를 말했다. 이것들을 잘 지키는 자는 최고의 길[1]로 가게 된다.

> 역주 1) 좋은 과보를 얻음(메다띠티) 혹은 해탈(꿀루까, 라가와난다) 혹은 브라흐만에 도달함(고윈다라자)을 의미한다.

〔131〕이렇게 해서 네 신분들의 다르마에 따른 법도를 모두 말했다. 이제 바람직한 속죄의 법도를 말하겠다.

제11장

가진 것 없는 브라만에 대한 증물

〔1〕 자손을 원하는 자, 제사 치르기를 원하는 자, 여행자, 모든 재산을 베다에 바치는 자,[1] 스승을 위해 청하는 자, 아버지를 위해 청하는 자, 어머니를 위해 청하는 자, (베다) 자습을 하고자 하는 자, 병든 자

> 역주 1) 참회의 대가로서가 아니라 스스로 바치는 자(메다띠티) 혹은 제사에 바치는 자(마니라마, 고원다라자) 혹은 스승에게 감사의 뜻으로 주거나 제사에 바치는 자(꿀루까, 라가와난다, 난다나)를 말한다.

〔2〕 스나따까[1] 가운데 이 아홉 브라만은 다르마(에 기초한) 시물을 청하는 자임을 알라. 이 가진 것 없는 자들에게는 가르침에 따라 증물을 해야 한다.

> 역주 1) 제2장 138절, 제4장 13절 참조.

〔3〕 이러한 브라만들에게는 (제사를 치르는 장소 안에서) 보수와 함께 곡물을 주어야 한다. 이외의 다른 자들에게는 제사를 치르는 장소 밖에서 조리한 음식을 주어야 한다.

〔4〕 왕은 제사를 위해서 브라만과 베다를 아는 브라만들에게 보수와 온갖 보석들을 능력에 맞게[1] 주어야 한다.

역주 1) 받는 자의 배움의 수준에 적당하게(메다띠티, 마니라마)의 의미이다.

〔5〕 이미 증물을 받아 처를 맞은 자가 다른 처를 얻으면 그 과보는 쾌락뿐이며, 거기서 난 자식은 재산을 준 자의 것이다.

(〔6〕)[1] (베다를 아는 학자(브라만), 버린 자[2]들에게 능력껏 (증물을) 주는 자는 죽어서 천상을 얻는다.)

역주 1) 1881년 봄베이판 꿀루까 주석서와 이를 원전으로 한 대부분의 번역서들이 이를 제6절로 공식 인정하고 있다. 그러나 이 절은 후대에 삽입된 것으로 간주되기 때문에 1984년 다웨(Dave)판에서는 이를 제외하였다. 우리 번역은 다웨판을 원전으로 삼고 있기 때문에 그에 따른다.
2) 자식, 처 등에 대한 애착을 버린 자(꿀루까)를 말한다.

곤경시의 제사 수행

〔6〕 식솔들을 3년이나 그 이상 먹일 만큼 가진 자는 소마를 마실 수 있는 자격이 있다.[1]

[역주] 1) 소마제사를 치를 자격이 있다(메다띠티, 마니라마)는 의미이다.

[7] 이보다 재물을 적게 가진 재생자는 소마를 마시더라도 그 과보를 얻지 못한다. 그가 설사 이전에 마신 일이 있다고 하더라도 마찬가지이다.

[8] 다른 자들에게 주는 자라도 자기에게 속한 자들을 (식량이 없어) 비참하게 살게 하는 자는 다르마에 반(反)하는 것이다. (그것은) 꿀처럼 보이지만 맛은 독과 같은 것이다.

[9] 식솔들의 것을 취하여 사후의 복을 위해 사용하는 자는 살아서도 죽어서도 불행한 과보를 얻는다.

[10] 다르마에 충실한 왕이 있는 곳에서 브라만이 낸 한 부분만으로 제사가 이루어지는 것은 막아야 한다.

[11] 제사의 완성을 위해서는 가축은 많으면서 제사를 치르지 않고 소마를 마시지 않은 바이시야의 집에서 그 재산을 취한다.

[12] (왕은) 필요하다면 슈드라의 집에서 (물건) 두세 가지를 거두어들인다. 제사 앞에서 슈드라의 재산은 아무 것도 없기 때문이다.

[13] 소를 백 마리 가진 자가 아그니 봉헌의례를 하지 않고 소를 천 마리 가진 자가 제사를 치르지 않으면 이들의 집에서도 주저할 것 없이 거두어들여야 한다.

[14] 항상 받기만 하고 주지는 않는 자가 내는 것을 거부하는 경우에는 그로부터 취한다. 그러면 그 사람의 명예가 뻗어나가고 다르

마(공덕)가 불어난다.

〔15〕 여섯 번[1]을 굶은 자는 다음날을 위해 저장하지 않는다는 규칙에 따라 제사를 치르지 않은 자로부터 일곱번째 식사를 취한다.

역주 1) 하루에 두 끼니를 취하기 때문에 날수로 계산하면 사흘이 된다. 제6장 19절 참조.

〔16〕 마당에서든, 밭에서든, 집에서든 그것을 취하되, (주인이 따져) 물으면 사정을 설명한다.

〔17〕 끄샤뜨리야는 브라만의 재산을 절대 취해서는 안된다. 스스로 생계를 꾸리기 어려우면 다시유[1]나 제사를 치르지 않는 자로부터 취해야 한다.

역주 1) 제10장 45절 참조.

〔18〕 선하지 않은 자들로부터 재물을 가져다가 선한 자들에게 주는 자는 자신을 배로 삼아 그 둘을 건너게 해주는[1] 자이다.

역주 1) 고통에서 벗어나게 해준다(꿀루까, 고윈다라자)는 의미이다.

〔19〕 현명한 자들은 제사에 성실한 자들의 재산이 신들에게 속한 재산임을 안다. 제사를 치르지 않는 자의 재산은 아수라의 것이라고 한다.

〔20〕 다르마를 따르는 땅의 주인(왕)은 그들에게 단다를 내리지 말아야 한다. 브라만이 허기로 고통받는 것은 끄샤뜨리야의 불찰이기

때문이다.

〔21〕 위대한 주인(왕)은 그러한 브라만의 식솔들에 대해 알아보고, 계시서(베다)에 대해 충실한지, 생계가 어떤지 알아내어 자기 집에 서라도 가져와 합당한 만큼을 갖추게 해주어야 한다.

〔22〕 그의 생계를 갖추어주고 나서는 전적으로 보호해야 한다. 왕은 그가 보호한 자의 다르마(공덕)의 육분의 일을 얻기 때문이다.

〔23〕 브라만은 절대 제사를 위하여 슈드라로부터 시물을 받아서는 안된다. 그러한 제주는 죽어서 그 시물로 인해 짠달라로 태어나기 때문이다.

〔24〕 제사를 목적으로 시물로 받은 것을 전부 바치지 않은 브라만은 일백 년 동안 독수리가 되거나 까마귀가 된다.

〔25〕 신이나 브라만의 것을 욕심내어 사용하는 죄많은 영혼은 다음 세상에 독수리의 먹이로 살게 된다.

〔26〕 짐승 희생제나 소마제를 치를 수 없는 경우에는 그해를 보내면서 바이슈와나리(Vaiśvanarī)제를 치러야 한다.

〔27〕 곤궁에 처하지 않은 재생자가 어쩔 수 없는 경우에만 하는 (바이슈와나리)제를 치른다면 그는 다음 세상에서 아무런 결과도 얻지 못함은 물론이다.

〔28〕 비슈와데와(Viśvadeva),[1] 사디야, 브라만, 위대한 선인들이 곤궁에 처해 죽을 때를 대비하여 대체하는 제사를 만든 것이다.

역주 1) 만물의 신이다.

〔29〕 우선으로 (베다에 정해진) 의례를 따를 수 있는 능력이 있으면서도 대체하는 제사를 치르는 어리석은 자는 저 세상에 가서 아무런 과보를 얻지 못한다.

자력에 의한 구제

〔30〕 다르마를 아는 브라만은 왕에게 아무 것도 고할 필요가 없다. (브라만은) 자신의 용력(勇力)으로 자기에게 잘못하는 자들을 통제할 수 있다.

〔31〕 자신의 용력과 왕의 용력 가운데 자신의 용력이 보다 강하다. 그러므로 재생자는 그 적을 자신의 용력으로 제압해야 한다.

〔32〕 주저할 것 없이, 아타르와 베다의 선인 앙기라사의 계시대로 실행하라. 브라만의 무기는 말(言)이니 재생자는 그것으로 적을 해칠 수 있다.

〔33〕 끄샤뜨리야는 팔 힘으로 자신이 처한 곤경을 건너고, 바이시야와 슈드라는 재산으로, 브라만은 낮은 소리로 하는 묵송과 아그니 봉헌으로 건너야 한다.

〔34〕 브라만은 창조자요, 통치자요, 선언자요, 벗이라고 불린다. 그러한 자에게 좋지 않은 말을 해서는 안되며 빈말을 떠들어대서도 안된다.

제사에서의 금지사항

〔35〕 처녀, 젊은 여자, 학식이 적은 자, 백치, 고통에 빠져 있는 자, (입문)의식을 치르지 않은 자는 아그니 봉헌의 제관(hotā)이 될 수 없다.

〔36〕 이와 같은 자가 봉헌을 하면 그와 제주는 지옥으로 떨어진다. 그러므로 제관(hotā)은 베다에 정통한 훌륭한 자가 맡아야 한다.

〔37〕 가진 것이 있으면서도 아그니 봉헌에서 쁘라자빠띠에게 헌납된 말(馬)을 (브라만의) 보수로 주지 않는 브라만은 아그니에 봉헌하지 않은 자이다.

〔38〕 신심(信心)이 있고, 감각을 절제하는 자라도 여러 가지 공덕이 되는 일들을 해야 한다. 이 세상에 있는 동안 절대로 너무 적은 보수로 제사를 올려서는 안된다.

〔39〕 적은 보수로 올린 제사는 감각·명성·천상·장수·명예·자손·가축들을 줄게 한다. 그러므로 적은 보수로 제사를 올려서는 안된다.

〔40〕 브라만이라도 제멋대로 아그니 봉헌을 소홀히 하면 한 달 동안 짠드라야나(candrāyaṇa) (서계)[1]를 한다. 그것은 전사(戰士)를 죽이는 것과 같기 때문이다.

역주 1) 제11장 215~16절 참조.

〔41〕 슈드라에게서 재물을 받아 아그니 봉헌을 하는 자는 브라흐만

(베다)을 말하는 자들 사이에서 비난받으니, 그런 자들은 슈드라의 제관(rtvij) 노릇을 한 자이기 때문이다.

〔42〕 증물을 바치는 자[1]는 슈드라[2]의 아그니를 섬긴 어리석은 자[3]들의 머리를 발로 밟음으로써 위기[4]를 영원히 건널 수 있다.

역주 1) 제사를 치름으로써 증물을 바치는 슈드라(나라야나)이다.
　　 2) 제8장 16절 참조.
　　 3) 제사를 주관해주는 브라만이다.
　　 4) 저 세상에서 고통을 받는 것(꿀루까, 마나라마) 혹은 지옥(라마 짠드라)을 의미한다.

속죄를 해야 하는 경우

〔43〕 규정된 의식을 치르지 않은 자, 비난받을 짓을 한 자, 감각적 대상들에 매인 자들은 속죄를 해야 한다.

〔44〕 현자는 부지불식간에 죄를 범한 모든 경우에 속죄가 영향을 미친다는 것을 안다. 어떤 이들은 계시서를 근거로 하여 고의의 경우에도 해당된다고도 한다.

〔45〕 부지불식간에 죄를 저지른 경우는 베다 학습으로 정화된다. 유혹이 있어서 고의로 그렇게 한 경우에는 여러 가지 방법의 속죄를 해야만 (정화된다.)

〔46〕 재생자는 운명에 의해서든 전생에 저지른 죄로 인해서든 속죄를 하게 되는 경우, 현인들과 접촉하지 않아야 한다

악행으로 인한 기형

〔47〕 사악한 영혼의 사람은 이 세상에서의 악행으로 인해서든 혹은 전생에서의 (악행으로) 인해서든, 그 모습이 기형이 된다.

〔48〕 금을 훔치는 자는 손톱이 기형이 되고, 술 마신 자는 이가 까맣게 되며, 브라만을 해치는 자는 폐에 병이 생기고, 스승의 잠자리를 더럽힌 자는 피부가 썩게 된다.[1]

역주 1) 제3장 153절 참조.

〔49〕 남을 중상 비방한 자는 코가 기형이 되고, 고자질한 자는 입이 기형이 되고, 곡물을 훔친 자는 사지가 하나 부족하고, (물건을) 섞어 (판) 자는 사지가 더 많게 된다.

〔50〕 곡식을 훔치는 자는 소화가 되지 않는 병자가 되고, 말(言)을 훔치는 자[1]는 벙어리, 옷을 훔치는 자는 백나병자, 말(馬)을 훔치는 자는 절름발이가 된다.

역주 1) 다른 사람의 저작을 자기 것으로 알리고 다니는 자(나라야나, 라가와난다) 혹은 허락없이 베다를 배우는 자(꿀루까)이다.

(〔51〕)[1] 등불을 훔치는 자는 장님이 되고, 등불을 끄는 자는 애꾸눈이 된다. (남을) 해롭게 하는 자는 항상 환자로 살며 해롭게 하지 않는 자는 병들지 않는다.

역주 1) 주석가들 가운데 이 구절을 정식 본문으로 인정하는 사람도 있다. 꿀루까는 정식 구절로 치지는 않았지만 참고로 문제의 이 구절을 소개했고, 라가와난다도 본문으로는 치지 않고 어떤 본에는 있다면서 언급만 했다. 우리는 다웨판에서와 같이, 주석가들의 이러한 의견을 받아들여 소개는 하되 정식 본문으로 인정하지 않고자 한다.

[51] 이와 같이 그 행위에 따라 각각 바보, 벙어리, 장님, 귀머거리, 기형으로 태어남으로써 현인들에게 비난받는다.

[52] 청정함을 지키기 위해서는 꾸준히 속죄의식을 치러야 한다. (속죄)의식을 치르지 않는 자는 그 표시를 가지고 태어나 그로 인해 비난받게 되기 때문이다.

죄의 여러 부류

[53] 브라만을 죽인 자, 술 마신자, 도둑질을 한 자,[1] 스승(guru)의 처를 범한 자, 이런 자들과 함께 어울려 지낸 자들은 대죄인들이라고 부른다.

역주 1) 브라만의 금을 훔친(메다띠티, 나라야나, 난다나, 고윈다라자) 경우이다. 제11장 56절, 97~101절 참조.

[54] 브라만이라고 거짓말하는 것, 왕에게 (다른 사람을) 중상 비방하는 것, 스승을 모략하는 것은 브라만을 살해하는 것과 동일하다.

[55] 브라흐만(베다)을 소홀히 하는 것, 베다를 비난하는 것, 거짓으로 증언하는 것, 동료를 살해하는 것, 금지한 음식을 먹는 것, 먹지 못하게 된 음식을 먹는 것, 이 여섯은 술 마시는 것과 동일하다.

〔56〕 저당물·사람·말(馬)·은(銀)·토지·금강석이나 기타 보석을 빼앗는 것은 금을 훔치는 것과 동일하다고 하였다.

〔57〕 동일한 어머니에게서 태어난 자매, 처녀, 비천한 태생[1]의 여자, 동료의 여자, 아들의 여자에게 정액을 방사하는 자는 스승의 잠자리를 더럽힌 자와 동일함을 알라.

역주 1) 짠달라(메다띠티, 나라야나, 꿀루까, 마니라마)를 의미한다.

〔58〕 소를 죽이는 것, 제사를 치를 자격이 없는 자를 위해 제사를 치러주는 것, 다른 자의 처를 범하는 것, 자기를 파는 것,[1] 스승·어머니·아버지를 버리는 것, (베다) 자습을 하지 않는 것, 아그니(봉헌)를 하지 않는 것, 아기를 버리는 것

역주 1) 종으로 파는 것(메다띠티) 혹은 주인이 될 수 없는 자에게 파는 (라가와난다) 경우이다.

〔59〕 동생을 먼저 혼인하게 하는 것, 형보다 먼저 혼인하는 것,[1] 그러한 자들에게 딸을 주는 것, 그러한 자들의 제사를 치러주는 것

역주 1) 제3장 154절, 170~72절 참조.

〔60〕 처녀를 더럽히는 것, 이자놀이 하는 것, 서계를 제대로 이행하지 않는 것, 저수지·공원·처·자식을 파는 것

〔61〕 서계한 대로 하지 않는 것,[1] 친척을 버리는 것, (베다를) 돈받고 가르치는 것, 그런 자에게서 돈을 내고 배우는 것, 팔지 못하게 되어 있는 것들을 파는 것

역주 1) 정해진 나이에 입문의식을 치르지 않는 것(꿀루까, 나라야나, 라가와난다, 마니라마)을 의미한다. 제2장 39절, 제10장 20절 참조.

[62] 어떤 종류든 광산 관리를 하는 것, 커다란 기계를 사용하는 것, 약초를 상하게 하는 것, 처에 의지해 생계를 꾸리는 것, 주문(呪文)을 써서 남을 상해하는 것, 뿌리를 사용하는 마술을 하는 것[1]

역주 1) 제10장 38절 참조.

[63] 장작으로 쓰기 위해 마르지 않은 나무를 베는 것, 자기만 위해서 일하는 것, 금지된 음식을 먹는 것

[64] 아그니(祭火)를 붙이는 일을 소홀히 하는 것, 도둑질하는 것,[1] 부채[2]를 갚지 않는 것, 진리가 아닌 가르침을 학습하는 것, 재주를 써서 생계를 잇는 것[3]

역주 1) 옷 등을 훔치는 것(나라야나) 혹은 금과 같은 것들을 훔치는 것(라가와난다, 마니라마) 등이다.
　　2) 신, 현인, 조상에 대해 진 빚(메다띠티, 꿀루까, 난다나)을 말한다. 제4장 257절, 제6장 35절 참조.
　　3) 배우, 가수, 무희(메다띠티, 꿀루까, 라가와난다) 등을 들 수 있다.

[65] 곡물·쇠·금으로 된 것·가축을 훔치는 것, 술 마신 여자와 상접하는 것, 여자·슈드라·바이시야·끄샤뜨리야를 살해하는 것, 불신앙(不信仰)을 주장하는 것, 이런 짓을 하는 자들의 죄는 크지 않다.

[66] 브라만을 다치게 하는 것, 술이나 냄새 맡지 말아야 할 것을 냄새 맡는 것, 괴팍하게 행동하는 것, 남자와 성교하는 것은 신분을

상실하는 짓들이라고 하였다.

[67] 당나귀 · 말 · 낙타 · 사슴 · 코끼리 · 염소 · 양 · 물고기 · 뱀 · 물소를 죽이는 것은 혼종신분이 되는 원인이 된다.

[68] 비난받는 자들에게서 재물을 받는 것, 장사하는 것, 슈드라를 섬기는 것, 거짓말하는 것으로 인해서는 (증물을) 받지 못하는 자가 된다.

[69] 곤충 · 나방 · 새를 죽이는 것, 술 마시면서 식사하는 것, 과일 · 장작 · 꽃을 훔치는 것, 가볍게 행동하는 것도 정결하지 못함을 야기시킨다.

4대죄(四大罪)[1]

역주 1) 4대죄에 관한 처벌은 제9장 235~42절 참조.

(1) 브라만 살해의 속죄

[70] (이제) 이와 같이 앞에 말한 각기 모든 죄들을 확실히 제거할 수 있는 서계들에 대해 잘 알도록 하라.

[71] 브라만을 살해한 자는 자신을 정화하기 위해서 숲에 헛간을 짓고 죽은 자의 머리(가 그려진) 깃발[1]을 만들어놓고 시물로 받은 것만 먹으면서 12년간 살아야 한다.

역주 1) 사람 머리를 나무에 그린 것(메다띠티) 혹은 죽은 자의 해골 또

는 그 해골이 없는 경우에는 다른 해골(꿀루까)을 가져다놓는다
는 의미이다.

[72] 필요하면 현자[1]들의 궁술연습의 표적이 되거나 세 번에 걸쳐
타는 장작불에 머리를 들이밀어 자신을 버린다.

역주 1) 속죄의 방법에 대해서 잘 알고 있는 자 또는 궁술에 뛰어난 자
(메다띠티)이다.

[73] 혹은 말(馬)제사나, 모든 것을 얻게 하는 소를 받드는 제사·
승리의 제사, 세상을 얻는 제사 등이나, 3중 아그니제[1]로 제사를
지낸다.

역주 1) 3중의 찬가를 써서 아그니에 대해 치르는 제사(나라야나, 고윈다
라자)이다.

[74] 혹은 브라만을 살해한 죄를 벗기 위해서 최소의 음식만 먹고,
감각을 절제하며, 베다의 한 구절을 계속 묵송하면서 백 요자나
(yojana)[1]를 걷는다.

역주 1) 말이 멍에를 풀지 않고 걸을 수 있는 거리를 기준으로 하는 단위
이다(M.M. Williams, *A Sanskrit-English Dictionary*,
Oxford University Press, 1981 참조).

[75] 혹은 베다를 아는 현명한 브라만에게 그가 가진 모든 것, 평생
을 살 만한 집과 그 안에 속한 모든 집기들을 내놓는다.

[76] 혹은 봉헌에 바친 제물을 먹고 다니거나, 사라스와띠 강의 흐
름에 반대로 걷거나, 먹는 것을 제한하고 베다 결집서를 세 번 묵

송한다.

〔77〕혹은 삭발을 하고 마을 변두리나 소우리, 수행처(āśrama), 나무 밑둥에 (자리잡고) 소와 브라만들을 이롭게 하는 일에 몰두하면서 산다.

〔78〕혹은 브라만이나 소를 위해 주저하지 않고 목숨을 바친다. 소와 브라만을 지키는 자는 브라만을 살해한 죄에서 풀려나기 (때문이다.)

〔79〕(브라만을) 대신해서 세 번 싸운 자, 브라만의 재산을 찾아준 자, 이를 위해 목숨을 내놓은 자는 죄에서 풀려난다.

〔80〕항상 이와 같은 서계를 지키고, 마음을 가라앉혀 금욕생활을 지키며, 12년이 지나면 브라만을 살해한 죄를 면하게 된다.

〔81〕땅의 신(브라만)과 인간의 신(끄샤뜨리야)이 모인 곳에서 자기 죄를 고하고 말제사에서 목욕을 하면 (그 죄에서) 풀려난다.

〔82〕브라만은 다르마의 뿌리이며, *끄샤뜨리야*는 꼭대기라고 하였으니, 이러한 자들이 모인 곳에서 자기 죄를 고하면 정화될 수 있다.

〔83〕브라만은 그 태어남만으로 신들 가운데에도 신성(神性)을 가지는 자들이니, 이 세상의 근거이며, 브라흐만(베다)이 바로 그들의 근원이다.

〔84〕그들 가운데 베다를 아는 자 세 명이 그 죄의 소멸을 선언한다. 그 죄들을 깨끗이 하는 데에는 현명한 자의 말씀이 청정제가 되

기 때문이다.

〔85〕 브라만은 마음을 집중하여 이와 같은 규정을 따름으로써 그리고 아뜨만을 알게 됨으로써 브라만을 죽인 죄를 면한다.

〔86〕 누구든 판별되지 않은 태아를 죽이거나, 제주(祭主)로서의 끄샤뜨리야나 바이시야, 아뜨레이(Ātreyī)[1]를 죽인 자도 이와 같은 서계를 행한다.

> 역주 1) 아뜨리(Ātri) 출신의 여자 혹은 월경 후 수태가 가능한 여자(메다띠티, 꿀루까)이다.

〔87〕 혹은 거짓으로 증언하거나, 스승에 반항하거나, 저당물을 자기가 취하거나, 처나 동료를 죽인 자도 (동일한 서계를 행한다.)

〔88〕 이상은 고의는 아니지만 브라만을 살해한 경우에 대해 말한 것이다. 고의로 브라만을 살해한 경우의 죄를 소멸시키는 규정은 정한 바 없다.

(2) 음주의 속죄

〔89〕 재생자가 유혹에 이끌려 술을 마신 경우에는 불과 같은 술을 마셔야 하며, 그로 인해 몸이 타면 그로써 죄에서 풀려난다.

〔90〕 혹은 불과 같은 소오줌, 물, 우유, 우유버터, 묽은 소똥을 죽을 때까지 먹는다.

〔91〕 술을 마신 죄를 없애기 위해서는 일 년 동안 머리를 틀어올리

고, 모피를 걸치고, 깃발¹⁾을 들고 다니며, (음식은) 하루에 한 번만 밤에 곡식 낱알이나 기름과자로 먹는다.

역주 1) 주막이 그려진 깃발(나라야나) 혹은 술장사 표시(꿀루까) 혹은 항아 리가 그려진 깃발(라가와난다)을 말한다. 제9장 237절 참조.

[92] 술이란 곡물에서 나온 오물이며, 오물은 죄악이라고 하였으 니, 브라만, 끄샤뜨리야, 바이시야는 술을 마시지 말아야 한다.

[93] 술에는 세 가지 종류가 있으니, 사탕수수로 만든 것, 쌀가루로 만든 것, 꿀이 든 꽃으로 만든 것이 그것이다. 브라만은 이 가운데 한 가지라도 마시지 말아야 한다.

[94] 술, 고기, 증류주는 약샤, 락샤사, 삐샤짜들의 음식이니, 신들 에게 바치는 공물을 먹는 브라만은 그런 것을 먹지 말아야 한다.

[95] 술 취한 브라만은 그 취기로 인해 어떤 불결한 곳에 넘어지거 나, 잘못하여 베다를 발음하거나, 하지 말아야 할 일을 저지를 수 있다.

[96] 그의 몸 속에 든 브라흐만¹⁾이 술에 의해 바깥으로 흘러나오게 되면 브라만으로서의 그의 자격은 당장 없어지고 슈드라가 된다.

역주 1) 베다 혹은 베다의 규정을 따름으로써 쌓인 것(나라야나, 꿀루까, 라가와난다)을 말한다. 제11장 95절 참조.

[97] 이상 술을 마신 죄를 없애는 여러 가지에 대해 말했다. 이제 금을 훔친 (죄를) 없애는 (규정)에 대해 말하겠다.

(3) 금도둑질의 속죄

〔98〕 브라만이 금을 훔친 경우에는 왕에게 가서 자신의 까르마(저지른 짓)를 밝히고, '저를 다스려 주십시오'라고 말한다.[1]

역주 1) 제8장 314~16절 참조.

〔99〕 왕은 곤봉을 들고 그를 직접 한 번 친다.[1] 도둑질은 체형으로 정화가 되는데 브라만인 경우는 고행을 통하면 (정화된다.)

역주 1) 제8장 315절 참조.

〔100〕 금을 훔친 죄를 고행으로 지우고자 하는 재생자는 나무껍질로 만든 옷을 입고 숲으로 가서 브라만 살해자의 서계[1]를 행한다.

역주 1) 제11장 71~85절 참조.

〔101〕 재생자는 이러한 서계들로써 도둑질로 인해 생긴 죄를 없앨 수 있다. 이러한 서계는 스승의 처를 범한 (죄)도 없앨 수 있다.

(4) 스승의 잠자리를 더럽힌 자의 속죄

〔102〕 스승의 잠자리를 더럽힌 자[1]는 (그 죄를) 고백하고 (달궈진) 쇠침대에 눕거나 쇠로 만든 달궈진 여상(女像)을 포옹한다. 죽음으로써 그는 청정하게 된다.

역주 1) 제11장 53절 참조.

〔103〕혹은 스스로 자신의 음경과 고환을 잘라 두 손에 모아 들고 똑바로 니르리띠(Nirṛti)[1]의 방향으로 쓰러질 때까지 계속 걷는다.

역주 1) 남서쪽을 주재하는 파멸의 여신이다.

〔104〕혹은 장대를 들고, 낡은 옷을 입고, 수염을 기르고, 동떨어진 숲에서 일 년 동안 마음을 가다듬고 쁘라자빠띠에 대한 *끄릿츠라*(서계)[1]를 행한다.

역주 1) 제11장 210~13절 참조.

〔105〕스승의 잠자리를 더럽힌 죄를 없애기 위해서는 석 달간 감각을 절제하고 봉헌제물이나 보리죽을 먹으면서 계속해서 짠드라야나(서계)[1]를 행한다.

역주 1) 제11장 215~17절 참조.

〔106〕대죄를 지은 자는 이러한 서계들로써 그 죄를 없앨 수 있다. 크지 않은 죄를 지은 자들은 다음의 여러 가지 서계들로써 (죄를 제거시킬 수 있다.)

준대죄의 속죄

(1) 소 살해의 속죄

〔107〕소를 죽인 준대죄(準大罪)를 저지른 자는 머리를 모두 깎고, 그 소의 가죽을 덮고 한 달 동안 보리죽만 마시며 소우리에서 지내

야 한다.

〔108〕 (그 다음) 두 달 동안은 감각을 절제하고 (세 끼니를 굶은 후) 네번째 끼니 때마다 소금을 사용하지 않은 음식으로 소량의 식사를 하고, 소오줌으로 목욕하고 감각을 절제하며 지내야 한다.

〔109〕 낮 동안에는 소를 따라다니면서 일어나는 먼지를 마시고, 밤에는 받들어 모시며, 비라사나(vīrāsana) 좌법[1]으로 앉는다.

역주 1) 한쪽 무릎은 세우고 다른 쪽 무릎은 땅에 대고 앉는 좌법이다.

〔110〕 절제하고, 욕심을 버리며, (소가) 서면 그도 서고, (소가) 걸어다니면 그도 걸으며, (소가) 누우면 그도 앉는다.

〔111〕 (소가) 병이 나거나, 도둑이나 호랑이 등에게 위협받거나, 쓰러지거나, 늪에 빠지거나 할 때는 모든 수를 써서 소를 구해야 한다.

〔112〕 덥거나, 비가 오거나, 춥거나, 바람이 거세게 불 때 소를 (먼저) 구해놓지 않고 자기만 피해서는 안된다.

〔113〕 자신의 혹은 다른 자의 집, 밭, 탈곡장에 있는 것을 소가 먹거나, 새끼소가 핥아먹더라도 소리 질러서는 안된다.

〔114〕 소를 죽인 자라도 이처럼 소를 섬기는 자는 소를 죽여서 생긴 죄를 석 달 후에는 없앨 수 있다.

〔115〕 서계를 완수한 후에는 베다를 아는 자(브라만)에게 암소 열

마리와 황소 한 마리를 바쳐야 한다. (그만큼의) 재산이 없으면 그
가 가진 모든 재산을 바친다.

〔116〕 크지 않은 죄를 지은 브라만은 정액을 방사한 경우를 제외하
고는 (자신을) 정화하기 위해서 이와 같은 서계나 짠드라야나를 행
한다.

(2) 독신 서계를 파기한 자의 속죄

〔117〕 독신 서계를 파기한 자들은 밤에 네거리 복판에서 음식조리
제의 법도에 따라 니르리띠의 방향[1]을 향하여 애꾸눈 당나귀로 제
사를 치른다.

역주 1) 제11장 103절 참조.

〔118〕 법도에 따라 아그니에 봉헌한 후, 바따(바유)에게, 인드라에
게, 구루(Guru)[1]에게, 아그니에게, '삼'으로 시작하는 리그 베다 구
절[2]을 묵송하면서 우유버터를 공물로 바친다.

역주 1) 브리하스빠띠의 다른 이름이다.
     2) saṁ mā siñcantu maruta(마루따여, 나에게 모두 주소서)(메
        다띠티, 나라야나, 꿀루까, 라가와난다, 난다나)이다.

〔119〕 다르마를 알고 브라흐만(베다)을 말하는 자들이 말하기를 서
계단계(금욕학습기)에 있는 재생자로서 고의로 정액을 방사하는 것
은 서계를 깨뜨리는 것이라고 하였다.

〔120〕 서계를 파기한 자의 브라흐만(베다 학습)에 대한 정기(精氣)

는 마루따, 뿌루후따(Puruhūta, 인드라), 구루(브리하스빠띠), 빠와까(Pāvaka, 아그니) 이 네 신들에게 간다.

[121] 그러한 죄를 범한 경우에는 그는 당나귀 가죽을 입고 지은 죄를 크게 외치면서 시물을 청하러 다녀야 한다.

[122] 그 집들로부터 얻은 것을 하루 한 번 먹고, 세 번[1] 목욕하면서 일 년을 지내면 청정하게 된다.

> **역주** 1) 해가 뜰 때, 정오, 해질 때(메다띠티)이다.

신분상실에 대한 속죄

[123] 의도적으로 신분상실을 유발하는 일을 저지른 자는 산따빠나 끄릿츠라(서계)[1]를 하고, 의도적이지 않은 경우에는 쁘라자빠띠(서계)[2]를 한다.

> **역주** 1) 제11장 211절 참조.
> 2) 제11장 210절 참조.

혼종신분으로 떨어질 일을 한 자·증물을 잘못 받은 자·더럽혀지는 일을 한 자의 속죄

[124] (혼종신분)으로 떨어질 일이나 증물을 받지 말아야 할 상대에게서 받은 경우에는 한 달 동안 짠드라야나 서계를 함으로써 청정하게 되고, 더럽혀지는 일[1]을 한 경우에는 사흘 동안 끓는 보리

죽을 먹는다.

역주 1) 벌레를 죽이는 일 등(꿀루까, 고윈다라자)이다.

브라만이 하위신분을 죽인 경우의 속죄

〔125〕끄샤뜨리야를 죽인 데 대한 죄는 브라만을 죽인 죄의 사분의 일이라 하였으며, 바이시야의 경우는 그 팔분의 일, 충실한 슈드라의 경우는 그 십육분의 일이다.

〔126〕브라만이 고의는 아니지만 끄샤뜨리야를 죽인 경우는 서계를 완수하고 나서 암소 천 마리와 황소 한 마리를 내놓아야 한다.

〔127〕혹은 삼 년 동안 절제하고, 머리를 틀어올리고, 마을에서 멀리 떨어진 곳 나무 밑둥에서 지내면서 브라만 살해자의 서계를 해야 한다.[1]

역주 1) 제11장 71~79절 참조.

〔128〕브라만이 (다르마에) 충실한 바이시야를 죽인 경우에는 일 년 동안 동일한 서계를 실천하고 암소 백 마리와 황소 한 마리를 바쳐야 한다.

〔129〕슈드라를 죽인 자는 동일한 서계를 여섯 달 동안 온전히 행해야 한다. 혹은 흰 암소 열 마리와 황소 한 마리를 브라만에게 바쳐야 한다.

동식물을 죽인 경우의 속죄

〔130〕 고양이나, 몽구스, 청(靑)어치새, 개구리, 개, 도마뱀, 올빼미, 까마귀를 죽인 경우에는 슈드라 살해자의 서계를 한다.

〔131〕 혹은 사흘 밤 동안 우유만 마시거나, 1요자나의 길을 걷거나, 흐르는 물을 (몸에) 뿌리거나, 물에 관한 베다 구절[1]을 묵송한다.

역주 1) 『리그 베다』 제10장 제9편 참조.

〔132〕 브라만이 뱀을 죽인 경우에는 검은 쇠로 된 삽을 바치고, 고자[1]를 죽인 경우에는 밀짚 한 더미와 납 1마샤까[2]를 바친다.

역주 1) 네 종류의 고자가 있는데, 정자가 없는 자, 정자가 말라버린 자, 성기가 움직이지 않는 자, 양성의 성기를 모두 가지고 있는 자 (메다띠티)이다.
　　 2) 제8장 135절 참조.

〔133〕 멧돼지의 경우에는 우유버터 한 단지를, 메추라기의 경우에는 깨 한 드로나를, 앵무새의 경우에는 2년생 새끼 송아지를, 학의 경우에는 3년생 송아지를 (바친다.)

〔134〕 백조・학・왜가리・공작・원숭이・매・독수리의 경우에는 브라만에게 암소 한 마리를 만지게 한다.[1]

역주 1) 바친다(메다띠티, 나라야나, 꿀루까, 라가와난다, 라마짠드라) 혹은 하나하나 만지게 해야 한다(난다나) 등으로 해석할 수 있다.

〔135〕 말을 죽인 경우에는 옷을 바쳐야 하며, 코끼리의 경우에는

검은색 황소 다섯 마리를, 염소나 양의 경우에는 황소 한 마리, 당나귀를 죽인 경우에는 일 년생 송아지를 바친다.

〔136〕 육식동물을 죽인 경우에는 젖소를 바치고, 채식동물을 죽인 경우에는 송아지를, 낙타를 죽인 경우에는 (금) 1끄리슈날라를 바친다.

〔137〕 네 신분 중 어느 신분이든 부정한 여자를 죽인 경우에는 그 죄를 제거하기 위해서 (죽은 자의) 신분에 따라 각기 가죽가방·활·숫염소·양을 바친다.

〔138〕 재생자가 (위에서 언급한) 뱀 (등의 동물들)을 죽인 (죄를) 제거하지 못하고 증물을 통해서 그 죄를 제거하고자 하는 경우에는 각각에 맞는 끄릿츠라 서계[1]를 한다.

역주 1) 제11장 210절 참조.

〔139〕 뼈가 있는 일 천 (마리의 생물)을 죽인다거나 뼈없는 것일지라도 한 수레 가득될 만큼을 죽인 경우에는 슈드라 살해자의 서계를 한다.

〔140〕 뼈 있는 생물들을 죽인 경우에는 브라만에게 무엇이든 바친다. 뼈 없는 생물들을 죽인 경우에는 호흡법으로 청정해진다.

〔141〕 과수, 관목, 꽃나무, 덩굴을 벤 경우에는 리그 베다 구절을 일백 번 묵송한다.

〔142〕 곡물, 향신료, 과일, 꽃 중 어느 것이라도 해친 경우에 청정

하게 하기 위해서는 우유버터를 먹는다.

[143] 재배하는 것이든 숲속에 자생하는 것이든 아무 이유 없이 약초를 해친 경우, 하루 동안 소를 따라다니며 우유만 마시는 서계를 한다.

[144] 고의든 고의가 아니든 살생에 의한 모든 죄는 이러한 서계를 통해 없앨 수 있다. 이제 먹지 말아야 할 것들을 먹은 경우에 대해 들으라.

금식을 위반한 경우의 속죄

[145] 부지불식간에 술을 마신 경우에는 의식[1]을 통해서 청정하게 될 수 있다. (그러나) 의도적으로 마신 경우에는 목숨이 끝날 때까지라 해도 (속죄가) 규정되어 있지 않으며 이것이 정해진 바이다.

역주 1) 입문의식(난다나, 고윈다라자)이다.

[146] 술대접이나 술병으로 물을 마신 자는 닷새 밤 동안 샹카뿌슈삐(śaṅkhapuṣpī)꽃의 잎을 넣어 끓인 물을 마셔야 한다.

[147] 술에 손을 대거나 주거나 받은 자 그리고 슈드라가 입을 댄 물을 마신 자는 법도에 따라 사흘 동안 꾸샤풀을 넣어 끓인 물을 마셔야 한다.

[148] 소마제사를 치른 브라만이 술 마신 자가 내뿜은 냄새를 맡은 경우에는, 물 속에서 세 번 호흡법을 하고 우유버터를 먹어야 청정

하게 된다.

[149] 재생자 세 신분들이 부지불식간에 똥·오줌·술에 닿은 것을 먹은 경우에는 다시 한 번 의식[1]을 치러야 한다.

역주 1) 입문의식(마니라마)을 말한다.

[150] 재생자가 두번째 (입문)의식을 치를 때는 삭발, 허리에 두르는 옷, 지팡이, 시물을 청하는 것, 서계들은 생략한다.

[151] 받아먹지 말아야 할 자의 음식, 여자와 슈드라가 입을 댄 음식, 금지된 고기를 먹은 자는 7일 밤 동안 보리(죽)만 먹어야 한다.

[152] 재생자가 청정한 것이라도 시어지거나 떫어진 것을 마시면 그것이 아래로 내려가기 전[1]까지는 깨끗하지 않은 것이다.

역주 1) 대변으로 나오기 전(메다띠티, 나라야나) 혹은 소화되기 전(라마 짠드라, 마니라마, 고원다라자)으로 해석할 수 있다.

[153] 마을에서 키우는 야생돼지·당나귀·낙타·자칼·원숭이·까마귀의 오줌이나 배설물을 먹은 재생자는 짠드라야나 (서계)[1]를 한다.

역주 1) 제11장 215~17절 참조.

[154] 마른 고기, 땅에서 난 버섯, 푸줏간에 놓인 정체 모를 고기를 먹은 자도 짠드라야나 서계를 한다.

[155] 육식하는 짐승·돼지·낙타·닭·사람·까마귀·당나귀 고

기를 먹은 경우에는 따쁘따 끄릿츠라(tapta kṛcchra)[1] 서계를 해야 청정하게 된다.

역주 1) 제11장 213절 참조.

〔156〕 학습을 마치지 않은 재생자가 매달의 (조상)제사의 음식을 먹은 경우에는 사흘 동안 금식을 하고 하루 낮 동안 물 속에 있어야 한다.

〔157〕 서계 도중에 우연히 꿀이나 고기를 먹은 경우에는 남은 서계를 중단하고 (별도의) 쁘라자빠띠 끄릿츠라 서계를 한다.

〔158〕 고양이 · 까마귀 · 쥐 · 개 · 몽구스가 입댄 것을 먹거나, 머리카락이나 곤충이 들어간 음식을 먹었을 때는 브라흐마 수와르짤라(suvarcalā)(水)를 마셔야 한다.

〔159〕 자신을 청정하게 지키기를 원하는 자는 금지된 음식을 먹지 말아야 한다. 모르고 먹은 경우에는 토해내고 정화하는 수단을 사용하여 신속하게 정화해야 한다.

〔160〕 이렇게 해서 먹지 말아야 할 것을 먹은 데 대한 여러 서계의 규칙을 말했다. (이제) 도둑질한 죄를 제거하는 서계의 규칙에 대해 들으라.

절도의 속죄

〔161〕 브라만이 자기와 동일한 신분인 자의 집에서 의도적으로 곡

물, 음식, 금품을 훔친 경우에는 일 년 동안 끄릿츠라 서계를 통해
청정하게 된다.

〔162〕남자·여자·밭·집·우물이나 저수지의 물을 훔친 경우에
는 짠드라야나 (서계)를 한다고 말한다.

〔163〕다른 자의 집에서 작은 물건들을 훔친 경우, 청정함을 (회복
하기) 위해서 도로 (그것을) 가져다놓고 산따빠나 끄릿츠라 서계[1]
를 한다.

역주 1) 제11장 211절 참조.

〔164〕조리하지 않은 음식과 조리한 음식·탈것·잠자리·앉는 자
리·꽃·뿌리·과일을 훔친 경우에는 소의 다섯 가지 생산물[1]을
통해 청정하게 된다.

역주 1) 우유, 발효유, 우유버터, 소오줌, 소똥이다(M.M. Williams, *A
Sanskrit-English Dictionary*, Oxford University Press,
1981). 제11장 211절 참조.

〔165〕풀·땔감·나무·마른 음식·사탕수수·옷·가죽·고기의
경우에는 사흘 밤을 금식한다.

〔166〕보석·진주·산호·구리·은·쇠·청동·돌의 경우에는 12
일간 곡식을 낱알로만 (먹는다.)

〔167〕면·견·모·(소처럼) 발굽이 둘로 갈라진 혹은 (말처럼) 발
굽이 한 뭉치로 된 짐승·새·향·약초·밧줄의 경우에는 사흘간

우유를 (마신다.)

〔168〕 재생자는 이러한 서계들로 도둑질한 죄를 없앨 수 있다. 접근해서는 안되는 여자를 범한 죄는 다음의 서계로 제거할 수 있다.

금지된 여자와 교접한 자의 속죄

〔169〕 동일한 어머니에게서 난 자매, 친구의 처, 아들의 처, 비천한 태생의 여자[1]에게 정액을 방사한 경우에는 스승의 잠자리를 더럽힌 자의 서계를 한다.

역주 1) 제11장 57절 참조.

〔170〕 고모의 딸·누이·이모의 딸·외숙의 딸을 범한 경우에는 짠드라야나 (서계)[1]를 한다.

역주 1) 제11장 215~17절 참조.

〔171〕 현명한 자는 이들 세 (경우의) 여자를 처로 삼지 않는다. 이들은 친족이므로 취해서는 안된다. 그러한 자는 아래로 떨어지기 때문이다.

〔172〕 사람이 아닌 암컷,[1] 자궁 외 다른 곳, 물 속에 정액을 방사하거나 월경중인 여자를 취한 자는 산따빠나 끄릿츠라 (서계)[2]를 한다.

역주 1) 말, 양 등. 소의 경우는 더 심한 속죄가 필요하다(메다띠티, 나라야나, 꿀루까, 마니라마, 라가와난다, 고윈다라자).
2) 제11장 211절 참조.

〔173〕 재생자가 남자와, 여자와 우마차 위에서, 물에서, 낮에 성관계를 가진 경우에는 옷을 입은 채로 목욕을 해야 한다.

〔174〕 브라만이 부지불식간에 짠달라 여자나 다른 여자를 범하고, (그의 음식물을) 먹고, (증물을) 받은 경우에는 떨어지고,[1] 의도적으로 그리한 자는 그들과 동일한 (신분이) 된다.

역주 1) 낮은 신분의 속죄의식을 해야 한다(메다띠티, 꿀루까, 마니라마).

〔175〕 매우 더럽혀진 여자[1]는 그 남편이 방에 가두고, 남자가 다른 남자의 처를 범한 경우와 동일한 서계를 행하게 한다.

역주 1) vipraduṣṭā : '매우'의 뜻인 'vi'와 '더럽혀진'의 뜻인 'praduṣṭā'가 합쳐져서, 매우 더럽혀진 여자라는 뜻이다(메다띠티, 나라야나, 꿀루까, 라가와난다, 마니라마, 고윈다라자). 혹은 'vipra'는 지금까지 '학자(브라만)'를 일컫는 용어로 쓰여왔으므로 '더럽혀진'의 뜻인 'duṣṭā'와 함께 브라만에 의해 더럽혀진 여자'의 의미가 될 수도 있다.

〔176〕 그 여자가 동일한 (신분의) 사람에 의해 다시 더럽혀진 경우 그 정화하는 방법은 끄릿츠라 (서계)와 짠드라야나 (서계)라고 한다.

〔177〕 재생자가 슈드라[1] 여자와 하룻밤을 지낸 경우에는, 시물을 받아서 먹고 묵송을 하면서 3년을 지내면 (그 죄가) 제거된다.

역주 1) 제8장 16절 참조.

〔178〕 이렇게 해서 네 가지 경우에 지은 죄를 제거할 수 있는 방법을 말했다. (이제) 빠띠따와 결합해서 (생기는 죄를) 씻는 것에 대해 들으라.

빠띠따와의 교접

〔179〕 빠띠따를 위해 제사를 지내거나, 가르치거나, 혼인관계를 맺으면 일 년 동안 빠띠따가 된다. (그러나) 탈것·자리·음식을 공유하는 경우에는 그렇지 않다.

〔180〕 그들 빠띠따와 어울리는 자도 그 어울린 죄를 청정하게 하기 위해 빠띠따와 동일한 서계를 해야 한다.

빠띠따

〔181〕 빠띠따의 일가와 친척들은 (마을) 밖에서, 불길한 날 저녁에, 친족, 제관(rtvij), 스승(guru)이 자리한 가운데 물을 뿌리는 (의식을) 행한다.

〔182〕 여자 종이 귀신에게 하듯[1] 물이 가득 찬 물동이를 발로 차면 (그는) 친척들과 함께 하루 낮과 밤 동안 부정한 상태에 있게 된다.

역주 1) 남쪽을 향해 보고 발로 찬다(나라야나, 꿀루까, 라가와난다, 마니라마, 고윈다라자).

〔183〕그와 말을 주고 받거나, 자리를 같이하거나, 그에게 유산을 분배하거나, 다른 세상사람들처럼 왕래하는 것도 금지된다.

〔184〕장자인 경우 장자권이 박탈되고 장자가 취득한 재산도 (박탈되며) 그보다 뛰어난 아우가 그 몫을 가진다.

일상으로의 복귀

〔185〕속죄를 하려면 (그들은) 그와 함께 흐르는 청정한 물에서 목욕을 하고 물을 채운 새 물동이를 던져넣는다.

〔186〕그 물동이를 물에 던져넣고 나서 자기 집에 들어가 전처럼 모든 친족들과 (일상의) 일들을 하기 시작한다.

〔187〕빠띠따 여자들의 경우에도 동일한 법칙을 따라야 한다. (다만) 옷이나 음식·음료를 주는 경우에는 집 가까이에서 사는 것이 허용된다.

〔188〕정화되지 않은 (죄인과는) 어떤 일이라도 같이 해서는 안되고, 정화된 자들은 절대 피해서는 안된다.

〔189〕아이를 죽인 자, 배은망덕한 자, 도움을 청해 온 자를 죽인 자, 여자를 죽인 자는 설령 다르마에 맞게 청정하게 한 자일지라도 함께 살지 말아야 한다.

기타 죄에 대한 속죄

[190] 규정에 따라 사위뜨리(구절)를 묵송하지 않은 자는 세 가지 끄릿츠라 (서계)를 해야 하며, 법도에 따라 입문의식을 치러야 한다.[1]

역주 1) 제2장 36~39절, 148절 참조.

[191] 금지된 일을 해서 속죄의식을 하고자 하는 재생자, 베다를 버린 브라만[1]도 서계를 해야 한다.

역주 1) 입문의식을 치르고도 베다를 학습하지 않는 자, 학습하였으나 제
대로 기억하지 못하는 자(메다띠티) 혹은 입문의식을 치렀으나
베다 학습을 하지 않는 자(꿀루까, 나라야나)이다.

[192] 비난받는 행위들로 재산을 모으는 브라만은 그것을 포기하고, 묵송·고행함으로써 청정하게 된다.

[193] 선한 자가 아닌 자로부터 (증물을) 받은 죄는 그가 마음을 가다듬고, 사위뜨리(구절)를 삼천 번 묵송하며, 소우리에서 우유만 마시고 한 달 동안 살면 (그 죄로부터) 풀려난다.

[194] 그가 금식을 한 후 마른 몸으로 소우리에서 돌아와 고개를 숙이면 사람들(브라만)이 '선한 자여, 당신은 (우리와) 동일한 사람이 되기를 원합니까?'라고 묻는다.

[195] 그가 브라만들에게 '그렇습니다' 하고 말하면 소에게 풀을 뿌려준다. 소가 그 자리를 깨끗이 먹어치우면 그를 다시 받아들여야 한다.

[196] 옳지 않은 일을 위해 제사를 치르거나, 다른 사람들의 장례 의식을 치르거나, 마술을 쓰거나, 아히나[1]를 치른 경우, 세 가지 끄릿츠라 (서계)[2]를 해야 그 죄가 없어진다.

역주 1) ahīna : 이틀 이상 진행되는 제사(메다띠티, 나라야나, 고윈다라자) 혹은 청정하지 못한 것으로 분류되는 사흘 이상 진행되는 제사(꿀루까, 라가와난다)이다.
2) 제11장 210~14절 참조.

[197] 도움을 청해 온 자를 버린 재생자, 베다를 (부당한 자에게) 공공연히 가르치는 자는 일 년 동안 보리만 먹음으로써 그 죄에서 풀려난다.

[198] 개·자칼·당나귀·육식하는 가축·인간·말·낙타·멧돼지에게 물린 자는 호흡법으로써 청정하게 된다.

[199] 동일한 열(列)에서 음식을 공유할 수 없는 자[1]는 한 달 동안 여섯번째 끼니만[2] 음식을 먹거나, 베다 결집서를 묵송하거나, 매일 샤깔라 봉헌[3]을 함으로써 청정하게 될 수 있다.

역주 1) 제3장 167절 및 그 역주 참조.
2) 이틀 동안 굶고, 사흘째의 저녁식사만(나라야나, 꿀루까, 라가와난다, 라마짠드라, 마니라마, 고윈다라자) 한다는 뜻이다.
3) 제11장 255절 참조.

[200] 브라만이 의도적으로 낙타나 당나귀가 끄는 수레를 탄 경우, 혹은 옷을 입지 않고 목욕을 한 경우에는 호흡법을 해야 청정해진다.

[201] 어쩔 수 없이 물이 없는 곳이든 물 속에서든 배설한 경우에

는, (마을) 밖에서 옷을 입은 채로 목욕을 하고 소를 만지면 청정해
진다.

〔202〕 브라만이 베다에 정해진 일상의 의식을 태만히 하거나 스나
따까로서의 서계를 지키지 못하면 금식으로 속죄를 해야 한다.

〔203〕 브라만에게 '훔'(hum)[1]이라고 말하거나, 윗사람에게 '너'라
고 한 경우 그날의 남은 식사를 하지 않고 목욕을 하고 존경하는 마
음으로 (상대를) 달래야 한다.

> 역주 1) '조용히 해, 내가 말할 테니'의 의미를 담아 상대방의 말을 막는
> 소리(메다띠티)이다.

〔204〕 (브라만을) 지푸라기로라도[1] 내리치거나, 옷으로 목을 조르
거나, 말다툼을 벌여 큰 소리를 친 경우에는 그 앞에 엎드려 그를
달래야 한다.

> 역주 1) 제4장 166절 참조.

〔205〕 브라만을 해칠 의도를 가지고 위협하는 자는 백 년 동안, 해
친 자는 천 년 동안 지옥에 떨어진다.

〔206〕 (브라만을 피 흘리게 하면) 그 가해자는 피가 바닥에 고인
만큼의 먼지(알갱이) 숫자만큼 수천 년을 지옥에 떨어진다.

〔207〕 (브라만을) 위협한 자는 끄릿츠라 (서계)를 해야 하며, 때
려(눕힌) 자는 아띠(ati) 끄릿츠라 (서계)를 해야 한다. 브라만의
피를 흘리게 한 자는 끄릿츠라 (서계)와 아띠 끄릿츠라 (서계)[1]를

해야 한다.

역주 1) 제11장 210~14절 참조.

속죄방법이 특별히 언급되지 않은 경우

〔208〕 그 죄를 없애는 방법에 대해 언급되지 않은 경우에는 능력과 죄를 잘 고려해서 속죄(방법)을 정해야 한다.

〔209〕 신, 선인, 조상이 사용한 (속죄)규정에 대해 말하겠다. 사람들은 그것들에 의해 죄를 제거한다.

〔210〕 쁘라자빠띠(끄릿츠라 서계)를 행하는 재생자는 사흘 동안은 매일 아침식사만 하고, (다음) 사흘 동안 저녁식사만 하고, (다음) 사흘 동안 (스스로 요구해서) 시물로 얻은 것이 아닌 음식만 먹고, 그 다음 사흘 동안은 먹지 않아야 한다.

〔211〕 소오줌, 소똥, 우유, 발효유, 우유버터, 꾸샤풀을 끓인 물만 먹고, 하룻밤을 금식하는 것이 산따빠나 끄릿츠라 (서계)라는 것이다.

〔212〕 아띠 끄릿츠라 (서계)를 하는 재생자는 사흘씩 세 번을 (앞에) 말한 것과 같이 하되[1] (음식의 양은) 한 줌씩만 먹고 맨 나중 사흘 동안은 금식해야 한다.

역주 1) 제11장 210절 참조.

〔213〕 따쁘따 끄릿츠라 (서계)를 하는 브라만은 마음을 가다듬고

사흘씩 각각 뜨거운 물, 뜨거운 우유, 뜨거운 우유버터, 뜨거운 공기를 마시고, 매일 목욕을 한다.

〔214〕 12일간 단식을 하며 자기를 억제하고 자만하지 말아야 하는 것은 빠라까(parāka)라고도 부르는 끄릿츠라 서계이며, 이것은 모든 죄를 없애는 것이다.

〔215〕 흑반월 동안 매일 단자 하나씩 음식을 줄이고, 다시 백반월 동안 늘리며, 하루 세 번[1] 물을 축이는 것 이것은 짠드라야나 (서계)이다.

역주 1) 해뜰 때, 정오, 해질 때이다.

〔216〕 이와 같이 백반월에 시작하고 (자기를) 절제해야 하는 짠드라야나 서계의 법도는 모두 야와마디야마(yavamadhyama) (서계)를 할 때도 마찬가지이다.

〔217〕 야띠 짠드라야나(yaticāndrāyaṇa) (서계)를 하는 자는 자기를 절제하고, 매일 공물을 바치며, 매일 오후에 여덟 단자씩만 먹는다.

〔218〕 브라만이 마음을 가다듬고 해뜰 때 네 단자, 해질 때 네 단자를 먹으면 그것이 쉬슈 짠드라야나(śiśucāndrāyaṇa)이다.

〔219〕 마음을 가다듬고, 한 달 동안 방법은 어떻든 공물음식 여든 단자를 세 번 먹는 자는 세상을 얻고, 달의 세계에 도달한다.

〔220〕 루드라, 아디띠야는 물론이고, 바수, 마루따, 위대한 선인들이 사악함을 모두 없애기 위해 이 서계를 행했다.

속죄를 목적으로 하는 서계가 아닌 경우의 규칙

[221] 매일 대후렴구[1]로써 직접 봉헌을 해야 한다. 불살생,[2] 진실, 화내지 않기, 거짓말하지 않기를 지켜야 한다.

> 역주 1) '부흐, 부와흐, 스와흐'(bhūḥ bhuvaḥ svāḥ)로 사위뜨리 구절의 후렴구이다. 제2장 77~78절, 81절 참조.
> 2) 제10장 63절, 제12장 83절 참조.

[222] 옷을 입은 채로[1] 낮에 세 번, 밤에 세 번 물 속에 들어간다. 여자, 슈드라, 빠띠따들과 절대 말하지 말아야 한다.

> 역주 1) 제4장 45절, 제11장 200~201절 참조.

[223] 서서 혹은 앉아서 생활을 하되, 이것이 안될 때만 바닥에 누워야 한다.[1] 금욕학습자의 서계를 하고 지켜야 하며, 스승, 신, 재생자를 경배해야 한다.

> 역주 1) 제2장 248절, 제6장 22절 참조.

[224] 사위뜨리(구절)를 계속 묵송하고, 정화력 있는 것[1]도 능력껏 (묵송해야 한다.) 어떠한 서계에도 이와 같은 방법으로 하는 속죄가 의미있는 것이다.

> 역주 1) 뿌루샤 숙따 등과 같이 아다르마를 없애고 정화해 주는 베다 구절(메다띠티)을 말한다.

[225] 이러한 서계를 통해 죄를 드러낸 재생자들은 청정하게 된다. (반면에) 죄를 드러내지 않은 자들은 베다 구절과 봉헌을 통해 청

정히 해야 한다.

죄의 고백

〔226〕 고백, 뉘우침, 고행 그리고 (베다) 학습으로 죄인은 죄에서 풀려나며, 때에 따라서는 증물로도 (풀려날 수 있다.)

〔227〕 사람이 죄를 지어도 스스로 그것을 고백한다면, 그는 뱀이 허물을 벗듯 그 죄로부터 풀려난다.

회개

〔228〕 그 마음이 나쁜 짓을 비난하면 그 육신은 그 죄에서 풀려난다.

〔229〕 죄를 짓고 괴로워하는 자는 그 죄에서 풀려나되, 다시는 그렇게 하지 않겠다는 다짐을 통해서 청정하게 된다.

〔230〕 이와 같이 사후 행위의 과보가 생긴다는 것을 마음 속으로 기억하여 항상 좋은 과보를 가져오는 생각, 말, 몸에 의한 행위를 해야 한다.

〔231〕 의식적으로든 무의식적으로든 비난받은 행위에서 풀려나기를 바란다면 두 번 다시 그 짓을 하지 말아야 한다.

고행

〔232〕 어떤 행위를 하고 난 후 마음이 가볍지 않으면 만족감이 들 때까지 고행을 해야 한다.

〔233〕 베다를 본 현인들은 신이든 사람이든 행복은 고행을 뿌리로 하고, 고행을 중간으로 하며, 고행을 꼭대기로 한다고 하였다.

〔234〕 브라만의 고행은 지식(을 쌓는 것)이요, 끄샤뜨리야의 고행은 보호, 바이시야의 고행은 장사, 슈드라의 고행은 봉사이다.

〔235〕 자기를 억제하고 과일, 뿌리, 공기만 먹고 사는 선인들은 고행을 통해 움직이는 것과 움직이지 않는 것들을 포함한 삼계를 모두 본다.

〔236〕 약재, 건강, 학문, 여러 신들의 자리는 고행으로 자리잡은 것이다. 고행만이 그것들을 얻는 수단이기 때문이다.

〔237〕 건너기 어렵고 가지기 어렵고 접근하기 어렵고 행하기 어려운 것, 이 모두는 고행을 통해 이룬다. 고행은 어려운 것을 이기는 것이기 때문이다.

〔238〕 대죄를 지은 자들이나 그외의 다른 죄인들도 혹독한 고행을 통해 그 죄로부터 벗어난다.

〔239〕 벌레, 뱀, 나방, 동물, 새, 움직이지 않는 생물, (움직이는) 생물 모두가 고행의 힘으로 천상에 간다.

〔240〕 사람이 마음으로나 말로나 행동으로 지은 죄는 모두 고행을 해서 곧 태워버릴 수 있다. 고행은 (사람이 가진) 재산이기 때문이다.

〔241〕 천상에 사는 신들은 고행으로 정화된 브라만의 제사 공물만을 받고, (그래야) 바라는 것을 이룰 수 있다.

〔242〕 쁘라자빠띠도 고행으로 이러한 가르침을 만드셨으며, 선인들도 마찬가지의 수단과 고행으로 베다를 얻으셨다.

〔243〕 신들은 이 모든 (세상)의 성스러운 것이 고행에서 연유함을 알고 있으므로 고행을 덕이 생겨나게 하는 위대한 것이라고 한다.

베다 학습에 의한 속죄

〔244〕 매일 베다를 학습하고 능력껏 제사의식을 훌륭히 수행하고 인내하면 커다란 잘못으로 인한 죄도 순식간에 소멸된다.

〔245〕 불이 그 열기로 순식간에 장작을 태우듯, 베다를 아는 자는 그 지식의 불로써 모든 죄를 태운다.

〔246〕 (지금까지 공개된) 죄에 대해서 법도에 따라 해야 할 속죄를 말했다. 이후에는 드러나지 않는 죄의 속죄에 대해 알라.

드러나지 않는 죄에 대한 속죄

〔247〕 태아를 죽인 자는 한 달 동안, 매일 호흡법을 열여섯 번하고

대후렴구와 함께 '옴' 묵송을 해야 청정하게 된다.[1]

역주 1) 제11장 221절 참조.

〔248〕 술을 마신 자는 선인 꾸뜨사 찬송,[1] 새벽에 대한 선인 바시슈타 찬송,[2] 위대함에 대한 찬송,[3] '청정함'(śuddha)이라는 말이 든 찬가를 하면 정결하게 된다.

역주 1) kautsa : apanaḥ śośucadadham(우리의 죄를 태워주소서)——『리그 베다』 제1장 제17편 1절(메다띠티).
　　 2) vāsiṣṭha : pratistomebhiruṣasaṁ vasiṣṭhā(찬양의 노래로 그들이 새벽을 깨우네)——『리그 베다』 제7장 제80편 1절(메다띠티).
　　 3) māhitraṁ mahitrīṇām(당신의 은총은 위대합니다)『리그 베다』 제10장 제185편 1절(메다띠티).

〔249〕 금을 훔친 자는 '바마'로 시작하는 찬송[1]과 쉬와(Śiva) 찬가[2]를 한 번씩 하면 그 죄에서 풀려난다.

역주 1) asya vāmasya palitasya hoturiti(이 사랑스러운, 가운데에 자리한 오래되신 제사관이여)——『리그 베다』 제1장 제164편 1절(메다띠티).
　　 2) yajjāgratodūramudaiti(깨어나라……) 등으로 시작하는 쉬와(Śiva)를 기억하는 구절이다.

〔250〕 스승의 잠자리를 더럽힌 자는 '하위쉬얀띠얌',[1] '아비야시야 나 따맘 하 이띠',[2] 뿌루샤 숙따[3] 등을 묵송하면 그 죄에서 풀려난다.

역주 1) haviṣyantamajaraṁsvarvidām(봉헌제물을 마십시오)——『리그 베다』(바루찌).
　　 2) na tamaṁho na duritam(두려움이 없도록……)——『리그 베다』(바루찌).

3) sahasrashīrṣā puruṣa(뿌루샤는 천 개의 머리를 가졌으며) 등
열여섯 구절——『리그 베다』 제10장 제90편 1절.

[251] 크고 작은 죄들을 없애고자 한다면 일 년 동안 '아와',[1] '야뜨
낀쩨담'[2]으로 시작하는 베다 구절을 묵송해야 한다.

[역주] 1) ava dvake ava trikā divaścaranti(당신의 분노를 없애게 해주
오)——『리그 베다』(바루찌).
2) yatkiṁcedaṁ varuṇadaivyae jana(그 어떤 죄이든지 바루나
께)——『리그 베다』(바루찌).

[252] 받지 말아야 할 것을 받거나 혹은 금지된 음식을 먹으면 사흘
동안 '따라뜨사맘'[1]으로 시작하는 구절을 묵송하면 청정하게 된다.

[역주] 1) taratsamaṁ sīdhāvati(상쾌하게도 빨리 흘러간다)——『리그 베
다』 제9장 제58편 1절(메다띠티).

[253] 많은 죄를 지은 자는 일 년 동안 흐르는 물에 목욕을 하면서
소마 및 루드라 찬가[1] 아리야만(aryaman) 리그 베다 구절[2]을 반
복해서 읽으면 청정하게 된다.

[역주] 1) somā rudrā dhārayethāmastram(소마와 루드라는 무기를 가지
고 있으니)——『리그 베다』 제6장 제74편 1절(메다띠티).
2) 혹은 바루나 및 미뜨라에 대한 찬가(꿀루까)라고도 부르는 찬가
이다.

[254] 죄를 지은 자는 일 년 동안 '인드라'로 시작하는[1] 일곱 구절
을 묵송해야 한다. 물 속에서 좋지 못한 일[2]을 한 자는 물 속에서
한 달 동안 시물로 받아온 음식만 먹으면서 앉아 있어야 한다.

역주 1) indramitram varuṇam agnim traya iti(인드라와 미뜨라, 바
  루나, 아그니 이 셋은)——『리그 베다』제1장 제106편 1~7절
  (메다띠티).
  2) 주석가들은 성교, 배설(메다띠티) 혹은 성교(고윈다라자) 혹은
  배설(꿀루까, 라가와난다, 난다나, 마니라마) 등으로 해석했다.

[255] 재생자는 아무리 심각한 죄라도, 일 년 동안 베다 구절과 함
께 우유버터를 올리는 샤깔라 봉헌[1] 혹은 '나마'[2] 하는 리그 베다
구절을 묵송함으로써 (죄를) 없앨 수 있다.

역주 1) devakṛtastainaso'vayajanamasi(이 신께 올리는 제사에서 죄
  를 사하게 해주소서)——『와자사네이 상히따』(Vājasanehi Saṅ-
  hitā) 제8장 13절 등 여덟 개 구절(메다띠티)이다.
  2) namo rudrāya tavase kapardina(강력한 루드라께 경배합니
  다)——『와자사네이 상히따』제7장(메다띠티)이다.

[256] 대죄를 지은 자는 일 년 동안 마음을 가다듬고, 소 뒤를 따라
다니며, 정화하는 자에 대한 찬송[1]을 반복하면서 시물로 받은 음식
만 먹으면 청정하게 된다.

역주 1) svādiṣṭhayā madiṣṭhayā(가장 맛나고 정결한 이것으로)(『리그
  베다』제9장 제1편 1절)에서 yatte rājañchṛtaṁ haviḥ(왕이신
  (소마여) 그대에게 공물을 바칩니다)(『리그 베다』제9장 제114
  편 4절)까지의 정화하는 자에 대한 구절(메다띠티)이다.

[257] 혹은 숲에 가서 마음을 가다듬고, 베다 결집서를 세 번 묵송
하거나, 세 가지 빠라까 서계[1]를 함으로써 모든 죄에서 풀려날 수
있다.

역주 1) 제11장 214절 참조.

〔258〕 사흘 동안 금식을 하고, 하루 세 번 물 속에 들어가며, 아가
마르샤나[1]를 세 번 하는 자는 모든 죄에서 풀려난다.

[역주] 1) aghamarṣaṇa : 죄를 지우는 찬가이다. 『리그 베다』 제5장 제10편
       190절 참조.

〔259〕 제사 중 최고인 말(馬)제사가 모든 죄악을 없애듯 아가마르
샤나도 모든 죄악을 없애는 것이다.

〔260〕 『리그 베다』를 가지고 있는 브라만은 세상[1]을 파괴하거나
그 누구에게서든 음식을 받아먹어도 아무런 죄도 받지 않는다.

[역주] 1) 삼계 모두(꿀루까, 고윈다라자)를 파괴한다.

〔261〕 누구든 마음을 가다듬고 『리그 베다』 결집서나 『야주르 베
다』, 『사마 베다』를 비경(秘經)[1]들과 함께 세 번 반복해서 읽는 자
는 모든 죄악에서 풀려난다.

[역주] 1) 아라니야까와 우빠니샤드(메다띠티, 나라야나)를 말한다.

〔262〕 흙덩어리가 커다란 호수에 떨어지면 부서져 사라지듯, 죄를
짓는 자는 세 가지 베다 속에서 가라앉는다.

〔263〕 『리그 베다』, 『야주르 베다』, 『사마 베다』의 여러 가지 (구
절), 그 모든 것이 세 가지 베다임을 알아야 한다. 이것을 아는 자
는 베다를 아는 자이다.

〔264〕 세 (베다)가 의거하는 3음절[1]로부터 이루어진 브라흐만은

곧 비밀스런 세 가지 베다이다. 이것을 아는 자가 베다를 아는 자이다.[2]

역주 1) triakṣaram : '옴' 소리의 'a' 'u' 'm'이다.
　　2) 제2장 76절 참조.

제12장

【행위의 귀결】

까르마의 원리

〔1〕 죄가 없는 이여, 당신은 네 신분의 다르마에 대해 모두 말씀해 주셨습니다. (이제) 까르마의 과보가 근본적으로 끊어지게 하는 것에 대해 저희에게 가르침을 주십시오.

〔2〕 다르마의 영혼이며 마누의 자손이신 브리구가 그 위대한 선인들에게 말씀하시기를, 모든 까르마의 실천에 따른 과보를 들어보라.

〔3〕 마음·말·육신에서 일어나는 까르마는 좋고 나쁜 과보를 가지는 것이니, 가장 뛰어나거나 중간이거나 가장 낮은 자들 모두 그 까르마에서 나온 것이다.

〔4〕 그것은 세 가지 종류,[1] 세 가지 기반[2]과 열 가지 징표[3]를 가지고 있다. 마음이 이 세상에서 (그러한 까르마를 향해) 육신을 움직

이게 함을 알라.

역주 1) 주석가들은 말, 마음, 육신(메다띠티) 혹은 높은 것, 낮은 것, 중간의 것(꿀루까)으로 세 가지라고 했다.
2) 주석가들은 높거나 낮거나 중간의 것(메다띠티) 혹은 마음, 말, 육신(꿀루까, 나라야나, 라가와난다)으로 해석했다.
3) 마음과 육신으로 하는 까르마가 각각 세 가지씩이고 말로 하는 것이 네 가지씩이니 도합 열 가지(메다띠티)이다. 제12장 5~7절 참조.

〔5〕 세 가지 마음의 까르마는 다른 자의 물건에 대해 마음을 두는 것, 옳지 않은 것을 생각하는 것,[1] 헛된 것에 현혹되는 것[2]이다.

역주 1) 브라만 살해를 생각하는 것 등(라가와난다, 마니라마) 혹은 다른 자 혹은 생물체에 해를 가할 뜻을 품는 것(나라야나, 고윈다라자)이다.
2) 베다를 논리로써 증명하고자 하는 것 혹은 아뜨만을 부정하는 것(메다띠티) 혹은 죽음 이후의 세상은 없다고 주장하는 것(나라야나, 라마짠드라, 마니라마) 등을 의미한다.

〔6〕 네 가지 말(의 까르마)은 욕설·거짓말·비방·쓸데없는 말이다.

〔7〕 세 가지 육신(의 까르마)은 주지 않는 것을 가지는 것, 다르마에 거스르는 살상, 다른 자의 처와 즐기는 것이라고 했다.

〔8〕 마음이 지은 좋고 나쁜 (과보)는 마음이 겪고, 말로 지은 것은 말로 겪으며, 육신으로 지은 것은 육신으로 겪는다.

〔9〕 사람은 육신으로 지은 죄의 까르마로 인해 움직이지 못하는 것이 되고, 말로 지은 (죄의 까르마)로 인해 새나 짐승이 되며, 마음

으로 지은 (죄의 까르마)로 인해 비천한 신분이 된다.

세 가지 단다

[10] 말의 단다, 마음의 단다, 육신의 단다 이것들을 지성 안에 가지고 있는 자를 세 가지 단다를 가진 자라고 한다.

[11] 사람은 모든 만물에 대해 이 세 가지 단다를 사용하고 분노와 욕망을 잘 억제함으로써 성취[1]를 이룰 수 있다.

역주 1) siddhi : 사람에게 유익한 것(꿀루까) 혹은 해탈(mokṣa)(메다띠티, 마니라마, 바루찌)이다.

아뜨만의 경로

[12] 아뜨만(자신)을 행위하게 하는 자를 '흙을 아는 자'[1]라고 한다. 현자들은 그 행위를 하는 자는 '물질의 아뜨만'이라고 했다.

역주 1) 제8장 96절 참조.

[13] 그것과는 다른, 내부에 드는 아뜨만은 생명체(jīva)라는 이름으로 모든 육신을 가진 것들과 함께 생겨나는 것으로서, 이를 통해 생애 동안 모든 기쁨과 슬픔을 느낀다.[1]

역주 1) 제6장 63절, 73절 참조.

〔14〕 그 '위대한 것'[1)]과 '흙을 아는 자' 둘은 물질과 섞여서, 높고 낮은 만물들 속에 자리잡는 자(jīva)[2)]를 채운다.

역주 1) mahat : 12절에서 말한 '물질의 아뜨만'(bhūtātman)을 가리킨다(나라야나, 난다나). 지성(buddhi) 혹은 세신(細身, liṅga-śarīra)(라가완난다) 혹은 자아의식(ahaṁkāra)(라마난다)으로 해석한 주석가도 있다.

2) 지고의 아뜨만을 말한다(나라야나, 꿀루까, 라마짠드라, 마니라마, 고원다라자, 바루찌).

〔15〕 수많은 형상들이 그 육신[1)]에서 나와 끊임없이 높고 낮은 만물들을 움직이게 한다.

역주 1) 아뜨만이 그 내부에 드는 즉 생명체(jīva)의 육신(메따띠티, 꿀루까, 라마짠드라, 고원다라자)을 말한다.

〔16〕 악행을 저지른 자들이 사후에 고통을 겪게 될 육신[1)]은 다섯 가지 근본물질에서 생긴다.

역주 1) 이것은 물질의 육신이 아닌 죽음 뒤에 생기는 또 다른 육신(난다나, 고원다라자, 바루찌)이다.

〔17〕 야마가 주는 고통을 이 세상에서 육신[1)]으로 겪고 나면 (그 육신은 다시) 해체되고 각기 나누어져 그 근본물질 속으로 녹아들어 간다.

역주 1) 혹은 죽음 후 생긴 다른 육신(마니라마)으로 해석할 수도 있다. 이렇게 해석하면 '이 세상에서'(iha)는 '사후세계에서'로 해석하게 된다.

〔18〕 그¹⁾가 감각적 대상들에 대한 집착에서 생겨난 불행과 죄를 겪고 나면 죄에서 풀려나고 위대한 광휘를 가진 그 둘²⁾에게로 간다.

역주 1) 물체신(物體身), 미세신(微細身)을 가진 내부에 드는 아뜨만 즉 생명체(jīva)(꿀루까, 마니라마)를 말한다.
2) '물질의 아뜨만'과 '흙을 아는 자'(마니라마) 혹은 생명체와 지고의 아뜨만(사르와자나라야니) 혹은 '위대한 것'과 지고의 아뜨만(꿀루까) 혹은 파멸하는 것과 파멸하지 않는 것(라마짠드라)이다.

〔19〕 그 둘은 함께 그¹⁾의 다르마(공덕)와 아다르마(죄)를 쉬지 않고 보니, 이것들로써 이 세상에서와 죽어서 행복과 불행을 얻게 된다.

역주 1) 생명체(메다띠티, 꿀루까, 마니라마)를 가리킨다.

다르마에 따른 아뜨만의 행로

〔20〕 다르마를 대부분 행하고 아다르마를 일부 행한 자는 근본물질들에 둘러싸여 천상에서 행복을 얻는다.

〔21〕 아다르마를 대부분 행하고 다르마를 일부 행한 자는 근본물질들에게서 버림받고 야마에 의한 고통을 얻게 된다.

〔22〕 생명아(生命我, jīvātman)가 야마로 인한 고통을 겪고 죄에서 풀려나면 그 다섯 물질들 속으로 각기 나누어져 다시 들어간다.

〔23〕 이와 같음을 알아보고, 다르마와 아다르마로 인한 생명아의 행로를 스스로 생각해서 항상 마음을 다르마에 두어야 한다.

아뜨만의 세 가지 속성

〔24〕진성(眞性)·동성(動性)·암성(暗性) 이 세 가지[1]는 아뜨만의
속성이니 이것들로 해서 위대한 자(아뜨만)가 모든 존재들 속에 퍼
지고, 빠짐없이 들어 있는 것이다.

역주 1) 제1장 5절, 15~20절 참조.

〔25〕이 속성들 중 하나가 몸 속에서 우세하게 되면 그 속성이 몸
에 주를 이룬다.

〔26〕진성은 지식, 암성은 무지, 동성은 애착과 증오라고 했으니,
이들이 모든 만물 속에 퍼지는 그것들의 본체이다.

〔27〕이 가운데 기쁨·평화·순수로 자신에게 나타나는 것은 진성
으로 여겨야 한다.

〔28〕자신을 고통스럽게 하는 것, 불쾌하게 하는 것은 거역하기 어
려우며 계속해서 육신(의 감각)을 유혹하는 동성임을 알아야 한다.

〔29〕자신을 혼미하게 하는 것, 잘 드러나지 않는 것, 감각적인 것,
알아볼 수도 알 수도 없는 것은 암성으로 알아야 한다.

〔30〕(이제) 이들 세 속성 가운데서 생겨나는 것 중에 가장 나은
것·중간의 것·가장 나쁜 것에 대해 남김없이 말하겠다.

〔31〕베다의 연마·고행·지식·청정·감각의 절제·다르마에 부
합되는 까르마(의식)·아뜨만에 대한 숙고는 진성을 나타내는 징표

들이다.

〔32〕 일 벌이기 좋아하는 것, 가만히 있지 못하는 것, 하지 말아야 할 일을 하는 것, 감각적인 것에 탐닉하는 것은 동성을 나타내는 징 표들이다.

〔33〕 탐욕, 잠, 꾸준하지 못함, 포악함, (베다나 영혼에 대한) 믿음이 없는 것, 생업 없이 사는 것,[1] 구걸하는 것은 암성을 나타내는 징표들이다.

역주 1) 이는 성실하지 못한 것(메다띠티) 혹은 나쁜 일을 하는 것(꿀루까)이라고 했다.

〔34〕 다음은 차례대로 이들 세 속성들의 세(기간)[1]에 나타나는 징표들을 간추린 것임을 알라.

역주 1) 과거, 현재, 미래(메다띠티, 꿀루까, 라가와난다) 즉 시간에 관계 없이 나타나는 것으로 본다. 혹은 세 가지 생물체(난다나)로 본 주석도 있다.

〔35〕 까르마(행위)를 한 후 혹은 하는 중에 혹은 하려고 할 때 수치심을 느끼면, 현자는 그것이 암성의 속성을 나타내는 것임을 알아야 한다.

〔36〕 이 세상에서 큰 명성을 얻고자 희망하여 일을 도모했으나 실패했더라도 안타깝지 않으면 그것은 동성임을 알아야 한다.

〔37〕 모든 수단을 써서 알고자 하고 행동으로 옮겨도 수치스럽지 않으며 그로써 스스로 만족하는 것은 진성의 속성을 나타내는 것임

을 알아야 한다.

〔38〕 까마(욕망)는 암성의 징표요, 아르타(재물)는 동성, 다르마(정의)는 진성의 징표이니 이것들은 후자일수록 훌륭한 것이다.

〔39〕 (이제) 이 모든 세상 속에 이들 속성들로써 어떤 (윤회의) 세상을 얻게 되는지를 순서대로 간추려서 말하겠다.

〔40〕 진성의 것은 신이 되고 동성의 것은 사람이 되고 암성의 것은 짐승이 되니, 이것이 세 가지 (윤회의) 행로이다.

〔41〕 세 가지 속성의 행로는 특정한 까르마(행위)와 지식에 따라 가장 낮거나, 중간이거나, 가장 높은 세 가지로 다시 나뉜다.

〔42〕 움직이지 못하는 것, 벌레, 나방, 물고기, 뱀, 거북이, 가축,[1] 자칼은 암성 중에도 가장 낮은 행로이다.

역주 1) 소 등(메다띠티) 혹은 개 등(라가와난다)이다.

〔43〕 코끼리, 말, 슈드라, 믈렛차, 사자, 호랑이, 멧돼지는 암성 중에 중간 행로이다.

〔44〕 광대, 수빠르나 새, 사기꾼, 락샤사, 삐샤짜는 암성 중에 가장 높은 행로이다.

〔45〕 격투꾼, 씨름꾼, 무희, 무기 매매자, 노름꾼, 술주정꾼들은 동성 중에 가장 낮은 행로이다.

〔46〕왕, *끄샤뜨리야*, 왕사제, 논쟁하기 좋아하는 자, 전투하기 좋아하는 자는 동성 중에 중간 행로이다.

〔47〕간다르와, 구히야까(Guhyaka),[1] 약샤, 신의 종자들, 선녀들은 동성 중에 가장 뛰어난 행로이다.

역주 1) 꾸베라 신의 재물을 지키는 일종의 신격이다.

〔48〕고행자, 방랑승, 브라만, 신들이 타고 다니는 것, 별자리, 다이띠야들은 진성 중에 첫번째인 가장 낮은 행로이다.

〔49〕제주(祭主)·선인(仙人)·신·베다·천체·세(歲)·조상·사디야 들은 진성 중에 두번째인 중간 행로이다.

〔50〕현자들은 브라흐마, 모든 창조신들, 다르마,[1] 위대한 것,[2] 드러나지 않는 것[3]들이 진성 중에 가장 뛰어난 행로라고 한다.

역주 1) 구체적으로, 베다(메다띠티)를 들 수 있다.
2) 제12장 12절, 14절 참조.
3) 주석가들은 상키야 철학에 언급되는, 본성(本性, prakṛti)(꿀루까, 메다띠티) 혹은 자아의식(나라야나)이라고 했다.

〔51〕이렇게 해서 세 종류의 까르마(행위)들에서 생기는 과보, 세 가지로 나뉘는 모든 만물, 거기에서 다시 각각 세 갈래로 나눠지는 (행로)에 대해 설명했다.

〔52〕감각에 대한 집착, 다르마(정의)를 지탱하지 못하는 것, 현명하지 못한 비천한 자는 죄스런 행로를 간다.

〔53〕이제 이 생명아가 어떤 까르마(행위)로 인해서 이 세상에서 어떤 모태로 가게 되는지 하나하나 모두 알라.

까르마에 의한 윤회

〔54〕대죄를 지은 자는 끔찍한 지옥에서 수많은 세월을 지내고 그것이 끝나면 다음의 세상으로 간다.

〔55〕브라만을 죽인 자는 개, 돼지, 당나귀, 낙타, 소, 염소, 양, 사슴, 새, 짠달라, 뿔까사의 태(胎)에 들어간다.

〔56〕술을 마신 브라만은 벌레, 곤충, 나방, 배설물 먹는 새, 맹수로 (태어난다.)

〔57〕도둑질한 브라만은 수천 번을 거미, 뱀, 도마뱀, 물짐승, 해를 끼치는 삐샤짜로 (태어난다.)

〔58〕스승의 잠자리를 더럽힌 자는 풀, 관목, 덩굴, 육식동물, 송곳니를 가진 동물, 혹은 잔혹한 까르마를 하는 자들 중 (태어난다.)

〔59〕폭력을 쓰는 자는 육식동물이 되고, 청정하지 않은 것을 먹는 자는 벌레가 되고, 도둑질한 자는 서로 잡아먹는 것이 되고, 비천한 여자[1]와 간통한 자는 귀신이 된다.

역주 1) 제3장 238절 참조.

〔60〕빠띠따와 어울리거나 다른 자의 처와 교접한 자, 브라만의 재

산을 훔친 자는 브라흐마락샤사(brahmarākṣasa)가 된다.

[61] 탐욕으로 보석, 진주, 산호 등 온갖 보물을 훔친 자는 금세공사로 태어난다.

[62] 곡식을 훔친 자는 쥐가 되고, 놋쇠(를 훔친 자)는 거위가 되고, 물(을 훔친 자)는 물새, 꿀(을 훔친 자)는 벌이 되며, 우유(를 훔친 자)는 까마귀, 조미료(를 훔친 자)는 개, 우유버터(를 훔친 자)는 몽구스가 된다.

[63] 고기(를 훔친 자)는 독수리, 기름덩어리(를 훔친 자)는 물새, 깨(를 훔친 자)는 따일라빠까(tailapaka) 새, 소금(을 훔친 자)는 귀뚜라미, 발효우유(를 훔친 자)는 학이 된다.

[64] 비단을 훔친 자는 메추라기, 마(麻布)(를 훔친 자)는 개구리, 면(綿)(을 훔친 자)는 마도요 새, 소(를 훔친 자)는 도마뱀, 당밀(을 훔친 자)는 박쥐가 된다.

[65] 향을 넣은 주머니(를 훔친 자)는 사향쥐, 잎채소(를 훔친 자)는 공작, 요리한 음식(을 훔친 자)는 호저(豪豬), 갖가지 곡류(를 훔친 자)는 고슴도치가 된다.[1]

역주 1) 제5장 18절 참조.

[66] 불을 훔친 자는 왜가리가 되고, 가재도구를 (훔친 자)는 일벌, 물들인 옷감을 (훔친 자)는 지와지와까 새가 된다.

[67] 산짐승이나 코끼리를 (훔친 자)는 늑대가 되고, 말을 (훔친

자)는 호랑이, 과일과 뿌리채소를 (훔친 자)는 원숭이, 여자를 (훔친 자)는 곰, 물을 (훔친 자)는 참새, 탈것을 (훔친 자)는 낙타, 가축을 (훔친 자)는 염소가 된다.

[68] 다른 자의 재물을 강제로 빼앗거나 아직 봉헌하지 않은 음식을 먹으면 그는 틀림없이 짐승이 된다.

[69] 여자라고 해도 이와 같이 물건을 취하면 그 죄를 받으며, 그와 같은 (죄를 짓는 남자나 짐승의) 짝이 된다.

[70] 어쩔 수 없는 경우가 아님에도 불구하고 자기 신분의 생업에 벗어나는 죄를 지으면 그는 다시유[1] 가운데 종으로 태어난다.

[역주] 1) 제10장 45절 참조.

[71] 다르마(직무)에서 벗어난 브라만은 울까무카(ulkāmukha)[1] 라는 귀신이 되고, 끄샤뜨리야의 경우에는 불결한 것이나 까따뿌따나(kaṭapūtana)[2]라는 귀신이 된다.

[역주] 1) 토해낸 것을 먹는 귀신(꿀루까, 난다나, 라마짠드라)이다.
2) 시체를 먹는 귀신(메다띠티, 꿀루까, 나라야나, 고윈다라자)이다.

[72] 바이시야의 경우는 고름을 먹는 마이뜨라끄쉬지요띠까(maitrākṣijyotika)라는 귀신, 슈드라가 다르마(의무)를 소홀히 한 경우에는 짜일라샤까(cailāśaka)라는 귀신[1]이 된다.

[역주] 1) 나방을 먹는 귀신(나라야나, 꿀루까, 라가와난다, 고윈다라자)이다.

〔73〕 감각의 대상을 좇는 자는 감각적인 것에 매달릴수록 (더 큰 감각적인 것을) 좇게 된다.

〔74〕 지성(知性)이 부족한 자는 그 죄의 까르마 때문에 여러 모태로 들어가 이 세상에서 고통을 겪는다.

〔75〕 (그런 자들은) 암지옥과 같은 무서운 지옥[1])에서 돌돌 말리고, 칼날로 된 숲에서 포박당하고 잘린다.

[역주] 1) 제4장 88~90절 참조.

〔76〕 까마귀와 부엉이에게 물어뜯기고, 뜨거운 모래에 타고, 물단지에서 끓는 끔찍한 여러 가지 고통을 (겪는다.)

〔77〕 (그런 자들은) 나쁜 모태로 계속 들어가 고통을 겪고, 추위, 더위, 온갖 공포에 떨어야 한다.

〔78〕 (그런 자들은) 끊임없이 모태로 들어가고 나오는 비참함을 겪고 다른 자의 하인으로 포박당하여 고통을 받는다.

〔79〕 (그런 자들은) 친척이나 사랑하는 사람들과 떨어져 살고, 악인들과 살게 되며, 재물을 벌어도 잃고, 친구가 (생기면) 적도 생긴다.

〔80〕 늙어서는 기댈 데가 없고, 질병과 여러 가지 고뇌로 고통받으며, 극복할 수 없는 죽음을 맞는다.

〔81〕 어떤 마음으로 어떤 까르마(행위)를 하는가에 따라 그와 같은 과보를 육신으로 겪게 되는 것이다.

〔82〕 이렇게 해서 까르마의 과보로 생기는 것에 대해 설명했다. (이제) 브라만에게 지고의 행복을 가져다주는 까르마에 대해 알라.

지고의 행복을 가져다주는 까르마

〔83〕 베다의 연마·고행·지식·감각의 절제[1]·불살생[2]·스승 공경이 지고의 행복을 주는 일이다.

[역주] 1) 제6장 91절 참조.
2) 제10장 63절 참조.

〔84〕 이 세상에서 이런 모든 좋은 까르마(행위) 가운데 어떤 것이 가장 사람들에게 지고의 복을 가져다주는 까르마인가.

〔85〕 이 모든 것 가운데 아뜨만을 아는 것[1]이 최고라고 한다. 이것은 모든 학문들 가운데 가장 앞서는 것이며, 이것으로 불멸을 얻을 수 있기 때문이다.

[역주] 1) 지고의 아뜨만 즉 브라흐만에 대한 지혜를 갖는 것(메다띠티, 난다나)이다. 제1장 97절 참조.

〔86〕 앞에서 말한 여섯 가지 까르마(행위) 가운데 베다 까르마(의식)는 이 세상에서나 죽어서나 항상 지고의 복을 가져다주는 것임을 알라.

〔87〕 나머지는 모두 베다(에 규정된) 까르마를 실천할 때 그때그때 의식의 절차 속에 하나하나 모두 들어가는 것이다.

〔88〕 베다(에 규정된) 까르마(의식)에는 증진시키는 것과 감소시키는 것[1]이 있는데, 이들은 각각 기쁨을 불러일으키는 것과 지고의 행복을 주는 것이다.

[역주] 1) 제12장 89~90절 참조.

〔89〕 증진시키는 까르마(의식)는 이 세상과 관련된 것이든 저 세상과 관련된 것이든 욕망을 위해 하는 것이고, 감소시키는 것은 욕망 없이 지혜로 이루는 것이라고 말한다.

〔90〕 증진시키는 까르마(의식)를 열심히 하면 신들과 동등해질 수 있다. 감소시키는 것에 전념하면 다섯 가지 근본물질들을 초월한다.

아뜨만을 아는 것

〔91〕 만물 가운데 아뜨만(자신)을, 아뜨만(자신) 가운데 만물을 평상심(平常心)으로 보는[1] 아뜨만(자신)에게 제사를 치르는 자[2]는 자신의 왕국에 도달한다.

[역주] 1) 양쪽에서 모두 아뜨만을 보는(나라야나) 혹은 '이 세상 모든 것은 브라흐만이다'(sarvaṁ khalu idaṁ brahma)라고 한 우빠니샤드 구절의 의미(꿀루까, 라가완다)이다.
     2) 평상심을 갖게 됨으로 인해 자신 속에서도 지고의 아뜨만을 보게 되어 자신에게도 제사를 치를 수 있는 자(메다띠티, 나라야나, 꿀루까, 라마짠드라)를 뜻한다.

베다의 연마

〔92〕 재생자는 앞에서 말한 까르마들을 포기하고,[1] 아뜨만에 대한 지혜와 (마음의) 평안을 구하며, 베다의 연마에 정진해야 한다.

역주 1) 제6장 86절, 96절 참조.

〔93〕 그것은 특히 브라만에게 있어서 태어난 목적을 이루는 것이며, 그것을 얻음으로써 재생자로서 그가 할 일을 모두 이루는 것이기 때문이다. 더 이상의 것은 없다.

〔94〕 베다는 조상·신·사람들의 영원한 눈이니, 베다의 가르침은 모두 알 수 있는 것을 초월한다. 이것은 정해진 바이다.

〔95〕 베다를 벗어나는 전승 및 사악한 견해를 가진 것은 사후에 아무런 과보를 가져오지 못한다. 그런 것들은 암성에 기초하는 것이기 때문이다.

〔96〕 생겨나고 사라지는 여러 가지 가르침이 있지만, 그것들은 그 때뿐이므로 아무런 것도 얻을 수 없으며 참된 것이 아니다.

〔97〕 네 신분, 삼계, 사람들의 네 가지 인생기, 과거, 현재, 미래 이 모두가 하나하나 베다에 근거한다.

〔98〕 소리, 촉감, 형태, 맛, 냄새 이 다섯과 그 생겨남, 속성, 까르마 또한 베다에서 나왔다.[1]

역주 1) 제1장 20~21절 참조.

〔99〕 베다의 영원한 가르침은 만물을 지탱한다. 그러므로 나는 그것을 생명체(janta)[1]의 성취를 이루는 지고의 수단이라고 생각한다.

역주 1) 사람(꿀루까)을 뜻한다.

〔100〕 베다의 가르침을 아는 자는 군지휘권자, 통치권자, 처벌권자, 모든 세계의 지배권자가 될 수 있다.

〔101〕 강력한 불이 젖은 나무도 태우듯, 베다를 아는 자는 까르마로 인한 자신의 모든 죄를 태운다.

〔102〕 베다의 진정한 가르침을 아는 자는 이 세상에 있는 동안 그가 어떤 인생기에 있든 브라흐만의 진리와 결합할 수 있다.

〔103〕 책을 읽는 자는 알지 못하는 자보다 낫고, 기억하는 자는 책을 읽는 자보다 낫고, 이해하여 아는 자는 기억하는 자보다 낫고, 행동하는 자는 아는 자보다 낫다.

〔104〕 고행과 학문은 브라만에게 지고의 행복이다. 고행으로 죄를 없애고 학문으로 불멸을 얻는다.

〔105〕 다르마를 순수하게 지키고자 하는 자는 지각, 추론, 여러 가지 경전,[1] 이 셋을 완전히 알아야 한다.

역주 1) 베다와 베다에 근거하는 경전이다.

〔106〕 베다 가르침에 반하지 않는 논리로 선인들의 (베다)를 탐구하고 다르마의 가르침을 따르는 자가 다르마를 아는 자이다. 다른

자들은 (다르마를 아는 자가) 아니다.

〔107〕 지고의 행복으로 가는 까르마에 대해 남김없이 말했다. (이
제) 마누의 가르침에 대한 숨겨진 뜻을 알려주겠다.

다르마의 확정

〔108〕 다르마가 기술되지 않은 경우에는 고매한 브라만들이 말씀한
것이 다르마인 것은 의심할 여지가 없다.

〔109〕 고매한 브라만이라 함은 베다와 그 부수학문[1]을 다르마에 맞
추어 학습한 자들, 계시서와 지각을 그 논거로 사용하는 자들이다.

역주 1) saparibṃhaṇa : 역사(itihāsa)와 고담(古談, purāṇa) 등(메다
띠티, 나라야나) 혹은 베당가의 여섯 학문(라가와난다, 라마짠드
라) 혹은 미만사, 니야야, 법전, 고담 등(바루찌)을 들 수 있다.

〔110〕 직분에 충실한 열 명 혹은 (심지어는) 세 명 이상의 (브라만
들의) 회의(pariṣad)에서 인정된 다르마에 대해서는 논란이 있어
서는 안된다.

〔111〕 열 명 이상의 회의는 세 베다를 아는 자(세 명), 논리에 뛰어
난 자, 추론에 뛰어난 자, 어원학자, 다르마를 잘 외고 있는 자, 그
리고 인생기의 처음 세 주기에 속하는 자(세 명) (도합) 열 명으로
이루어져야 한다.

〔112〕 세 명 이상의 회의는 다르마에 대한 의심이 드는 문제들을

해결하기 위해 『리그 베다』를 아는 자, 『야주르 베다』를 아는 자, 『사마 베다』를 아는 자로 이루어져야 한다.

〔113〕한 명의 브라만이라도 베다를 아는 자가 결정한 것을 지고의 다르마로 알아야 한다. (베다를) 알지 못하는 자들이 무수히 모여 결정해 보았자 (그것은 다르마가) 아니다.

〔114〕서계를 지키지 않은 자, 베다 구절을 알지 못하는 자, 단지 신분만 지키며 살아가는 자들 수천 명이 모인다 하더라도 회의의 정당성은 성립되지 않는다.

〔115〕암성을 가진 자, 다르마를 알지 못하는 어리석은 자가 그것 (다르마)을 다른 사람에게 말하면 그 죄는 백 배가 되어 그것을 말한 자에게 되돌아간다.

〔116〕이 모두가 지고의 행복을 주는 것이다. 이것을 벗어나지 않는 브라만은 지고의 자리를 얻는다.

〔117〕[1] 이렇게 해서 그 존자께서 세상을 이롭게 하기를 원하시어 다르마에 대한 지고의 비밀을 나에게 말씀하셨다.

역주 1) 여기까지가 마누를 대신하여 브리구가 설한 내용이다.

마누의 참 가르침

〔118〕마음을 가다듬고 참과 참이 아닌 모든 것을 아뜨만 안에서 보아야 한다. 아뜨만 안에서 모든 것을 보게 되면 아다르마에 뜻을

두지 않게 되기 때문이다.

〔119〕 아뜨만이 바로 모든 신이며, 모든 것이 아뜨만 안에서 자리 잡고 있다. 아뜨만은 모든 육신을 가진 것들의 까르마를 알게 하기 때문이다.

〔120〕 대공을 (육신의) 구멍에, 바람을 몸짓과 촉각에, 광휘를 위와 눈에, 물을 체액에, 흙을 (육신의) 단단한 부분에 넣어야 한다.

〔121〕 달을 마음에, 사방위를 귀에, 비슈누(Viṣṇu)를 걸음에, 하라 (Hara)[1]를 힘에, 아그니를 말(語)에, 미뜨라(Mitra)[2]를 배설기관에, 쁘라자빠띠를 생식기에 (넣어야 한다.)

역주 1) 쉬와(Śiva)의 다른 이름이다.
　　2) 문자대로의 의미는 '함께 있는 자', '동료'이며, 사람들에게 활력을 불러일으키고 하늘과 땅을 지탱하면서 만물을 지켜보고 있는 신이다. 아디띠야(Āditya)의 일종으로 불리기도 한다.

〔122〕 (모두의) 통치자요, 모든 작은 것 중에 가장 작고, 금처럼 밝고, 수면 중에만 알 수 있는 자가 지고의 뿌루샤임을 알아야 한다.

〔123〕 어떤 자들은 그가 아그니라고 하고 어떤 자들은 마누, (어떤 사람들은) 쁘라자빠띠, (어떤 자들은) 인드라, (어떤 자들은) 숨 (息), (어떤 자들은) 영원한 브라흐만이라고도 한다.

〔124〕 그는 이 다섯 근본물질들로 모든 형상들을 채웠으며, 태어남, 성장, 소멸을 통해 계속 (모든 것을) 바퀴처럼 회전시키고 있다.

〔125〕 아뜨만을 통해 만물 속에서 아뜨만을 보는 자는 누구든 모든 것에 대한 평상심을 가지게 되어 브라흐만의 지고의 위치에 도달하게 된다.

마누의 가르침에 의해 얻는 과보

〔126〕 브리구가 설파한 마누의 가르침을 읽는 재생자는 항상 훌륭한 행동거지를 취해야 한다. 그리하면 원하는 자리[1])에 도달한다.

역주 1) 신의 단계(메다띠티), 신과의 합일(고윈다라자) 혹은 천상, 해탈(꿀루까, 라가와난다)에 도달한다. 훌륭한 가문에 태어난다(바루찌)는 주석도 있다.

●옮긴이의 말

이 책은 인도에서 서력 기원을 전후한 시기에 편찬된 힌두 최고의 법전 『마누 스므리띠』(*Manu Smṛti*)를 우리말로 번역한 것이다.

우리가 번역을 시작한 것이 1995년이니 5년여가 걸린 셈이다. 이재숙이 원문 해석을 주로 하고 이광수는 해석의 맥락을 주로 검토하면서 원문 해석의 오류를 확인하기 위해 영어, 일본어, 힌디어로 된 여러 가지 번역서와 산스끄리뜨 원전을 대조 검토하였다.

역주는 두 사람이 각각 준비하고 나중에 같이 검토하여 하나로 통일하는 방법을 택했다. 그 과정에서 많은 논란이 있었지만, 결국 역주에는 사상사적 의미, 종교현상, 역사적 사실, 사회적 의미, 문학적 표현과 상징 등에 관한 해석과 의미부여 등에 관한 것은 되도록 달지 않기로 했다. 처음 접하는 독자들에게 특정한 시각을 각인시킬 수 있다는 염려가 있었고, 우리 두 사람 부족한 지식이 무궁한 해석의 여지를 닫아버리지나 않을까 하는 걱정도 있었기 때문이다.

다만 독자들에게 바라는 것이 있다면 이 책이 '법전'이라는 사실만은 반드시 이해해주었으면 하는 것이다. 즉 고대 인도인들의 실제 상황을 기술한 것이 아니고 브라만 법전가들이 브라만과 그들의 문화를 정점으로 하는 특정 사회를 구축하고자 설정한 사회의 당위적 모습을 기술한 것일 뿐이다. 이로 인해 고대 인도사회에 대한 편견이나 왜곡이 없었으면 한다.

5년여의 길다면 길고 짧다면 짧은 시간 속에서 우리는 원전 번역이라는 것이 그 어떠한 종류의 학술활동보다 훨씬 많은 끈기와 에너지를 필요로 할 뿐만 아니라 훨씬 많은 공부를 하게 한다는 사실을 새삼 깨달았다. 사실 원전 번역은 학계에서 텍스트에 대한 연구가 축적이 된 다음에 진행되어야 하는 것이 옳다. 그렇지만 현재 국내 인도학계의 여건상, 그 연구 인력이 부족하여 그러한 최선의 상황이 이루어질 때까지 기다리는 것만이 능사가 아닐 수 있다는 생각을 하였다.

그래서 부족하나마 번역서를 학계에 내놓음으로써 인도학계뿐만 아니라 관련 학계로 하여금 연구에 참여할 수 있도록 자료를 제공해준다는 것 또한 차선으로서의 의미 있는 작업이 될 수 있으리라고 생각하였고 이에 무모하지만, 용기 있게 덤벼들었다. 그러다 보니 아직은 발견하지 못하였지만 많은 부분에서 오류가 발생하리라고 생각하고 있고 더불어 그 질책을 달게 받을 각오도 되어 있다.

우리가 공동 번역을 하게 된 것 또한 이러한 '무모성'에 대한 안전장치로서였다. 사실 『마누법전』이라는 것은 그 제목에서 보여주는 것과 같은 단순한 '법전'이 아니다. 인도 전통 특유의 종교와 사회 그리고 이론과 실제가 치밀하게 짜여 있는 하나의 복합문헌이다. 그 안에는 우주 창조의 원리가 있고 사회 질서 유지의 이데올로기가 있으며 관념적 사유체계가 있다. 더불어 사회구조와 법체계가 들어 있어 당시 인민들이 살아가는 실제 역사를 조명해 볼 수 있다. 그래서 원전의 언어를 직접 다루어보지 않고서 단순한 텍스트 해석만으로는 그 안에 있는 여러 가지 첨예한 문제를 해결하여 그 의미를 제대로 파악할 수 없다. 그러한 이유에서 이러한 문헌의 번역은 학문간의 연구가 필수적일 수밖에 없고, 부족하지만 우리의 공동 작업은 이에 어느 정도 부합하리라 믿는다.

번역 작업은 각자 맡은 바의 일을 서울과 부산에서 진행하다가 이재숙이 1996년부터 98년까지 강의차 부산으로 올 때를 활용하여 강의 전후의 날을 잡아 토의 및 검토작업을 진행시켰다. 강의 시간 전 새벽에 혹은 강의를 마치고 자정이 가까울 무렵까지 그리고 때로는 이광수의 집에까지 원고 뭉치를 가지고 가서 작업을 하기도 했다. 그 과정에서 아프리카에서 공부하고 있는 이재숙의 반려자 장용규의 응원과 이광수의 아내 유재희의 배려가 큰 도움이 되었다.

책이 출판되기 직전 큰 경사가 났다. 이재숙이 귀한 사내아이를 낳았다. 힘들고 어려운 작업을 하면서 낳은 아기라 아직은 몸이 많이 약하지만 이내 좋아질 것으로 믿는다. 『마누법전』이 주신 아이라 믿어 그 끈질긴 생명 존중의 정신을 이어받았으면 좋겠다는 바람을 가져본다.

우리의 부족한 번역이 인도 연구와 나아가 인류 문화의 연구에 조금이나마 쓰일 수 있다면 그 이상의 영광이 없겠다. '그레이트북스'라는 훌륭한 시리즈에 번역 출간할 수 있는 좋은 기회를 준 한길사 가족과 김언호 사장님께 감사를 드린다.

1999년 4월 17일
이재숙·이광수

● 참고문헌

1. 산스끄리뜨 원전

1) 『마누법전』

Dave, Jayantakrishna Harikrishna, *Manusmṛti*, with the commentaries of Medhātithi, Sarvajñanārāyaṇa, Kullūka, Rāghavānanda, Nandana, Rāmacandra, Maṇirāma, Govindarāja and Bhāruci, 6vols, Bombay, 1972~84.

Śāstrī, Jagadīśalāla, *Manusmṛti śrikullūkabhaṭṭaviracitayā manavarthamuktāvalyā vyākhyayā samupetā*, Delhi, 1983.

2) 그외 문헌

Ganapati Shastri, T., *Kautilya Arthashastra* Vol. 1~3, Delhi, 1924.

Müller, F. Max(ed.), *Ṛg Veda Saṁhitā*, London, 1890.

Pandey, Umesh Candra, *Apastamba-dharmasūtram Śrimad-haradattamiśraviracitayā ujjvalālākhyayā saṁvalitam,* Varanasi, 1998 ed.

Pandey, Umesh Candra, *Yājñavalkya-smṛtiḥ vijñāneśvarapraṇīta mitākṣarā vyākhyā prakāśa vibhūṣitā,* Varanasi, 1994 ed.

Pandit, Shankar Pandurang(ed.), *Atharvavedasaṁhitā,* Varanasi, 1989.

Swami, Śri Hari, *Śatapatha Brāhmaṇa,* Delhi, 1990.

Vasu, Sirsa Chandra, *The Aṣṭādhyāyī of Pāṇini* vol. I, II, Delhi, 1891.

Śri Kailāsa Āśrama Śatābdi Samāroha Mahāsamiti, *Chāndogya Upaniṣad,* Ṛṣikeṣa, 1983.

Śri Kailāsa Āśrama Śatābdi Samāroha Mahāsamiti, *Katha Upaniṣad,* Ṛṣikeṣa, 1947.

Śri Kailāsa Āśrama Śatābdi Samāroha Mahāsamiti, *Taittirīya Āraṇyaka,* Ṛṣikeṣa, 1983.

2. 번역서

Bühler, G., *The Laws of Manu,* SBE vol. 25, Oxford, 1886.

Burnell, A. C., *The Ordinances of Manu,* New Delhi, 1884.

Doniger, Wendy, *The Laws of Manu,* New Delhi, 1991.

Shastri, Haragovinda, *Manusmṛti,* Varanasi, 1984.

渡瀬信之, 『マヌ法典』, 東京, 1991.

3. 연구 저작물

Agarwala, V.S., *India as Described by Manu,* Varanasi, 1970.

Banerjee, N.V., *Studies in the Dharmaśāstra of Manu,* New Delhi, 1980.

Battacharya, Parnasabari, *Conceptualizations in the Manusmṛti,* New Delhi, 1996.

Deshpande, Madhukar, *Manusmriti: Comtemporary Thought,*

Bombay, 1993.

Dutt, N.K., *Origins and Growth of Caste in India*, Vol. I(*c.* B.C. 2000-300), London, 1931.

Ghoshal, U.N., "The Status of Śūdras in the Dharmasūtras," *Indian Culture*, XIV, 21~27.

Hutton, J.H., *Caste in India*, Oxford, 1951.

Jha, Viveknand, "Stages in the History of Untouchables," *Indian Historical Review*, Vol. II, Number 1, 14~31.

Kane, P.V., *History of Dharmaśāstra*, 전5권, Poona, 1930~62.

Kurundakara, N., Madhukar Deshpande(역), *Manusmṛti. Contemporary Thoughts*, Bombay, 1993.

Lingat, R., J.D.M. Derret(역), *The Classical Law of India*, Berkely, 1973.

O'Flaherty, Wendy Doniger & Derret (편), J.D.M., *The Concept of Duty in South Asia*, London, 1978.

Prabhu, P.N., *Hindu Social Organization: A Study in Social Psychological, and Ideological Foundations*, Bombay, 1954.

Rangaswami Aiyangar, K.V., *Some Aspects of the Social and Political System of Manu*, Lucknow, 1949.

Sharma, R.N., *Ancient India according to Manu*, Delhi, 1980.

Sharma, R.S., *Śudras in Ancient India*, Delhi, 1980.

Swain, B. K., *A Peep into Dharmaśāstra*, Delhi, 1983.

Winternitz, Morice, *A History of Indian Literature*, Vol. II, Delhi, 1983.

● 찾아보기

528

534

GB
한길그레이트북스

한길 그레이트북스 036

마누법전

지은이 이재숙 · 이광수
펴낸이 김언호
펴낸곳 (주)도서출판 한길사

등록 • 1976년 12월 24일 제74호
주소 • (413-756) 경기도 파주시 교하읍 문발리 520-11
www.hangilsa.co.kr
E-mail: hangilsa@hangilsa.co.kr
전화 • 031-955-2000~3 팩스 • 031-955-2005

제1판 제1쇄 1999년 5월 15일
제1판 제3쇄 2011년 12월 10일

Published by Hangilsa Publishing Co., Ltd., Korea

값 28,000원
ISBN 978-89-356-5179-5 94150

한길그레이트북스 인류의 위대한 지적 유산을 집대성한다